火打石と火打金の文化史

考古学からみた火起こしの研究

藤木 聡

吉川弘文館

博多遺跡群の火打石（本書51頁）

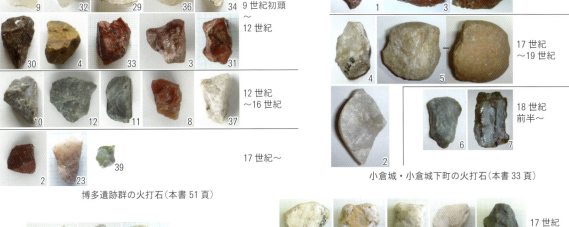

小倉城・小倉城下町の火打石（本書33頁）

大宰府の火打石（本書55頁）

久留米城・久留米城下町の火打石（本書31頁）

中世大友府内町跡・府内城・府内城下町の火打石（本書47頁）

長崎奉行所跡・岩原目付屋敷跡の火打石（本書41頁）

岩原目付屋敷跡・出島和蘭商館跡のガン・フリント（本書79頁）

火打石の石材（遺跡群別，数字は図中の数字と対応）

博多遺跡群　　9・29・32・34・36：平戸産白メノウ，2～4・30・31・33：鉄石英，8：赤メノウ，10～12：チャート，23・37：石英，39：大田井産チャート

大宰府　　3・7・9・17：鉄石英，18・24：チャート，5：石英，10・12：水晶

長崎奉行所跡・岩原目付屋敷跡　　1・3・6：浦上産鉄石英，10：波佐見産蛋白石（オパール），11：平戸産白メノウ，12：石英，14・15：チャート，16：大田井産チャート

小倉城・小倉城下町　　1・3：鉄石英，2・4・5：石英，6・7：大田井産チャート

久留米城・久留米城下町　　4・5・9：星野産メノウ質石英，11：大田井産チャート，13：石英

中世大友府内町跡・府内城・府内城下町石材　　3・4・5：石英，6：黄褐色の珪化木，7：珪質石材，8：チャート，12：六太郎角，13・14・16：大田井産チャート，15：玉髄

岩原目付屋敷跡・出島和蘭商館跡のガン・フリント　　1～3：フリント（1：岩原目付屋敷跡，2・3：出島和蘭商館跡）

カラフルで多様な日向地域の火打石石材

【西臼杵】 1.樋口：チャート　2.薄糸平：チャート　3.平底第2：チャート　【東臼杵】 4.森ノ上：チャート　5.カラ石の元：石英　6.家田城跡：チャート　7.山田：チャート　8.山田：チャート　9.延岡城下町7次：チャート　【日向入郷】10.板平1次：チャート　11.板平1次：石英　12.板平3次：大田井産チャート　【児湯】13.銀座第1：硬砂岩　14～16.銀座第1：玉髄　17.銀座第1：玉髄　18～25.宮ノ東：石英　26.宮ノ東：水晶　27.日向国分寺跡：石英　【宮崎】28.佐土原城跡6次：玉髄　29・31.佐土原城跡6次：チャート　30.佐土原城跡6次：石英　32.穆佐城跡：鉄石英　33.穆佐城跡：チャート　34.囲：鉄石英　35.囲：チャート　36.中ノ原第2：玉髄　37.高岡麓32：チャート　38.高岡麓5：珪質岩　39.宮ヶ迫：メノウ　40.宮崎城跡：チャート　41.下北方塚原第2：チャート　【東諸県】42.西下本荘　【西諸県】43.梅木原：玉髄　44.大部：チャート　45.蔵元：石英　46.蔵元：チャート　47.下鶯：石英　48.天神免：チャート　49.天神免：石英　50.天神免：鉄石英　51.岡松：チャート　【北諸県】52.大島畠田：チャート　53.笹ヶ崎：チャート　54.筆無：玉髄　55.八幡：メノウ　56.早馬：チャート　57.真米田：チャート　58.松原地区7次：赤チャート　59.安永城跡：チャート　60.加治屋B：石英　【南那珂】61.飫肥城下町：玉髄　62.飫肥城下町：大田井産チャート　63.坂ノ口：チャート　64.別府ノ木：チャート

目　　　次

序　章　本書の目的と構成 ……………………………………………………………… *1*

第1章　発火法の二様
　　　　——打撃式発火法と摩擦式発火法—— ……………………………………… *5*

　1　打撃式発火法と摩擦式発火法 …………………………………………………… *5*
　2　摩擦式発火法をめぐる諸相 ……………………………………………………… *6*

第2章　考古資料としての火打石 …………………………………………………… *11*

　1　火打石の分類や用語に関する研究史 …………………………………………… *12*
　2　本書における火打石の分類と用語 ……………………………………………… *15*
　3　火打石をどのように見分けるのか——具体例と方法 ………………………… *16*
　　⑴　原田榎本ノ一遺跡A地点の事例 …………………………………………… *16*
　　⑵　油免・本寺遺跡の事例 ……………………………………………………… *19*
　　⑶　長浜遺跡第6地点の事例 …………………………………………………… *20*
　　⑷　長崎奉行所跡・岩原目付屋敷跡の事例 …………………………………… *20*
　　⑸　日ノ岳遺跡の事例 …………………………………………………………… *22*
　　⑹　火打石の認定法——見分けのポイント …………………………………… *23*
　4　九州における火打石の変遷——産地と石材に注目して ……………………… *25*
　　⑴　遺跡出土の火打石をめぐる研究史 ………………………………………… *26*
　　⑵　久留米城・久留米城下町の火打石 ………………………………………… *30*
　　⑶　小倉城・小倉城下町の火打石 ……………………………………………… *33*
　　⑷　黒崎宿の火打石 ……………………………………………………………… *35*
　　⑸　内野宿の火打石 ……………………………………………………………… *38*
　　⑹　長崎奉行所跡・岩原目付屋敷跡・魚の町遺跡の火打石 ………………… *39*
　　⑺　中世大友府内町跡・府内城・府内城下町の火打石 ……………………… *44*
　　⑻　博多遺跡群の火打石 ………………………………………………………… *49*
　　⑼　大宰府の火打石 ……………………………………………………………… *53*
　　⑽　筑後国府跡の火打石 ………………………………………………………… *54*
　　⑾　肥後地域の火打石 …………………………………………………………… *56*
　　⑿　日向地域の火打石 …………………………………………………………… *60*

5　大田井産チャート製火打石の登場と展開 ……………………………………………71

　6　ヨーロッパから東アジアへ運ばれた火打石 ……………………………………………74

　　⑴　長崎の出島和蘭商館跡および岩原目付屋敷跡のガン・フリント …………75

　　⑵　考古資料および古文献から探る台湾における火打石 ……………………81

　　⑶　古文献から探る朝鮮半島における火打石 ……………………………………85

第3章　考古資料としての火打金 ……………………………………………89

　1　火打金の集成に関する研究史と課題 ……………………………………………90

　2　火打金の分類に関する研究史 ……………………………………………………91

　3　本書における火打金の分類 ………………………………………………………95

　4　九州における火打金の変遷 ……………………………………………………100

　　⑴　筑前地域の火打金 ……………………………………………………………100

　　⑵　筑後地域の火打金 ……………………………………………………………104

　　⑶　豊前地域の火打金 ……………………………………………………………104

　　⑷　肥前地域の火打金 ……………………………………………………………105

　　⑸　肥後地域の火打金 ……………………………………………………………106

　　⑹　豊後地域の火打金 ……………………………………………………………108

　　⑺　日向地域の火打金 ……………………………………………………………109

　　⑻　大隅地域の火打金 ……………………………………………………………112

　　⑼　薩摩地域の火打金 ……………………………………………………………113

　　⑽　奄美地域の火打金 ……………………………………………………………114

　　⑾　小　　　　結──九州における火打金の変遷 ………………………………115

　5　朝鮮半島における火打金の変遷 ………………………………………………119

　　⑴　統一新羅時代の火打金 ………………………………………………………121

　　⑵　高麗時代の火打金 ……………………………………………………………122

　　⑶　朝鮮時代の火打金 ……………………………………………………………122

　　⑷　小　　　　結──朝鮮半島における火打金の変遷 …………………………124

　6　中国東北部における火打金の変遷 ……………………………………………125

　　⑴　遼代の火打金 …………………………………………………………………126

　　⑵　金代の火打金 …………………………………………………………………126

　　⑶　元代の火打金 …………………………………………………………………126

　　⑷　明代の火打金 …………………………………………………………………127

　　⑸　清代の火打金 …………………………………………………………………128

　　⑹　小　　　　結──中国東北部における火打金の変遷 ………………………131

　コラム　鳥居龍蔵と「火打金の模造品」……………………………………………132

第4章　民俗資料からみた発火具や発火法 ……………………………… 135

1　本章の着眼点と目的 ……………………………………………………… 135
2　奄美地域の発火具・発火法とその周辺 ……………………………… 136
3　日向地域山間部の発火具・発火法とその周辺 ……………………… 143
4　朝鮮半島の発火具・発火法とその周辺 ……………………………… 145
5　台湾の発火具・発火法とその周辺 …………………………………… 148
　(1)　台湾原住民の発火具・発火法に関する記録 …………………… 148
　(2)　台湾原住民の記録からみた台湾における発火法の変遷やその登場背景 ………… 154
6　民俗学・歴史学資料に基づく九州における火打石の産地 ………… 155
　コラム　「火打」地名とその背景 ……………………………………… 159

第5章　絵画資料に表れた発火具や発火法 …………………………… 161

1　本章の着眼点と目的 ……………………………………………………… 161
2　近世・近代の絵画資料にみる発火具・発火法 ……………………… 161
3　絵本"かちかちやま"にみる火打石・火打金とその記憶 ………… 165

終　章　九州・朝鮮半島・中国東北部・台湾における
　　　　　火打石・火打金からみた歴史 …………………………… 173

　(1)　九州における最古級の火打石・火打金の年代と分布 ………… 173
　(2)　地産地消による火打石, 広域流通による火打石とその変遷 … 174
　(3)　ヨーロッパから東アジアへ運ばれた火打石銃やフリント製火打石 …… 178
　(4)　九州・朝鮮半島・中国東北部における火打金の登場 ………… 180
　(5)　九州・朝鮮半島・中国東北部における火打金の展開 ………… 181
　(6)　東アジアにおける火打金の受容と展開（予察） ……………… 183
　(7)　今後の課題 …………………………………………………………… 184

付　　　表 …………………………………………………………………… 187
参考・引用文献 ……………………………………………………………… 212
図・表一覧 …………………………………………………………………… 236
あとがき ……………………………………………………………………… 239
初 出 一 覧 …………………………………………………………………… 242

序章　本書の目的と構成

　火は，人の暮らしに欠かせないものであり，その時々で人の生活に革新をもたらしてきた。人は火の利用によって食物を調理し，体を温め，闇夜を照らし，また土器を焼き，金属を自由に細工し，さらに蒸気機関のような大きな動力をも駆使できるようになったのであり（宮本1956ほか），火を自ら起こし用いることは，人類史上において重要な技術イノベーションであった。

　一方で，現代社会においては，例えばイロリやカマドは姿を消し，ガスコンロにかわりIHコンロが増え，ストーブ等の暖房も着火具を使用しないものをよく目にするようになった。庭先で落ち葉等を集めて焚き火することも見かけなくなったし，マッチやライターで火を点ける機会も少なくなったのであり，火そのものを普段から見かけることじたい，減ってしまったのではなかろうか。かつては身近で当たり前であった火とともにある人の暮らしは，生活環境の変化によって，ずいぶんと遠い存在となってしまった。長い歴史の中で，火を得るために発見・継承されてきた火起こしの技術とそれを支えた物質文化は，もはや忘れられがちな存在となってしまったのである。

　本書は，考古学からみた火起こしの研究が主題となるが，火の使用等に触れた近年の考古学的研究をふりかえってみると，火を用いた遺構，例えば，旧石器時代から縄文時代の礫群や集石遺構・炉穴（連結土坑），古墳時代の竪穴住居に伴う炉やカマド，あるいは焼失した住居等の構造や変遷から社会的・文化的意味を読み取ろうというものが多くみられる。気を付けておきたいのは，これら火の使用された場面を扱った考古学的研究では，火が用いられたことは自明のこととして議論が開始されるのであって，その火がどのような技術や道具によって得られたのかという，火起こしの技術とそれを支えた物質文化について，注意・関心があまり払われていない点である。

　火起こしの道具やその技術を明らかにすることは，人と火の歴史を知るうえで重要である。考古資料においては，火打石（読みは“ひうちいし”，燧石ともいう）やこれとセットで用いられた火打金（読みは“ひうちがね”，火打鎌〈読みは“ひうちがま”〉ともいう），あるいは木製の火鑽板（読みは“ひきりいた”，火鑽臼〈読みは“ひきりうす”〉ともいう）と火鑽杵（読みは“ひきりぎね”，火鑽棒〈読みは“ひきりぼう”〉ともいう）が，火起こしの道具の中で多く出土する代表であり，これらは火起こし技術の凝集された姿とも言える。火打石と火打金による発火法を打撃式発火法，木製の火鑽板と火鑽杵によるものを摩擦式発火法と呼ぶこともあり，前者は時代劇ドラマ等の火起こし・切り火のシーン等で，後者は古代生活体験イベント等で人気メニューの1つであり，見かけることも多かろう。

　また，野鳥のヒタキの仲間の中で最も身近なジョウビタキ（第1図に写真あり）について，この“ヒタキ”という呼び名の由来は諸説あるが，1つには“火焚き”すなわち火打石・火打金を打ち合わせた際に出る「カッカッ」という音とジョウビタキの「カッカッ」というさえずりが似ているからという説があるように（小泉・土岡1928ほか），私たちの周りには火打石・火打金による火起こしが日常であった当時の名残りが思わぬところにあったりもする。

　しかし，考古資料としての火打石・火打金の認識度や関心は，残念ながら低いと言わざるをえない。火打石は，それと認識されなければ，自然石として遺跡発掘現場から回収されることがなく，

持ち帰られたとしても先史時代の剝片石器と間違われ，正当な位置づけがなされないまま，ただ非掲載資料として保管されるばかりとなる場合がある。火打金は，火打石のように遺跡発掘現場で無意識に廃棄される心配は少ないものの，鉄製品という点で，その後の保存処理等の如何によっては発掘調査報告書に未掲載のものを中心に抽出が難しくなる場合がある。発掘調査報告書に掲載された場合でも，火打金でない別器種として報告された例が少なくない。この好ましくない現状を解消するためには，まずは，遺跡発掘調査において火打石・火打金がそれと認識されるための観察ポイントや，どのような歴史資料となりうるのかについて広く共有されることが急務と考えられた。

　そこで，本書では，これまでほとんど研究されずその実態が不明であった，九州・朝鮮半島・中国東北部・台湾における火起こしのうち打撃式発火法の技術とそれを支えた物質文化の起源と歴史，その特質を追究する。主な対象は，考古資料としての古代から近代までの火打石・火打金であるが，地域や時代，研究目的によっては文献史料・民俗資料，絵画資料等も用いて，考古資料の不足を補うあるいは考古資料による見解を補強し，さらに新たな視点を得られるように進めている。

　本書が九州・朝鮮半島・中国東北部・台湾における火打石・火打金を研究対象とした理由は，これらの地域での研究によって，東アジアレベルでの人と火の関係をめぐる重層的な歴史復元が可能と予測できるからである。ただし，作業を進めると，上述のとおり，関係資料への認識・知名度が著しく低かったため，とくに火打石については，収蔵庫に眠って陽の目をみていなかった多くの未報告資料を自ら資料化することに膨大な時間と労力を費やすこととなった。

　以上のような現状や目的により，本書は，次のような構成で進めることとした（第1図）。

　第1章では，発火具や発火法の種類には大別して2つの発火法，すなわち，火打石・火打金等を用いる打撃式発火法と，木どうしを擦り合わせる等の摩擦式発火法があることを解説した。本書は，打撃式発火法の歴史に係る議論を中心としたため，第1章で摩擦式発火法の諸相について概観した。

　第2章は，考古資料としての火打石からのアプローチである。まず，火打石の分類等に関する研究史を検証し，本書での火打石に関する分類・用語を決定した。次いで，これまで先史時代のものとされていた石器の中に，意図せずして古代以降の火打石が含まれてしまった場合があることを具体例から指摘した。これは，石器の考古学的な研究手法をもって実践したものであり，この検討過程をみていくことで，考古学的な見地から火打石を認定する方法の説明とした。そして，日本列島各地で進められてきた遺跡出土の火打石をめぐる研究史に触れ，その特徴や着眼点そして課題等を抽出するとともに，九州におけるいくつかの小地域・遺跡群単位で，発掘調査報告書等に未掲載のものを資料化しつつ火打石を集成し，近世以降の文献等の検索や地学的な検討によって火打石の石材種の特定を可能な限り進めた。そして，明らかとなった産地と遺跡の地理的位置関係等やその編年的な整理により，火打石の流通の様相とその変遷等について言及した。さらに，九州の周辺地域として朝鮮半島や台湾における考古資料の火打石や関連する古文献等を検索し，両地域における火打石の概要把握として，ヨーロッパのフリント製火打石との関係の検討を試みた。

　第3章は，考古資料としての火打金からのアプローチである。火打金に関する先行研究の着眼点や型式分類を紹介しつつ検討を加えた上で，九州および朝鮮半島・中国東北部における考古資料・民俗資料の集成結果を踏まえた，横断的な火打金の分類案を提示した。そして，九州の火打金について，その登場や変遷について総体を把握した。さらに，日本列島をはじめ東アジアにおける火打金の歴史的展開を紐解く上で重要と指摘されつつも，これまで実態がほぼ不明であった朝鮮半島や

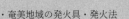

第1図　本書の構成

中国東北部における火打金について，その通史的な変遷等を概観した。

　第4章は，主に民俗資料からのアプローチである。まず，火打石・火打金に関する考古資料が限定的な奄美地域，日向地域のうち九州山地一帯の山間部，朝鮮半島，台湾を対象に，将来の考古資料の登場や増加を見越して，民俗資料から検討を深めておこうと考えた。その方法は，民具を図化することで考古資料と連続的な検討を可能とするもので，聞き取りや生活記録の検討も加えることで，とくに近代以降について，考古資料のみでは到達しえない諸相の描出を心がけた。台湾については，1940年代以前に収集・記録された生活・文化・習俗等に関する豊富な民族誌を整理し，発火具や発火法の変遷，それらの登場背景の把握を試みた。また，九州の火打石産地について，第2章で取り上げた以外にも多くの民俗学的な聞き取りならびに近世以降の文書等に登場する情報があり，ここで解説した。

　第5章は，絵画資料からのアプローチである。近世・近代の浮世絵や錦絵といった絵画資料に登場した発火具や発火法を検討し，考古資料からは復元の困難な，発火具を用いた際の右手・左手の使い分けといった身振りについて明らかにした。また，絵本"かちかちやま"に描かれた火打石・火打金とその描かれ方の変化と社会的背景について検討した。

　終章では，本書の成果として，九州と朝鮮半島・中国東北部・台湾における火打石・火打金からみた歴史について取りまとめ，最後に，今後の課題等について触れた。

第 1 章 発火法の二様

――打撃式発火法と摩擦式発火法――

1 打撃式発火法と摩擦式発火法

　火起こしの技術とそれを支える物質文化をめぐる研究は，1870 年代以降からヨーロッパにおいて取り組まれている（Tylor 1870, Hough 1926, Balfour 1907・1914 ほか）。東アジアでも，日本人や日本文化のルーツを巨視的に捉えようとした鳥居龍蔵により各地で野外調査が進められ，発火具や発火法とその系譜等をめぐる「発火用紐錐ニ就テノ二事實」や「上代吾人祖先の発火法」が著された（鳥居 1896・1902a・1902b・1925 ほか）。また，日本人の生活史を当時の若い世代に伝えるという意図のもと，柳田國男により著された『火の昔』は，発火具や火にまつわる風習や話題を紹介するものであった（柳田 1944）。戦後になって河出書房から出版された『日本考古学講座』において，歴史時代（中世・近世）の一項目として「火の歴史」が宮本馨太郎によって著されている（宮本 1956）。宮本の記載は，発火具等の考古資料が少ない当時の状況もあって，専門分野でもある民俗学・風俗史的な視点からの記述が多く含まれるものとなっている。

　そして，高嶋幸男の『火の道具』（1985 年）で提示された成果や着眼点は，火起こしの技術とそれを支えた物質文化をめぐる考古学的な研究に大きな影響を与えることとなり，今日でもなお多く引用されている。『火の道具』は，その書名のとおり発火具そのものを中心に検討したものであり，増加していた遺跡出土品も多く取り上げるとともに，自らの発火実験の成果や民俗資料にまで広く目配りがなされ，人と火をめぐる歴史へ体系的にアプローチした数少ない研究の 1 つである。

　これらの発火具や発火法をめぐる初期の研究から近年までの概説・総論の中では，マッチ登場前にみられた主な発火法として，打撃式発火法と摩擦式発火法の 2 つが必ず挙げられている。遺跡出土の発火具で多いのは，やはりこの 2 つの発火法に関するものであり，その一例として挙げた広島県福山市に所在する草戸千軒町遺跡例にみるとおり（第 3 図），打撃式発火法では火打石・火打金が，摩擦式発火法では火鑽杵・火鑽板がそれぞれの代表資料となっている（広島県草戸千軒町遺跡調査研究所編 1993・1994・1995a・1995b・1996，篠原 1986，岩本 2000，藤木 2017a）。

　本書では，2 つの発火法のうち，打撃式発火法の歴史に関する議論を中心としたことから，本節では打撃式発火法の概要のみまで触れ，次節において摩擦式発火法の諸相について概観した。

　打撃式発火法は，火花式発火法と呼ばれることもあり，世界各地に分布する。その方法は，主に火打石と鉄製の火打金とを打ち付けて火花を発し，有機質の火口（読みは"ほくち"）に火花を落とすことで火種を得るものである。多くの人が火打石としてまず思い浮かべるのは，江戸時代を舞台にした時代劇等で，家から出かける家人の肩付近に火花を飛ばして安全等を祈るいわゆる切り火のシーンかもしれないが，その本来の用途は，火打金とセットとなる発火具である。江戸時代には，火打石について記した文献がいくつか残されており，各地に火打石の産地が知られていたこと，産地ごとに火打石の色あいや質の良し悪しが異なっていたこと等がわかる。なお，鉄を本格的に利用

する以前のヨーロッパ等では，鉄を含む鉱物である黄鉄鉱等とフリント等の岩石を打ち付け火花を発することで火種を得る方法も存在した（Stapert and Johansen 1999 ほか）。

火打金は，日本列島においては，おおよそ山形のもの，短冊形のもの，木製の握手に打ち付けられた鋏形のもの等がみられ（高嶋 1985，山田 1989，林 1994，関 2002 ほか），筆者による収集品（第2図）でもわかるとおり，実に様々な形状のものがある。

火打石と火打金による発火の原理について，鉄製の火打金に火打石の鋭い稜線（角〈読みは“かど”〉ともいう）が打ち付けられることで，火打金がちぎれて火花が生じるものである。物理的にいうと，鉄がちぎれ飛ぶという急激な運動エネルギーが熱エネルギーへ変換することで熱が発生し，火花が生じるのである。これと関係し，火打石には，火打金との打ち付けに伴って付着した鉄分に由来する，鉄錆がみられる場合がある。

「角のある　中は打たるゝ　火打石」「角とれて　打つ人もなし　火打石」とは二宮尊徳による処世秘訣を説く句であるが（楽鷹編 1906），このとおり，火打石は，使い続けられると小さな剥離や欠けが折り重なって稜線（角）の鋭さが失われ，さらに進むと潰れて丸みを帯びる。火打石は，その稜線が丸くなってしまうと鉄をちぎることができないため，結果的に火花が起きなくなってしまう。そこで，火打石を再び使用できるよう，新たな稜線を確保するために火打石は打ち割られる。火打石は，この繰り返しの中で小さくなっていき，ついに廃棄される。

火口は，火打石と火打金の打ち付けで生じた火花を落とす有機質のものであり，考古資料で見ることはほとんどない。日本列島における民俗資料で知られる火口の材料には，ホクチタケ（シロカイメンタケ）・エブリコ・アカタブ（ハルニレ）・ヨモギ・ヤマボクチ類とホクチアザミ・サクラやキリおよびヤナギ等の消炭・イチビやアサ等の殻の消炭・チガヤやガマおよびガガイモ等の穂や綿等がある（深津 1983）。

打撃式発火法の終焉は，マッチの登場により始まった。それを象徴するかのように，1880（明治13）年の『日本産物誌』に「マッチヲ用イルヲ以テ，大ニ燧石ノ，声価ヲ減ゼリ」とあり，『日本帝国統計年鑑』では 1881 年分を最後に火打石の項目が姿を消している（大西 1997）。火打石でなくマッチが発火具の主流となった時代の到来であり，地域ごとの事情等に応じて時間差をもちつつ，火打石・火打金を使用する生活文化そのものが大きく失われた。そして，マッチもまた，使い捨てライター等の普及によって発火具の主役を追われてしまうのである。

火打金・火打石は，現在でも，厄除けや縁起担ぎといったいわゆる切り火を打つ道具として，神具・仏具屋等で市販されていることがある。それは，かつての火起こし具という目的から変容しつつも，今なお続く火打金・火打石の利用である。

2　摩擦式発火法をめぐる諸相

摩擦式発火法は，打撃式発火法と同じく世界各地に分布し，一般的に打撃式発火法より先行して採用されている。

摩擦式発火法には，その方法から大きく分けると，往復運動によるものと回転運動によるものの二者がある。往復運動による摩擦式発火法には，火溝（ヒミゾ）式・鋸（ノコ）式・糸鋸（イトノコ）式等があり，回転運動による摩擦式発火法には，その道具の用い方によって揉鑽（モミギリ）

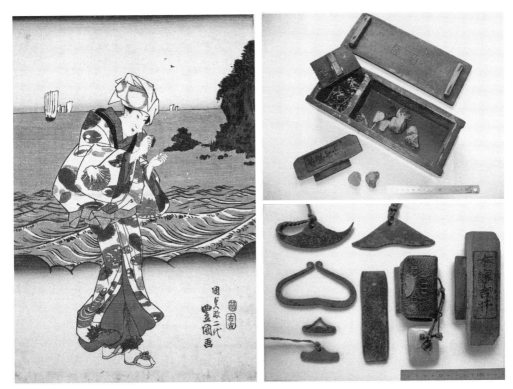

第2図　火打金と火打石を用いる様子（左）と多様な形態の火打金等（右）

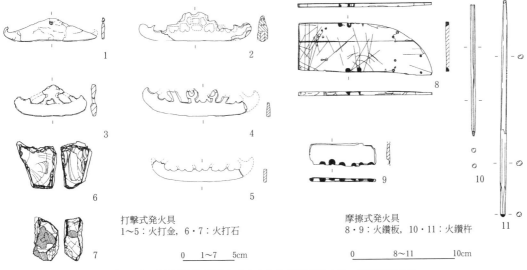

打撃式発火具
1〜5：火打金，6・7：火打石

摩擦式発火具
8・9：火鑽板，10・11：火鑽杵

第3図　草戸千軒町遺跡から出土した打撃式発火具・摩擦式発火具

式・紐鑽（ヒモギリ）式・弓鑽（ユミギリ）式・舞鑽（マイギリ）式等がある。"鑽"は"切"と書くこともある。摩擦式発火法のうち，日本列島で一般的であったのは回転運動によるものであり，その大半は火鑽杵を火鑽板の臼（火鑽板の表面にあけられた臼状の凹み）にあて，火鑽杵を火鑽板の臼の中で回転させ，その摩擦によって木の繊維が削れて木屑が生じ，それが摩擦熱で高温になって火種となるというモミギリ式であった（第4図）。

第4図 鄒族タッパン社におけるモミギリ式発火法の様子

発火法＼時代	春秋戦国時代〜南北朝期	漢・晋	唐	宋・元
摩擦式発火法	一般に普及	宗教儀式の中に存在		
打撃式発火法 石どうし（黄鉄鉱等）		存在	一般に普及	
打撃式発火法 火打金と石				一般に普及

第5図 中国中原地域における発火法の変遷

　摩擦式発火法をめぐる研究は，打撃式発火法とともに19世紀からヨーロッパや東アジアで取り組まれた（Tylor 1870，鳥居1896ほか）。鳥居が歩いた東アジア各地においては，近年，遺跡発掘調査により摩擦式発火具の出土が知られるようになっている。例えば，新疆ウイグル地区では，多数の摩擦式発火具が出土しており，集成的研究等も進められている（于2008ほか）。朝鮮半島における摩擦式発火具の出土例は多くはないものの，光州広域市に所在する新昌洞遺跡から出土した火鑽杵・火鑽板（国立光州博物館1997）がよく知られており，烏山市に所在する佳水洞遺跡等においても同様の摩擦式発火具が出土した（国立伽耶文化財研究所2008）。なお，"発火石"と分類されている石器が青銅器時代の遺跡から出土する。それは，台石の表面に円形の凹みがあるもので，火鑽板のような見かけであることに由来した器種名であるが，発火石が実用の発火具であることを示すような使用痕や出土状況は確認されていない（国立大邱博物館2005）。

　また，中国中原地域における発火法の変遷については，中国民族考古学の大家である汪寧生によって，複数の古文献にある情報に依拠しつつ描出された（第5図）。まず，遅くとも春秋戦国時代から南北朝期には摩擦式発火法が一般的であり（汪2008，孫2008），汪によると，石どうし（黄鉄鉱等）を打ち合わせる火起こしが漢・晋のころには存在し，次いで，唐代（618〜907年）には，石どうし（黄鉄鉱等）を打ち合わせる火起こしが広く一般に普及し，摩擦式発火法は宗教儀式の中に残されていたという。そして，石どうしによる発火法でなく火打金を用いる発火法は，宋・元代（960〜1368年）に普遍化したとされた（汪2008）。この変遷については，遺跡出土品等でもって将来，検証されることが望まれるものの，考古資料の乏しい，中国中原地域における発火具の歴史に

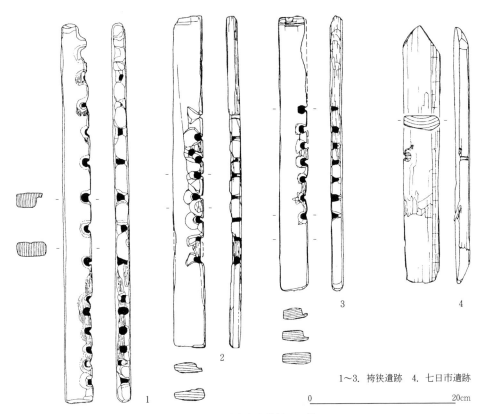

第6図　遺跡出土火鑽板の一例

関する重要な見解として注目され，終章で改めて触れたい。

　日本における摩擦式発火法をめぐる研究は，同発火法が現在もなお神社等の神事で継承されていることから，より古い年代における発火法の特徴を残すものとして早くから注目されてきた。例えば，国機関により取りまとめられた『火鑽習俗』（文化庁文化財保護部編1981）や，神社の神事で用いられる発火具に関する研究（高嶋1985）等が挙げられる。

　また，古代技術の復元という観点から実験等がなされている。主なものを挙げると，まず，1970年代以降に，岩城正夫や高嶋幸男等による習俗の収集や，膨大な組み合わせと繰り返しなされてきた実験とそれに基づく技術の復元等から，発火法に関する重要な知見がもたらされてきた（岩城1976・1977，岩城・関根1983，高嶋・岩城1981，高嶋1983・1984・1985ほか）。少し遅れて，別府大学史学研究会による発火実験等の成果も公開された（副枝ほか1986，宇都宮ほか1986）。これらの復元研究は，遺跡出土品の解釈や，さらには各地の博物館等で実施される古代生活体験等の中で大いに活用されている。

　神話の中に摩擦式発火法や発火具を見出す研究もなされている。日本およびメラネシア，ポリネシアから南米にかけての地域の神話には，火が女神的存在の体から出て人間のものになったというモチーフがみられ（吉田2005），火鑽板を女性に，火鑽杵を男性に見立て，男女の性交と摩擦式発火法を関連づけたような事例が散見されるという。『古事記』に描かれた，最初の男女神イザナミ・イザナギが性交によって国土や神々を生み，最後に火神ヒノカグツチを産み落としたことにより，イザナミは陰部を火傷して死んでしまうという話もその1つである（山田2006）。本書の第4

章第5節で取り上げた台湾原住民の神話・伝承の中にも，火鑽板を女性，火鑽棒を男性とする，男女モチーフが知られている。

　遺跡出土の摩擦式発火具をめぐる考古学的研究としては，近年では，日本列島で出土する火鑽板と火鑽杵の樹種同定例の集計が注目される（伊東・山田編2012）。同研究では，北海道から熊本県までの縄文時代からおおよそ中世まで（北海道等についてはアイヌ期まで）の火鑽板300例以上，火鑽杵80例以上が集成され，火鑽杵・火鑽板ともにスギ・ヒノキが多用されていることが判明した。スギ・ヒノキ以外では，列挙すると，火鑽杵にはアジサイ属・ノリウツギ・アスナロ属・アキグミ・クワ属・ケヤキ・サワラ・シャシャンボ・ツツジ？・ニレ属・ムラサキシキブ属・モミ属等が，火鑽板にはツルアジサイ・アスナロ・アスナロ属・イヌエンジュ属・イヌガヤ・エノキ・エノキ属・オニグルミ・カエデ・カキノキ属・カツラ・カヤ・キハダ・クヌギ・クリ・クロモジ・クロモジ属・ケヤキ・コナラ属・ヤマザクラ・サネカズラ・サワラ・シャシャンボ・シロダモ・スギ属・タブノキ・ヒメシャラ・ニガキ？・ニレ属・クロベ属・ハリギリ・ブナ属・マタタビ属・モクレン属・モミ属・ヤナギ属等がある。なお，樹種同定されていないものを含めると，発火具そのものの出土がきわめて限定的な沖縄地域においても，那覇市に所在する渡地村跡から15世紀代と推測された火鑽板の出土がある（沖縄県立埋蔵文化財センター2007）。

　また，遺跡出土の摩擦式発火具の詳細な検討から，重要かつ新たな見解も登場している。いくつか概要を紹介すると，まず，兵庫県内出土の摩擦式発火具を集成した中村弘は，火鑽板の臼の配置に注目し，最初に決められる臼の両端が火鑽板全体の端から内に10cm程度である点について，火鑽板を手や足で支える部分を確保した結果であると解釈した（第6図1〜3）。このほか，片側を山形に尖らせ，中には底面の前後にも削り込みが入れられる舟形をした火鑽板（第6図4）は，舟形品のいずれも臼が1か所のみとなっている点に着目し，類品の出土状況・民俗例等を参考に，水を呼ぶ祭祀等で用いられた可能性に言及した（中村2005）。山形県の庄内地方出土品を観察した大場正善は，火鑽板・火鑽杵の材料としてどういった長さ・太さ等のものが確保されたかを資料から読み取り，その後，道具として仕上げる中で臼を設定する過程や，光沢・摩滅等の痕跡について，摩擦式発火法の実験データ等と総合して実際に使用した際に生じた手ずれ等と解釈した（大場2012）。

　なお，日本列島において，発掘品の中に明確な発火具が"安定して"登場するのは，各地で摩擦式発火具の出土例がみられる弥生時代になってからである（例えば小川1996，白鳥2005，中村2005ほか）。弥生時代に一般的であった摩擦式発火法は，縄文時代以前にも遡って普及していたとみてよい。とくに，いわゆる木の文化を発達させてきた日本列島の環境特性は，木製道具を使う発火法が古くより存在していたことを想定させる。一方で，中国中原地域で存在したとされる石どうしを打ち合わせる打撃式発火具の出土は，日本列島において今のところ聞かれないものの，その存在を完全に否定できるものではない。日本列島における発火具の始まりについては，未だ不明な点が多いと言わざるをえず，あまり顧みられていない旧石器時代から縄文時代における発火法について今後の発掘調査等の中でも，大いに留意される必要があろう。

　このように摩擦式発火法をめぐる議論は，考古学・民俗学・民族学等にまたがる多くの視点や内容にわたるため，別の機会を設けることとしたい。

第2章　考古資料としての火打石

　火打石は，打撃式発火法で必要なモノの中で，考古資料に多く現れる代表的遺物の1つである。しかし，実際は多くの発掘調査で出土してはいるのであろうが，火打石は，発掘調査報告書の中で標準的に掲載される遺物とはなっていない。一方で，古代生活体験や公的機関による教育普及的な活動の中では，火打石は，予想以上に人気の高いものでもある。例えば，火打石を用いた"火起こし体験"は各地で実践されており，出土品展等の中でメインでないワンコーナー的扱いにすぎなかった火打石の展示箇所が予想以上に賑わった経験がある。火打石の人気は，市民の中で決して低くなく，むしろ高いといってよい。

　この，市民と遺跡発掘調査を担う考古学関係者との間にあるギャップの理由や背景とは何なのか。私自身が見聞きし経験したことも織り交ぜつつ，考古資料としての火打石を取り巻く現状について，最初にみておこう。

　考古学関係者と火打石に係る意見交換をする中で，火打石が発掘調査報告書等に掲載されない理由として多く聞かれたのは「そもそも火打石を知らない」，「火打石という用語は知っているけれども実際のモノとして遺跡出土品の中で判別することができない」，「どういった点に注目すればよいのかわからない」，「土器等のように遺跡や遺構の年代決定や性格付けに役立つ資料になるのか不明であるため発掘調査報告書へ掲載しない」等であった。これらの声からみえてくる1つ目の問題には，火打石に用いられる石材の種類や質に関する点がある。すなわち，火打石には，先史時代の石鏃等に用いられるような比較的に質の良い石材のみでなく，相対的に質の劣る石材が用いられることがあり，石器として認識されにくい場合がある。その最たるものの1つが石英であるが，石質があまり良くない石英等を用いた火打石であった場合，発掘現場でそれと気付かれることもなく，泥等が付着したまま自然石等として扱われ，ついには回収されない可能性すらある。あらゆる石資料をいったん現場事務所まで持ち帰り，簡易な水洗を繰り返した結果，取り上げ作業中に全くそれと認識できなかった火打石，とくに石英や質の劣る珪質岩等の石材を用いた火打石を多数発見した経験からは，その地域等で用いられた火打石石材を知っておくことが重要と気付かされる。

　2つ目の問題は，石器としての認識しにくさである。同じ石器であっても，石鏃や石斧といった，形のわかりよいものであればそれと認識されやすい一方で，火打石は，火打金と打ち付けられることで，少しずつながらも偶発的に形や大きさが変わっていくものであり，これという定形がない。火打石とわかる上で決定打となる使用痕は，知っていればわかりよいのであるが，石英をはじめ石材によっては使用痕が観察しづらいことがある。1つ目の問題で挙げた石材の問題とあいまって，発掘調査報告書作成の過程で水洗まで辿りついたとしても，火打石と認識されずに廃棄されてしまうこともあろう。

　こういった問題意識のもと，本章ではまず，第1節で火打石の分類等に係る研究史を検証し，第2節で火打石に関係する用語・分類を定めたい。それは，火打石への理解を深めるとともに，よりわかりやすい用語を選択できるための検討でもある。

　次いで，第3節において，意図せず先史時代資料中に含まれてしまっていた古代以降の火打石に

ついて，考古学的な研究手法をもって抜き出しえた成功例，またはその反対に，火打石として報告されたけれども実際は火打石でないと判明した例を取り上げていく。そのねらいとしては，火打石が抽出あるいは選り分けられていく過程を詳細に紹介することで，火打石を認定する方法の共有化を図ろうというものである。

第4節においては，日本列島各地で進められてきた遺跡出土の火打石に関する研究史をたどり，その研究の特徴や視点を学んでいく。次いで，九州におけるいくつかの遺跡群・小地域単位で，発掘調査報告書等に未掲載のものを資料化しつつ火打石を集成し，九州における火打石について検討する。検討にあたっては，火打石の石材の種類やその産地について特定を進め，遺跡群・小地域単位でどのような火打石の利用形態や入手の状況，それらの変遷等を明らかにする。

第5節では，九州における火打石の検討過程で判明してきた，九州一円に広く分布している，現在の徳島県阿南市で得られる大田井産チャート製火打石の存在とその意味について，取り上げる。

第6節では，朝鮮半島や台湾における火打石に関する考古資料や古文献等を検討し，両地域における火打石の概要をみていくとともに，火打石銃やフリント製火打石がイギリスをはじめヨーロッパから東アジア地域へ運ばれた点を明らかにする。

1　火打石の分類や用語に関する研究史

火打石という用語は，岩石種としてのフリントに限定して用いられることもあるが，本書では，鉄（鉄製の火打金等）を削るのに十分な硬さと縁辺の鋭さを有する，火打石の候補となりうる硬質の岩石等全般を指すこととした。この硬質の岩石等の種類には，フリントはもちろん，主に石英（水晶）・メノウ・玉髄・鉄石英・チャート・サヌカイト等が挙げられる。用字については「火打石」「火打ち石」「燧石」が見られ（読みはいずれも "ひうちいし"），漢字圏である台湾・中国では「打火石」「火石」「燧石」等で表されている。このほか『日本民具辞典』（日本民具学会編1997）によると，「ヒウチイシ」以外に「カドイシ」「カド」と呼称する地方もあるという。これらを総合的に検討した結果，本書では，引用等による原典表記を優先する場合を除き「火打石」の表記で統一する。

次に，火打石の分類や関連する専門用語については，先行研究（小林1993・2016，上峯2004，大屋2007ほか）を紐解いてみよう。

小林克は，火打石の使用から廃棄までの過程を読み取る意図のもと，遺跡出土の火打石について，使用の程度から以下の◎・○・△・×の4つに分類した（小林1993）。

◎：存在する鋭利な角度を有する稜部分のほとんどに細かい剝離が入り，摩耗している状態のもの。これは出土した形で使用されていたと考えられる。

○：存在する鋭利な角度の稜の多くには細かい剝離や摩耗痕が認められるが，いくつかのそのような稜には細かい剝離や摩耗痕が認められないもの。これは出土した形で使用されていた可能性も高いが，出土した形よりも少し大きな形で使用されていた可能性も排除できない。

△：存在する鋭利な角度の稜線の多くには細かい剝離や摩耗痕は認められず，部分的にのみ細かい剝離や摩耗痕が認められるもの。これは出土した形で使用されていた可能性が少ない。

×：すべての稜に細かい剝離や摩耗痕は認められないもの。これは再利用のために打ち割られた

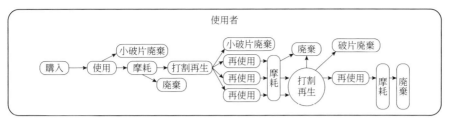

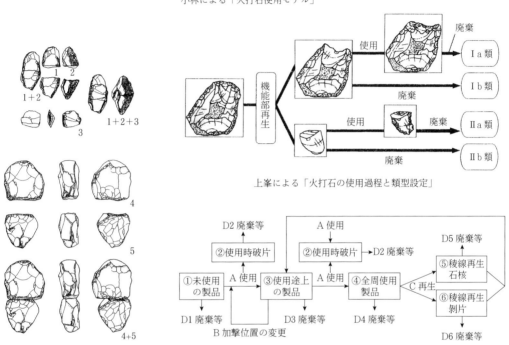

第7図　火打石の接合事例および先行研究における火打石の捉え方

際，廃棄されたものと考えられ，出土した形では使用されなかったと考えられる。

　この小林による分類の根本には，火打石の使用者の目線，すなわち火打石の購入に始まって，使用，摩耗，打割再生，再使用，摩耗（以下，摩耗から再使用の繰り返し）を経て，ついには廃棄されるという火打石のライフサイクルへのまなざしがある。小林は後に，東京都渋谷区に所在する北青山遺跡の出土品において火打石どうしの接合に成功し，使用によって鋭い稜線が失われたことにより火打石が打ち割られ，新たに得られた鋭い稜線もまた火打石として使用されていく中で潰れてしまったという状況を実物資料でもって証しだてており（第7図），貴重な事例となっている（小林・松崎 2001）。

　上峯篤史も，火打石のライフサイクルを重視する点で小林と同じ立場である。しかし，小林による火打石の分類について「可能性も排除できない」等の曖昧な表現がある点を問題視し，改善策として，火打石の剝離面の切り合い関係等を重視した表現を用いて，火打石の使用の程度の類型化を目指した（上峯 2004）。すなわち，小林の分類でも登場する「出土した形・大きさで利用されたと考えられるもの」と「出土したものよりも若干大きな状態で使用され，形も変化していると考えられるもの」を基本とし，以下の4類型を設定した（第7図）。

14　第2章　考古資料としての火打石

Ⅰa類：器面に認められる剥離面のうちで最も新しい剥離面（最終剥離面）がネガティブであり，その剥離面が使用痕（擦痕や細かな階段状の剥離痕）に切られているもの。これは消費限界を迎えて廃棄されたものと推定され，出土した形や大きさで利用されたもの。

Ⅰb類：器面に認められる剥離面のうちで最も新しい剥離面（最終剥離面）がネガティブであり，その剥離面が使用痕（擦痕や細かな階段状の剥離痕）に切られていないもの。これは「機能部再生」を行った直後に廃棄されたものと推定され，出土したものよりも若干大きな状態で使用され，形も変化しているもの。

Ⅱa類：器面に認められる剥離面のうちで最も新しい剥離面（最終剥離面）がポジティブであり，その剥離面が使用痕（擦痕や細かな階段状の剥離痕）に切られているもの。「機能部再生剥片」が火打石として利用されたもの。

Ⅱb類：器面に認められる剥離面のうちで最も新しい剥離面（最終剥離面）がポジティブであり，その剥離面が使用痕（擦痕や細かな階段状の剥離痕）に切られていないもの。「機能部再生剥片」であり，「機能部再生」に伴って廃棄されたもの。

　小林と上峯の捉え方を対比させると，小林の◎と上峯のⅠa類は同一であり，小林の○・△・×と上峯のⅠb・Ⅱa・Ⅱb類がそれぞれ緩やかな対応関係にある（第1表）。そして，上峯の類型設定は，最終剥離面がネガティブであればすなわち元の火打石本体側の中で使用の有無を，最終剥離面がポジティブであれば機能部再生剥片の中で使用の有無をそれぞれ明瞭に捉える点で曖昧さが解消されており，改善に成功している。一方で，「機能部再生」等の理解は良いとして，用語そのものの難解さがある。

　大屋道則は，遺跡から出土する火打石について，その使用過程と遺物形態の変化に注意して，以下の①～⑥に分類した（大屋2007）。まず，①があり，①から③へ移行し（この過程で②が生じる），加撃位置の変更を繰り返しながら③から④へと移行し（この過程でも②が生じる），使用を継続する場合，稜線が再生されることで⑤⑥となる。⑤⑥は再び③になることもあり，以下その繰り返しというように循環する（第7図）。

　①未使用の製品…稜線の全周に使用された痕跡が全く見られないもの
　②使用時破片…火打石の使用に伴って廃出される剥片
　③使用途上の製品…稜線の一部に使用された痕跡が見られるもの
　④全周使用製品…稜線の全周がすべて使用されたもの
　⑤稜線再生石核…新たに使用する稜線を作出するために一部を打ち欠かれた石核
　⑥稜線再生剥片…新たに使用する稜線を作出するために石核から打ち出された剥片

　大屋による分類は，未使用段階の資料についても扱っている点が，火打石のライフサイクルを捉える上で重要な観点であって注目される。未使用段階の資料は，稜線の潰れ等の使用痕がないことから，それ単独では火打石に関連する資料といえず，火打石と認定されるためには，火打石と同一の石材である等の前提を必要とする。一方で，この分類は「原理的に考える」（大屋2007）ことで示されたものであるため，②使用時破片と⑥稜線再生剥片について実際にどちらもありうる資料でありながら，資料そのものを前にしたときに②か⑥かの厳密な区分けが難しいという問題点がある。

　ここまでみてきたように，火打石の分類にあたって，火打石の採集・購入に始まり，使用，摩耗，打割再生，再使用，摩耗（以下，摩耗から再使用の繰り返し）という使用段階を経て，ついには廃棄

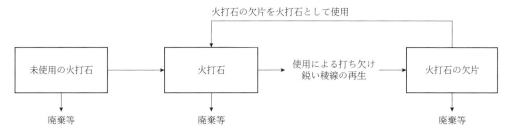

第8図　本書における火打石の分類

第1表　先行研究および本書における火打石の分類とその対応関係

小林1993	上峯2004	大屋2007	本　書
		①未使用の製品	未使用の火打石
◎	Ⅰa類	④全周使用製品	火打石
○	Ⅰb類	⑤稜線再生石核（③使用途上の製品も含みうる）	
△	Ⅱa類	（③使用途上の製品）	
×	Ⅱb類	⑥稜線再生剝片（②使用時破片も含みうる）	火打石の欠片

されるという火打石のライフサイクルを意識している点は，小林・上峯・大屋の三者に共通するものであり，筆者も継承するものである。

2　本書における火打石の分類と用語

　火打石のライフサイクルを念頭に，これまでの分類にあった用語の難解さを解消しつつ，実物資料と確実に整合させやすくすることを意識した結果，本書では「未使用の火打石」「火打石」「火打石の欠片」の3つの分類・用語とすることが最も汎用性が高く，簡潔でわかりやすいと考えた（第8図・第1表）。

　未使用の火打石・火打石・火打石の欠片は，大前提として，鉄（鉄製の火打金等）を削るのに十分な硬さと縁辺の鋭さを有する硬質の石材製である。

・未使用の火打石

　未使用の火打石については，その遺跡群や小地域単位の中で火打石に用いられたものと共通する石材のもので，①河原や段丘礫の露頭等から得られたような，丸みをもった礫面（自然面）を全体に残したままの原石や，②それを打ち割った（礫を分割した）まま火打石としては未使用段階にあるもの，あるいは③岩盤から割り出されたままで未使用段階の石塊や石片状のもの等が想定される。

　未使用の火打石を抽出するためのポイントは，ある遺跡において地山に自然には含まれない礫や石片が出土した場合，その礫や石片は，人の手により何らかの意図をもって遺跡外から運ばれてきたものであろうという前提である。例えば，遺跡出土の石器資料を石材別に仕分けて一堂に並べた際に，その遺跡あるいは近隣の遺跡で出土している火打石と一致する石材の礫や石片が確認できたと仮定する。火打石は，ある1つの礫や石片が打ち割られて小さくなっていきながら使用されていくものであることから，火打石と共通する石材の礫や石片で，かつ使用痕がない場合，これから使用するために準備されたというような未使用の火打石である可能性が出てくるという整理である。

もちろん，使用痕という決定打がないため，出土品全体の中で未使用の火打石と言えるか，見極めが必要である。

・火打石

　火打石は，火打石として使用された痕跡である，稜線上の潰れや摩耗・摩滅あるいは小さな剝離等が残されたものである。

　火打石とは，使用によって割れや欠け・潰れ等が生じることで形状の変化を繰り返すものであり，その使用が止まった時点での形状で遺跡から出土している。したがって，火打石の形状には，多面体となった石塊や石片の場合があり，その大きさは，火打石が片手あるいは指先で直接保持して使われるものであることから，基本的には片手で保持しうる程度のサイズ以下であり，使い込まれた結果で爪先ほどのサイズまで小さくなったものもある。火打石の欠片が再び火打石として用いられることもあろう。また，使用された痕跡は，使い込まれ方の程度によって様々であり，稜線のすべてに痕跡が残されているものから少しの使用のみで部分的な使用痕跡にとどまっているものまでみられる。

・火打石の欠片

　火打石の欠片は，火打石と火打金とが打ち合わされる過程で，偶発的に割れて本体と分かれてしまった石片や，意図的に鋭い稜線を再び生み出す（以下では「稜線の再生」と呼ぶこともある）ことで生じた石片で，かつ石片となった後に火打石として使用されることがなかったものを指す。あるいは，火打金と打ち合わせた際に生じる，小さな打ち滓も火打石の欠片にあたる。観察ポイントは，火打石の欠片のうち，火打石本体側と面的に接着していた面（最終剝離面）側が構成する稜線には，火打石としての使用痕がない点である。一方で，最終剝離面の反対側で複数の稜線からなる面には，稜線上に潰れ等の使用痕が残されていることが多い。

　以上の検討により，本書では，「未使用の火打石」「火打石」「火打石の欠片」という３つの分類・用語を使用し，各事例について説明していくこととした。

3　火打石をどのように見分けるのか——具体例と方法

　本節では，火打石をどのように見分けるのか，具体的な事例を紹介していく。ここで挙げる具体的な事例とは，以下のような，①古代以降の火打石でありながら，旧石器時代や縄文時代の二次加工ある石器や石核等と紹介されたもの，あるいは，反対に，②火打石と紹介されたものの，実際は火打石でなかった事例である。
　①原田榎本ノ一遺跡 A 地点（筑前），油免・本寺遺跡（薩摩），長浜遺跡第 6 地点（豊前）
　②長崎奉行所跡・岩原目付屋敷跡（肥前），日ノ岳遺跡（肥前）

(1)　原田榎本ノ一遺跡 A 地点の事例

　原田榎本ノ一遺跡 A 地点（筑紫野市教育委員会 2011）は，福岡県筑紫野市に所在し，その発掘調査では，上層で中世の溝・小穴等が検出され，下層の調査で旧石器・縄文時代遺物等が出土した。

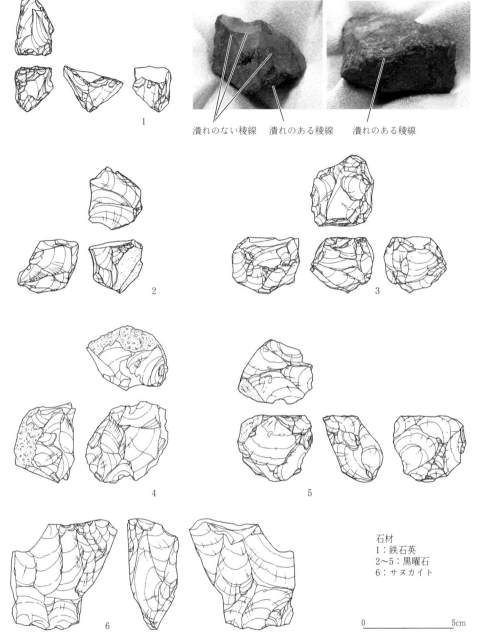

第9図　原田榎本ノ一遺跡A地点出土の鉄石英製石器等

　これまでに「地質・旧石器・縄文時代編」の発掘調査報告書が刊行済みであり，同書中では，出土した旧石器・縄文時代の遺物175点について番号が付され，種別（石器の場合は石材名），器種，取り上げ場所・番号，出土位置の座標，法量等が一覧表化されている。また，石器については，材質および器種別の点数および重量の一覧も掲載されている。

　これらによれば，原田榎本ノ一遺跡A地点からは，旧石器・縄文時代の剥片石器として，石材別に器種組成をみると，黒曜石製の台形石器1点・台形様石器4点・スクレイパー1点・打製石鏃6点・剥片類29点・砕片5点・石核12点・原石2点，サヌカイト製のナイフ形石器2点・剥片尖

18 第2章 考古資料としての火打石

頭器2点・角錐状石器6点・台形様石器1点・スクレイパー9点・打製石鏃4点・剥片類22点・砕片2点・石核1点，鉄石英製の石核1点が出土している。

ここで問題とするのは，原田榎本ノ一遺跡A地点の第1号溝 (1) の覆土上層出土の，旧石器時代あるいは縄文時代の鉄石英製石核である（第9図1）。同溝中から出土した剥片石器には，本資料以外に，黒曜石製の打製石鏃1点・石核1点，サヌカイト製の剥片尖頭器1点・台形様石器1点・スクレイパー5点・石匙1点・剥片1点がある。

注目点は2つあり，1つは，旧石器・縄文時代における石材運用の目線でとらえた場合，黒曜石・サヌカイトが多用される中に鉄石英製石器が石核1点のみという状況とその評価である。原田榎本ノ一遺跡A地点における旧石器・縄文時代の剥片石器の石材は，黒曜石そしてサヌカイトが主という，遺跡の位置する筑紫野平野一帯の当該期に一般的な組成であり，第1号溝出土石器も同様であることから，第1号溝の埋土中から出土した旧石器・縄文時代の石器は，第1号溝が埋没していく過程において地山等に含まれたものが混入したと解釈するのが自然である。そこで，鉄石英製石器が石核1点のみであることについて，原材獲得から剥片剥離，目的石器の製作から廃棄までの流れの中で捉えるならば，剥片剥離された後，石核のみ残して剥片類等はすべて調査区外へ持ち出された，あるいは石核のみが持ち込まれそのまま残された等が考えられる。注目点の2つ目は，鉄石英製石核1点のみに細かな剥離痕が縁辺等に多数入っていて，図化された石核のうち，鉄石英製以外の黒曜石製石核11点・サヌカイト製石核2点には同じような剥離痕がみられない点である（第9図2〜6）。細かな剥離痕の性格について，埋没後に生じたいわゆるガジリ等の可能性も考えられたが，本来的に残された細かな剥離痕とすれば，黒曜石・サヌカイト製石核と異なる何らかの状況が鉄石英製石核にのみ生じたことになる。

後に実見を経て，この鉄石英製石核（第9図1）は，旧石器・縄文時代の石核ではなく，後世の火打石であると判明した。石器の面を構成する稜線のうち，正面は上と左，上面は全周，右面は上，裏面は中央正面に小さな剥離があるが，これは火打金に打ち付けられた際の衝撃で生じた剥離である。正面左側や裏面中央の稜線は，微細剥離が残され，それが折り重なって面的な潰れにまで進行したことで，鋭さが失われ丸みを帯びた状況である。また，右面の上も，正面左側や裏面中央の稜線ほど顕著ではないが，よく潰れている（第9図の写真右側）。一方，火打金に打ち付けられることのなかった稜線には，当然，使用痕はない（第9図の写真左側）。このように，潰れのある稜線とそうでない稜線の違いは明白である。この稜線上の微細剥離や潰れの存在こそが，石核でなく，火打石であると判断する際の重要な根拠の1つである。

参考に，石材分類をベースに原材獲得から剥片剥離，目的石器の製作から廃棄までの流れを復元する過程が火打石を抽出する契機となった好例の1つとして，宮崎県高鍋町所在の牧内第1遺跡で火打石が抽出された経緯を紹介しておこう。すなわち，旧石器時代から縄文時代早期にかけての出土石器5,700点強のすべてを対象に石材別の仕分けが徹底された結果，①玉髄製石器が1cm角に収まる小剥片1点のみであったこと，②同石器の稜線に火打石に通有の顕著な潰れが看取されたこと，③使用石材が周辺遺跡で近世の火打石に多用された玉髄であったこと，④出土層位がアカホヤ火山灰上位のクロボクであったため縄文時代早期以前とするためには原位置を大きく遊離した資料となる一方で近世等の石器であれば自然な出土層位であることの4点によって，縄文時代早期以前の石器が原位置遊離したのではなく，出土層位や石材，使用痕を根拠として，使用時の衝撃等で割

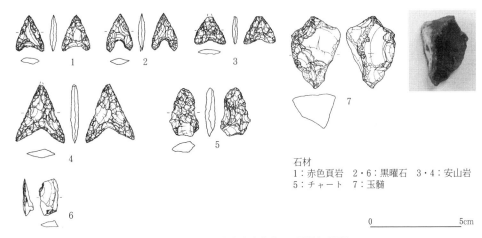

石材
1：赤色頁岩　2・6：黒曜石　3・4：安山岩
5：チャート　7：玉髄

第10図　油免・本寺遺跡出土の玉髄製石器等

れた近世の火打石の欠片であろうと報告されたのである（宮崎県埋蔵文化財センター2007c）。器種優先にみていくと，縄文時代早期以前の大量の石器に埋もれて見落とされそうな例であるが，石材分類をベースに石器製作から廃棄までの流れを復元する過程を経て火打石が抽出されている。

(2) 油免・本寺遺跡の事例

　油免・本寺遺跡（鹿児島県立埋蔵文化財センター2010a）は，鹿児島県南さつま市加世田に所在し，縄文時代前期・後期・晩期，弥生時代中期，古墳時代，中世，近世にわたる複合遺跡である。発掘調査は，国道拡幅に伴う細長い区画でなされ，遺物には縄文時代晩期と弥生時代中期のものが多く出土した。発掘調査報告書には，縄文時代晩期の石器として，打製石鏃5点（安山岩製2点・上牛鼻産類似の黒曜石製，頁岩，チャート製各1点），腰岳産類似の黒曜石製挟入石器1点・玉髄製石核1点が掲載され，このほか石錘・磨石・敲石・凹石が挙げられている。これらの石器は，そのほとんどがⅢa層からの出土で，一部がⅡ層出土であるほか，玉髄製石核のみ"一括"とされ，出土層位や詳細な平面位置が不明確となっている。

　結論から言うと，玉髄製石核と報告された石器は火打石である（第10図7）。火打石と判断する根拠は，正面下側や裏面中央を走る稜線等にある潰れと，潰れのある稜線やその周囲に点々と付着する鉄錆の存在である。同様の石器器面上の稜線の潰れや鉄錆の付着は，ともに報告された打製石鏃・挟入石器にはない。

　まず，潰れは，火打金に打ち付けられた際の衝撃で生じたものである。鉄錆は火打石の鋭い稜線でもって火打金≒鉄をちぎることによって火打石に付着した鉄分が錆びたものと考えられる。火打石の年代については，鉄錆の付着からは鉄製火打金の登場以降の火打石とみた方が良く，縄文時代晩期ではなく古代以降のものと推定しておく。

　なお，火打石の抽出にあたって，鉄錆の付着が有効に働いた好例を参考に紹介しておきたい。山口県立山口博物館所蔵品の美濃ヶ浜遺跡の採集品について，縄文時代石器とされていた資料中から火打石を仕分ける上で，チャート製石器にのみ稜線上の潰れとともに鉄錆付着が肉眼で看取され，サヌカイトや姫島産黒曜石製石器ならびに礫石器には潰れ・鉄錆ともみられなかった点に注目した。特定石器にのみ鉄錆が付着するという限定的状況は，ガジリ等による偶発的な鉄錆付着ではないこ

とを物語っており，潰れの存在とともに，それが火打石と認定される重要な根拠となったのである。

(3) 長浜遺跡第6地点の事例

　長浜遺跡は，福岡県北九州市に所在し，1602（慶長7）年に始まる細川忠興による小倉城築城に際して，紫川河口の漁民が郭外の東へ移されて成立した漁村集落である。同遺跡の位置は，紫川とそれが注ぎ込む響灘により形成された沖積低地であり，国土地理院による土地条件図でも波浪，沿岸流，風によって運ばれた砂からなる砂州・砂堆・砂丘に相当している。集落北側は響灘に面しており，海沿いに当時の幹線道路である門司往還が東西に通っている。この往還の南裏筋にあたる「ウラミチ」沿いに長浜遺跡第6地点（㈶北九州市芸術文化振興財団埋蔵文化財調査室2011）は位置する。同地点の発掘調査で確認された土層堆積と遺構群の相関は，まず，17世紀後半以降の遺構群の基盤層となる灰白色をした砂層（3層）があり，次いで，2層上面に19世紀前後，1層上面に幕末頃の遺構群が載っている。そして，第6地点を含む集落東側は，遺構密度の高まる19世紀前後を境にして急拡大したとされている。

　検討資料は，長浜遺跡第6地点のうち3区の石列より北側の1層併行層から出土した，チャートを用いた旧石器とされた資料である（第11図）。これもまた結論から言うと火打石と判明したのであるが，検討上のポイントがいくつかある。1つは，遺跡の立地環境と旧石器が出土する関係性である。すなわち，長浜遺跡第6地点とは，そもそも沖積低地の砂ベースの土地に17世紀後半以降の生活痕跡が残されているのであり，一般に旧石器が本来的に包含されるような立地環境・土層堆積ではない。発掘調査報告書どおり，長浜遺跡第6地点において旧石器が出土したのであれば，上述のような環境下に旧石器が含まれるに至った過程が問題となってこよう。例えば，本来の包含箇所からの流れ込みや人為的な持ち込み等といったものである。次のポイントは，技術形態学的に旧石器ではないという報告書図面等を見た際の違和感であり，実見により，「長方形を呈し各辺に細かな調整剥離」という原報告所見どおり，平面長方形に使い込まれ，その縁辺全周に細かな剥離や潰れが残る火打石であった。そして，現在の徳島県阿南市大田井に産出するチャートを用いた石器であった点も，火打石に多用される石材を知っておくことで火打石の判別につながるポイントである。大田井産チャート製火打石については，本章第5節で詳述する。

(4) 長崎奉行所跡・岩原目付屋敷跡の事例

　長崎奉行所跡・岩原目付屋敷跡（長崎県教育委員会2005a）は，現在の長崎市立山に江戸時代に設けられた長崎奉行所跡とその屋敷地の一部に奉行所を見下ろすような位置に造られた目付役の屋敷跡である。同遺跡の発掘調査報告書中では，大量の火打石が出土した旨が報じられ，黒曜石製石器100点中40点が使用痕のある火打石であること，黒曜石以外に，チャート60点のうち赤色チャート30点・灰色チャート6点，石英質白色石3点に使用痕があることが記載されている。

　このうち，黒曜石製石器100点中40点が使用痕のある火打石であるという報告は，とくに目を引くものである。なぜならば，九州は，日本列島の中でも黒曜石産地が多く知られているため，はたして黒曜石は火打石として利用されたのか，利用されたならばその採掘・採集から流通・消費の実態がどのようなものであったか，たいへん興味深いからである。

　長崎奉行所跡・岩原目付屋敷跡から出土した黒曜石製石器の特徴を挙げてみよう。まず目に付く

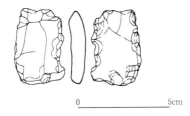
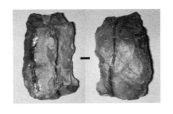

第11図　長浜遺跡第6地点出土のチャート製石器

のは、石器はいわゆる剥片・石核様のものが大半を占め、一部には縄文時代以前と思われる打製石鏃・局部磨製石鏃も見られること、そして器面の風化の進行にいくつかのパターンがみられることである。黒曜石の産地は、肉眼観察では腰岳・淀姫周辺等の西北九州一帯のものが含まれており、それぞれに風化の新旧が認められた。風化の古いものについては、打製石鏃・局部磨製石鏃のもつ風化（以下これを古風化と呼ぶ）に近いものも少なくない。また、古風化に覆われた石器には、凸部を中心に明らかに新しい剥離にみられる風化（以下これを新風化と呼ぶ）をもつものが多い。新風化は、剥離面によって風化の進行度に差がみられるが、その差は段階的であり区分困難であった。

　結論からいうと、報告書で黒曜石製火打石とされた資料について、すべて縄文時代以前の剥片剥離に伴うものであり、後世それに傷（ガジリともいう）が付いたものと判断することになった。火打石でないとした大きな理由は、火打石は新たに鋭い稜線を作り出さない限りその機能を失うからである。

　古風化の一部のみに新風化があるものについて、新風化の原因を火打石として利用されたからと仮定するならば、まず、石器器面の風化が進んだ後に火打石として再利用されたことになろう。そして、利用が進むと鋭い稜線が摩耗してしまうため、新たに鋭い稜線が作られる、すなわち器面の大部分が新風化で覆われることになり、その新しい稜線に再び潰れが残されていくことになる。しかし、実際の資料にはこのような特徴をもつものはあまりに少なく、そうなると新たな鋭い稜線を作り出す前に使用を止めて棄ててしまったことになる。また、新風化の原因ともなっている傷の観察からは、印象の域を超えないながらも、畑地等における表面採集品、つまり一定程度土中で攪拌された状態の石器の特徴をもつようにもみえる。ただし、こうなってしまうと石材等で明確に区別できない限り、火打石とそれ以外を分ける根拠が難しくなるのも事実であり、黒曜石製石器の中に火打石として再利用されたものが全くないとも言い切れない部分が残る。

　まとめると、大半の黒曜石製石器表面に使用痕とも見える傷が残されたのは、石器が遺されて以後において、石器を含む包含層が開墾あるいは整地された時点ではないかと考えたい。整地であれば、例えば長崎奉行所の建て替え時でもよい。これが正しいならば、長崎奉行所跡・岩原目付屋敷跡の出土品の中には、黒曜石製の火打石は基本的にないと言える。むしろ重要となってくるのは、打製石鏃をはじめ黒曜石製石器群は、縄文時代以前の石器群として、調査区一帯の地域史の始まりを示す資料として今後評価されるべき点であろう。また、当遺跡における黒曜石製火打石は存在しないとなったが、黒曜石以外の石材を用いた火打石は多数あって、本章第4節(6)で取り上げる。

　ただし、先史時代石器を転用するという火打石利用のあり方が皆無でない点は注意を要する。それは、福岡県苅田町に所在する雨窪遺跡群（福岡県教育委員会2004）の8世紀代の包含層中より出土した2つの風化面をもつ火打石1点であり、先史時代の石器を8世紀代に火打石へ再利用したと

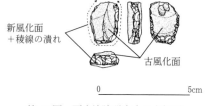

第 12 図　雨窪遺跡群出土の火打石

いう特殊な事例である（第 12 図）。同石器は姫島産黒曜石製で，古風化となる剥離面やリングの様子から本来は小縦長剥片であったと復元され，その縁辺に新風化である剥離とその打点部付近を中心に潰れが見られる。この 2 つの風化面をもったままの状況からは，雨窪例は稜線の多くが潰れてしまった時点で鋭い稜線が再生されることなく廃棄されたとわかり，その理由には次のようなことが考えられよう。まず，本例の場合，元の石器サイズからみて比較的小さな火打石にしかなりえない。また，実際に試し打ちした経験からは，姫島産黒曜石は粘りが少なく火打石として上等ではない。こういった状況からは，チャートやメノウ，石英といった，火打石として当時知られていた石材に似た"白っぽい石"といった程度の認識でもって偶然に拾われたものが火打石として利用されたのだが，サイズ・質ともに鋭い稜線を再生して使い続けるに足りなかった，言い方を換えると，恒常的・普遍的に姫島産黒曜石が火打石に用いられたというのではなく，便宜的な使用にすぎず用済みになってすぐに廃棄されたものと解釈可能である。こういった特殊な状況の中で，雨窪例の姫島産黒曜石製火打石は登場した可能性が考えられる。

(5)　日ノ岳遺跡の事例

日ノ岳遺跡（下川・立平 1981 ほか）は長崎県平戸市田平町に位置し，日ノ岳型台形石器の標識遺跡としてたいへん有名な旧石器時代の遺跡である。日ノ岳遺跡において旧石器時代の火打石が出土したと報告されたことは，あまり話題になったことはないものの，報告どおり旧石器時代の火打石であれば，世界的にみても稀少なものとなる。

火打石は，1976 年 11 月に実施された日ノ岳遺跡の第 4 次調査で出土した。同調査では，それまでに見つかっていた II 層中の炉址の精査を最大目的に調査区が設けられ，新たに炉址 2 基が検出された。報告記載によれば，第二次世界大戦末期にこの地が開墾された折に生じた，北西から南東にかけて幅約 50 cm の溝状の攪乱が II 層中に多数入っており，攪乱中からは旧石器時代の資料とともに近現代の陶磁器片が出土したという。そして，炉址周辺の出土遺物は比較的少なかったが，その中に石英質の火打石が含まれており，「II 層炉址近くで石英質の火打石を検出したことは，当時の生活状況を知ることができる最大の成果であった。即ち，火が何らかの形で管理使用された形跡を示すものではなかったか，という疑いを呈示した」（下川・立平 1981）と述べられている。立平進はその後，長崎県域の火にまつわる民俗を紹介・解説する中で，日ノ岳遺跡で発見された炉址の存在から，火の管理使用の開始に関わる重要な問題を提示した点を強調されている（立平 1985）。炉址のそばから火熱によって変形した石器や「火打石と思われる打面の摩滅した石英質の円礫が二個出土」したことは，日ノ岳遺跡における火の使用の傍証となるとされた。一方で，「火打石と思われるものが必ずしも火打石ではなく，石器製作具であることも考えられなくはないとした上でも，炉址であったことは否定しがたく（後略）」（立平前掲）というくだりもあるが，あくまで話の主題は炉址と火の使用にある。

問題の資料は，重量 62 g で，礫にもとからあった 3 か所の端部に敲打痕が残されるものである（第 13 図）。そして，火打石であるかどうかを考える上で重要なのは，石器の全面が礫面であり，打ち割られて稜線が作り出されていない点である。

火打石は一般に，礫を打ち割りつつそこに生じた鋭い稜線を使って火起こしをするものである。鋭い稜線がなくなった火打石は，火打金と打ちあっても火花をほとんど飛ばせなくなるため，火打石は再び打ち割られ，作り出された新たな稜線で役目を果たすのである。その結果，火打石は，礫面と剝離面，あるいは剝離面どうしの接する稜線に潰れが残されることになる。この観点からは，日ノ岳遺跡で火打石とされた石英製石器は，火打石ではなく，敲石である可能性がみえてくる。敲石は，礫面をそのまま対象物に打ち付けるものであり，使用による潰れは礫面に直接残される。もちろん，敲石の中には，使用過程の中で割れが生じた後もそのまま使い続けられた場合は，礫面でなく割れてできた稜線等にも潰れが残される場合もありえる。しかし，最初から鋭い稜線を作り出して使われたとみられる敲石は，管見の限り存在しない。すなわち，火打石と敲石は，共通点として，使用されることで形状が変化する点や潰れが残される点があるものの，火打石とは鋭い稜線を得るために新たに打ち割られながら使い込まれることを前提とした道具なのである。ここに火打石と敲石の決定的な相違点があるのであり，日ノ岳遺跡の石英製石器は，火打石でなく敲石であると考えた方が自然である。

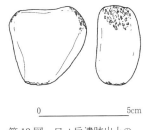

第13図　日ノ岳遺跡出土の石英製石器

　また，日ノ岳遺跡の調査以降に増加した，周辺地域における旧石器時代の敲石と本資料がよく類似していることも，火打石でなく敲石と捉える上で重要なポイントとなる。筆者はかつて，後期旧石器時代の石器製作と敲石の関係について検討し，日ノ岳遺跡を含む西北九州産の黒曜石・安山岩を石器石材に用いる地域では，①石英製の敲石が一定量みられる点，②それらの重量が200ｇ以内に収まる点を指摘した（藤木2000）。日ノ岳遺跡の石英製石器ももちろんこの中に含まれている。特徴の①②に挙げた敲石の類品は，日ノ岳遺跡至近の平戸周辺の遺跡や，島原半島の百花台遺跡，筑紫平野の宗原遺跡等で出土している。以上の所見からは，日ノ岳遺跡の発掘調査報告書で火打石とされた資料は，火打石ではなく後期旧石器時代の石器製作用の敲石といえる。

(6)　火打石の認定法──見分けのポイント

　火打石の見分け方を言う以前に，その"石"に対し火打石としての可能性を疑うことが最初の一歩である。つまり，これは他の考古資料でも言えることであるが，まずは，火打石なのかどうか疑わしい，あるいは怪しい石について，出土状況等について記録された上で発掘調査現場から持ち帰られ，水洗後の再観察を経て，廃棄されずに石器資料として扱われることが大事なのである。その上で，もう一度，火打石の可能性が検討される必要がある。

　石英（水晶）・瑪瑙・玉髄・鉄石英・珪化木・珪質頁岩・チャートといった珪質石材あるいはサヌカイト等の石材は，火打石の材料として好まれ，九州においても，明治時代になってマッチによる発火に主役の座をわたすまで実に長く使われてきた。これらの石材製の石器が古代や中世以降の遺構や包含層から出土した場合，古い時代の石器が混入したものと漫然と判断するのではなく，古代や中世以降の火打石等である可能性も考慮する必要がある。地域によっては先史時代の石器石材と後世に火打石に用いられる石材とが共通することもあり，その見分けに注意を要する。

　火打石に限ったことではないものの，石材分類の上で石材ごとの器種構成を検討することが，火打石を判別していく有効な手がかりとなる。原田榎本ノ一遺跡Ａ地点では，石核でなく火打石と

推測する上で，石材分類が重要なスタートになった。当遺跡では，旧石器・縄文時代等の出土石器全点を対象に石材分類が徹底されたことで，石材的に仲間はずれとなった「鉄石英製石核1点」が使用痕ほか諸種の観察所見を経て火打石と判明したわけである。

　また，周辺遺跡で火打石に好まれる石材を知っておくことで，使用痕の残っていないようなものであっても火打石に関連する可能性を考えることが可能になるし，石材によっては火打石の特定に直結する。長浜遺跡第6地点においては，遺跡の堆積環境的に先史時代石器が入る要素が少なかったことや型式・剥離技術等からみて先史時代石器として違和感があったことに加え，周辺各地で火打石石材として多用されている石材，中でも大田井産チャートという広域流通する石材であったことが判別根拠の1つとなっている（大田井産チャート製火打石については本章第5節を参照）。

　同じ種類の石材であっても，先史時代の剥片石器として用いられたものが良質緻密であることが多い一方で，火打石には同じく良質緻密なものに加え，粗い石質のものも選択されることがある。宮崎県延岡市所在の山田遺跡（宮崎県埋蔵文化財センター2007b）は，旧石器〜縄文時代において最も多用される石材がチャートとなる五ヶ瀬川流域に位置しており，縄文時代以前の石器および中世以降の火打石ともチャート製であった。そして，縄文時代以前の石器には良質なチャートが用いられていた点と比べ，中世以降の火打石には節理等の多く走る相対的に粗質なチャートがあてられていたのである。

　そして，火打石を判別する上で，個々の石器そのものの観察からわかる基本かつ最大の根拠は，火打石として使われたことにより生じた稜線上の潰れ・微細剥離である。これは，火打石として必須の使用痕となる潰れが折り重なって稜線の鋭さが失われ，さらに進むと潰れて丸みを帯び摩滅することもある。チャートやメノウ・玉髄等の硬質緻密な石材は判別しやすく，石英といったあまり質の良くない石材での潰れは判別が難しいときがある。

　稜線上の潰れ・微細剥離は，火打石との打ち付けにより火打金（鉄）が急速にちぎられるという運動エネルギーが熱エネルギーとなり，ちぎれた鉄片が火花となるという発火原理により，打ち付けた際の衝撃で鉄がちぎれると同時に，石の方も割れ・欠け・潰れ等の何らかの変化が生じた結果である。そして，稜線の丸くなった火打石では火花が起きず役に立たない。そのまま廃棄されることもあれば，再び使うことができるよう新たな鋭い稜線を確保するために打ち割られ，その結果で生じた新たな鋭い稜線でもって再び火打金を削りちぎって火花を発生させていき，ついには，小さくなって廃棄されるものである。日ノ岳遺跡の事例のような礫面にのみ潰れ等がある場合は，火打金をちぎるだけの鋭く硬い稜線がないままなのであり，火打石でなく敲石と判断されたのである。

　また，火打石の使用痕の1つに，油免・本寺遺跡例のように，稜線上の潰れ・微細剥離とともに鉄錆が付着している場合があり，潰れとともに火打石とわかるポイントとなる。ただし，この鉄錆の付着自体は，火打石が耕作土等に含まれた場合，鉄製耕起具等に触れることで生じる場合もあり，出土状況への目配りが必要である。

　このほか，長崎奉行所跡・岩原目付屋敷跡から出土した黒曜石製石器のように，先史時代の剥片・石核等に後世の傷がつくことで，一見，火打石のようにみえてしまうこともあった。しかし，火打石である場合，「器面を構成する剥離面」の風化と「火打石としての使用に伴う剥離・潰れ部分」の風化について同程度であることが必要である。もちろん，少ない例ではあるものの，先史時代の石器等が後世に火打石として再利用されることはありうる。

火打石なのかどうか疑わしい，あるいは怪しい石は，出土状況等について記録し発掘調査現場から持ち帰り，水洗後の再観察を経て，もう一度，火打石の可能性を検討する。

火打石の材料として好まれる石英(水晶)・瑪瑙・玉髄・鉄石英・珪化木・珪質頁岩・チャートといった珪質石材あるいはサヌカイト等の石材製の石器が古代や中世以降の遺構や包含層から出土した場合は，古い時代の石器が混入したものと漫然と判断するのではなく，古代や中世以降の火打石である可能性も考慮する。

全体からの視点

石材分類のうえで，石材ごとの器種構成を検討する。

周辺各地で火打石に多用されている石材ではないか。
(火打石に好まれる石材を知る)

・良質緻密でなく，粗い石質のものも選択されることがある。

・型式・剥離技術等からみて先史時代石器として違和感がないか。
(石核・掻器・楔形石器・二次加工ある剥片等は火打石と混同されやすい)

個別石器観察からの視点

火打石として使われたことにより生じた，稜線上の潰れ・微細剥離(必須の使用痕)を探す。

・礫面に潰れ等があるのみの場合は，火打石でなく敲石の可能性が高い。

・潰れや微細剥離とともに鉄錆の付着はないか。

・剥離面と潰れ等の風化の新旧がない。
(ガジリの場合，風化の新旧が生じる)

第14図　火打石の見分け方チャート

　以上の観点から，火打石は十分に認定しうるものと考えられる。火打石は，あくまで使用された結果の姿であるために，使用過程でいかようにも形状変化するがゆえに型式的な特徴が明確でない。遺跡出土品あるいは民具の火打石の特徴としてはサイズ・形状ともに様々であり，鶏卵大から小指の先ほどまでのもの，サイコロ状の多面体のものや薄い剥片状のもの等がある。使用方法を踏まえると，片手に保持できる大きさ，という点は意外に大事な観点かもしれない。

　本節でみたとおり，火打石を判別するにあたっては，稜線上の潰れ・微細剥離があること(礫面に潰れがあるのみのものは火打石でなく敲石の可能性が高い)，中には潰れや微細剥離に伴う鉄錆の付着があること，剥離面と潰れ等の風化の新旧がないことがポイントである。とくに，稜線上の潰れ・微細剥離は必須の使用痕である。また，石材分類とその中での器種検討が徹底されることや周辺各地における火打石石材との比較もまた，火打石の正しい判別において有効といえる(第14図)。

4　九州における火打石の変遷——産地と石材に注目して

　本節では，遺跡出土の火打石をめぐる考古学的な研究史を振り返り，その特徴や着眼点そして課題等を抽出した。その上で，九州におけるいくつかの遺跡群や小地域単位で，発掘調査報告書等に未掲載のものを資料化しつつ火打石を集成し，消費された火打石の変遷や，地質学的検討ならびに古文献等の検討から火打石の産地を可能な限り特定した。

(1) 遺跡出土の火打石をめぐる研究史

　遺跡出土品の研究をみていく前に，江戸時代の火打石について，同時代に記録された文献をいく
つか取り上げたい。これらでは，産地によって火打石の色の違いや質の良し悪しがあることや，江
戸や京坂それぞれの地域で流行していた火打石が異なっていたこと，江戸時代の人々からみた火打
石の様子等，同時代資料ならではの幅広い情報が記載されており，たいへん注目される。

・木内石亭「雲根志」前篇：1773年刊行。

　「火打石は名産多し。国々諸山あるいは大河等にあり。色形一ならず。山城国鞍馬にあるは色
　青し。美濃国養老滝の産同じ。この二品ははなはだよし。伊賀国種生の庄に膏薬石あり。色はな
　はだ黒し。兼好法師が住居せし時に，静弁が筑紫へまかりしに火うちを贈ると書けるこれなり。
　阿波国より出づるはこれに次ぐ。筑後火川，近江狼川は下品なり。水晶，石英の類もよく火を
　出せども，石性やわらかにして永く用いがたし。加賀あるいは常陸の水戸，奥州津軽等の馬瑙
　大いによし。駿河の火打坂にも上品あり。ともに本草の玉火石の類なるべし。」

・滝沢馬琴「羇旅漫録」：1803年刊行。"東海道の噂"として以下の文言。

　「京より伊勢までは，燧石はその色大に黒し。水戸よりでる石のごとく潔白なるものさらにな
　し。京の婦女江戸の燧石を見れば大にあやしむ。」

・喜多川守貞「守貞漫稿」：1837年起稿の百科事典の類。「雑器及嚢」の中の記事。

　「燧石京坂は淡青の石を用ひ江戸にては白石を用ふ」

　このように江戸時代に認識されていた火打石も，明治時代にマッチが普及してからは発火具の主
役を下りることとなり，遺跡出土品として再びその姿を現すこととなる。

　火打石に対する考古学的な研究は，小林克によるいわゆる江戸遺跡を対象としたものがその先駆
けである。小林によると，1980年代後半になって江戸遺跡の調査が多く開始された当時にあって
は，遺跡から出土した火打石について，その用途等は不明なままであった。そのような中，小林は，
東京都文京区所在の真砂遺跡の出土資料をはじめ，江戸遺跡から出土した稜線の摩耗した石類につ
いて火打石であると指摘し，江戸遺跡で出土する火打石の大半は現在の茨城県常陸大宮市諸沢に産
する白色透明な玉髄（石英）製であり，補完的に群馬県吉井町産の石英も用いられていたこと，さ
らには遠く美濃（養老瀧産チャート）や阿波（大田井産チャート）で産出する火打石も持ち込まれて
いたことを明らかにした。諸沢については，その採掘箇所や方法・道具等の記録を行った。また，
東京都渋谷区にある北青山遺跡出土火打石を対象に接合が試みられ，使用の進んだ時点で分割され
た火打石の2つの塊それぞれが再び使用されていた接合事例を見出した（第7図）。これは，使用
されて摩耗した火打石が，打ち割られて鋭い稜線が再生されることで再び火打石として利用された
ことを具体的に物語るのであり，火打石の使用や消費の過程を具体的かつ実証的に示す点で非常に
大きな成果となっている。このように，小林の研究は，江戸遺跡における火打石の石材について，
産出地の調査や文献資料・民俗的な調査から明らかにし，また，江戸遺跡における火打石の生産か
ら流通，使用・廃棄までの動きを捉えたものである。さらに，小林は，江戸遺跡で実践されたよう
に，考古資料・文献資料等の数の多い近世段階の火打石の産地や生産・流通等を明らかにすること
で，同地域内でのより古い時代の発火具について把握していくという研究の方向性を示したのであ
る（小林1989・1993・2001・2015a・2015b・2016・2020，小林・松崎2001ほか）。

この江戸遺跡を中心とする小林の研究とほぼ並行して，名古屋城下町や近畿地方等の火打石に関する研究が進行してきた。

水野裕之は，文献に記載された江戸時代当時の各地の火打石に対する認識や江戸遺跡の事例を通して，火打石に利用される石材等に地域色がみられたと指摘し，名古屋城下町とその周辺では，近世以降において現在の岐阜県の養老瀧産チャートが選択的に用いられたこと，近世を遡る時期には河原等で採集されるチャート礫が用いられたことを明らかにした（水野 1992・1994・2001・2007）。水野の研究は，ある一定の地域において，近世以降の火打石とそれを遡る年代の火打石とでは，異なる産地の石材が利用されたことを示した点で重要である。

北野隆亮は，奈良盆地および和歌山城下町を中心とした和歌山平野ほか近畿地方周辺の火打石を分析し，岐阜の養老産チャートのほか，奈良の二上山産サヌカイト，京都の鞍馬産黒色チャート，阿波の大田井産チャート等の代表的な火打石産地とその石材の流通について明らかにした。和歌山平野で用いられた火打石について，中世段階は，円礫面の存在から河原等で採集されたと思われる石英が用いられていたが，17 世紀中頃あたりで石英から大田井産チャート等の利用へ変化していくと明らかにした。とくに，18 世紀中頃を境に，それまでの中世以来続く火打石の在地調達から，品質の良い特産品が大消費地へ広域に流通するようになる近世的・都市的様相へ移行すると解釈し，一方で，農村部等では中世的な在地調達を引き続き行っていたものと理解した（北野 1992・1999・2000）。北野の研究は，火打石の入手に至るまでの様相が中世と近世とで変化することや，近世の中でも都市部と農村部等という空間的な関係の中で異なる火打石利用があることを指摘したものである。このように，水野や北野による研究は，江戸時代の都市部に限らず，時間軸上では中世以前へと，空間的には都市部と農村部というように，時空間を広げて火打石を検討したものであり，単相でない火打石の消費実態や歴史展開を明らかにしてきた。

江戸遺跡における諸沢のような火打石の特定産地に的を絞った研究として，船築紀子は，大坂城出土資料の分析を皮切りに，大田井産チャートの火打石産地の解明やその流通に係る江戸時代の文献等の網羅的な調査を実施した。そして，大田井産チャート製火打石の市場評価の高まりと販売量の増加を受け，18 世紀後半以降には，阿波藩の藩政改革の一環としてその採掘・流通・販売に藩の管理が強化され，阿波藩の管理下で大坂の商人（沢屋徳兵衛）が火打石流通の委託販売を担った可能性を示した。さらに，19 世紀の初頭には，大田井産チャート製火打石は，京都・大坂のほか近国，西国に出荷され，高値で取引されており，品質の上でも高評価を得ていたことを明らかにした（船築 2007・2010）。近年では，採掘場所の踏査・解明等も進みつつある（船築 2020）。船築の研究は，北野が指摘したような中世以来の在地調達型の物資流通から，近世的な広域流通品の利用への転換とも言いうる現象のうち，大田井産チャート製火打石のそれについては，阿波藩の動向が密接に関係したと説明するものである。

このほか，三重県内出土の火打石の集成の上，その産地について古文献からの情報を整理するとともに，「火打」地名から検索した研究がある（増子・三島 2003）。また，各地において，都道府県や市町村単位あるいは資料所蔵機関単位等での火打石の集成とその石材や産地等の検討がなされている（大屋 2007，小林 2003a，白鳥 2005，鶴見 1999 ほか）。大西雅広は，火打石に関する江戸時代から明治時代にかけての文献等について，全国規模で情報を収集の上で公開している（大西 2009）。この大西の研究は，将来の各地の火打石を研究する際の基礎資料となるとともに，研究方法の共有

28　第2章　考古資料としての火打石

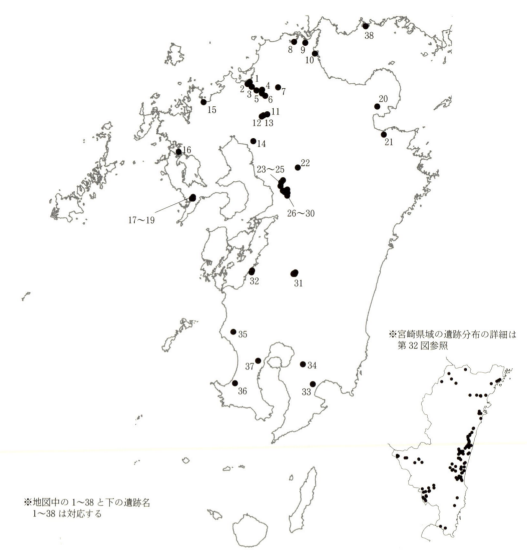

※地図中の1～38と下の遺跡名
　1～38は対応する

1　博多 3,6,22,33,35,71,77,79,85,180,216 次・博多築港線 2 次
2　福岡城下町 1 次
3　麦野 A18 次
4　薬師の森
5　原田榎本ノ一 A 地区
6　観世音寺・大宰府条坊跡 59,106,154,156,168,199,224,267 次・大宰府政庁周辺官衙（不丁地区）・宝満山 28 次・連歌屋 1 次・国分千足町 3 次・サコ 1 次
7　内野宿御茶屋跡
8　黒崎宿（黒崎城跡 2,5,5a,5b 区）
9　小倉城・小倉城下町（小倉城跡・小倉城三ノ丸跡・堅町第 1 地点・長浜第 6 地点）
10　雨窪
11　筑後国府跡 89 次
12　久留米城・久留米城下町（久留米城下町 14,15 次・櫛原侍屋敷 2 次・両替町・久留米城外郭 6 次）
13　市ノ上
14　蒲船津西ノ内遺跡 6 次
15　唐津城跡
16　早岐瀬戸
17　長崎奉行所跡・岩原目付屋敷跡
18　出島和蘭商館跡
19　魚の町 2 次
20　八坂中
21　中世大友府内町跡 8,30,31,41,51,77 次・府内城・府内城下町 15,17 次
22　医者どん坂
23　山頭 5 次・今古閑久保・硯川
24　谷尾崎
25　二本木 106 次
26　古町 11 次
27　黒髪町 1310 地点
28　本荘 0104,0509,1708 地点
29　新南部 12 次・江津湖・神水 11 次・健軍神社周辺 8 次
30　御幸木部
31　人吉城跡・中原城跡・下原城跡・上原城跡
32　古城・水俣城跡
33　志布志城跡
34　チシャノ木
35　山口
36　油免・本寺
37　鹿児島大学構内
参考：38 美濃ヶ浜

第 15 図　九州の主な火打石出土遺跡の分布（本書登場分を中心に）

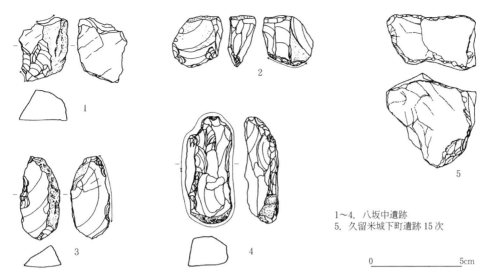

1～4. 八坂中遺跡
5. 久留米城下町遺跡 15 次

第16図　八坂中遺跡および久留米城下町遺跡出土の火打石

という点でもたいへん注目される。

　一方で，九州における遺跡出土の火打石に対する考古学的な研究については，関心が高くない状況が長く続いていたものの，2002～03年になって，相次いで重要な指摘が個別の発掘調査報告書で示された。

　1つ目は，現在の大分県域の遺跡でみられる火打石の変遷が同県杵築市所在の八坂中遺跡の発掘調査報告書中で示された（大分県教育委員会 2003）。それは，八坂中遺跡出土品を中心に，当時未報告であった中世大友府内町跡例も加味して，中世においては佐賀関産等の石英製が（第16図1），近世になると六太郎角あるいは珪化木由来のアメ色の石材（第16図2～4）がそれぞれ用いられたという，通史的な火打石石材の変遷を述べたものであり，一定の地域内において年代によって火打石石材が変化することを見出している。2つ目は，福岡県久留米市の久留米城下町遺跡における石英製火打石とその産地に関するものであり，いち早く注意が払われて発掘調査報告書へ掲載がなされ（久留米市教育委員会 2003，第16図5），さらに，同様の石材について明治時代の博覧会への出品等に係る文献等も頼りに，現地踏査の成果として近隣の星野村にその産出地があると山下実が述べている（山下 2006）。3つ目は，宮田栄二により取り上げられた，先史時代の石器石材と火打石との関係や鹿児島県域の火打石産地に係る言及である（宮田 2003）。そして，筆者もまた火打石という考古資料の存在を認識し，発掘調査報告書の検索によって7点のみ図示でき，未図化資料を合わせても20点に満たなかったものの，九州各地の遺跡出土の火打石を初めて集成し，「火打」や「角石」等に関係する地名の検索や，火打石産地と金鉱床の分布が重複する可能性に言及しつつ，考古資料から民俗資料までを通して火打石等の歴史変遷を概観した（藤木 2004）。

　ここまでみたように，遺跡出土の火打石に対する考古学的な研究では，全国的には近世の都市部を中心に進んできており，火打石石材の採集から流通，購入後の消費から廃棄までの流れについて検討されてきた。また，それぞれで用いられた火打石石材とその産地については，文献や地質学的な検討も含めて総合的に解明されてきた。さらに，近世の状況を手がかりとしつつ，中世，古代へと遡ることで，火打石流通の特質や画期等が抽出されてきたといえる。

30　第2章　考古資料としての火打石

そこで次項以降では，九州各地の火打石の利用実態について，①調査件数に恵まれた近世城下町や中世都市における出土例や，断片的ながらも古代に遡る火打石の出土例，②現在の県域単位で集成的検討が進んだ出土例から明らかとすることを目標とする（第15図）。

①久留米城・久留米城下町（筑後），小倉城・小倉城下町（豊前），黒崎宿（筑前），内野宿（筑前），長崎奉行所・岩原目付屋敷跡・魚の町遺跡（肥前〈長崎〉），中世大友府内町跡・府内城・府内城下町（豊後），博多遺跡群（筑前），大宰府（筑前），筑後国府跡（筑後）

②肥後地域・日向地域

⑵　久留米城・久留米城下町の火打石

久留米城とその城下町は，筑紫平野の中央を流れる筑後川と，緑なす耳納連山とに抱かれた位置にある。久留米城は，1615（元和元）年の一国一城令で破却されたが，1621年の有馬豊氏の久留米藩入封の後，城下町の整備等とともに修築が進められた。

久留米城および城下町の発掘調査報告書には，久留米城下町遺跡第15次調査（久留米市教育委員会2003）出土で図化報告された1点（第17図9）をはじめ，いくつかの火打石の出土が記載されている。そこで，2010年3月に，既報告の火打石および未掲載資料等を検索したところ，久留米城外郭遺跡・櫛原侍屋敷遺跡・久留米城下町遺跡・両替町遺跡（久留米市教育委員会1996ほか）において全13点の火打石が抽出された。なお，京隈侍屋敷遺跡第7次調査（久留米市教育委員会2008b）や両替町遺跡で火打石として報告された資料の一部については，実見の結果，メノウ質石英製火打石と同じか近い石材の自然礫等であった。未使用の火打石の可能性もあるが，判然としない。

櫛原侍屋敷遺跡第2次調査（久留米市教育委員会1999）は中級武士団の屋敷地であり，18世紀前半の土坑SK148からメノウ質石英製火打石2点（第17図1・2），同時期の土坑SK155からメノウ質石英製火打石1点（第17図4）および火打石の欠片1点（第17図3）が出土したほか，土坑SK147出土のメノウ質石英製火打石1点（第17図5），土坑SK149出土の大田井産チャート製火打石1点（第17図6，第34図5）の計6点の火打石等が出土した。火打石（第17図1・2・4・5）は石核状に使い込まれ，すべての稜線がよく潰れて丸みを帯びている。第17図6の火打石は潰れが顕著でないものである。

久留米城下町遺跡第14次調査（久留米市教育委員会2001）では，18世紀中頃までに収まる土坑SK50下層からメノウ質石英製火打石1点が出土した（第17図7）。石核状に使い込まれ，稜線の大半が潰れて丸みを帯びるものである。

久留米城外郭遺跡第6次調査（久留米市教育委員会1998）では，18世紀の土坑SK27から石英製火打石1点が出土した（第17図8）。潰れが見られるものの，使用による潰れでない可能性が残る。石質はあまり良くなく，打ち付けた衝撃で砕けるように割れている。

久留米城下町遺跡第15次調査（久留米市教育委員会2003）では，19世紀前半までに収まる土坑SK28からメノウ質石英製火打石1点が出土した（第17図9）。すべての稜線がよく潰れて丸みを帯びるものである。

両替町遺跡（久留米市教育委員会1996）もまた城下町であり，19世紀までに収まるSX222からメノウ質石英製火打石1点（第17図10）・大田井産チャート製火打石1点（第17図11，第34図4），19世紀後半以降の土坑SK14から大田井産チャート製火打石の欠片1点（第17図12，第34図3），

4 九州における火打石の変遷 31

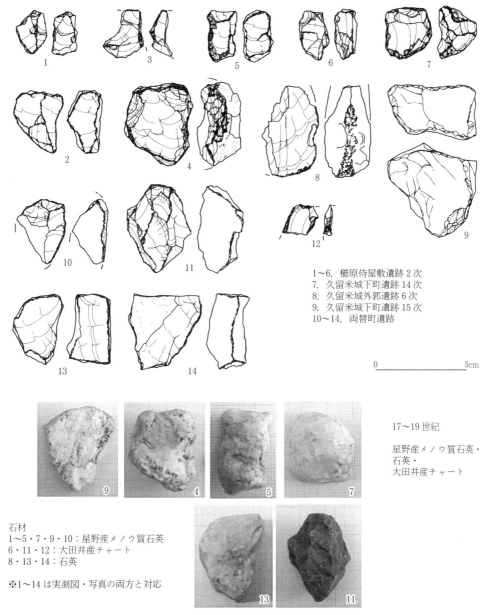

第17図 久留米城・久留米城下町遺跡出土の火打石

SX451 南西半から石英製火打石1点（第17図13），SX17から石英製火打石1点（第17図14）の計5点の火打石等が出土した。火打石（第17図10・13・14）は，石核状に使い込まれ，稜線がよく摩滅し丸みを帯びている。第17図11は，一部に節理面あるいは礫面を残すもので，稜線に弱い潰れがある。

久留米城・久留米城下町における火打石の石材は，メノウ質石英・石英・大田井産チャートであり，共伴遺物から時期の推定される事例について整理すると，18世紀前半〜19世紀前半にあたる櫛原侍屋敷遺跡第2次調査（第17図1〜4）・久留米城下町遺跡第14次調査（第17図7）・久留米城下町遺跡第15次調査（第17図9）におけるメノウ質石英，18世紀の久留米城外郭遺跡第6次調査

（第17図8）における石英，19世紀までの遺物を含む両替町遺跡（第17図11）での大田井産チャートとなる。

　メノウ質石英という石材名は，筆者による造語である。同石材について，久留米市に所在する弥生時代前期の良積遺跡で石鏃素材等に多用されているメノウ（北野町教育委員会1996）と同一であることから，久留米城下町出土の同種火打石もまたメノウ製と呼んで良さそうである。しかし，久留米城下町の出土資料の検討作業により，火打石として用いるには不向きな粗い石英質の部分と，火打石向きのやや粘りのあるメノウ質の部分とが同じ石塊の中に脈状に含まれるものがみられ，メノウあるいは石英と呼び分ける意味が小さいと判断するに至った結果，メノウ質石英と呼んだ方が解りよいと考えた次第である。ただし，メノウ質石英と異なり，明らかに石英そのものであろうという例については，そのまま石英とした。このメノウ質石英は，結論から言えば，遅くとも江戸時代において火打石の産地として知られていた，八女市星野村に産する石材とみられる。さらに，このメノウ質石英の産地をめぐっては，江戸時代から明治時代にかけての史料や記録等によって詳しく知ることができる。

　星野村に産する火打石に関する最古の記録は，管見では，1682（天和2）年に医師・西以三（馬間田以三ともいう）により書き上げられた，筑後国全域を扱った地誌「筑後地鑑」（武藤・大庭1929に載録）である。同書の上北筑の項には，「生葉郡星野山出_燧石_」（燧石は火打石と同義）と記される。1777年に久留米藩士の杉山正仲・小川正格により著された『筑後誌』（黒岩玄堂校訂のもの：杉山・小川編1907）には「火燧石（中略）星野村に産す」とある。また，小林藤次が書き留めた記録を小川勘左衛門が1795（寛政7）年に借用し，後年の記事が付加されて成立した「山方・小物成方格帳」（解読文：水原1993）には，本星野名に「麻生ト云所カド石アリ」とある。カド石は，久留米の方言語彙集によると火打石のことである（久留米市史編さん委員会編1986）。

　明治時代以降では，第1回内国勧業博覧会（1877年）に筑後国生葉郡星野村（十籠）字露原山，第2回内国勧業博覧会（1881年）に筑後国生葉郡星野村の火打石がそれぞれ出品された（明治文献資料刊行会1962・1975a・1975b・1975c）。また，『日本地誌提要』（元正院地誌課編1874〜79）には，筑後の「燧石」産地として「生葉郡池山」が記されている。このほか，『明治七年府県物産表』（1874年）に挙げられた三潴県の火打石（明治文献資料刊行会1959），橋爪貫一輯録の『日本物産字引』（1875年）および高橋易直編集の『大日本物産字類』（1875年）の筑後の項に挙げられた「燧石」も，星野村のものであろう。

　火打石の産出地を示す具体的な地名とその分布は，「露原山」の特定に至っていないものの，十籠地区の西方向に地名として「池山」および「麻生」があって，ごく近い範囲にまとまっている。そして，山下実によって，池山および麻生周辺の星野川において，直径1mから拳大のメノウ質石英の転石が確認されており（山下2006），この付近に火打石産地があるとみてよい。

　ここまでの検討により，久留米城下町では，星野産メノウ質石英が火打石として消費されたこと，それは，遅くとも1682年以前には筑後国の物産として認識されていたことがわかる。また，メノウ質石英という近隣で産する有力石材とともに，石英や遠く阿波の大田井産チャート製火打石も用いられていたことが明らかとなった（大田井産チャート製火打石については本章第5節参照）。

4 九州における火打石の変遷 33

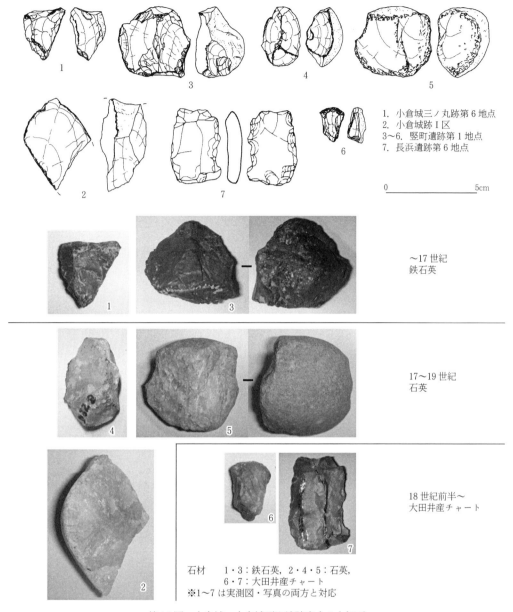

第18図 小倉城・小倉城下町遺跡出土の火打石

(3) 小倉城・小倉城下町の火打石

　小倉城下町は，1602（慶長7）年に細川忠興により築城され1632（寛永9）年以降は小笠原氏が入城した小倉城を挟んで，東曲輪（現在の米町や魚町・紺屋町等を含む）と西曲輪（同じく田町や竪町等）に分かれて広がり，また，長崎街道等の起点でもあることから，人の移動や物流の拠点でもあった。

　出土資料の検索は2011年10月に進め，小倉城跡，小倉城三ノ丸跡，竪町遺跡，店屋遺跡，室町遺跡，寺町遺跡，祇園町遺跡，京町遺跡，そして，小倉城下町に隣接する漁村であった長浜遺跡を対象とし，以下のとおり全7点の火打石を確認できた（第18図1～7）。

小倉城三ノ丸跡第6地点（㈶北九州市芸術文化振興財団埋蔵文化財調査室 2010）は小倉藩の上級武士の居宅地であり，17世紀第1四半期に収まる197号土坑から鉄石英製火打石1点が出土した（第18図1）。石核状に使い込まれ，各稜線は基本的によく潰れている。

小倉城跡 I 区（㈶北九州市教育文化事業団埋蔵文化財調査室 1997）は小倉城内の主に厩方であった範囲であり，2区北側トレンチの灰褐色土層から石英製火打石1点が出土した（第18図2）。亜円礫が分割されたもので，礫面と剥離面との境の稜線に顕著な潰れがあり，潰れには鉄錆が付着している。裏面は割れたままで，使用痕跡はない。

竪町遺跡第1地点（㈶北九州市教育文化事業団埋蔵文化財調査室 2000）は町屋敷に相当し，4点の火打石が出土した。17世紀前半の156号土坑の西半部下層出土の鉄石英製火打石（第18図3）は，いびつな亜円礫が分割された後に石核状に使い込まれたもので，部分的に顕著な潰れが残る。17世紀後半の328号土坑出土の石英製火打石（第18図4）は，分割された亜円礫の礫面と剥離面との境の稜線が顕著に潰れるものである。18世紀前半代の14号土坑からは大田井産チャート製火打石が出土した（第18図6）。石核状に使い込まれ，各稜線は基本的によく潰れるものである。18～19世紀の5号井戸出土の石英製火打石（第18図5）は，分割された亜円礫の礫面と剥離面との境の稜線が顕著に潰れて丸みを帯びるものである。

長浜遺跡第6地点（㈶北九州市芸術文化振興財団埋蔵文化財調査室 2011）のものは本章第3節で取り上げたとおりであり，原報告において旧石器として記述されていたものについて，筆者による実見の結果，火打石と判断したものである（第18図7）。

これら小倉城・小倉城下町で出土した火打石について，共伴遺物から推定される年代順に並べると，まず，鉄石英製火打石が小倉城三ノ丸跡第6地点・竪町遺跡第1地点で17世紀前半までにみられる。そして，石英製火打石が竪町遺跡第1地点で17世紀後半から19世紀までの広い時期幅にみられ，18世紀前半以降の竪町遺跡第1地点・長浜遺跡第6地点において大田井産チャート製火打石が出土している。

また，竪町遺跡第1地点出土の石英・鉄石英製火打石は，3点ともよく転磨された礫面を残している。これは，竪町遺跡第1地点で用いられた火打石の原石について，地点の特定には至っていないながらも，岩脈等からの採掘ではなく，小倉城下町の近隣の河原や海岸あるいは旧河道に由来する礫層等から採集されたことを示している。

参考になるものとして，小倉城下町近隣で江戸時代に著された文献に記載された火打石産地に関する情報としては，「筑前國續風土記附録」の巻之四十六・土産考の「燧石　遠賀郡柏原浦と岩屋浦との間，海辺に稀にあり。細石也。外面文理あらくあめ色の肉をつゝめり。故に皮かぶりと云。焔甚し。又白き石もあり。房州・筑後星野・鞍馬等の産に勝れり」（加藤・鷹取編 1978）が挙げられる。これは小倉藩域外の産地であるが，現在の遠賀郡芦屋町山鹿の柏原漁港周辺と北九州市若松区有毛の岩屋漁港・遠見ヶ鼻周辺の海岸で得られたというもので，「外面文理あらくあめ色の肉をつゝめり」等の表現からはメノウであると推測できる。

また，東京大学総合研究博物館所蔵の和田コレクション（田賀井編 2001）によると，現在の添田町津野に相当する豊前田川郡津野村産（第769号）として「木化蛋白石にして飴色なり明に木理を現はす」，「飴色と血赤色と斑をなす」，そして現在のみやこ町犀川鎧畑に相当する豊前京都郡西犀川村鎧畑産（第770号）「木化蛋白石にして黄褐色なり」，「褐色にして二本松産に酷似するものな

り」（二本松産：第764号「木化蛋白石にして黝褐色，褐色，黒色等相混し明に木理を示すものなり」，「透明ならず，褐色なるを常とするも亦他の色を帯ふることあり，往々数色相混し且つ木理を現はすこと常なり」）という。後者については，九州大学総合研究博物館所蔵の高壮吉鉱物標本（九州大学総合研究博物館ホームページによる）にも近い情報があり，犀川村産で，黄褐色の部分と血赤色半透明の部分をもつ木理の明らかな蛋白石があるという。このほか，門司の蕪島のチャート等（北九州市立自然史博物館1991，福岡県高等学校地学部会1979ほか）も火打石の候補になろう。

　ここまでの検討からは，小倉城・小倉城下町における火打石の産地や石材変遷について，17世紀前半までに鉄石英が，17世紀後半から19世紀までの長い年代幅で石英が用いられ，それらの産地特定は叶っていないながら，転磨礫が採集されて火打石とされていたこと，18世紀前半代以降に大田井産チャートが登場することが明らかとなった（大田井産チャート製火打石については本章第5節参照）。

　なお，現在まで出土品に未見であるものの，小倉地方まで流通したという点で，今後，資料確認される可能性が高いのが六太郎角である。六太郎角については，本節(7)において詳しく触れるため，ここでは簡単な紹介までとするが，六太郎角は「西遊雑記」（本荘ほか編1927）に「火うち有り，是も名産とし，価金一分までのひうち有り。火の出る事尤妙なり」と記された"大道の火打金"とともに「小倉燧に六太郎角」（小倉燧は大道の火打金のこと）と並び称されていた優良な火打石石材であり，『豊後立石史談』（胡麻鶴1923）によると，それらは「大分の浜の市，西は高田，宇佐，中津，小倉地方」さらに上質のものは遠く「上方地方」まで移出されたという。『明治七年府県物産表』に「府県小倉　品名燧石　産出量110,000数　産額650円」（明治文献資料刊行会1959）とある火打石石材やその産地等の特定とともに，今後の出土資料や検索が待たれるところである。

(4)　黒崎宿の火打石

　黒崎城は，1604（慶長9）年に黒田長政によって築城され，筑前六端城と呼ばれた，筑前・豊前国境の守りを固めるために築かれた6つの支城の1つであった。しかし，1615（元和元）年の一国一城令により黒崎城が破城となって以降，黒崎城下町は，長崎街道の一大宿場町として，また，筑前国と大坂を結ぶ乗合貨客船が発着した黒崎湊に伴う宿場町として発展した。

　出土資料の検索は2011年10月に実施し，黒崎城跡（黒崎宿）の各調査地点，参考資料として，黒崎宿に近い紅梅（A）遺跡，長崎街道沿いの木屋瀬宿脇本陣跡も対象としたところ，黒崎城跡2区および5区そして紅梅（A）遺跡で火打石の出土を確認できた（（財）北九州市芸術文化振興財団埋蔵文化財調査室2007ほか）。

　黒崎城跡5区は長崎街道に面した細長い屋敷地であり（（財）北九州市芸術文化振興財団埋蔵文化財調査室2007），水晶・石英製火打石3点（第19図1・2・4）・大田井産チャート製火打石2点（第19図3・5）が報告されている。既報告の火打石および未掲載資料等について検索したところ，黒崎城跡5区・5a区・5b区で先の5点に加え，大田井産チャート製火打石や火打石の欠片等22点（このうち11点について図示，第19図6〜16），黒崎城跡2区（（財）北九州市芸術文化振興財団埋蔵文化財調査室2005）で大田井産チャート製火打石3点（第19図17〜19）を新たに確認した。

　黒崎城跡5区出土の火打石は以下のとおりである。17世紀の第5面柱穴P314から出土した石英製火打石（水晶）は石核状で，稜線がよく潰れて丸みを帯びるものである（第19図1）。17〜19世

紀の石組溝SM1東端南面石内から出土した石英製火打石もまた石核状で，稜線がよく潰れて丸みを帯びるものである（第19図2）。同様に，17〜19世紀かの区画2a整地層3出土の石英製火打石（第19図4），18世紀後半〜19世紀かの区画2西端第1面下整地層1出土の大田井産チャート製火打石（第19図3），18世紀後半〜19世紀かの区画2東半整地層1（焼土）出土の大田井産チャート製火打石（第19図5）も，石核状で稜線がよく潰れて丸みを帯びるものである。18世紀後半〜19世紀かの区画2b西半整地層2出土の大田井産チャート製火打石は，石核状に使い込まれ，各稜線は基本的によく潰れるものである（第19図6）。18世紀以降のその他の遺構X23集石出土品は，大田井産チャート製火打石の欠片であり，正面に顕著な潰れが残っているものである（第19図7）。19世紀以降の石組溝SM2周辺粗掘りで出土した大田井産チャート製火打石は，石核状に使い込まれ，各稜線は基本的によく潰れるものである（第19図8）。このほか，区画2西端第2面上面出土の大田井産チャート製火打石は，石核状に使い込まれ，各稜線は基本的によく潰れる（第19図9）。区画2西〜中央粗掘りでは，大田井産チャート製の火打石の欠片が出土し，それは使用による顕著な潰れならびに所々に鉄錆付着のあるものである（第19図10）。石組溝SM1南面西半ホリ方出土の大田井産チャート製火打石は，火打石の欠片を利用したものであり，剥片縁辺に潰れが残っている（第19図11）。

　黒崎城跡5a区では，18世紀後半〜19世紀かの区画2b西半整地層2から大田井産チャート製火打石2点が出土し，ともに石核状に使い込まれ，各稜線は基本的によく潰れる（第19図12・13）。13の稜線の一部には鉄錆が付着している。

　黒崎城跡5b区では，中央第1面暗褐色粘ネジリで大田井産チャート製火打石があり，サイコロ状で，各稜線は基本的にはよく潰れ，潰れには鉄錆付着もある（第19図14）。北半粗掘りで2点出土し，うち1点は大田井産チャート製火打石であり，火打石の欠片の縁辺に，細かな潰れや小さな剥離がめぐるもので，火打石の欠片となってなお火打石として利用が継続することを示す好例である（第19図15）。もう1点は，大田井産チャートと思われる濃い緑色をした石材（大田井産でない可能性も残る）製火打石であり，石核状に使い込まれ，各稜線は基本的にはよく潰れるものである（第19図16）。

　黒崎城跡2区では，18世紀の東側暗褐色Y2層上層から，大田井産チャート製火打石の欠片が出土した（第19図17）。18世紀末〜19世紀初の溝M1覆土上層出土品は，緑色のチャート製火打石であり，石核状で各稜線は基本的に潰れている（第19図18）。江戸時代後期にあたる東端1層（茶褐色砂）出土品は，大田井産チャート製の火打石の欠片を使い込むものであり，縄文石器のような剥離が連続し，縁辺がよく潰れる火打石である（第19図19）。左面は礫面である。

　黒崎城跡2区および5区は，長崎街道に面した細長い屋敷地からなる。出土遺構や共伴遺物等から年代を推定可能な資料について整理すると，遺跡の性格から18世紀以降の資料に偏るとはいえ，18世紀以降に大田井産チャート製火打石が用いられたことが明白である。一方で，水晶・石英製火打石は，17世紀代にはすでに用いられ，19世紀に至るまで利用された可能性がある。

　黒崎宿で用いられた水晶・石英製火打石の産地について探るにあたり，福岡藩の本草学・儒学者であった貝原益軒の著した「筑前國續風土記」（1709〈宝永6〉年完成）が参考になる（貝原1709）。同書の巻之二十九・土産考によれば「【水精】志摩郡芥屋村の山に在。六角也。遠賀郡藤田村の山にも有。其外にも猶有べし。（後略）」とあり，「筑前國續風土記拾遺」の鳴水村に関する記述中に

4 九州における火打石の変遷　37

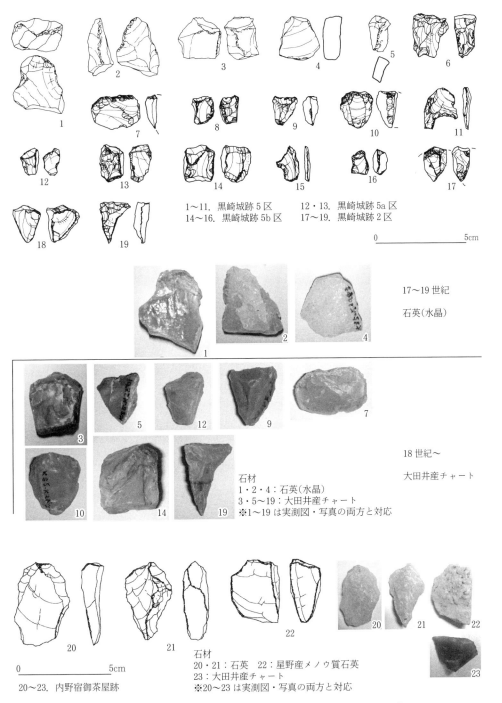

| 1～11. 黒崎城跡5区 | 12・13. 黒崎城跡5a区 |
| 14～16. 黒崎城跡5b区 | 17～19. 黒崎城跡2区 |

17～19世紀
石英（水晶）

石材
1・2・4：石英（水晶）
3・5～19：大田井産チャート
※1～19は実測図・写真の両方と対応

18世紀～
大田井産チャート

20～23. 内野宿御茶屋跡

石材
20・21：石英　22：星野産メノウ質石英
23：大田井産チャート
※20～23は実測図・写真の両方と対応

第19図　黒崎宿・内野宿出土の火打石（上段：黒崎宿，下段：内野宿）

「岩洞山　花尾山の北ノ麓藤田村境にある岩山なり。土崛あり。また大岩多し。烏帽子岩など云有。寛永の頃，江戸東叡山に献じ賜ひし鳥居の石は，此山より出たるといふ。又水晶を産す。霖雨の後，山岸くづれたる時には，稀に出ることあり」（伊東編1936），また，「筑前國續風土記附録」の巻之四十六・土産考には「水精　（中略）遠賀郡藤田村の内，うさぎきりと云所にありしか今はなし。同郡鳴水村農長か家に，八角の水精を蔵む。これ藤田村うさぎきりにて得たりといふ。其長一尺徑

五寸あり。（後略）」（加藤・鷹取編 1978）とそれぞれ記載されている。「筑前國續風土記」「筑前國續風土記拾遺」「筑前國續風土記附録」の記載をまとめると，黒崎宿のすぐ南にある岩洞山で長さ30 cm・直径 15 cm ほどの八角頭の水晶が産出し，それが物産として取り上げられるほど知られていたことが窺える。岩洞山は，黒崎宿から南方向に望むことが可能な河頭山である。河頭山は，後期白亜紀深成岩体が露出する山であり（中江ほか 1998），江戸時代において採石場であったことから岩洞山とも呼ばれたという（角川日本地名大辞典編纂委員会 1988）。このほか，発掘資料の中では，河頭山のすぐ北側に位置する紅梅（A）遺跡（㈶北九州市教育文化事業団埋蔵文化財調査室 1989）で旧石器として報告された水晶製石器のうち，六角柱および歪形の結晶体をもつ 2 点について，河頭山産水晶製とされた。黒崎宿の発掘調査でも，火打石との関連は不詳ながら，紅梅（A）遺跡例と同じような六角柱の頭をもった水晶の大きな結晶体がいくつか出土している。また，紅梅（A）遺跡第 5 地点（㈶北九州市芸術文化振興財団埋蔵文化財調査室 2002）において，水晶製火打石の出土を確認している（紅梅（A）遺跡第 5 地点の火打石は報告書・本書ともに図未掲載）。

　こういった状況から，黒崎宿一帯で用いられた火打石の産地や石材変遷について，河頭山産の可能性が高い水晶・石英製火打石が 17 世紀代にはすでに用いられつつ 19 世紀に至るまで利用され，18 世紀以降に大田井産チャート製火打石が新たに登場したといえる（大田井産チャート製火打石については本章第 5 節参照）。

(5)　内野宿の火打石

　内野宿は，前項の黒崎宿と同じく長崎街道の宿場町，筑前六宿の 1 つである。このうち，内野宿御茶屋跡（飯塚市教育委員会 2022）が発掘調査され，近世後期に描かれた「内野御茶屋絵図」と配置の合う礎石建物・掘立柱建物跡・布掘り基礎建物跡・池跡等が検出され，陶磁器・瓦ほかとともに火打石 2 点・火打石の欠片 2 点が出土した。

　SD002（石組溝）から出土した火打石の欠片は石英製であり，正面上部の潰れは顕著であり，部分的に鉄錆の付着も認められる（第 19 図 20）。裏面とそれに接する稜線（側縁部）には火打石としての使用痕が残されていないことから，火打石としての使用時に偶発的に割れたもの，あるいは意図的に鋭い稜線を再生するために打ち割られた際に生じたものである可能性がある。18 世紀以降となる SX002（池跡）上層から出土した石英製火打石は，火打石の使用過程で生じた剝片の正面稜線上や側縁に潰れが残され，とくに正面の稜線上の潰れは顕著である（第 19 図 21）。また，部分的に，潰れに伴って鉄錆の付着が認められる。第 19 図 20・21 ともに良質で白色の石英である。第 19 図 22 は星野産メノウ質石英製火打石であり，表土から出土した。元は厚手の剝片であったとみられ，最終的に石核状になるまで使い込まれている。火打石としての使用痕は明瞭で，多くの稜線に小剝離や潰れ，さらには潰れが進んで摩滅した状況が残されている。第 19 図 23 は表土出土の大田井産チャート製火打石の欠片である。使用に伴う潰れ・小剝離はないものの，石材からみて，火打石が使用された過程で生じた剝片である可能性が高い。

　内野宿御茶屋跡出土火打石は，火打石等の出土が知られていない筑豊地域における稀少な事例であり，今後の調査研究の上での一定点として重要である。とくに，火打石の石材構成について，石英・星野産メノウ質石英・大田井産チャートの 3 種である点は，各石材の流通状況等を知る上で意味が大きい（星野産メノウ質石英は本節(2)を，大田井産チャート製火打石については本章第 5 節をそれぞ

れ参照）。

(6)　長崎奉行所跡・岩原目付屋敷跡・魚の町遺跡の火打石

　長崎奉行所跡・岩原目付屋敷跡（長崎県教育委員会2005a）は，立山に設けられた長崎奉行所跡と
その屋敷地の一部に奉行所を見下ろすような位置で造られた目付役の屋敷跡である。そして，長崎
奉行所跡・岩原目付屋敷跡の発掘調査により，黒曜石製のもの以外に，チャート60点／うち使用
痕あり赤色チャート30点・灰色チャート6点，石英質白色石3点／すべて使用痕あり，と大量の
火打石が出土したという報告がなされ，うち1点のみ実測図が掲載されていた。このほか，出土石
器には，石炭・蛇紋岩質の玉砂利等も含まれるという。

　資料実見の結果，黒曜石製火打石が火打石ではなく先史時代の石器群であった点は，本章第3節
(4)で述べたとおりである。また，火打石や火打石の欠片等を多く確認でき，そのうち岩原目付屋敷
跡出土の11点，長崎奉行所跡出土の4点の合計15点を図化した。以下，個別資料について触れて
いくが，石材名は，筆者の観察により付したものであり，鉄石英・オパール（蛋白石）・大田井産
チャート・チャート（灰白色のもの・透明度が低い灰色のもの，透明度がない草緑色のもの）・透明度が
ある白色のメノウ・石英（透明度が高い水晶質のもの，質の悪い白いもの）がみられた。

　岩原目付屋敷跡では，鉄石英製火打石として，E-7区4層（第20図1）やE-9区4層（第20図
2），B-6区4層（第20図6）出土品があり，すべての稜線が丸く摩滅するものである。さらに，18
世紀初頭以降〜近代の溝SD1出土品は剥片状のものの縁辺等に摩滅がある火打石（第20図7），D-
10区5d層出土品は抉り状になった箇所に摩滅がある火打石（第20図3），B・C区5e層出土品は
火打石の欠片である（第20図9）。18世紀初頭以降の土坑SX5出土品は灰緑色のチャート製で，稜
線上に鉄錆が付着する（第20図14）。14よりも部分的にやや緑みのある良質のチャート（大田井産
の可能性残る）製火打石は5b層出土である（第20図13）。灰色チャート製火打石は4層出土で，縁
辺に摩滅がある（第20図15）。白メノウ製火打石はD-10区5d層出土で，火打石の欠片を再利用
したものである（第20図11）。半透明の石英製火打石は5c層出土であり，摩滅に乏しい（第20図
12）。大田井産チャート製火打石の欠片は18世紀初頭以降〜近代の溝SD1出土である（第19図
16）。長崎奉行所跡では，鉄石英製火打石がL19の5d層下（第20図4）・溝SD07上（第20図5）・
3層柱穴P16（第20図8）から出土している。4は鋭い稜線が失われて丸みを帯びており，5は剥片
縁辺に摩滅がある。5b層柱穴P17出土の蛋白石製火打石は，分厚い剥片縁辺に摩滅がある（第20
図10）。

　長崎奉行所跡・岩原目付屋敷跡から出土した火打石の石材のうち，鉄石英は，深赤色のもので部
分的に白色・緑色部があり，気が抜けたように軽化した粗質部分から光沢があり緻密硬質な部分ま
でみられて様々である。色調や石質の違いの境界は連続的であるため，これらについては同じ石材
と理解してよい。

　鉄石英の産地については，江戸時代以降の地誌，博物館列品目録，随筆等の諸文献にその候補地
が登場している。具体的地名や道程とともに産状について詳述されているのは，松浦東渓による
『長崎古今集覧』（松浦1825）である。やや長くなるが重要であるため原文を引用すると「（長崎古今
名号）（前略）鎮懐石の事ハ山水の部に記すべき事なれ共，第一長崎の名目の事等ヲ此書に論じ有
之ゆへに爰に載セ出だす也，此石のある処を今往て歴観せしに，山里の庄屋屋敷東の裏手の小路

を行て大坪と云所あり，此所辺二面ハ庄屋の方を未申，白巌山を巳の方に見なし，阜を越て網繰と云，是より小川を渡リ家居所々にあり，此所を平と云ふ，是より上リて一本木といふ，此人家の下より北に向ふて山路を上り行く，畑地多し，此所をかどのさきと云，是即古より云ふ処の燧石（カドイシ）多く出る所ゆへ此名あり，今ハその石を索めんとて，態（わざ）と掘て手易く得難し，農人畑を鋤打，或ハ石垣等を畑の為めに修理する時，土を打かへしなどいたせば掘出す事多し，昔ハ大石等土中より掘出せしが，今ハ大きは稀也，是もたまゝにはある事なり，是即鎮懐石と名付る石也，又右人家の東北の道ある，其北の方に向ふて以前の道を左にして山を攀躋（よじのぼ）れば，石上と云郷に下る，夫れより谷間の経路を，山を右にして畑等を左にして西北の方へ行く，此辺迄石上郷の家居所々有レ之，是より大村領浦上の内岡本郷と云あり，夫より東之方に行きトシヤクシと云邑あり，小路を通リ大井手有レ之川に至る，此川渡リて浦上中野郷より長与往来の本道也，此石上郷の家居終る所迄左手皆田畑なり，此辺も右の石を掘出す事尤多し，既に其所の農家にて此石の事を話し尋ねしに，惜哉此頃迄ハ大き石を所持致せしに，人の所望ニよりて遣はし，今纔（わずか）の小石ハ一ツ有レ之とて，其妻と共に此辺に投捨置きしと此かしこ見付て，家の裏口竈中の下辺より取出し，余ニ得させけるゆへ持帰り，今に蔵めておく，其石赤白の紋あり，凡一塊にて二斤余もあらんか，このとき此農人語るには，畑を打かへす時に，小石の品宜敷きは鋤又ハ钁或ハ鉄鍬鉄挺等にて，土中を掘るに石にあたれば火の出る事毎度也，果して佳石也，悪品ハ鋤の先きにて未ダ見ざるさきに破リ蘙やすし，凡そこの辺の山畑土中に此石夥し，何れの所こそ本の出所と云ふ事ハ知らず，古老のいふには，かどの崎辺ハ昔者土より上へ露出したる大石多かりしが，燧石に破りて売出しより今ハ乏し，然ればかどのさき辺，此石昔ハ多きゆヘに名を得たる歟と云々，此石上郷ハかどのさきを山一ツ越て其山の北の腹也，此かどの崎へ行道ハ中野の宿より外にも近き道ある由此道ハ余いまだ不レ試（後略）」。登場する地名のいくつかは，原爆投下直前の長崎の街並みを復元した布袋厚の研究（布袋2020）で知ることができると田中学からご教示いただいた。

　『長崎古今集覧』とともに重要なのが，江戸時代後期に福岡藩の学者，伊藤常足が著した九州の地誌『太宰管内志』（伊藤1841）であり，万葉集に詠まれた〝鎮懐石〟をめぐる故地の探求がなされ，その中で火打石産地に関する情報が登場している。『太宰管内志』のうち肥前国八巻彼杵郡の平敷の項では「［長崎夜話］に長崎の市町を去ル事一里許北の山ノ里に平宿と云処あり此村なる東ノ山より燧石ノ赤白なるを多く出す村人取て売るを玉人えらびて緒留ノ玉にすりたるは唐土ノ雲南石に異ならずとて人々価高く買たるを見るに実に美しき事云むかなし（〝かたし〟か）（中略）［柳園随筆］に長崎の北時津に至る道に平野村あり人家多し是昔の平敷なりといふ此東方山間の田ノ底より赤き燧石いづ好士是を取て鎮懐石なりといふは笑に堪たり彼石は墮（楕）円状如二鶏子一と万葉に見えたれば白玉の類と聞ゆ，今の燧石は土下に敷たる磐石なるを割て取たる物にて其類なりともいひがたし，されど平敷は今の平野ならむと云説はさもあるべきかとあり，なほ重ねて考ふべし」という。

　これらに続くものとして，『長崎地名考』（香月1893）では「戸幗山　浦上山里村の東にあり山勢四面壁の如く（中略）南は石神山燧石谷に続く」，「燧谷坂　燧石谷にあり丹組渓路より入る長崎大村の境界」，「堂門渓　俗に堂門川（中略）一は烽火山北より一は燧谷坂の東より出片淵にて合す」，「鎮懐石（石の出る所浦上山里村の内俗に一本木といふ処の辺所々にありと未考）　鎮懐石は長崎浦上山里村の内カドノサキといふ所より出つ此石昔は燧石に用ゆ此石のある所を火打谷ともいふ燧石をカ

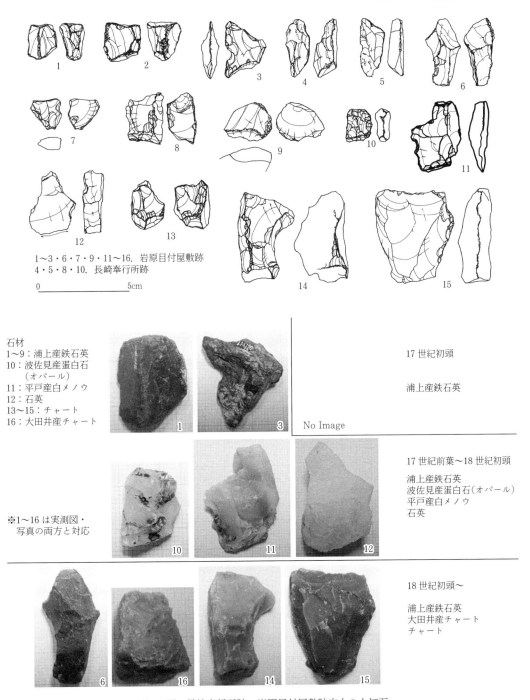

第 20 図　長崎奉行所跡・岩原目付屋敷跡出土の火打石

ド石といふは方言也此石を掘出す事今は稀也（後略）」という。先述の松浦東渓による『長崎古今集覧』（松浦 1825）でも「燧谷阪　図志曰在⸗燧石谷北⸗自⸗此路⸗入⸗丹組渓路⸗即今長崎大村分⸗疆於此⸗」と出ている。また，『長崎郷土誌』（北野 1911）で「（前略）山里村の内カドノサキと云ふ処より出づ。古は燧石に用ゐたりしとぞ。其の産地を火打谷と云ふ。此の石俗にカド石とも云ふ」とされる。

このほか，1880（明治13）年発行の『博物館列品目録　天産部第三　鉱物類』では「シュセキ又はアカダマイシ　鉄珪石（Iron Quartz）」の産地として「肥前長崎浦上村平宿」が挙げられている（田賀井編2001）。「シュセキ又はアカダマイシ」は読んで字のごとく赤い石であり，鉄石英と呼ばれる。浦上村平宿と併記された佐渡の赤玉石は“日本三大名石”の1つに数えられ，大変良質で美しい。また，『長崎の鐘』『この子を残して』等で有名な医学博士・永井隆の『長崎の花』（永井隆全集第二巻に再録・1950年）のうち「長崎の名」では，長崎という呼び名の由来が紹介されている。「（前略）日本書紀には「玉杵名邑」とあり，神功皇后は「玉の浦」と呼びなさったと伝えられます。浦上の本原町から赤い玉が出ます。鎮懐石はこの石だとの話です。土地では角の崎の火打石と言っていますが，玉の浦の名はこの赤い石に由来（後略）」とある。

　ここまでの情報と検討から，深赤色の鉄石英は，浦上街道（時津街道）の東（現在の長崎市三原ほか）の「カドノサキ」等で畑地等から掘り出されたものが火打石として用いられたと言える。以下では，浦上産鉄石英と呼んでいく。

　次に，浦上産鉄石英以外の石材についてみていこう。オパール（蛋白石）は，透明感のある乳白色で強い光沢をもつ石材であり，長崎県内では波佐見町三股や東彼杵町所在の彼杵鉱山産が知られる。波佐見町三股産は真珠岩に含まれるノジュール中にオパールが含まれ，良質のものは透明で青や紅の変彩が美しい（堀口1971）。東彼杵町彼杵鉱山産は凝灰岩中の褐鉄鉱が蛋白石化したもので，細密な層理をもつ。黄褐色，赤褐色，黒褐色等の様々な色を呈しており，模様が木目のように見えることから木蛋白石（Wood-opal）とも呼ばれる。今回の出土品は，その特徴から波佐見町三股産オパール製でよかろう。

　チャートには色調等からいくつかの産地が予想されるが，阿波の大田井産チャート（大田井産チャート製火打石については本章第5節参照）が確実に含まれているほか，灰色のもの（透明度低い），草緑色のもの（透明度なし）等も比較的良質のものである。大田井産以外の産地の特定は叶っていない。このほか，透明度ある白色のメノウと考えられるもの，透明度が高い水晶質のものや質の悪い白い石英も見られる。白メノウは平戸島一帯の産地がよく知られる（平戸産白メノウ製火打石については本節(8)参照）。また，水晶・石英は長崎県内一帯に見られる。

　最後に，未図化分も合わせて，長崎奉行所跡・岩原目付屋敷跡における火打石の出土層位等を整理すると，まず，浦上産鉄石英製火打石は6層中から出現し，5層中あるいはそれに準じる遺構中で最も多く見られている。続く4層〜3層中ならびに関連遺構でも浦上産鉄石英製火打石は出土するものの，量は少ない。母数そのものが少ないながら，蛋白石や白色のメノウ・石英製火打石についても，浦上産鉄石英製と同じ増減傾向にある。一方で，いくつかの色調等で区別できたチャートは，5層に1点含まれるほかはすべて4層〜3層中ならびに関連遺構からの出土である。

　発掘調査報告書では，発掘調査成果や文献資料の整理によって，古い方からⅠ〜Ⅴ期という遺跡の変遷が示されている。この遺跡の変遷に火打石の出土層位ごとの石材の組み合わせ等を関連づけると，長崎奉行所跡・岩原目付屋敷跡の火打石については，まず，キリシタン時代から初期奉行所の時代にあたる17世紀初頭（Ⅰ-2期）には，近隣で採取可能な浦上産鉄石英，17世紀前葉〜18世紀初頭（Ⅲ期）まで同じく浦上産鉄石英を中心に少数の蛋白石（オパール）や平戸産白メノウ，石英が用いられ，奉行所の建て替えと目付屋敷が成立した18世紀初頭（Ⅳ期）以降になると，浦上産鉄石英の利用も継続しつつ，阿波の大田井産チャートのほか，各種のチャート，石英等が用いら

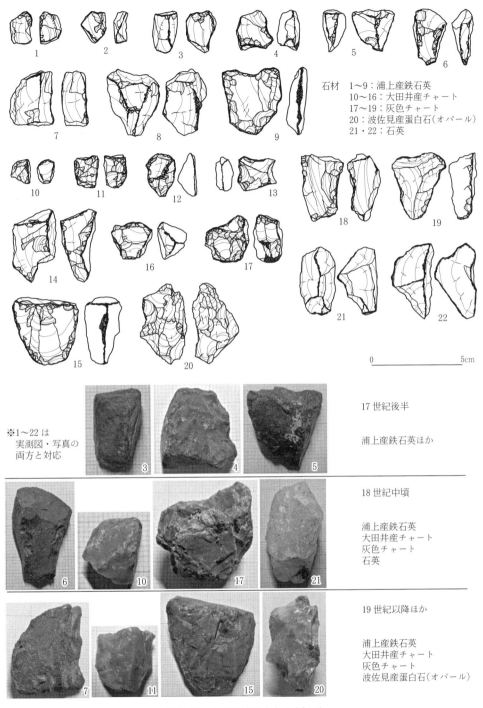

第 21 図　魚の町遺跡出土の火打石

れるようになると整理されよう。

　これに近い様相は，長崎の町屋跡である魚の町遺跡第 2 次調査（長崎市教育委員会 2023）でも追認される。同遺跡では，未使用の火打石・火打石・火打石の欠片が合わせて 300 点以上出土し，石材構成は大きく浦上産鉄石英製（第 21 図 1〜9）・大田井産チャート製（第 21 図 10〜16）・産地不明

の良質な灰色チャート製（第21図17〜19）・オパール（蛋白石）製（第21図20）・石英製（第21図21・22）に分かれる。発掘調査報告書では，第1面から第4面そして近代の5つに分けられた遺構面・時期ごとの火打石やその石材別の出現傾向が整理され，1672（寛文12）年の大町分割以降の17世紀後半（第3面）から鉄石英製火打石が見られ，1756（宝暦6）年の火災整理面を床面とする18世紀後半代（第2面）には大田井産チャートや産地不明の良質な灰色チャートが増加，19世紀以降（第1面）では鉄石英と大田井ほかチャート製等でほぼ同数となるという。

このほか，岩原目付屋敷跡から出土した火打石にはガン・フリントが含まれており，その位置づけ等については，本章第6節(1)で改めて取り上げたい。

(7)　中世大友府内町跡・府内城・府内城下町の火打石

大分市所在の中世大友府内町跡は，豊後国等の守護職であった大友氏の本拠である大友氏館を中心に形成された府内と呼ばれる市街跡である。

2011年3月末の時点で発掘調査報告書に掲載された，中世大友府内町跡の火打石には，中世に収まる火打石18点があった（大分県教育庁埋蔵文化財センター 2005・2006b・2010a〜d）。その後，筆者による資料調査（2011年11月14日に調査実施）の実見の結果，既報告18点のうち火打石でないと判断されるものが8点あり[2]，さらに未実見で判断のできていない資料が3点あることから，既報告資料中の確実な火打石点数は7点となる。これに，新たに第30次調査S002A・第51次調査S200下層（J-37／J-37・38）・第77次調査A62焼土層／S111／S690において中世の火打石6例が追加された。その結果，現時点で確定できるのは，火打石13点となる（第22・23図1〜13）。以下では，中世大友府内町跡における火打石について，調査次数別にみていく。

第77次調査（大分県教育庁埋蔵文化財センター 2010e）では，石英製火打石3点が出土した。16世紀後葉〜末葉かとされる柱穴S111出土品は，稜線の大半に潰れが残り，鉄錆も付着する（第22図1）。16世紀末までに収まるA62焼土層出土品は，右面を中心によく潰れるものである（第22図2）。中世の遺構S690出土品は，偏平な円礫を分割し，その割れ口にできた稜線を使用したものである（第22・23図3）。

第51次調査（大分県教育庁埋蔵文化財センター 2010b）の16世紀後葉までに収まる堀S200下層（J-37／J-37・38）から，石英製火打石2点が出土した。1点は正面の稜線の随所に潰れが残るもので，使用時の衝撃により破砕している（第22・23図4）。もう1点は，稜線の大半に潰れが残るものである（第22・23図5）。

第31次調査（大分県教育庁埋蔵文化財センター 2006b）では2点の火打石がある。1点は16世紀前葉前後の溝SD11から出土した黄褐色の珪化木製火打石であり，礫面が残るもので，稜線に顕著な潰れが見られる（第22・23図6）。もう1点は14世紀初頭以降の溝SD9下層から出土したもので，報告書中では六太郎角とされるが，白色と褐色がまだらな珪質石材（チャートのような石材）製火打石である（第22・23図7）。

第8次調査（大分県教育庁埋蔵文化財センター 2005）では2点出土した。15世紀代の溝SD101からは，乳白色で節理の走るチャート製火打石が出土した（第22・23図8）。16世紀末頃の堀SD103出土品は石英製で，稜に弱いながら摩滅があることから火打石の可能性がある（第22図9）。発掘調査報告書では，第8次調査で出土したすべての火打石は，ほかの縄文時代等の遺物とともに混入

1〜3. 中世大友府内町跡 77 次　4・5. 中世大友府内町跡 51 次　6・7. 中世大友府内町跡 31 次
8・9. 中世大友府内町跡 8 次　10〜12. 中世大友府内町跡 41 次　13. 中世大友府内町跡 30 次
14. 府内城・府内城下町遺跡 15 次　15・16. 府内城・府内城下町遺跡 17 次　※1〜16 は第 23 図の写真と対応

第 22 図　中世大友府内町跡および府内城・府内城下町出土の火打石（1）

したと推測されている。

　第 41 次調査（大分県教育庁埋蔵文化財センター 2010c）では 3 点の火打石等があり，中世の円形土坑 SK136 から出土した，六太郎角とみられる黄土色の石材製のものは，火打石用の石核と思われるもので，珪質の強い箇所・弱い箇所が見られる（第 22・23 図 12）。法量は 14.1×9.5 cm・860 g と大きい。同遺構からは，中世 6 期（16 世紀初頭から 16 世紀第 3 四半期）の備前焼甕，景徳鎮窯系

青花碗 C 群等が出土している。中世である B63 区包含層出土品もまた六太郎角とみられ、剥片の縁辺に潰れ・小剥離が限定的に残るものである（第 22 図 10）。中世とされる A 区東壁 9 層から出土した石英製火打石は、剥落した後も周縁を利用したものである（第 22 図 11）。

第 30 次調査（大分県教育庁埋蔵文化財センター 2010a）の 16 世紀前半の土坑 S002A から出土した大田井産チャート製火打石は、正面の稜線上や周縁に潰れが残るものである（第 22・23 図 13）。

中世大友府内町跡における火打石のうち、石英製のものは、偏平な円礫を分割し、その割れ口にできた稜線を使用したものをはじめ、転磨された石英礫を割って火打石として利用している。また、埋没後に付着したとみられる鉄分が目立つものもある一方で、稜線に潰れとともに鉄錆の付着のある資料も見られた。このほか、六太郎角とみられる黄土色の石材や、乳白色で節理の走るチャート、黄褐色の珪化木、白色と褐色がまだらな珪質石材（チャートのような石材）のものが見られる。大田井産チャート製火打石も 1 点あり、出土遺構の年代どおりで混入品でなければ、16 世紀前半のものとなる。

六太郎角は、近世以降の火打石として有名である。古川古松軒による 1783（天明 3）年の紀行文「西遊雑記」（本荘ほか編 1927）には「立石に至る。此所は木下御氏の御在所、縫殿之助よろしからぬ町なり。御食地のうちに、六太郎村といふ有り。此地の名産に火打石出る。幾度火をうちても石の角をそこなわず、至ての奇石なり。石の名を六太郎角と称すおかしき名なり。土人の云、御領主より御献上に呈上ある石といひき。予未詳」とある。「西遊雑記」（小林編 1930）では、六太郎角という呼称の箇所に「中国筋にては火打石と云豊後日向にては角といふ也」と添えられる。また、1879 年に調査開始し中断を経て 1885 年完成の「豊後国速見郡村誌」（翻刻）によると、下村について「古時米子瀬、上坂、鳥越、六太郎、藤田ノ五村タリシニ、明治三年九月（中略）六太郎、藤田ノ二村ヲ合シテ六太郎村ト称ス（後略）」、そして下村の鉱山の 1 つとして「燧石山　高六町字若山ヨリ登ル、周回拾町、村北弐拾町ニアリ、鉱物発見ハ安政五年ニ起リ、壱ヶ年出高四拾五貫、質佳」で「燧石四拾五貫、以上近傍村ニ輸ス」という（櫻井 2013）。このほか、地元の庄屋のエピソードも交えた『豊後立石史談』から六太郎角について列記すると、六太郎角という名称は、六太郎村平原の上の山から産出することに由来すること、『豊後国志』（唐橋 1803）にも記述があることからは、少なくとも同書が著された 1803（享和 3）年以前より存在が知られていたこと、山の所有者は『豊後立石史談』（胡麻鶴 1923）が著された 1923 年より 40〜50 年前には阿部孫右衛門であり、町の萬屋、金山の林伝八らが採掘にあたっていたこと、採掘量の詳細は不明ながらその販路が「大分の浜の市、西は高田、宇佐、中津、小倉地方」に及び、さらに上質のものは遠く「上方地方」まで移出されたこと、火打石の種類には「味噌」（黄色を帯びた飴色）と「浅黄」の 2 種類があること、味噌は発火具合から上物で高価格であり、明治維新のころは親指の頭大で 1 匁ほどだったこと、六太郎の庄屋礼次郎の所有した直径 4 寸ほどの火打石は、当時、10 両でも手放さないと言われたほどであり、優良な火打石がいかに高価であったかを窺い知れること、明治時代になりマッチが出現すると、味噌の親指大のもので 5〜6 銭になってしまったというが、それは当時の米 1 升（当時、米 1 石 5 円ほど）と同じ程度であること、六太郎角の品質が優れており古くから「小倉燧に六太郎角」と並び称されていたこと、火打石の発見は容易でなく、しかも 1 個の大きさは直径 4〜5 寸程度であること、上方へ搬出されるのは、その芯（核）の良質な部分であり、立石地方に販売される多くは、その芯以外の打欠品であり上物ではなかったこと等が紹介されている。これらの記述から、

4 九州における火打石の変遷 47

第23図 中世大友府内町跡および府内城・府内城下町出土の火打石（2）

六太郎角には質の良し悪しにより2種類あったこと、採掘者名や販路、販売価格の推移等もわかる上、地元の庄屋のエピソードも交えた貴重な記録となっている。

　六太郎角を除く中世大友府内町跡で出土した火打石石材の産地については調査中であるが、石英を中心に、乳白色で節理の走るチャート、黄褐色の珪化木、白色と褐色がまだらな珪質石材（チャートのような石材）と多様であることがわかる。

　六太郎角について、前述のとおり近世後半の利用状況に関する記録があるが、その利用の開始が少なくとも中世まで遡ること、そして、石材が石核の状態でもって中世大友府内町跡まで運び込まれ、また火打石として使用されている点は、当時の流通等の実態を物語る点で注目される。石英についても八坂中遺跡の発掘調査報告書（大分県教育委員会2003）で示されたとおり佐賀関産であれ

ば，やはり火打石石材として運び込まれたことになる。両産地とも，大友府内からの直線距離でおおよそ 25〜30 km にある。

なお，大田井産チャート製火打石については，16 世紀前半という出土遺構の年代どおりであれば，大田井産チャートがいち早く利用された例となるが，実際的には混入した可能性もぬぐえない。

次に，近世以降の火打石として，大分川河口付近に位置する府内城・府内城下町遺跡における新資料を検討する。近世以降の当地の火打石としては，前述のとおり六太郎角が有名であり，『豊後立石史談』の描写からみても，上物でない浅黄の六太郎角の発見が期待された。調査は，2011 年 11 月 21 日に実施し，その結果，府内城・府内城下町において，火打石 3 点を抽出できた（第 22・23 図 14〜16）。

府内城・府内城下町第 15 次調査（大分市教育委員会 2004a）では，18 世紀中頃〜19 世紀中頃の廃棄土坑 S033 から大田井産チャート製火打石ならびに火打石の欠片が出土した。火打石は，鋭い稜線が十分に丸く潰れるまで使用したものであり，潰れには鉄錆の付着も見られるものである（第 22・23 図 14）。なお，同遺構からは，灰褐色や灰白色，白色のチャート製石器も出土しており，いずれも火打石に関連するものの可能性がある。

府内城・府内城下町第 17 次調査（大分市教育委員会 2009）では，大田井産チャート・玉髄製各 1 点が表土中から出土した。大田井産チャート製のものは火打石の欠片であり，背面の稜線には潰れが見られる（第 22・23 図 16）。玉髄製火打石は，火打石の欠片を再利用したものである（第 22・23 図 15）。

こういった状況から導かれる現時点での結論として，中世大友府内町跡では，16 世紀末葉までの間に産地候補として佐賀関が挙げられる石英をはじめ，六太郎角と見られる黄土色の石材，乳白色で節理の走るチャート，黄褐色の珪化木，白色と褐色がまだらな珪質石材（チャートのような石材）といった多様な火打石石材があった。また，16 世紀前半となる可能性を残す大田井産チャート製火打石については，現時点では混入とも考えられ，年代的な位置付けは保留とした方がよい。そして，府内城・府内城下町では，古文献で知られる六太郎角は未見ながら，18 世紀中頃〜19 世紀中頃の大田井産チャート製火打石や表土中出土の玉髄製火打石等が見られ，中世大友府内町跡のものと石材が変化している（大田井産チャート製火打石については本章第 5 節，玉髄製火打石については終章(2)をそれぞれ参照）。

なお，近世以降の火打石について，参考資料として，六太郎角産地の膝元でありかつ販路の 1 つとなる「立石地方」の採集品を多く含む，大分県立歴史博物館所蔵の角田司郎氏採集資料についても検索した（2012 年 3 月 11 日実施）。大分県立歴史博物館所蔵の角田司郎氏採集資料は，日出町とその周辺の杵築市（旧山香町も含む）・別府市等のほか，大分県内各地の遺物散布地からの採集品約 50,000 点で構成される（宮内 2005・2006）。前節でみた例と同じく，それと認識されないまま先史時代の石器等として報告されている中に近世等の火打石が含まれている例が各地であったため，角田資料すべてを検索した。その結果，角田資料のうち，杵築市の白水池，日出町の宮ノ下・薄尾西・高平東・原西ノ西・大峰・内野，市町村不明の大内中尾北・萩のうの計 9 地点より火打石 12 点・火打石の欠片 1 点が見出されたのであるが，13 点のうち 11 点が典型的な大田井産チャート製であった。なお，六太郎角と同等あるいは近い石材が旧石器〜縄文石器の一部に用いられると確認できたが，六太郎角の火打石そのものは見出されなかった。

⑻ 博多遺跡群の火打石

　現在の福岡市に所在する博多遺跡群は，弥生時代以降の複合遺跡で，11世紀後半に鴻臚館から博多に貿易拠点が移った後には，中世日本最大とも言われる国際貿易都市となる（大庭2019ほか）。

　2007年9月に資料検索に着手して以降，2009年当時の所見を速報しつつ（福岡市教育委員会2009b），複数回にわたって収蔵コンテナの検索を継続しているものの（博多3・4・6・22・33・35・71・77・79・82・85・94・104・180・216次調査は検索完了），博多遺跡群の全コンテナの検索には至っていない。現時点で見出せている火打石について，その石材種と変遷に関する所見は次のとおりとなる（第24・25図）。

　まず，年代的に古いもので，かつ出土遺構の年代が明確なものとして，8世紀後半から9世紀初頭の博多築港線第2次調査（福岡市教育委員会1988c）の89号井戸から出土した白メノウ製火打石がある（第25図32）。同井戸からは官職を示す「長官」の墨書ある須恵器坏蓋等も出土しており，その後の発掘調査成果等も加味して，付近には官衙と下級官人を中心とした居宅が想定されている。火打石は，よく転磨された円礫が分割されたものであり，割れ口の稜線上に強い潰れが残される。潰れに伴って鉄錆の付着も見られる。

　博多遺跡群における白メノウ製火打石の出土例は，このほか，11世紀中頃〜12世紀初頭の博多遺跡群第35次調査（福岡市教育委員会1988b）の井戸SE132（第24・25図9），11〜12世紀頃の博多遺跡群第6次調査（福岡市教育委員会1986）のE包含層（第25図36），博多遺跡群第180次調査（福岡市教育委員会2009a）の11世紀後半〜13世紀後半の可能性がある包含層（第24図21），やや時期特定に苦慮するが古代〜中世に収まっている博多遺跡群第3次調査（福岡市教育委員会1997a）の溝SD4（第25図29），近世の博多遺跡群第71次調査（福岡市教育委員1996b）の井戸SE201掘方上層（第25図34）が挙げられる。第24図9・21，第25図29・34・36はいずれも転磨された礫面が観察される。礫面のカーヴや残り具合ならびに36の法量が3.5×3.2×2.6cm・重量39.6gであることを考えると，原石のサイズはニワトリの卵よりも小さい程度と予想される。礫面は36のようによく転磨されたものや29のようにアバタ状の凹凸を残しつつ転磨されたものも見られる。火打石はいずれも稜線がよく潰れている。34は剝離面の切り合い等より使用に伴って破砕した火打石の可能性が考えられる。後述するように中世以降の博多遺跡群の火打石は石材が多様化するのに対し，9〜12世紀頃を中心とする年代の火打石は今のところ白メノウ製に限られている。この観点でいくと，近世井戸出土の博多遺跡群第71次調査（第25図34）例は古い年代の火打石が混入したものと考えたい。

　博多遺跡群出土の白メノウ製火打石に共通するのは礫面がよく転磨されている点であり，海岸あるいは河原での採取や，旧河成・海成礫を含む段丘露頭等からの採取を想定するのが一般的であろう。博多遺跡群第6次調査E包含層例（第25図36）は打ち割られる前の原石であり，未使用の火打石である。火打石用として，転磨礫のまま消費地に持ち込まれることがあったことをよく示している。

　白メノウの産地の候補は，博多遺跡群とは直線距離で80km以上も離れているものの，長崎県の平戸島である。近世以降の文献を検索すると，平戸藩第9代藩主の松浦清（号は静山）により1841（天保12）年までに著された随筆集「甲子夜話」の巻88において，筆者不詳ながら1732（享

50　第2章　考古資料としての火打石

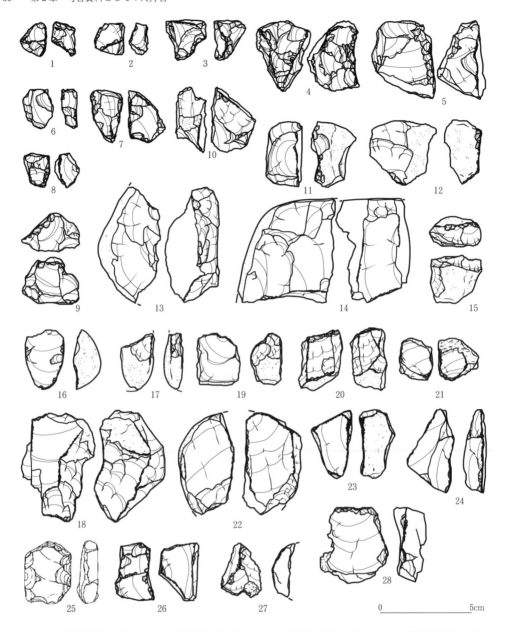

1〜15. 博多遺跡群35次　16〜18. 博多遺跡群85次　19〜22. 博多遺跡群180次　23〜28. 博多遺跡群216次
※1〜28は実測図・写真の両方と対応

第24図　博多遺跡群出土の火打石（1）

保17）年に書かれた「平戸領名物集」に列記された産物の1つに「津吉燧石」が挙げられている。これに関連する記事として，1857（安政4）年に平戸藩第10代藩主・松浦熈の命を受けた荒川丈左衛門忠勝が著した「木勝詣人拝順記」に，"木勝から一里離れた紐指村の草積では水晶石が，木勝から三里離れた古田村の衣ヶ浦では瑪瑙石が産出する"（筆者註：木勝は現在の平戸市木ヶ津町，古田村は現在の平戸市津吉町周辺の一部）とある（永松ほか2016）。また，平戸島におけるメノウの産地として，武藤壽による『日本金石産地』（1879年）では「宝亀村」，農商務省鉱山局による『日本鉱産地』（1900年）には「紐差」，岡本要八郎編集の『長崎県鉱物誌』（1958年）には「紐差，津吉，

4 九州における火打石の変遷　51

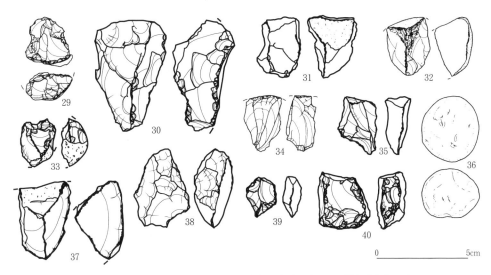

29・30. 博多遺跡群 3 次　31・32. 博多築港線 2 次　33. 博多遺跡群 33 次　34. 博多遺跡群 71 次
35. 博多遺跡群 77 次　36. 博多遺跡群 6 次　37. 博多遺跡群 22 次　38・39. 博多遺跡群 79 次
参考：40. 福岡城下町遺跡 1 次　※29～40 は実測図・写真の両方と対応

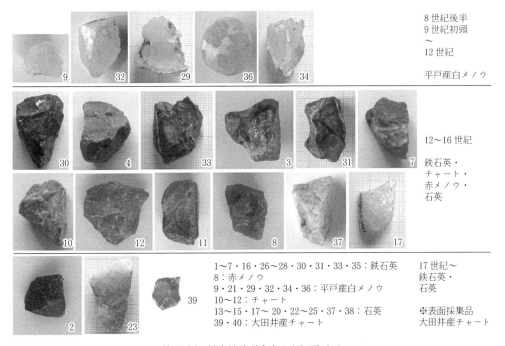

第 25 図　博多遺跡群出土の火打石（2）

志々伎，宝亀」がそれぞれ挙げられている。このほか，「瑪瑙石は平戸島宝亀村の海岸に産す。紅色あり，白色あり，堅密光沢好品と称す」と「平戸藩史稿」に記載があると紹介されている（平戸市 1983）。以上の近世以降の文献からの検討から，津吉をはじめとする平戸島内に産する白メノウが火打石として少なくとも 1732 年以前には知られていたことがわかる。

続く 12 世紀以降の中世のもので，最も多くの火打石を確認できているのは博多遺跡群第 35 次調査であり，中世の火打石として，鉄石英・石英・草緑色チャート・チャート・赤メノウ製のものが

挙げられ，14点を図化した。石材別に出土遺構と年代をみると，鉄石英については，溝SD109–D5（13世紀末・14世紀初め～前半）・土坑SK43（14世紀前半～中頃）・溝SD56–C4掘方およびD7（14世紀末～15世紀初め）・土坑SK70灰層A3（15世紀初め～前半）・井戸SE16掘方（17世紀末～18世紀後半）がある（第24図1～7，第25図2～4・7）。次いで多いのが石英であり，溝SD82下D3（14世紀前半～中頃）・溝SD30–E2（15世紀前半～中頃）に2点の合計3点がある（第24図13～15）。少数石材である草緑色チャートは土坑SK62（14世紀末～15世紀初め）・溝SD20上C3（15世紀前半～中頃）の2点（第24・25図11・12），チャートは3層C3（14世紀か）の1点（第24・25図10），赤メノウは井戸SE57掘方（15世紀初め～前半）の1点（第24・25図8）である。

　また，博多遺跡群180次調査（福岡市教育委員会2009a）・博多遺跡群216次調査（福岡市教育委員会2021）では火打石の実測図が発掘調査報告書に載り，未掲載分も遺構一覧表にその出土が記載されている。博多遺跡群180次調査については，実測図掲載分はいずれも火打石の石材としては問題ないものの使用痕がなく火打石ではないと判断したが，未掲載分の中から石英製火打石3点，白メノウ製火打石1点が見出された（第24図19～22）。いずれも包含層等からの出土であり年代の絞り込みは難しいものの，遺跡の全体相からは13世紀までに収まるものであろう。

　博多遺跡群216次調査は石英製火打石3点・鉄石英製火打石2点・同火打石の欠片1点が出土した（第24図23～28，第25図23）。出土遺構と年代でみると，鉄石英製火打石は土坑SK141（13世紀代）・遺物集積遺構SX158（13世紀～14世紀初頭），同石材の火打石の欠片は土坑SK019南半（16世紀代），石英製火打石はピットSP249（13～15世紀か）・土坑SK020–3層（16世紀代）・SX055西区（17～18世紀）となる。なお，同次調査では火打金2点も出土している。

　35・180・216次調査以外で検索しえたものには，石材別にみると，鉄石英については，博多遺跡群第33次調査（福岡市教育委員会1998）の土坑SK76（11世紀中頃～13世紀前半）（第25図33）・博多遺跡群第77次調査（福岡市教育委員会1995）のⅢ–0113（～13世紀か）（第25図35）・博多築港線第2次調査のⅡ面検出の296号土壙（14世紀か）（第25図31）・博多遺跡群第85次調査（福岡市教育委員会1997b）のD区第2面578号遺構（16世紀以降か）（第24図16）・博多遺跡群第3次調査の9号土坑（中世）（第25図30）出土例がある。石英については，博多遺跡群第79次調査（福岡市教育委員会1996a）のC1–Ⅲ–0955（12世紀後半～13世紀前半か）（第25図38）・博多遺跡群第85次調査の729号土坑（15世紀後半から16世紀）（第24・25図17）と第1面11号遺構（16世紀以降か）（第24図18）・博多遺跡群第22次調査（福岡市教育委員会1985）のⅢ層（室町～江戸初めか）（第25図37）出土である。

　博多遺跡群における中世段階の火打石に最も多く採用されたのは，赤色・黄土色・黒茶褐色をした鉄石英である。同石材は，近隣の遺跡では，福岡平野内に位置する麦野A遺跡第18次調査（福岡市教育委員会2009b）の溝SD4のほか，次項で紹介する大宰府条坊跡（太宰府市教育委員会1998aほか）や観世音寺跡（九州歴史資料館2007），薬師の森遺跡（大野城市教育委員会2013）でも出土が確認される。同石材が広く火打石石材に採用されていた点が把握されつつある。鉄石英の産地をめぐっては本節(3)で挙げたとおりであるが，さらなる検討が必要である。

　博多遺跡群で火打石に用いられた鉄石英は，直径3～5cmほどの小ぶりの転磨礫を打ち割って用いたとわかるもの（第24図16，第25図33）と明らかに大きな礫から打ち割ったもの（第25図30）がある。石英も多くに転磨された礫面が残っている（第24図13～15・17・22ほか）。これは，

博多遺跡群で用いられた鉄石英や石英について，小倉城下町遺跡でもみられたように，岩脈等から の採掘ではなく，河原や海岸あるいは旧河道に由来する礫層等から採集されたことを示している。 赤メノウや草緑色・灰色のチャートの産地については現時点では手がかりがない。

このほか，博多遺跡群第79次調査の表採資料に大田井産チャート製火打石1点がある（第25図 39，第34図1）。79次調査地点は，14世紀後半以降18世紀頃まで耕地化していたと推定されてお り，そういった堆積環境下での採集資料となる。大田井産チャート製火打石は，博多遺跡群ではな いものの，隣接する福岡城下町遺跡第1次調査（福岡市教育委員会2017）の18世紀までに収まる土 坑SK1001出土例がある（第25図40，第34図2，報告書中では火打石あるいは碧玉製玉未製品の可能 性が併記されていた）。

ここまでみてきた状況から導かれる現時点での結論として，博多遺跡群では，8世紀後半から9 世紀初頭のものを最古におおよそ12世紀初頭までの火打石には，長崎県の平戸島を産地の有力候 補とする白メノウが用いられ，よく転磨された原石の状態で搬入され，打ち割って利用されていた。 続く12世紀以降の中世段階には，白メノウ製火打石はほぼみられず，最大多数派の赤い鉄石英を 中心に，白色で透明度のあまりない石英や草緑色チャート，チャート，赤メノウ等が火打石に用い られるようになり，石材が多様化する。鉄石英や石英の産地特定は叶っていないものの，岩脈等か らの採掘ではなく，河原や海岸あるいは旧河道に由来する礫層等から採集されたものであり，今後 の産地検索の上で重要である。17世紀以降は資料数が限られるが，鉄石英・石英が用いられてい る。表採資料の大田井産チャート製火打石は，隣接する福岡城下町遺跡ほかの事例も勘案すれば 18世紀以降となる可能性がある（大田井産チャート製火打石については本章第5節参照）。

(9) 大宰府の火打石

大宰府は，7世紀後半に筑前国に設置された行政機関であり，軍事・外交のほか西海道諸国島を 統治し，その権限の大きさから「遠の朝廷」とも呼ばれていた（杉原2024ほか）。

火打石の調査研究の上では，観世音寺における火打石の出土が発掘調査報告書でいち早く取り上 げられている（九州歴史資料館2007）。その内訳は，東辺域にあたる45次調査の黒褐色土から灰色 チャート製火打石（第26図19）・メノウ製火打石（第26図25），119次調査の掘立柱建物跡SB3565 （11世紀後半〜12世紀中頃）から黄褐色メノウ質石材（六太郎角の可能性あり）の火打石（第26図 27）・黒褐色土から鉄石英製火打石（第26図23），南辺域にあたる111次調査の黒色砂質土から鉄 石英製火打石（第26図22），117次の土坑SK3392（13世紀後半〜14世紀中頃）から鉄石英製火打石 （第26図20），122次調査のS-85（遺構名は調査時のもの，時期不明）から大田井産チャート製火打 石の欠片（第26図26），北辺域にあたる70次調査の茶色土から鉄石英製火打石（第26図21），寺 域内での出土位置の不明なチャート製火打石（第26図24）である。観世音寺跡で出土した火打石 は，帰属年代の絞り込みに難があるとはいえ，鉄石英を中心に，チャートやメノウ，そして大田井 産チャートや六太郎角の可能性がある黄褐色メノウ質石材という，使用石材のバラエティが注目さ れるところである（大田井産チャート製火打石については本章第5節参照）。

筆者も太宰府市教育委員会所蔵の未掲載資料の検索を実施している。その方法は，大宰府条坊跡 を主対象とし，発掘調査報告書に遺構ごとに掲載された遺物一覧表に「チャート石核・チャート・ 珪化木」等と火打石を想起させる記載がある遺構出土品を悉皆的に検索するものである。これまで

に，大宰府条坊跡第 59・106・154・156・168・199・224 次調査，宝満山遺跡群第 28 次調査，連歌屋遺跡第 1 次調査で火打石の出土を確認できた[3]。

　最も多いのは鉄石英製火打石であり，大宰府条坊跡の中では，第 168 次調査（太宰府市教育委員会 2004）の 11 世紀中頃～12 世紀前葉の井戸 S105 暗灰色粘土（第 26 図 8），第 199 次調査（太宰府市教育委員会 2002a）の 10 世紀末～11 世紀初頭頃の井戸？S29 黒灰色土（第 26 図 3），第 106 次調査（太宰府市教育委員会 1996）の平安時代のピット S111（第 26 図 7），第 224 次調査（太宰府市教育委員会 2009）の 13 世紀後半以降の土坑 S305（第 26 図 1），第 156 次調査（太宰府市教育委員会 2002b）の時期不明の小穴群 S3（第 26 図 2），第 267 次調査（太宰府市教育委員会 2022）の平安時代中頃までに収まる小穴群 S339（第 26 図 9）・平安時代中頃以降の小穴群 S1201（第 26 図 11）で出土を確認できた。また，水晶製火打石が大宰府条坊跡第 154 次調査（太宰府市教育委員会 2000）の時期不明の凹み SX087（第 26 図 6），第 267 次調査（太宰府市教育委員会 2022）の 9 世紀中頃～10 世紀前葉の井戸 S1110 黒色土（第 26 図 10）・同時期の小穴群 S1114（第 26 図 12）で出土を確認できた。このほか，少数派石材として，石英製火打石が第 168 次調査（太宰府市教育委員会 2004）の奈良時代前半の小穴 S318（第 26 図 5）に，暗灰色チャート製火打石が大宰府条坊跡第 59 次調査（太宰府市教育委員会 1998a）の 12 世紀かという暗灰色砂（第 26 図 4）にそれぞれ見られた。

　また，国分千足町遺跡第 3 次調査（太宰府市教育委員会 2017a）の 8 世紀末か 9 世紀初めからの溝 3SD015（第 26 図 17，報告では縄文時代の原石と記載），連歌屋遺跡第 1 次調査（太宰府市教育委員会 2003）の 13 世紀以降のピット群 S96（第 26 図 16）・宝満山遺跡群第 28 次調査（太宰府市教育委員会 2005）の 13 世紀後半までに収まる溝 SD138（第 26 図 15）でそれぞれ鉄石英製火打石が出土している。大宰府政庁周辺官衙跡においても火打石の出土があり，不丁地区（九州歴史資料館 2014a ほか）から鉄石英製火打石（第 26 図 14）・石英製火打石の欠片（第 26 図 13）が出土している。そして，近世墓出土品として，サコ遺跡第 1 次調査の 23 号墓からチャート製火打石（第 26 図 18）が出土している。

　ここまでみたとおり，大宰府では，火打石の利用が早ければ 8 世紀前半，遅くとも 8 世紀末・9 世紀初頭に始まり，11～13 世紀に至るまで鉄石英が主に用いられている。水晶・石英については，今のところやや古手の方へ偏っているようにもみえる。このほか，チャート・メノウ等も火打石石材に見られる。遺構出土で確実な近世の事例は 1 例のみであるが，特徴的にみられた鉄石英ではなく，チャートが用いられている。なお，鉄石英について，同質石材の利用が博多遺跡群の中世段階や小倉城下町の 17 世紀以前にみられ，同石材が広く火打石石材に採用されていたとみてよい。

⑽　筑後国府跡の火打石

　筑後国府跡は，福岡県久留米市に所在し，その第 89 次調査（久留米市教育委員会 2009）での筑後国府東限大溝 SX3856 から火打石が出土した。火打石は同遺構の上層から出土し，橙色メノウ，水晶質の石英，赤い鉄石英製各 1 点からなる計 3 点が確認された。同上層からは，銅滓の付着した坩堝や銅滓・椀形鉄滓・鞴羽口等の大量の鍛冶関係遺物が投棄されたような状況で出土したことから，周辺地の調査内容等も合わせて，東限大溝沿いの阿弥陀・三反野地区一帯に国衙工房が設けられていたと想定されている。

　火打石のうち，橙色メノウ製は透明度の高い縞のあるもので，弱い潰れが残されるものである

4 九州における火打石の変遷 55

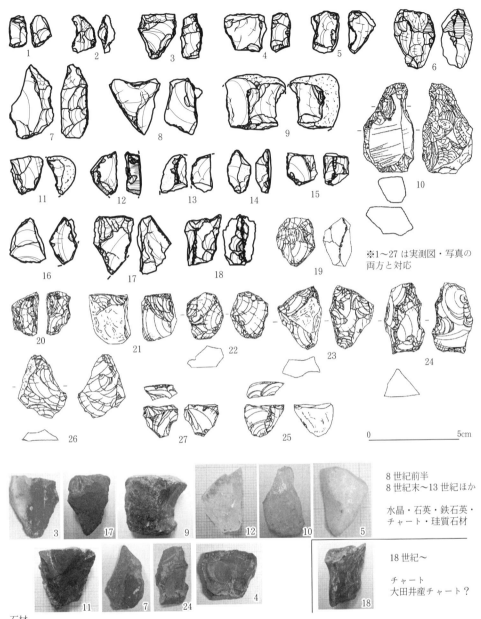

※1〜27は実測図・写真の両方と対応

石材
1〜3・7〜9・11・14〜17・20〜23：鉄石英　4・18・19・24：チャート　5・13：石英　6・10・12：水晶
25：メノウ　26：大田井産チャート　27：黄褐色メノウ質（六太郎角か）

1. 大宰府条坊跡224次　2. 大宰府条坊跡156次　3. 大宰府条坊跡199次　4. 大宰府条坊跡59次
5・8. 大宰府条坊跡168次　6. 大宰府条坊跡154次　7. 大宰府条坊跡106次　9〜12. 大宰府条坊跡267次
13・14. 大宰府政庁周辺官衙跡（不丁地区）　15. 宝満山遺跡28次　16. 連歌屋跡1次　17. 国分千足町遺跡3次
18. サコ遺跡1次　19〜27. 観世音寺

第26図　大宰府出土の火打石

（第27図1）。水晶質の石英製はサイコロ状に使い込まれ，稜線の全体がよく潰れるものである（第27図3）。鉄石英製のものは，剥離方向の読み取りが困難なほど粗い石質で，一面には礫面が残るものであり，弱い潰れが見られる（第27図2）。筑後国府の東限大溝SX3856上層から出土した火打石は，伴出遺物からみて7世紀後半〜8世紀前半を主に，遅くとも8世紀後半までに収まるもの

56　第2章　考古資料としての火打石

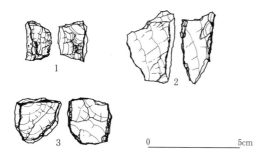

石材
1：橙色メノウ　2：鉄石英　3：石英
※1〜3は実測図・写真の両方と対応

第27図　筑後国府跡出土の火打石

とみられ，現時点での九州最古級の火打石の1つとなる。

(11)　肥後地域の火打石

　前項までは，個別の城跡・城下町跡や中世都市等を対象に火打石を取り上げてきたが，本項および次項では，肥後地域ならびに日向地域について，旧国程度の範囲で取りまとめて火打石の様相をみていく。

　肥後地域では，古代〜近代にわたる83点の火打石が出土しており，今回は60点を図示した（第28・29図）。肥後地域における火打石は，医者どん坂遺跡（菊池市教育委員会2022）・江津湖遺跡群（熊本県教育委員会2008）の事例から，遅くとも8世紀後半から9世紀前半には登場している。両者とも遺跡の全体相からみて上の年代のものと推定される。医者どん坂遺跡例は，良質で半透明白色の石英を用いたもので，一部に転磨面が残っていることから河原あるいは段丘礫層から採取された石材とわかる（第28図1）。江津湖遺跡群例は，灰色チャートの分厚い剥片素材である（第28図2）。

　中世に相当する火打石は，健軍神社周辺遺跡群第8次調査（熊本市教育委員会2013）や二本木遺跡群第106次調査区（熊本市教育委員会2021）・水俣城跡（水俣市教育委員会2007）の包含層，人吉城跡の方形石組みの池状遺構SX1203（人吉市教育委員会1998）から出土したものがある（第28図3〜5）。硯川遺跡群（熊本市教育委員会2018b・2018c）の火打石も，出土層の年代観からみて古代〜中世に収まるものであろう（第28図15〜17）。また，中世人吉城跡（原城〈鶴嶋2013〉）を構成する上原城跡・中原城跡（人吉市教育委員会2020）・下原城跡（村上2003）等の火打石は，年代特定の難しい遺構ならびに表土等出土であることから，廃城後の近世以降に新たに持ち込まれた可能性も完全には排除できないものの，ひとまず中世段階の火打石として捉えておきたい（第28図6〜14）。中世資料の石材に注目すると，水俣城跡例が黒色をベースに灰白色や黒細縞の入るチャート，二本木遺跡群例が灰白色に黒筋の入るチャート，硯川遺跡群例が石英ならびに石英質のチャート，健軍神社周辺遺跡群例が筑後地域の星野産メノウ質石英とよく似た石材，中世人吉城跡を構成する各城跡例が良質で緑みあるいは青みのある灰白色チャートや節理の著しい粗質の灰白色チャート等である。健軍神社遺跡群例は，肥後地域で唯一例のメノウ質石英製であり，仮に星野産であれば遠隔地から持ち込まれた火打石石材となる。チャートには，良質・粗質なものの両者があり，転磨面を残すものは，古代の事例と同じく，河原等の転石を採取したものと推定される。このうち，中世人吉城跡で用いられたチャートの産地候補には，川辺川がある。相良領地の地誌を描いた1773（安永2）年の「球磨絵図」（人吉市所蔵，小野寺1991，村田1980）によると「此川を川辺川といへり　川上五木

谷ニして豊後国より東ハ石太く水冷なり　夏ハ鮎魚多し　其形大く肥て味美し　此川火打石を出す也　川辺かとゝ云」とあることから，遅くとも 1773 年当時の球磨地方で"川辺かと"（＝川辺かど，川辺の火打石）が知られていたとわかる。中世においても同石材の利用があった可能性を考えてよかろう。

　近世以降は事例が増加し，本庄遺跡 1708 地点（熊本大学埋蔵文化財調査センター 2020）ならびに古町遺跡第 11 次調査区（熊本市教育委員会 2020）・人吉城跡（人吉市教育委員会 1999 ほか）がその代表例である。本庄遺跡 1708 地点では，64 号道路から火打石（チャート製 20 点，玉髄製 1 点）・火打石の欠片（チャート製 14 点，玉髄製 1 点，石英製 1 点），183 号溝状遺構からチャート製火打石 1 点が出土した（第 29 図 34〜49）。発掘調査報告書では，火打石石材は主に緑川水系で採取されたと指摘され，肥後地域出土の火打石産地・供給源について考古資料から初めて言及したものとなる。また，玉髄は乳白色半透明で緻密なもので，鹿児島県域が産地候補の 1 つになる遠隔地石材であり，終章(2)で改めて取り上げる。古町遺跡第 11 次調査区では，17 世紀末から 19 世紀以降までの廃棄土坑等から火打石 4 点・火打石の欠片 3 点・未使用の火打石 2 点が出土した（第 28 図 19〜27）。火打石石材には，本庄遺跡 1708 地点とも共通する，緑みのある灰黒色系や灰白色系のチャートが用いられる。未使用の火打石 2 点は灰緑色系チャートの原石で，長さ 5〜7 cm・厚み 3〜4 cm・重量約 100 g と 130 g という鶏卵大のものであり，その転磨具合や色調からみて緑川水系で採取された原石と推定される（第 28 図 26・27）。人吉城跡では，地下室遺構 SX1201 から，川辺川産の可能性がある黒筋の入る灰白色チャート製火打石が出土している（第 28 図 18）。このほか，山頭遺跡第 5 次調査（熊本市教育委員会 2016）・神水遺跡第 11 次調査（熊本県教育委員会 2011）の 1 号溝状遺構・御幸木部遺跡群（熊本県教育委員会 2006）の溝 S006・本荘遺跡 0509 地点（熊本大学埋蔵文化財調査センター 2016）の 14 号溝（13 号溝）・黒髪町遺跡群 1310 地点（熊本大学埋蔵文化財調査センター 2021）の 3 層出土のチャート製火打石・火打石の欠片が近世以降に相当する（第 28 図 28〜33，第 29 図 50）。

　出土状況等から時期の特定が難しい資料は，少なくともその遺跡周辺での火打石石材の一端を示す点で重要である。今古閑久保遺跡（植木町教育委員会 2004）・谷尾崎遺跡（熊本博物館所蔵）の火打石は，山頭遺跡第 5 次調査例と共通する緑みある灰白色で良質のチャート製である（第 29 図 51・52・59・60）。今古閑久保遺跡では，石英製火打石も一定数出土している（第 29 図 53〜55）。新南部遺跡群第 12 次調査（熊本県教育委員会 2018）・本庄遺跡 0104 地点（熊本大学埋蔵文化財調査室 2010）の火打石は，灰色や緑みある灰白色で良質のチャート製である（第 29 図 56・58）。古城遺跡（水俣市教育委員会 2013）の鉄石英製火打石は，肥後地域では唯一例の赤く珪質の強い石材となっている（第 29 図 57）。

　肥後地域における火打石について，古代から近世以降にわたって，転磨面をもつチャート・石英・水晶製火打石が一定数出土していることから，火打石石材は，河原あるいは段丘路頭等で採取したものと推定される。興味深い点の 1 つには，これまでに知られる肥後地域出土品の中に阿波の大田井産チャート製火打石が皆無という点の是非が挙げられる。大田井産チャート製火打石は，本章第 5 節で取り上げるとおり，福岡・小倉・久留米・中津・府内・唐津・延岡・飫肥等の九州各地の城下町ならびに農村等において 18 世紀以降に広域流通するものである。したがって，資料が一定数あって年代的にも当てはまる点で，その出土が予見された熊本城下の古町遺跡第 11 次調査区

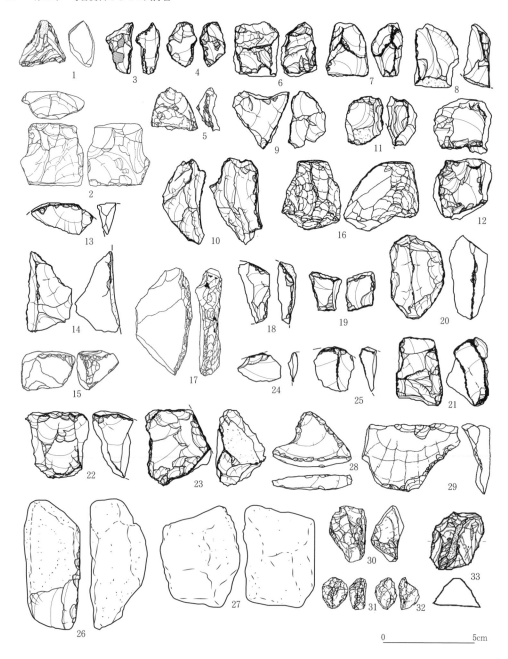

1. 医者どん坂　2. 江津湖　3. 水俣城跡　4. 健軍神社周辺8次　5. 二本木106次　6～8. 中原城跡
9・10. 下原城跡　11・12. 上原城跡　13・14. 人吉城跡　15～17. 硯川　18. 人吉城跡　19～27. 古町11次
28. 神水11次　29. 御幸木部　30～32. 山頭5次　33. 本荘0509地点

第28図　肥後地域出土の火打石（1）

やその近郊の本庄遺跡1708地点において大田井産チャート製火打石が出土していない点は，肥後地域の石材環境や当時の社会・経済状況を反映していそうで大変注目される一方で，あくまで現時点の見かけに過ぎない可能性もあり，今後の資料動向を注視したい（大田井産チャート製火打石については本章第5節参照）。

　最後に展望的なことを挙げると，近世文書等に登場する火打石産地の石材標本収集や比較検討の

4 九州における火打石の変遷 59

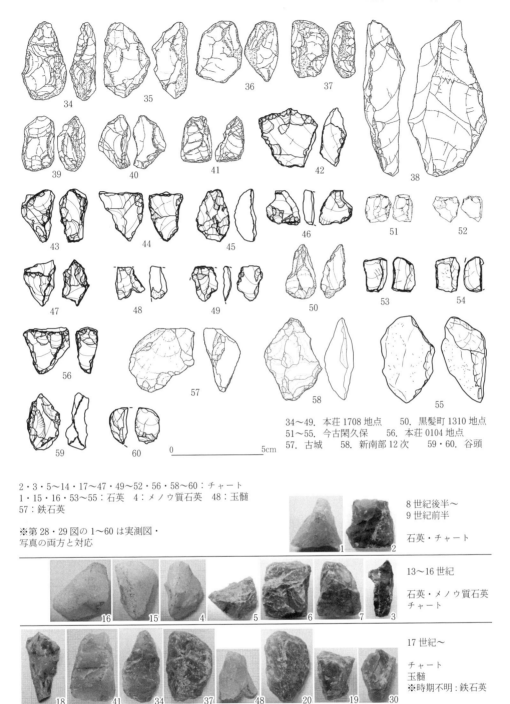

34～49. 本荘 1708 地点　50. 黒髪町 1310 地点
51～55. 今古閑久保　56. 本荘 0104 地点
57. 古城　58. 新南部 12 次　59・60. 谷頭

2・3・5～14・17～47・49～52・56・58～60：チャート
1・15・16・53～55：石英　4：メノウ質石英　48：玉髄
57：鉄石英

※第 28・29 図の 1～60 は実測図・写真の両方と対応

8世紀後半～
9世紀前半

石英・チャート

13～16 世紀

石英・メノウ質石英
チャート

17 世紀～

チャート
玉髄
※時期不明：鉄石英

第 29 図　肥後地域出土の火打石（2）

不足解消が急務である。肥後地域の火打石石材の産地をめぐっては，『毛吹草』（松江 1645）に肥後の名物として挙がった「火川火打石」（氷川産火打石）がよく知られており，「肥後地誌略」（森下・松本編 1980）でも「燧石　八代宮原火川より出る」とある。氷川産火打石の最古記事は，管見では，「南藤蔓綿録」（梅山 1977）にある，佐牟田城之助が島津義弘へ進上した「久田見火打＝火川カド」

60　第2章　考古資料としての火打石

（カドは火打石の意味）であり，佐牟田城之助の没年（1578〈天正6〉年）（梅山1977）を勘案すると，
1540～1570年代において進上品とされたことがあったとわかる。一方で，木内石亭の「雲根志
（前編二）」では「（前略）筑後火川，近江浪川は下品也，水晶石英の類も，よく火を出せども，石性
やはらかにして，永く用いがたし（後略）」とされ，氷川産火打石は「水晶石英の類」でない石材
で，他より品質が劣るという認識が披露されている。この氷川産火打石の有力候補は，氷川河原に
おいて多く確認できるチャートである。本庄遺跡1708地点・古町遺跡第11次調査区をはじめ，熊
本城下やその近郊出土火打石には氷川産チャートが含まれると予想され，石材標本と遺跡出土品と
の突合を早い機会に進めたい。

⑿　日向地域の火打石

　日向地域については，火打石の出土遺跡数・出土点数が多いため（第32図），時期のわかる主な
資料についてのみ第30・31図に写真を掲載した。その他のものは，本文中での説明で特徴を述べ
るにとどめている。なお，大田井産チャート製火打石の一部については，第34図に実測図を掲載
している。以下では，日向地域について，便宜上，9つの小地域（西臼杵・東臼杵・日向入郷・児
湯・宮崎・東諸県・西諸県・北諸県・南那珂）に分けてみていく。

　西臼杵（高千穂・日之影・五ヶ瀬町域）では，火打石は，高千穂町域では城ノ平遺跡（宮崎県教育
委員会1993）・薄糸平遺跡（高千穂町教育委員会1978），日之影町域では平底第2遺跡（宮崎県埋蔵文
化財センター2019a）・出羽洞穴（鈴木1967ほか），五ヶ瀬町域では樋口遺跡（宮崎県埋蔵文化財セン
ター2024a）から出土ならびに採集されている。いずれの事例も，出土状況のみでは時代特定が難し
い。石材は，城ノ平遺跡のものが粗質の石英製で，それ以外はチャート製で占められる。チャー
トは五ヶ瀬川流域の先史遺跡でも多用される石材であり，五ヶ瀬川ほか近隣で採取されたと推定さ
れる。色に注目すると，灰白色・乳白色系チャートが多く，樋口遺跡でのみ濃緑色系のものが見ら
れる。

　東臼杵（延岡市域）では，中世では，海舞寺遺跡（宮崎県埋蔵文化財センター2010b）で13世紀の
遺物を含む120号遺構出土の水晶製火打石がある（第30図）。また，遺跡の全体相から中世に収ま
るであろうものには，山田遺跡（宮崎県埋蔵文化財センター2007b）の2号ならびに3号不明遺構・
1号掘立柱建物西側のピット・表土出土のチャート製火打石がある。家田城跡（宮崎県埋蔵文化財セ
ンター2011d）の曲輪3表土出土のチャート製火打石は，まずは城跡に伴う可能性を考えてよいが，
同じく表土から出土した西南戦争当時の弾丸等に伴う可能性も残ってしまう。

　近世以降では，延岡城内遺跡のうち，西ノ丸跡にあたる第44次調査（延岡市教育委員会2019）に
おいて，遺物や炭素年代から17世紀前半とされる3号土坑出土のチャート製火打石，宮崎県埋蔵
文化財センター調査地点（宮崎県埋蔵文化財センター2012c）の19世紀とされる1号溝状遺構出土の
チャート製火打石ならびに近世とされる落ち込みから大田井産チャート製火打石が出土している
（第30図）。このほか，延岡城内遺跡の宮崎県埋蔵文化財センター調査地点出土のチャート・石英
製火打石，延岡城下町遺跡第7次調査（延岡市教育委員会2017）出土のチャート製火打石は，遺跡
の全体相から近世のものであろう。森ノ上遺跡（宮崎県埋蔵文化財センター2011c）出土のチャート
製火打石は，伴出遺物から近世後半と考えられる。

　このほか，出土状況のみでは時代特定が困難なものとして，天下城山遺跡（宮崎県埋蔵文化財セ

ンター 2006c）曲輪出土チャート製火打石，矢野原遺跡（宮崎県教育委員会 1995b）攪乱出土チャート製火打石，吉野第 2 遺跡（宮崎県埋蔵文化財センター 2007f）試掘トレンチ出土チャート製火打石，カラ石の元遺跡（宮崎県埋蔵文化財センター 2010b）調査区内採集の石英製火打石，鳴川引地（宮崎県埋蔵文化財センター 2010b）表採のチャート・大田井産チャート（第 34 図 10）・石英製火打石，野地久保畠遺跡（宮崎県埋蔵文化財センター 2011c）・海舞寺遺跡（宮崎県埋蔵文化財センター 2010b）出土（第 34 図 9）ならびに延岡市吉野（藤木 2014a）採集の大田井産チャート製火打石がある。

　日向入郷（日向市・美郷町・椎葉村・諸塚村域）では，中世では，塩見城跡（宮崎県埋蔵文化財センター 2012a）曲輪 G で 16 世紀後半の 15 号柱穴から石英製火打石，水の手曲輪で 17 世紀初頭までに収まる 117 号柱穴からチャート製火打石，16 世紀中頃〜後半以降とされる堀 A3 でチャート製火打石が出土している（第 30 図）。このほか，塩見城跡では，曲輪 A3 からチャート製火打石 2 点，曲輪 A4 から石英製火打石，曲輪 E から石英製火打石・チャート製火打石の欠片，曲輪 G からチャート製火打石，曲輪 G2 から大田井産チャート製火打石の欠片，曲輪 H1 からチャート製火打石，曲輪 J から大田井産チャート製火打石，曲輪 K から石英製火打石，曲輪 L からチャート製火打石が出土した。これら遺構外出土の火打石は，陶磁器や煙管のほか近世以降の遺物も各曲輪から出土していることから，山城の主年代のものから廃城後に持ち込まれた火打石までが含まれると推定でき，そのすべてを中世段階に限定することは難しい。

　近世では，岡遺跡第 9 次調査（宮崎県埋蔵文化財センター 2013a）で 18 世紀後半以降とされる 1 号溝状遺構出土のチャート製火打石がある（第 30 図）。このほか，出土状況のみでは時代特定が困難なものとして，板平遺跡第 1 次調査（宮崎県埋蔵文化財センター 2008f）出土の石英・チャート・大田井産チャート製火打石，岡遺跡第 9 次調査（宮崎県埋蔵文化財センター 2013a）の近代における造成土出土のチャート製火打石 7 点，中山遺跡（宮崎県埋蔵文化財センター 2004）出土のチャート製火打石，板平遺跡第 3 次調査（宮崎県埋蔵文化財センター 2011e，第 34 図 11）・山下遺跡（日向市教育委員会 2020）・岡遺跡第 6 次ならびに第 7 次調査（宮崎県埋蔵文化財センター 2012b）出土の大田井産チャート製火打石がある。

　児湯（西都市・児湯郡域）では，火打石の出土遺跡や点数が多いため，現在の市町村域ごとでみていく。都農町域では，内野々遺跡（宮崎県埋蔵文化財センター 2011f）出土のチャート製火打石，内野々第 4 遺跡（宮崎県埋蔵文化財センター 2011f）表土等出土の玉髄・チャート製火打石，尾立第 2 遺跡（宮崎県埋蔵文化財センター 2008b）の旧石器時代包含層である V 層出土のチャート製火打石があり，いずれも出土状況のみでは時代特定が難しい。尾立第 2 遺跡のものは，旧石器時代包含層というきわめて異例な出土位置となるが，報告書中でも述べられているとおり，そのまま旧石器時代のものと捉えるのではなく，後世の火打石が偶発的に下位層に混入した可能性を想定すべきものである。川南町域では，中世では，大内原遺跡（宮崎県埋蔵文化財センター 2006b）で包含層出土のチャート製火打石ならびに火打石の欠片・石英製火打石があり，他出土遺物との関係から 13 世紀前半（上床 2015）でよかろう（第 30 図）。近世以降では，湯牟田遺跡第 1 次調査（宮崎県埋蔵文化財センター 2005b）表土出土の玉髄製火打石は，他遺構・遺物の様相から近代以降の可能性がある。

　銀座第 1 遺跡（宮崎県埋蔵文化財センター 2006a）の例は，遺構配置等から中世に開削されたとわかる溝状遺構であっても，その埋土から中世〜近世遺物が混在して出土する点が報告されている。したがって，中世とされる 5 号溝状遺構（第 1 次調査）出土の玉髄・チャート製火打石，44 号溝状

西臼杵	東臼杵	日向入郷	児湯
古代			 ①宮ノ東-竪穴住居 8305(8C 後～9C 初)：チャート ②宮ノ東-竪穴住居 458(9C 前)：チャート ③宮ノ東-土坑 1054(8～9C)：石英
中世	 海舞寺- 遺構 120(13C)：水晶	 ①塩見城跡曲輪 G-柱穴 15(16C 後)：石英 ②塩見城跡水の手曲輪- 　柱穴 117(～17C 初)チャート ③塩見城跡-堀 A3(16C 後～)：チャート ※他は石英・チャート・大田井チャート	 大内原- 包含層(13C 前)： チャート・石英  次郎左衛門- 溝 5(古代～14C 前)： チャート  高鍋城三ノ丸跡- 溝 1(14～15C)： チャート  宮ノ東- 溝 3208 下(15～16C)： チャート
近世〜	 延岡城内(44 次)- 土坑 3(～17C 前)： チャート  延岡城内(県)- 溝 1(19C)： チャート  ①延岡城内(県)- 落ち込み(近世)： 大田井チャート ※石英・チャート (右 2 点)は調査区一括	 ①岡(9 次)-溝 1(18C 後～)：チャート ※他はチャート	 次郎左衛門- 溝 1(18C 後～19C)： チャート  宮ノ東- 墓 3222(18C 後～)： 石英  宮ノ東- 造成 3102(近現代)： 石英  宮ノ東- 溝 3206(18C 後～)： 石英 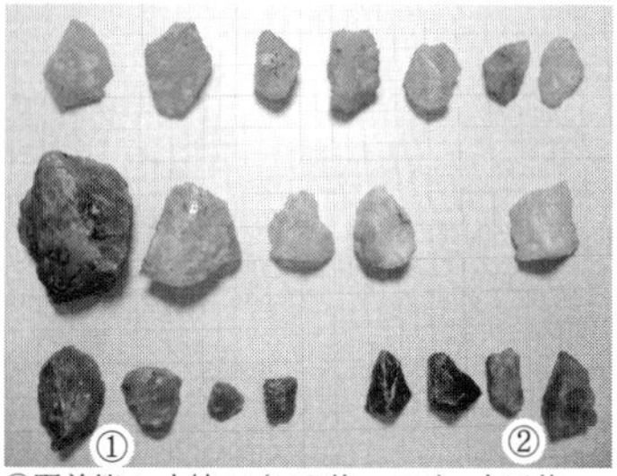 ①野首第 1-土坑 14(18C 後～19C)：大田井チャート ②野首第 1-土坑 61(18C 後～19C)：チャート ※上段：玉髄、中段：玉髄(左 4 点)・石英(右 1 点)、下段：大田井チャート(左 4 点)・チャート(右 4 点) 宮ノ東-溝 2166(近現代)：チャート・石英 ※No Image

第 30 図　日向地域出土の火打石の変遷（1）

4 九州における火打石の変遷 63

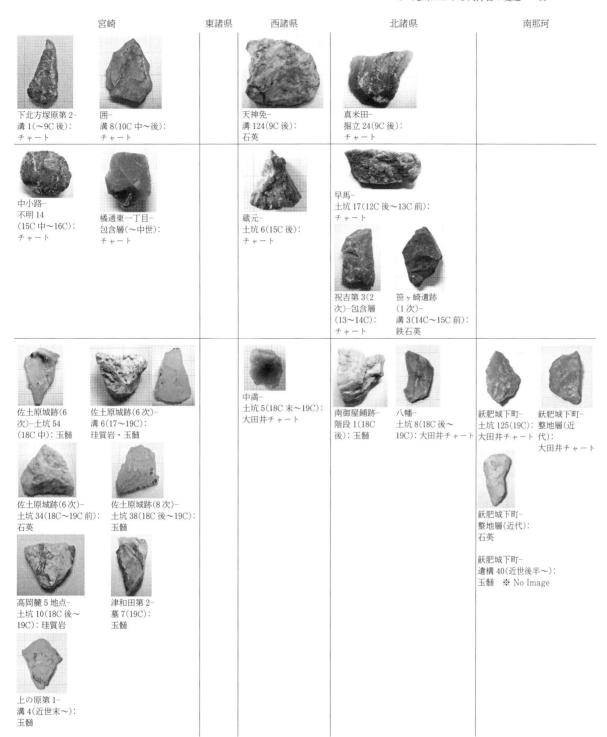

第31図 日向地域出土の火打石の変遷（2）

遺構（第4次調査）出土の玉髄・石英に近い石質の硬砂岩・チャート製火打石ならびにチャート製火打石の欠片について，近世以降の火打石が意図せず混入している可能性を踏まえておくべきで，これらについて年代定点の上では参考資料にとどめておきたい。銀座第1遺跡では，上記以外の遺構出土例として，中世に開削され近世遺物を埋土中に含む1号溝状遺構（第1次調査）出土の石英ならびにチャート製火打石・チャート製未使用の火打石，近世後半の陶磁器を伴う66号土坑（第2次調査）出土の玉髄・チャート製火打石，中世から現代に至るとされた1号道路状遺構（第2次調査）出土のチャート製火打石，同遺構に先行すると解釈された2号道路状遺構出土の玉髄・石英製火打石がある。

　このほか，出土状況のみでは時代特定が難しいものとして，八幡第2遺跡（宮崎県埋蔵文化財センター2007c）確認調査トレンチ出土のチャート製火打石，銀座第1遺跡のうち第1次調査（宮崎県埋蔵文化財センター2006a）包含層等出土の石英（水晶質のものも含む）・チャート製火打石，第2次調査（宮崎県埋蔵文化財センター2006a）包含層出土の石英製火打石，第3次調査（宮崎県埋蔵文化財センター2006a）の中世以降の1号溝状遺構出土の玉髄製火打石の欠片，中世以降の3号溝状遺構出土のチャート製火打石，表土出土のチャート製火打石・玉髄製火打石の欠片，第4次調査（宮崎県埋蔵文化財センター2006a）18号掘立柱建物出土のチャート製火打石，第5次調査（宮崎県埋蔵文化財センター2011a）表土出土のチャート製火打石，中ノ迫第1遺跡第1次調査（宮崎県埋蔵文化財センター2007a）表土出土のチャート製火打石，前ノ田村上第1遺跡（宮崎県埋蔵文化財センター2005e）包含層ほか出土のチャート・石英・玉髄製火打石19点，赤坂遺跡（宮崎県埋蔵文化財センター2007d）包含層出土のチャート製火打石，湯牟田遺跡第2次調査（宮崎県埋蔵文化財センター2007e）の弥生後期後葉〜終末の11号竪穴住居埋土出土の石英製火打石ならびに包含層出土のチャート製火打石・確認調査トレンチ出土の石英製火打石，尾花A遺跡（宮崎県埋蔵文化財センター2011b）包含層ほか出土のチャート・石英・玉髄製火打石7点，赤石遺跡（宮崎県埋蔵文化財センター2009a）包含層出土の玉髄製火打石の欠片がある。

　なお，湯牟田遺跡第2次調査11号竪穴住居出土の火打石は，全国的な火打石研究の現状からも弥生後期後葉〜終末という遺構年代のものとは想定しづらく，同遺跡で多く検出されている中世遺構等に伴う火打石が何らかの理由で混入したものと捉えておきたい。

　高鍋町域では，中世では，高鍋城三ノ丸跡（宮崎県埋蔵文化財センター2009b）で14〜15世紀の1号溝状遺構出土の乳白色チャート製火打石がある（第30図）。近世以降では，野首第1遺跡（宮崎県埋蔵文化財センター2007g）で18世紀後半から19世紀の14号土坑出土の大田井産チャート製火打石（第30図，第34図12），同時期の61号土坑出土のチャート製火打石がある（第30図）。野首第1遺跡では，上記のほか，包含層等から玉髄・石英・大田井産チャート（第34図13・15）・チャート製火打石や玉髄・大田井産チャート製火打石の欠片（第34図14）が出土しており，遺跡の全体相からおおよそ近世以降のものであろう。

　このほか，出土状況のみでは時代特定が難しいものとして，東光寺遺跡（宮崎県埋蔵文化財センター2011h）包含層出土の石英・チャート製火打石，唐木戸第2遺跡（宮崎県埋蔵文化財センター2005a）ならびに青木遺跡（宮崎県埋蔵文化財センター2019b）出土の玉髄製火打石，野首第2遺跡（宮崎県埋蔵文化財センター2008c）表土・攪乱等出土のチャート・石英・玉髄製火打石17点，牧内第1遺跡（宮崎県埋蔵文化財センター2007h）包含層出土の玉髄製火打石の欠片，北牛牧第5遺跡

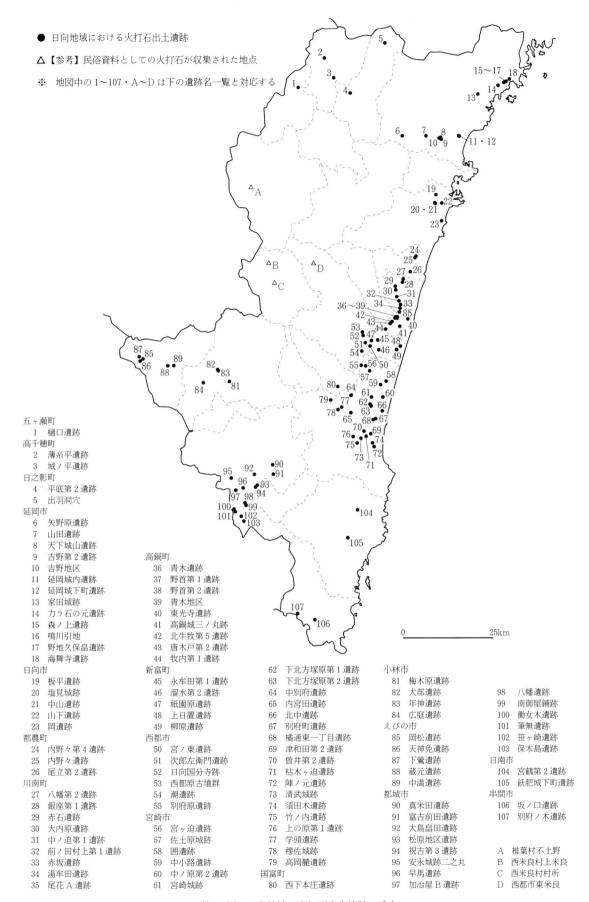

第32図 日向地域の火打石出土遺跡の分布

（宮崎県埋蔵文化財センター 2003c）出土の玉髄製火打石・火打石の欠片がある。西都原考古博物館所蔵の井上サワ子氏寄贈資料には青木地区採集の玉髄製火打石・火打石の欠片，大田井産チャート製火打石が含まれ，その石材構成は，青木地区一帯に位置する青木遺跡・野首第 1 遺跡・野首第 2 遺跡のそれとよく一致する。

　新富町域では，いずれも表土や包含層からの出土あるいは採集品である。永牟田第 1 遺跡（宮崎県埋蔵文化財センター 2005c）包含層出土の玉髄製火打石，柳原遺跡（宮崎県教育委員会 1994）出土の半透明オレンジ色のメノウ・チャート製火打石，祇園原遺跡（宮崎県埋蔵文化財センター 2003b）出土の玉髄製火打石がある。柳原遺跡の半透明オレンジ色のメノウは玉髄と親和的なものであるが，いずれにしても近隣で採集可能な石材ではない。このほか，新富町教育委員会による分布調査（新富町教育委員会 2007）により，溜水第 2 遺跡で大田井産の可能性があるチャート製火打石，上日置遺跡で玉髄製火打石，地点不明のもので大田井産チャート製火打石が採集された。

　西都市域では，複数の遺跡から火打石の出土があり，とくに宮ノ東遺跡（宮崎県埋蔵文化財センター 2008d）では，発掘調査の段階から意識的に火打石の回収に注意が払われた結果，古代から近代までの火打石 29 点・未使用の火打石 9 点・火打石の欠片 1 点の計 39 点が出土している。

　古代では，宮ノ東遺跡（宮崎県埋蔵文化財センター 2008d）の 8 世紀後半〜9 世紀初頭の 8305 号竪穴住居出土のチャート製火打石，9 世紀前半の 458 号竪穴住居出土のチャート製火打石，8〜9 世紀の 1054 号土坑出土の石英製火打石がある（第 30 図）。

　中世では，宮ノ東遺跡（宮崎県埋蔵文化財センター 2008d）の 12 世紀末〜13 世紀初頭の 3219 号道路状遺構 c 中層ならびに 12・16 世紀の遺物を多く含む 4894 号溝状遺構出土のチャート製未使用の火打石，15〜16 世紀の 3208 号溝状遺構 B 下層出土のチャート製火打石，次郎左衛門遺跡（宮崎県埋蔵文化財センター 2010c）の古代〜14 世紀前半の遺物を含む 5 号溝状遺構出土のチャート製火打石がある（第 30 図）。

　近世以降では，宮ノ東遺跡（宮崎県埋蔵文化財センター 2008d）の 17 世紀以降の 4966 号溝状遺構ならびに 17 世紀後半以降の 3205 号溝状遺構 C 出土のチャート製未使用の火打石，18 世紀後葉以降（堀田 2022）の 3222 号集石墓出土の石英製火打石，18 世紀後半以降の 3206 号溝状遺構 A 出土の石英製火打石，18 世紀後半以降の 4991 号溝状遺構 D7 出土のチャート製未使用の火打石，近現代の 2166 号溝状遺構出土のチャート製火打石ならびに未使用の火打石・石英製火打石，近現代の造成面（S3102）出土の石英製火打石，次郎左衛門遺跡（宮崎県埋蔵文化財センター 2010c）の 18 世紀後半〜19 世紀の 1 号溝状遺構上層出土のチャート製火打石がある（第 30 図）。別府原遺跡（宮崎県埋蔵文化財センター 2002b）攪乱出土の玉髄製火打石は，遺跡の全体相から近世以降を中心とした年代の中で理解してよかろう。

　このほか，出土状況のみでは時代特定が難しいものとして，宮ノ東遺跡（宮崎県埋蔵文化財センター 2008d）包含層ほか出土のチャート・大田井産チャート（第 34 図 16）・石英・水晶・玉髄製火打石そして石英・水晶製未使用の火打石，玉髄製火打石の欠片，次郎左衛門遺跡（宮崎県埋蔵文化財センター 2010c）包含層出土のチャート製火打石，潮遺跡（宮崎県埋蔵文化財センター 2017）包含層出土のチャート製火打石，日向国分寺跡（宮崎県教育委員会 1991）の宮崎県教育委員会による 1989 年度試掘調査 5 トレンチ出土の石英・チャート製火打石がある。西都原古墳群でも，173 号墳（宮崎県教育委員会 2007）・201 号墳（宮崎県教育委員会 2019a）・265 号墳（宮崎県教育委員会 2019b）・

291 号墳（宮崎県教育委員会 2024）の表土等から石英・チャート製火打石が出土している。

宮崎（宮崎市域）では，古代では，下北方塚原第 2 遺跡（宮崎市教育委員会 2011）で掘立柱建物との切り合い関係により 9 世紀後半までに収まる 1 号溝下層出土のチャート製火打石，囲遺跡（宮崎市教育委員会 2020a）の 10 世紀中葉〜後葉（堀田 2012 でいう IV 期）の坏を伴う 8 号溝状遺構出土のチャート製火打石がある（第 31 図）。また，下北方塚原第 1 遺跡（宮崎市教育委員会 2010）の 13 号小穴出土のチャート製火打石，囲遺跡（宮崎市教育委員会 2020a）の 9 号不明遺構ならびに 127・410・487 号小穴出土のチャート製火打石は，遺跡全体の年代観から古代〜中世に収まる可能性がある。

中世では，中小路遺跡（宮崎市教育委員会 2019）で 15 世紀中頃〜16 世紀の遺物を伴う 14 号不明遺構出土のチャート製火打石がある（第 31 図）。橘通東一丁目遺跡（宮崎県埋蔵文化財センター 2018）包含層出土のチャート製火打石は，中世までに収まるものである（第 31 図）。別府町遺跡（宮崎県埋蔵文化財センター 2006d）32 号小穴出土の石英製火打石は中世のものとされる。また，穆佐城跡（宮崎市教育委員会 2013）曲輪 7 ならびに曲輪 8 表土出土のチャート・鉄石英製火打石，宮崎城跡（宮崎市教育委員会 2020b）曲輪 III（野首城）表採のチャート製火打石，清武城跡（宮崎県教育委員会 1980）出土の石英・玉髄製火打石は，各山城の主年代に収まる可能性が第一に想定される一方で，遺構出土でない点からは，先述の塩見城跡と同じく，廃城後の諸活動によって近世以降に持ち込まれた火打石である可能性も踏まえておきたい。

近世以降になると多くの事例がある。津和田第 2 遺跡（宮崎市教育委員会 2021a）7 号土坑墓出土の玉髄製火打石は，19 世紀代の煙管・火打金等とセットで副葬されたものである（第 31 図）。佐土原城跡のうち第 8 次調査（宮崎市教育委員会 2015）では，18 世紀後半〜19 世紀の 38 号土坑出土玉髄製火打石，第 6 次調査（宮崎市教育委員会 2016）では 18 世紀〜19 世紀前半の 34 号土坑出土の石英製火打石，18 世紀中頃（遺構年代は堀田 2022 参照）の 54 号土坑出土の玉髄製火打石，17〜19 世紀に収まる 6 号溝状遺構出土の珪質岩・玉髄製火打石がある（第 31 図）。また，佐土原城跡第 6 次調査の 88 号土坑出土の玉髄製火打石，1527 号小穴出土のチャート製火打石は，遺跡の全体相からみて近世以降のものでよかろう。高岡麓遺跡では，5 地点・22 地点・28 地点・32 地点から計 5 点の火打石が出土している。5 地点（宮崎県教育委員会 1996）の 10 号土坑出土の珪質岩製火打石は，共伴遺物から 18 世紀後半〜19 世紀代のものと考えられる（第 31 図）。他地点（宮崎市教育委員会 2012）のものは攪乱や時期不明の遺構出土となり，32 地点攪乱出土のチャート製火打石，22 地点 7 号土坑出土のチャート・粗質メノウ製火打石・22 地点 5 号攪乱出土の玉髄製火打石，28 地点攪乱出土のチャート製火打石があって，遺跡の全体相からいずれも近世以降のものでよかろう。上の原第 1 遺跡（宮崎県埋蔵文化財センター 2000a）で近世とされた 2 号溝ならびに近世末以降とされた 4 号溝出土の玉髄製火打石（第 31 図），中別府遺跡（宮崎県埋蔵文化財センター 2001）の近世以降という水田面出土の大田井産チャート製火打石（第 34 図 17）がある。原報告（宮崎県埋蔵文化財センター 2000b）で細石刃核とされていた竹ノ内遺跡のチャート製火打石は，近世とされた 11 号土坑出土の可能性がある。

このほか，出土状況のみでは時代特定が難しいものには，下北方塚原第 1 遺跡（宮崎市教育委員会 2010）攪乱出土の石英製火打石，宮ヶ迫遺跡（宮崎市教育委員会 2014）2 区攪乱出土のメノウ製火打石，囲遺跡（宮崎県埋蔵文化財センター 2007i）表採のチャート・石英・玉髄製火打石，中ノ原第

2 遺跡（宮崎市教育委員会 2021b）表土出土の石英製火打石，内宮田遺跡（宮崎県埋蔵文化財センター 2001）出土のメノウ製火打石，学頭遺跡（宮崎県教育委員会 1995a）28 号柱穴出土の大田井産チャート製火打石（第 34 図 18）ならびに包含層出土のチャート製火打石，須田木遺跡（清武町教育委員会 2004）出土の玉髄・石英製火打石，竹ノ内遺跡（宮崎県埋蔵文化財センター 2000b）出土のチャート・玉髄製火打石，枯木ヶ迫遺跡（宮崎県埋蔵文化財センター 2002a）・曽井第 2 遺跡（宮崎県埋蔵文化財センター 2008e）・陣ノ元遺跡（宮崎県埋蔵文化財センター 2024b）出土の玉髄製火打石がある。

　なお，宮崎県埋蔵文化財センター調査の宮ヶ迫遺跡（宮崎県埋蔵文化財センター 2013b）では，細かな出土状況の記載等はないものの古墳時代の 2 号溝状遺構からチャート製火打石が出土したと報告されている。これについて，湯牟田遺跡第 1 次調査等の場合と同じく，後世の火打石が混入したと解釈する方が妥当であろう。宮ヶ迫遺跡の同調査では，包含層からもチャート製火打石が出土している。

　東諸県（国富・綾町域）では，西下本庄遺跡（宮崎県埋蔵文化財センター 1999）の包含層出土のチャート製火打石がある。

　西諸県（小林・えびの市域ほか）のうち，えびの市域では，古代から近世以降の火打石が出土している。古代では，天神免遺跡（えびの市教育委員会 2010）で 9 世紀後半の 124 号溝出土の石英製火打石がある（第 31 図）。中世では，蔵元遺跡（えびの市教育委員会 1996）で 15 世紀後半の 6 号土坑出土のチャート製火打石がある（第 31 図）。蔵元遺跡では，上記以外にも石英・チャート製火打石が出土しており，遺跡全体の年代観から中世に収まるものとみてよかろう。

　近世以降では，中満遺跡（えびの市教育委員会 1996）で 18 世紀末～19 世紀代の 5 号土坑出土の大田井産チャート製火打石がある（第 31 図）。このほか，やや年代幅をもつものとして，天神免遺跡の中世末以降とされる 2 号不明遺構出土の石英製火打石ならびに中世～近代とされる 3 号道路状遺構出土のチャート製火打石，近代以降とされる 147 号溝出土の鉄石英製火打石，岡松遺跡（えびの市教育委員会 2010）の近世以降とされる 1 号溝出土のチャート製火打石，下鶯遺跡（えびの市教育委員会 2011）V 区で近代以降とされる 1 号溝出土の石英製火打石がある。

　小林市域では，中世以降の火打石が表土や包含層等から出土している。遺跡の全体相や共伴遺物の年代から，年神遺跡（小林市教育委員会 2001）ならびに大部遺跡（小林市教育委員会 2001）出土のチャート製火打石は中世，梅木原遺跡（小林市教育委員会 2000）出土の玉髄製火打石は近世以降，広庭遺跡（小林市教育委員会 2003）のうち 1 区出土のチャート製火打石は近世，同 4 区出土の玉髄・サーモンピンク色の珪質岩製火打石は 18 世紀中頃～19 世紀のものと推定される。

　北諸県（都城市域ほか）では，都城市域において，えびの市域と同じく，古代から近世以降にわたる火打石が出土している。古代では，真米田遺跡（都城市教育委員会 2014）で 9 世紀第 3 四半期とされる 24 号掘立柱建物出土のチャート製火打石がある（第 31 図）。同遺跡の 440 号ピットならびに包含層出土のチャート製火打石も，遺跡全体の年代観からひとまず 9～10 世紀の所産としてよかろう。

　中世では，笹ヶ崎遺跡第 1 次調査（宮崎県埋蔵文化財センター 2016）B 区で 14～15 世紀前半の 3 号溝状遺構出土の鉄石英製火打石がある（第 31 図）。また，遺跡の全体相から，早馬遺跡（都城市教育委員会 2008a）17 号土坑ならびに包含層出土のチャート製火打石が 12 世紀後半～13 世紀前半，祝吉第 3 遺跡第 2 次調査（都城市教育委員会 2015）包含層出土のチャート製火打石が 13～14 世紀と

なる可能性がある（第31図）。このほか，加治屋B遺跡（都城市教育委員会2008b）包含層出土の石英製火打石，松原地区遺跡第7次調査（都城市教育委員会2018）出土の赤チャート製火打石，安永城跡二之丸（都城市教育委員会2019）5トレンチ溝状遺構a層ならびに2号掘立柱建物跡出土のチャート製火打石，富吉前田遺跡（宮崎県埋蔵文化財センター2011i）包含層出土の石英製火打石がある。

近世以降では，南御屋鋪跡（都城市教育委員会2017a）で18世紀後半の1号階段状遺構出土の玉髄製火打石，八幡遺跡（宮崎県埋蔵文化財センター2003a）で18世紀後半〜19世紀の8号土坑出土の大田井産チャート製火打石の欠片がある（第31図・第34図19）。八幡遺跡の南北トレンチ出土のメノウ製火打石も遺跡の全体相から近世のものとみてよい。また，大島畠田遺跡（宮崎県埋蔵文化財センター2008g）の包含層出土のチャート製火打石は，出土地点付近に広がる近世以降の墓群に伴う可能性がある。

このほか，出土状況のみでは時代特定の難しいものとして，保木島遺跡（宮崎県埋蔵文化財センター2021）攪乱出土の赤チャート製火打石，筆無遺跡（宮崎県埋蔵文化財センター2008a）表土出土の玉髄製火打石，笹ヶ崎遺跡第1次調査（宮崎県埋蔵文化財センター2016）B区出土のチャート製火打石，働女木遺跡（宮崎県埋蔵文化財センター2011g）出土の玉髄製火打石がある。

南那珂（日南・串間市域）のうち，日南市域では，近世の飫肥城下町遺跡（宮崎県埋蔵文化財センター2012d）で大田井産チャート・玉髄製火打石・火打石の欠片，チャート・石英製火打石が出土している。このうち，大田井産チャート製火打石のいくつかは19世紀前半を中心とする125号廃棄土坑ならびに近代の整地層出土，玉髄製火打石の欠片は近世後半以降の40号遺構出土，石英製火打石は近代の整地層出土である（第31図）。

日南市域の宮鶴第2遺跡（宮崎県埋蔵文化財センター2010a）出土の玉髄製火打石，串間市域の坂ノ口遺跡（宮崎県埋蔵文化財センター2012e）出土のチャート製火打石，同市域の別府ノ木遺跡（宮崎県埋蔵文化財センター2014）出土のチャート製火打石は，遺跡の全体相から近世以降のものと考えられる。

ここまで概観してきた日向における小地域ごとの遺跡出土火打石について，以下では，その変遷や特質の総体把握を試みたい。

まず，宮ノ東遺跡（児湯）の8世紀後半〜9世紀前半の竪穴住居や近い年代の土坑出土のチャート・石英製火打石，下北方塚原第2遺跡（宮崎）の9世紀後半までに収まる溝出土のチャート製火打石，囲遺跡（宮崎）の10世紀中葉〜後葉の溝出土のチャート製火打石，天神免遺跡（西諸県）の9世紀後半の溝出土の石英製火打石，真米田遺跡（北諸県）の9世紀第3四半期の掘立柱建物出土のチャート製火打石が示すとおり，火打石・火打金という新来の発火具セットやその発火法の始まりは，特定の範囲のみ（例えば日向国府周辺）で採用されたのではなく，児湯・宮崎・西諸県・北諸県に点在していることから，遅くとも8〜9世紀の日向の全体に広がっていた可能性を読み取り可能である。

なお，古代より遡る年代の遺構等から火打石が出土したものとして，旧石器時代包含層出土の尾立第2遺跡，弥生後期後葉〜終末の竪穴住居埋土出土の湯牟田遺跡第2次調査，古墳時代の溝状遺構出土の宮ヶ迫遺跡があり，本書では，全国各地ならびに日向における概況からみて後世の火打石が偶発的に混入した可能性を想定した。これは消去法的な見解に過ぎず，その出土した遺構や包含

層に伴うことを完全否定はできないものでもある。今後，上記のような古い年代の可能性をもつ出土状況に接した際は，発掘調査時点で確実にその時期のものと証し立てる十分な検証と記録が必須である。

　次に，中世になると火打石の出土例も増加する。年代の定点となるものとして，12〜14世紀では，海舞寺遺跡・大内原遺跡・宮ノ東遺跡・次郎左衛門遺跡・早馬遺跡・祝吉第3遺跡第2次調査における水晶・石英・チャート製火打石，15〜16世紀では，塩見城跡・高鍋城三ノ丸跡・宮ノ東遺跡・中小路遺跡・蔵元遺跡・笹ヶ崎遺跡第1次調査における石英・チャート・鉄石英製火打石が挙げられる。火打石入手の観点からは，中小路遺跡例のような，ピンポン玉大に復元されるよく転磨された球体状のチャート・石英礫を打ち割った火打石が散見される点に注目したい。こういったチャート・石英の転磨礫は，日向各地を流下する河川敷やその一帯の段丘礫層が露出したような箇所から採取されたものと推定され，組織的というよりも自家消費的な火打石石材の採取であったと考えられる。中世においても，古代の場合と同じく，特定産地の火打石が広域に流通するようなものではない，いわゆる地産地消による火打石の消費形態が継続したと解される。

　近世以降における年代的定点となる火打石は多くあり，延岡城内遺跡・岡遺跡・野首第1遺跡・宮ノ東遺跡・次郎左衛門遺跡・津和田第2遺跡・佐土原城跡・高岡麓遺跡・上の原第1遺跡・中満遺跡・南御屋鋪跡・八幡遺跡・飫肥城下町遺跡の遺構出品等が挙げられる。日向における古代から近世の火打石石材には，チャート・大田井産チャート・石英・硬砂岩（石英に近い石質）・鉄石英・メノウ・玉髄・珪質岩があったが，近世以降においては，大田井産チャート・玉髄の利用が特徴的である。大田井産チャート製火打石については，日向においては遅くとも18世紀後半以降には利用が開始され，日向の全域で流通した状況を想定可能であり，次の第5節で改めて取り上げることとする。玉髄については，見た目では江戸遺跡で出土する水戸産火打石にもよく似た乳白色あるいは白色半透明をした良質緻密な石材であり，その産地特定には至っていないながら，出土遺跡の分布や地質環境からみた産地候補の1つに薩摩藩域がある。日向における玉髄製火打石のうち，出土遺構等の年代が明確なものには，佐土原城跡第6次調査54号土坑（18世紀中頃），南御屋鋪跡1号階段状遺構（18世紀後半），佐土原城跡第8次調査38号土坑（18世紀後半〜19世紀），津和田第2遺跡7号土坑墓（19世紀代）があり，高岡麓遺跡22地点の攪乱（近世以降），上の原第1遺跡の2号溝（近世）ならびに4号溝（近世末以降），飫肥城下町遺跡40号遺構（近世後半以降）出土品も参考とすれば，遅くとも18世紀中頃以降には，児湯・宮崎・西諸県・北諸県・南那珂において玉髄製火打石の利用が開始されたとわかる。大田井産チャート製火打石と近い年代から流通する一方で，日向における流通範囲は大田井産チャートのそれと比べて狭いという資料現状である。この玉髄製火打石の動きについては，終章(2)において再度取り上げたい。なお，佐土原城跡第6次調査・高岡麓遺跡5地点出土の珪質岩とした石材や八幡遺跡出土メノウについて，熊本県桑ノ木津留周辺や薩摩藩域に産地を想定できそうであり，玉髄とともに産地特定が急務である。

　石材利用の観点からは，18世紀代における大田井産チャート・玉髄という広域流通品の登場によって，古代から中世でみられた地産地消的な石材利用が失われるというものではなく，粗質チャートや石英等といった地元産石材が継続して広域流通品とともに火打石に用いられている。

5 大田井産チャート製火打石の登場と展開

　大田井産チャート製火打石とは，現在の徳島県阿南市で産出・採掘されたもので，江戸時代後半において広範囲に流通していた（森本1992，船築2007・2010，北野1999・2000，小林1993ほか）。それは，優れた火打石であったと江戸時代の文献に著されたように（眞野1998，船築2010ほか），江戸時代の日本を代表する火打石の1つであった。本節では，九州地方における最新の大田井産チャート製火打石出土遺跡の分布状況を提示し，これまでほとんど出土例のなかった九州地域でも大田井産チャート製火打石が多く確認されるようになったことを述べたい（第33図）。

　大田井産チャートは，地質学的に言えば，中央構造線の南側にある秩父帯に分布する。この延長上には，例えば九州では火打石産地として知られる熊本県の氷川等があるように，中央構造線の南側ではチャートが多く産出する。大田井産チャートが火打石として優れていたことは江戸時代の文献にいくつか書かれており（大西2009，船築2010ほか），民俗学的調査の中でも，火打石の採掘地点や那賀川を使って運び出されるまでの作業の流れ，採掘用具やその呼び名等について記録されている（森本1992ほか）。

　大田井産チャートの特徴について記しておこう。「チャートが採集できるのは那賀川の支流である大田井付近，燧嶽の麓の地域である。チャートが岩脈となって露出している地点もあり，また江戸〜明治時代の採掘坑も確認できる。大田井川ではチャートの転石の採集も可能である。産出するチャートは青緑淡色〜白緑淡色，青緑濃色〜白緑濃色のものであり，特徴として非常に緻密なチャートで油の膜のような光沢が確認でき，ヌメっとした油膜状の感触があることが挙げられる。崖面の岩脈から採集できるチャートは，長辺30〜40cm，短辺25〜30cm，厚さ5cm前後の大型のものが多い」（船築2010からの引用）。

　さらに加えるならば，節理と思われる赤紫色のごく細い筋が走ることが多く，この特徴は大田井産チャートを識別するときの根拠となってくる。とくに，青緑色でない白みの強い石質の場合，識別困難になりがちであるが，この赤紫色の筋があることで大田井産の可能性を想定できる。また，光に透かすと，色も厚みも薄い箇所では光をにぶく通し，色が濃く分厚い箇所では光を基本的に通さない。実践的なことを言えば，宮崎県域のように，チャートを縄文時代等の石器石材として多用する地域では，地元で産するチャートとどのように区別するのかが問題となる。すなわち，①石質の良さ，②ベースとなる青緑色，③所々にみられる赤紫色のごく細い筋を優先的な根拠とし，遺跡全体における遺物様相等も加味して，大田井産チャートを識別するようにしている。

　大田井産チャート製火打石の出土遺跡は，西日本の各地で知られ，大田井のひざ元である徳島城下町をはじめ四国各地，明石城下，大阪城下，和歌山，そして京都等が挙げられる（北野2000，蔵本2019，船築2007・2010）。また，東京都渋谷区所在の北青山遺跡でも大田井産チャート製火打石の出土が知られ，北青山遺跡が山城国淀藩稲葉家の下屋敷に相当する点からは，本国より遠く江戸まで持ち込まれた大田井産チャート製火打石の可能性が考えられている（小林・松崎2001）。九州においても，ここ数年の間に，長崎奉行所跡・岩原目付屋敷跡（船築2010）や宮崎県内例のように，報告例がいくつかみられるようになってきた。また，その分布をみると，現状の西端は，出土遺跡では長崎県佐世保市の早岐瀬戸遺跡（佐世保市教育委員会2018），採集品では同県平戸市内にあり，

72　第 2 章　考古資料としての火打石

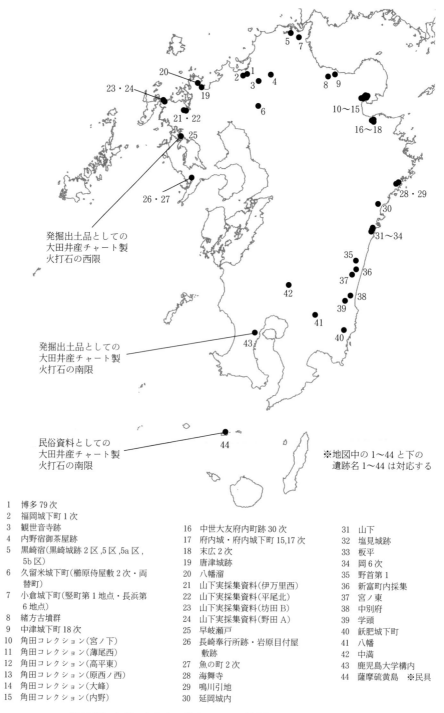

第 33 図　九州の主な大田井産チャート製火打石の出土遺跡の分布

1　博多 79 次
2　福岡城下町 1 次
3　観世音寺跡
4　内野宿御茶屋跡
5　黒崎宿（黒崎城跡 2 区,5 区,5a 区,5b 区）
6　久留米城下町（櫛原侍屋敷 2 次・両替町）
7　小倉城下町（堅町第 1 地点・長浜第 6 地点）
8　緒方古墳群
9　中津城下町 18 次
10　角田コレクション（宮ノ下）
11　角田コレクション（薄尾西）
12　角田コレクション（高平東）
13　角田コレクション（原西ノ西）
14　角田コレクション（大峰）
15　角田コレクション（内野）
16　中世大友府内町跡 30 次
17　府内城・府内城下町 15,17 次
18　末広 2 次
19　唐津城跡
20　八幡溜
21　山下実採集資料（伊万里西）
22　山下実採集資料（平尾西）
23　山下実採集資料（坊田 B）
24　山下実採集資料（野田 A）
25　早岐瀬戸
26　長崎奉行所跡・岩原目付屋敷跡
27　魚の町 2 次
28　海舞寺
29　鳴川引地
30　延岡城内
31　山下
32　塩見城跡
33　板平
34　岡 6 次
35　野首第 1
36　新富町内採集
37　宮ノ東
38　中別府
39　学頭
40　飫肥城下町
41　八幡
42　中満
43　鹿児島大学構内
44　薩摩硫黄島　※民具

　また，南端は，出土遺跡では鹿児島大学構内遺跡（鹿児島大学埋蔵文化財調査室 2010），民俗資料では薩摩硫黄島（松山 1997，笹原 2001）となる（第 33 図）。
　大田井産チャート製火打石等のうち，博多遺跡群第 79 次調査の表採品（第 25 図 39，第 34 図 1）・福岡城下町遺跡第 1 次調査の 18 世紀までに収まる土坑 SK1001 出土品（第 25 図 40，第 34 図 2），

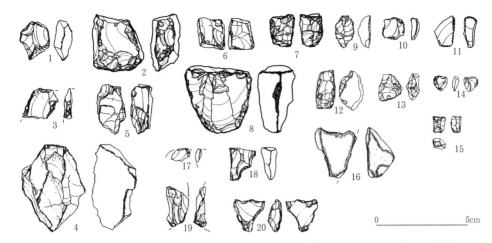

1. 博多79次　2. 福岡城下町1次　3・4. 両替町　5. 櫛原侍屋敷　6. 八幡溜　7・8. 魚の町2次　9. 海舞寺
10. 鳴川引地　11. 板平　12〜15. 野首第1　16. 宮ノ東　17. 中別府　18. 学頭　19. 八幡　20. 鹿児島大学構内遺跡

第34図　九州出土の主な大田井産チャート製火打石

　久留米城下町の両替町遺跡の19世紀後半代以降となるA区14号土坑出土品（第17図12，第34図3）・同遺跡の19世紀までに収まる廃棄穴である印銭方地区222号土坑出土品（第17図11，第34図4）・櫛原侍屋敷遺跡の149号土坑出土品（第17図6，第34図5）・18世紀後半以降の魚の町遺跡第2次調査出土品（第21図11・15，第34図7・8）ならびに小倉城下町，黒崎宿，内野宿，大宰府，豊後地域の角田コレクションの諸例，日向地域の事例は，本章第4節でみてきたとおりである。

　このうち，日向地域出土で第34図に図示したものをみていくと，まず，海舞寺遺跡例（宮崎県埋蔵文化財センター2010b）は包含層一括採集であり，剥片の縁辺がよく潰れる（第34図9）。同じく鳴川引地（宮崎県埋蔵文化財センター2010b）の採集品は，小さい剥片状になった後にも火打石として使い続けたようである（第34図10）。板平遺跡第3次調査例（宮崎県埋蔵文化財センター2011e）は調査区一括回収品であり，年代は判然としない（第34図11）。礫面あるいは節理面をもつ資料である。野首第1遺跡例（宮崎県埋蔵文化財センター2007g）は近世の屋敷地等であり，出土遺物全体の年代観からは，18世紀後半代から19世紀代に収まる火打石とみられる（第34図12〜15）。12が14号土坑であるほかは包含層等出土である。13・15はいずれも石核状のもので稜線がよく潰れる。14は火打石の欠片である。宮ノ東遺跡例（宮崎県埋蔵文化財センター2008d）は包含層出土であり，年代は判然としない（第34図16）。中別府遺跡例（宮崎県埋蔵文化財センター2001）は，近世以降の水田面で出土した火打石の欠片であり，石材の特徴とわずかに残された潰れが判別根拠となった（第34図17）。学頭遺跡例（宮崎県教育委員会1995a）は，厚手の剥片が打ち割られており，稜線がよく潰れる。柱穴出土で，時期の特定は難しい（第31図，第34図18）。八幡遺跡例（宮崎県埋蔵文化財センター2003a）は，18世紀後半から19世紀の8号土坑一括出土品である。欠損著しいが，石材ならびにわずかに残された潰れより，火打石の欠片と認定した（第34図19）。

　また，肥前地域の八幡溜遺跡例（第34図6）は1990年代に筆者が採集したものであるが，当時，周辺遺跡の遺物様相からみてチャート製石器が珍しいと感じた程度で，火打石という認識はなかった（藤木2012）。サイコロ状に打ち割られており，稜線はよく潰れる。薩摩地域の鹿児島大学構内遺跡例（第34図20）は，近代以降の水田・耕作土より出土した。潰れはそれほど顕著ではない。

このほか，本章第4節で取り上げたものや第34図に図示したもの以外では，肥前地域の唐津城跡等（唐津市教育委員会 2019・2021）や山下実による伊万里西遺跡・平尾北遺跡・坊田B遺跡・野田A遺跡における採集資料（藤木 2012），豊前地域の中津城下町遺跡（中津市教育委員会 2014）・緒方古墳群（九州歴史資料館 2013b），豊後地域の末広遺跡第2次調査（大分市教育委員会 2012）がある。

重要なのは，在地産で伝統的な火打石石材が使われていたところへ，新たに大田井産チャート製火打石が登場することである。各都市で消費された火打石石材の大半は，例えば，久留米城下町では星野産メノウ質石英，そして長崎奉行所跡・岩原目付屋敷跡・魚の町遺跡では浦上産鉄石英というように，それぞれ近傍に産するものである。この伝統的な石材利用の中へ，大田井産チャート製火打石が新たに加わるという格好である。これは，北野隆亮が指摘したような，中世以来の在地調達型の物資流通から近世的な広域流通品の利用への転換（北野 1999）とも言いうる現象が九州においても生じていたことを示している。大田井産チャート製火打石が流通する背景に阿波藩の動向が密接に関係した点は，本章第4節(1)で紹介した船築紀子の研究（船築 2010）が明らかにしたとおりである。

なお，今後の資料増加を待って再検証する必要があるが，大田井産チャート製火打石について，比較的小さい資料が目に付く点に触れておく。野首第1遺跡（宮崎県埋蔵文化財センター 2007g）では，完形あるいはそれに準ずる火打石の重量に注目すると（火打石の欠片は含めない），大田井産チャート製が3点平均4.2g，最小で1.3gである。一方で，チャート製が4点平均2.75g，石英製が1点7.7g，玉髄製が10点平均9.02gである。チャートの平均値は大田井産チャートのそれよりも下回っているものの，大田井産チャートは石英・玉髄の平均値よりも1／2以上も小さく，最小個体に至っては1.3gである（第34図15）。野首第1遺跡出土火打石の石材別の重量を比較することで，大田井産チャート製火打石が他石材製の火打石以上に小さくなってもなお使い続けられた可能性がみえる。同様に小さくなるまで使われた例には，板平遺跡第3次調査で1.3g（第34図11），海舞寺遺跡で1.1g（第34図9），鳴川引地で0.8g（第34図10）が挙げられる。

大田井産チャート製火打石が小さくなるまで用いられる理由には，九州外の地域でも同様の状況が看取されており，その理由として，小さくなってもなお十分に火花を打ち出すことができるという質の高さや（北野 2000），火打石を購入し使用することにより生じた変化（船築 2010）が挙げられている。ただし，福岡城下町，久留米城下町あるいは長崎の町家にあたる魚の町遺跡例のように，まだ十分に使用可能な大きい状態で遺跡に残された（廃棄された）大田井産チャート製火打石も確実に存在する。こういった廃棄時の大小差が生じた背景について，例えばその遺跡の含まれる地域地学的状況あるいは物流的に商品量が潤沢かそうでないか等が影響したとも予想される。こういった視点での研究により，火打石の流通や使用者の価値観等に迫りうる可能性がある。前節(11)の肥後地域に現状で大田井産チャート製火打石が見られない理由とも合わせ，検討を継続したい。

6　ヨーロッパから東アジアへ運ばれた火打石

ここまで，九州各地における火打石の様相をみてきたが，火打石としての特徴をもつ石器であるものの，ここまでみてきたいわゆる火起こしの場面で用いられる火打石とは趣を異にする一群がある。それは，銃の点火装置として用いられた火打石，ガン・フリントであり，長崎県の出島和蘭商

館跡，岩原目付屋敷跡で出土例があって，それらがヨーロッパから運ばれたものであることを明らかにする。また，台湾および朝鮮半島の考古資料や民具・文献資料を通して，やはりヨーロッパから運ばれたフリント製火打石のあった点について言及する。

(1)　長崎の出島和蘭商館跡および岩原目付屋敷跡のガン・フリント

ガン・フリント（gunflint）は，火打石銃（燧石式銃・フリント式銃ともいう）の点火装置の一部を構成するフリント製石器である。火打石銃は，16世紀以降のヨーロッパ諸国で火器の主力となり，例えばイギリスのブランドン産の輸出網は，中国や南米まで広がっていた（西秋 2006）。火打石銃は，江戸時代の日本へもオランダから輸入されていたことが知られ（宇田川 2005ほか），1814〜78（文化11〜明治11）年に版行された絵手本「北斎漫画」（津田 2008，片野 1878）にも火打石銃が登場する（第35図）。点火の仕掛けは，まず，ガン・フリントをくわえた鶏頭を後方へ持ち上げ，次に引き金を引くと鶏頭が振り下ろされ，当て金と火打石が激突して火花が生じる。火皿におちた火花は，火薬に着火し，弾が発射されるというものである（西秋 1992，学習研究社 2005ほか）。

ここでは，まず，考古学によるガン・フリントの研究史を振り返り，近年，事例の増えた長崎出土のガン・フリントについて解説する。次いで，銃砲史ならびに近世対外交流史研究等から関係する動向を参照し，長崎からガン・フリントが出土することの歴史的意義を考える。

ガン・フリントの研究は，ヨーロッパにおいて，武器愛好家や地質学者らによるもののほか，石の打ち割りをはじめとする製作手法が考古学的な石器研究の一環として早くから観察され，また，軍事史・経済史的な側面とも関係しつつ，集落や沈没船の発掘資料等を対象に，ガン・フリントの型式や生産技法とその変遷，製作地の問題や石材流通の状況等について議論が重ねられている[4]。さらに近年では，世界各地のガン・フリントに係る研究が積み上げられ，実験考古学・使用痕分析・岩石学的分析[5]等も話題となっている（Kohanoff 2019ほか）。

日本においては，ガン・フリントの出土例自体が限定的なこともあって，考古学研究上でのガン・フリントへの関心は決して高くはないものの，古いところでは，芹沢長介による『石器時代の日本』において「石器づくりの職人」と項立てされ，ガン・フリント用のフリント採掘，生産工具や生産工程，生産量等を概観しつつ，それらから類推される先史時代の石器製作について言及された（芹沢 1960）。また，西秋良宏が，現代に残る石器製作技術であることや石刃技法的な要素を含む点で注目し，ガン・フリント産業の歴史や実情の紹介ならびにイギリス・ブランドンのガン・フリント工場跡地採集のガン・フリント生産に伴う廃材の分析等を進めた（西秋 1992・2006）。いずれもガン・フリントを知る上で好論である。

そして，数は少ないものの，発掘調査あるいは採集資料の報告等とその再評価・課題の抽出もあり，長崎出土以外で日本列島周辺で検索すると，1945年の第二次世界大戦終戦頃までに千島列島で収集されたものが知られている（第35図）[6]。その内訳は，馬場脩による幌筵島等での発掘出土品（馬場 1939），鳥居龍蔵により収集され東京大学総合研究博物館所蔵である占守島別飛採集品（熊木ほか 2010）と堪察加（カムチャツカ）商工業会社からの購買品と記されたガン・フリント（徳島県立鳥居龍蔵記念博物館 2013），そして北海道大学北方生物圏フィールド科学センター植物園所蔵の新知島のムロトチャシ，南千島貝塚，国後島の二木城のガン・フリントである（北海道大学北方生物圏フィールド科学センター植物園 2016）。

76　第2章　考古資料としての火打石

　これらのうち，馬場脩による発掘資料は，当時「四角型石器」と仮称され，全8点が出土している（馬場1939，第35図15〜22）。当時の認識を端的に知ることができるため，やや長くなるが報告文を以下に引用すると「此等の独特なタイプの石器は，北千島に於いても他の遺跡からの出土絶対になく，本期唯一のもので，頗る旧石器に類似してゐるかの様な感がある。北海道の他地方の遺跡からの出土もなく，唯カムチャッカのベトロパロスクからこれと同一の石質と形態のもの数個の出土があり，鳥居博士によってもたらされ，東大人類学教室に保管されてゐるものがあるので，カムチャッカの南部にこの分布をみるのである。これが一見カンナの様な形をなしてゐるが，如何なる用途に使用されたものかは判然とせぬが，恐らく生皮の処理に際し何にかの目的に使はれたものではあるまいかとも思はれる」（馬場1939）とある。ガン・フリントとして認識されず，旧石器に類似し，皮革処理等に用いられた石器である可能性に言及された点はやむをえないものであり[7]，芹沢長介が「中石器時代の細石器のようにみえる」（芹沢1960）と言ったとおり，まさにガン・フリントのみかけ上の特徴を物語っている。

　馬場が四角型石器と呼んだ石器はガン・フリントであったという再評価は，馬場報告から30年を待たずにやってくる。「燧石製のやや正方型石製品を，我々は永らく北千島アイヌの南千島移住頃までも製作し且使用した石器と考えていた。しかし駒井和愛博士並に渡辺仁博士の示唆によるオークレイ・K・Pの"器具製作者としての人間"（Man the Tool-maker）1958・26頁の説明により，北千島の第3文化期頃にもたらされた燧石銃用の西欧製着火燧石であることを初めて知った」という（チャードC. S. 1969）[8]。近年では，馬場の発掘した四角型石器について，鉛鉄砲玉・玉鋳型が四角型石器と共伴関係にあることからもガン・フリントとして機能したと再評価され，さらに，これらのガン・フリントについて，北千島製作品か外部から製品として持ち込まれたかの解明が今後の課題と指摘されている（高瀬・鈴木2013）。

　長崎におけるガン・フリントの出土について，筆者は以前，岩原目付屋敷跡で出土した多数の火打石の中に1点のみガン・フリントの可能性がある石器を見出し（藤木2007），その後，海外の関連研究に学びつつ再実見し，同資料はガン・フリントでよいと確信した。そして，新たに出島和蘭商館跡でガン・フリントが出土する等，長崎でのガン・フリント出土例が追加されている。

　岩原目付屋敷は，江戸時代の海禁政策下において外交・貿易や西国大名の監視などに重要な役割を果たした長崎奉行所の北側に，1715（正徳5）年に置かれた，長崎奉行を監視・補佐する目付の屋敷である（長崎県教育委員会2005a）。ガン・フリントは，数多く出土した火打石の1つとしてこの1点のみ図化報告され，18世紀初頭以降から近代に相当する1号溝（SD1）に伴う方形土坑（SX3）上の4層中から出土した（第36図1）。平面3.3×3.0 cm・厚み1.0 cmで，透光性のある褐色（飴色）のフリント製である。石刃を分割し整形したもので，分割面にあたる正面左右の剥離面には，特徴的な半円形の打瘤がある。これは，鉄板の上に石刃を置いてハンマーを打ち下ろすという両極技法でもって石刃が分割された痕跡である（西秋1992）。ガン・フリントとして使用すると生じるであろう稜線上の潰れは発達せず，石器周縁に浅い剥離がみられる。

　出島和蘭商館は，長崎に来航したポルトガル人の居住地として造られた人工島である出島に，1641（寛永18）年に平戸から移転したオランダ商館であり，幕末の開国まで長く日蘭貿易の拠点施設であった（山脇1980ほか）。これまで複数回の発掘調査が実施されており，合計2点のガン・フリントならびに関係する資料が出土している。発掘調査報告書（長崎市教育委員会2018）によると，

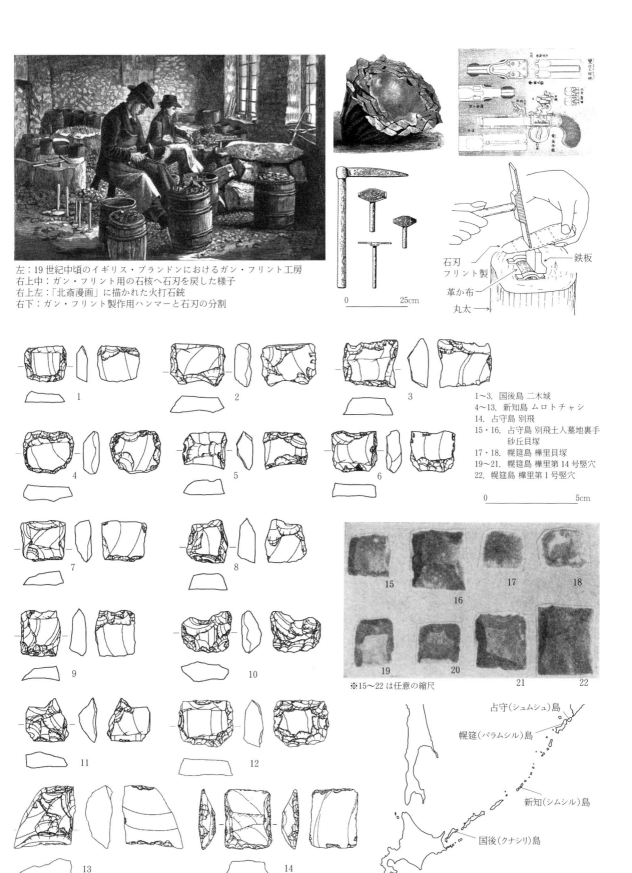

第35図 ガン・フリントの生産と火打石銃ならびにガン・フリントの出土例

ガン・フリントは，本文中では「古代の石刃か，近世期の火打ち石かと推察される石器」，遺物観察表では「国内」の石材製で「スクレイパー」と記載され，筆者蘭人部屋跡（HS）内の A4-HS 内 1 層から 1 点，そして十四番蔵跡（14K）内の C2-1 層から 1 点出土している。下位の 2 層が 19 世紀前半から中頃に相当し，1 層は近現代の遺物を含むという [9]。

　十四番蔵跡出土品（第 36 図 2）は，平面 3.3×3.3 cm・厚み 1.1 cm で，いわゆるハニーブラウンを基調に白い斑の入るフリント製である。素材となった石刃あるいは剝片の素材面は，正面中ほどで左方向から入る 3 つの剝離面ならびに裏面の主剝離面が相当し，裏面の膨らみ等からは，石刃あるいは剝片の打点近くが用いられたものと判断される。第 36 図 1 のような石刃の分割痕跡は見られない。切り合い関係をみると，右面中央は，裏面側の剝離が先行で正面側の剝離が後行となる。右面下方は，正面側が先行で裏面側の細かな剝離が後行となる。比較的鋭いエッジとなる上面は，正面・裏面側それぞれから細かな剝離が入る。部分的にわずかではあるが，鉄錆の付着も認められる。

　筆者蘭人部屋跡出土品（第 36 図 3）は，平面 2.8×2.2 cm・厚み 0.6 cm で，第 36 図 2 と酷似した色・質感のフリント製である。正面に残る素材面は剝離面 1 面のみであり，素材形状は不明であるが，石刃ではなく剝片の可能性が高く，第 36 図 2 と同じく分割痕跡はみられない。右面は，上・左・下面の剝離より後行する剝離面となっている。上・左・下面からなる縁辺は，わずかな変化点はあるものの，全体に円形に近い平面形である。

　長崎から出土したガン・フリント 3 点には，以下のような特徴が指摘できる。

　1 つ目の特徴は，石材には出島和蘭商館跡のいわゆるハニーブラウンを基調に白い斑の入るもの，岩原目付屋敷跡の透光性のある褐色（飴色）の二者があり，いずれもフリント製であって，日本国内の石材でなく確実に輸入品という点である。なお，ガン・フリントは，マッチが普及する前においては日常使いの火打石へ転用された事例があり（Whittaker and Levin 2019 ほか），長崎奉行所跡（長崎県教育委員会 2005a，藤木 2007）や魚の町遺跡・桜町遺跡（長崎市教育委員会 2014・2023）等の出土品からみると，長崎で日常使いされた火打石には，赤色系の浦上産鉄石英・青緑色系の阿波大田井産チャート・白色系の石英やメノウ等が知られている。これら長崎産石材等が出島でも用いられたのか，出島では舶来火打石のみなのか，あるいは併用なのかといった点は，出島におけるオランダ人の生活や出入りする日本人との関係の一端を物語る興味深い点である。出島出土資料の再検討や今後の新資料において留意されるべき視点として提示しておきたい。

　2 つ目は，ガン・フリントの規格について，厚みでは第 36 図 1・2 が 1 cm 前後，第 36 図 3 が 0.6 cm と差があり，同 3 は平面サイズも小さい点である。これは，例えば，Musket：平面 3.3×2.8 cm・厚み 0.1 cm，Horse pistol：平面 2.8×2.3 cm・厚み 0.8 cm，Pocket pistol：平面 1.9×1.7 cm・厚み 0.5 cm というような（Skertchly 1879，Ballin 2012），銃の違いに対応したガン・フリントの作り分けとみてよかろう。

　3 つ目は，岩原目付屋敷跡・出島和蘭商館跡例とも性格や年代の絞り込まれた遺構出土ではなく，出土状況を根拠に各施設との関係やシビアな帰属年代を言うことは難しい点である。現状では，特殊な性格の遺跡に限ってガン・フリントの出土がみられているが，これは，町屋跡である魚の町遺跡（長崎市教育委員会 2023）において，石器資料が丹念に回収された結果として一般的な火打石や縄文時代以前の石器が多く出土したにもかかわらず，ガン・フリントやその転用品が出土していな

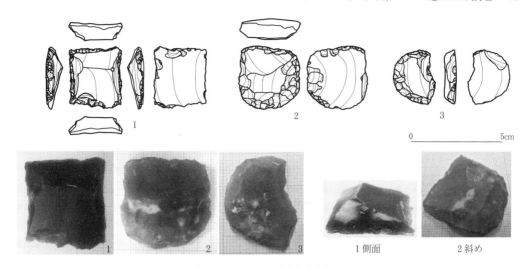

1. 岩原目付屋敷跡　　2・3. 出島和蘭商館跡　　石材　1〜3：フリント
※1〜3は実測図・写真の両方と対応

第36図　長崎（岩原目付屋敷跡・出島和蘭商館跡）出土のガン・フリント

い点と対照的である。今後，町屋跡等からもガン・フリントが出土するというような出土遺跡の性格の広がりがあるのか，注意しておきたい(10)。

　銃砲史および日蘭交渉史からみた長崎出土ガン・フリントの位置づけをみておこう。江戸時代の鎖国体制下におけるオランダからの輸入品のうち，武器関係に注目すると，寛文年代までと幕末とに多くあり（山脇1980ほか），後者の幕末では，文化年間（1804〜18）以降の海防意識等の高まりの中で，長崎地役人であった高島秋帆（高島四郎太夫）や幕府の高官らにより火打石銃等が大量に輸入された（所2006）。高島秋帆らの西洋軍事技術への傾倒は，1825（文政8）年の異国船打払令がその端緒となったとされる（梶2022）。第2表は，石田千尋により日蘭双方の用語を確定し送り状や目録等の史料を紐解いて作成された1803（享和3）〜47（弘化4）年の誂物(11)の一覧（石田2009）を参照し，火打石銃に関連する項目を抜粋・一覧したものである。

　表の項目は，左から順に，西暦年，和暦年，その年のオランダ船の寄港数と船名，改行して誂物に関わる人名等と品目，数量を挙げている（オランダ船が寄港しても火打石銃に関する品目がない場合は「─」とした）。人名と役職は，堀田備中守・真田信濃守が老中，堀田摂津守が若年寄，久世（伊勢守）・戸川播磨守・田口加賀守・伊沢（美作守）が長崎奉行，高木作右衛門・高木栄太郎が長崎代官，高木道之助・高木内蔵丞が鉄砲方，高島四郎兵衛・高島四郎太夫・高島作兵衛・高島八郎兵衛・高木清右衛門・福田安右衛門・福田猶之進・久松喜兵衛・久松土岐太郎・後藤市之丞・福田源四郎・久松碩次郎・久松新兵衛が町年寄・町年寄見習である（石田2009ほか）。御用御誂は将軍による発注を指す。

　また，輸入品目には各種の鉄砲名が挙がっているが，名前のみでは火打石銃か雷管式銃かの違いが明確ではない。これについて，1841（天保12）年の高島秋帆による西洋式銃隊操練が火打石銃のみで雷管式銃がなく，かつ雷管式銃の使用年代の上限は1848（嘉永元）年より前とされる点（折原2005）や，天保年間に次第に雷管式銃の入手に推移していったとされる点（梶2008）からすると，雷管式銃の輸入が1848年より大きく遡ることはないと想定され，さらに点火装置用の火打石（角

80　第2章　考古資料としての火打石

第2表　輸入された火打石銃ほか主な関係品の一覧

1803　享和3　オランダ船1艘(Rebecca)誂物

1813　文化10　オランダ船2艘(Charlotta, Marij)誂物
　・別段御用心当　鋳炮1箱

1814　文化11　オランダ船1艘(Charlotta)誂物
　—

1817　文化14　オランダ船2艘(Vrouwe, Canton)誂物
　・諸向御誂之品　鉄炮1挺

1819　文政2　オランダ船2艘(Louise Mathilde, Nieuwe)誂物
　—

1820　文政3　オランダ船2艘(Nieuw Zeelust, Fortitudo)誂物
　・作右衛門様 道之助様御誂　鉄炮1挺

1822　文政5　オランダ船2艘(Jorina, Jonge Anthonij)誂物
　・高嶋八郎兵衛殿誂　鉄炮1丁

1824　文政7　オランダ船2艘(Arinus Marinus, Ida Alijda)誂物
　・後藤様　鉄炮1丁

1825　文政8　オランダ船2艘(Vasco da Gama, Johanna Elisabeth)誂物
　—

1827　文政10　オランダ船2艘(Handle Maatschappij, Rotterdam)誂物

1828　文政11　オランダ船1艘(Cornelis Houtman)誂物
　・名(くか)松碩次郎誂　鉄炮2挺, 但, 小道具添
　・高嶋四郎太夫誂　炮術書2部

1829　文政12　オランダ船2艘(Java, Helena)誂物
　・高木内蔵之介様御誂　短筒1揃
　・高嶋四郎太夫誂　二挺込鉄炮1挺

1830　文政13　オランダ船2艘(Nederlands Koningen, Anna Catharina)誂物
　・高木作右衛門様御誂　二挺込鉄炮1挺
　・後藤市之丞　二挺込鉄炮1挺
　・高島八郎兵衛　風鉄炮1挺, 火打石150
　・高木清右衛門　二挺込鉄炮1挺

1831　天保2　オランダ船2艘(Drie Maria's, Jonge Jan)誂物
　・高島八郎兵衛殿　火打石200

1832　天保3　オランダ船2艘(Japan, Helena Christina)誂物
　・高木栄太郎様御誂　火打石300
　・高島八郎兵衛誂　二挺込鉄炮1, 短筒1箱
　・高島四郎太夫誂　鉄炮 一式, モルテュール1式 但, 道具添
　・高嶋四郎兵衛誂　二挺込鉄炮2挺
　・後藤市之丞誂　火打石300
　・高嶋八郎兵衛誂　短筒2挺
　・高嶋四郎太夫誂　鉄炮10挺

1834　天保5　オランダ船1艘(Dortenaar)誂物
　・高木作右衛門殿御誂　火打石1包
　・福田安右衛門誂　釛付鉄炮3挺 但, 小道具添
　・後藤市之丞誂　二挺込鉄炮1挺 但, 小道具添
　・久松碩次郎誂　釛付鉄炮12挺 小道具添, 火打石1包
　・高嶋八郎兵衛誂　釛付鉄炮4挺, 火打石1
　・高嶋四郎太夫誂　釛付鉄炮12挺

1835　天保6　オランダ船1艘(India)誂物
　・高木作右衛門様御誂　火打石
　・福田安右衛門誂　狩筒1挺
　・久松喜兵衛誂　狩筒2挺
　・後藤市之丞誂　狩筒1挺
　・久松碩次郎誂　武器類, 狩筒2挺
　・高嶋八郎兵衛誂　狩筒2挺, 火打石500
　・高嶋四郎太夫誂　武器類
　・高木清右衛門誂　狩筒

1836　天保7　オランダ船1艘(Marij en Hillegonda)誂物
　・久松碩次郎誂　炮術道具幷書籍
　・高嶋四郎太夫誂　炮術道具幷書籍

1837　天保8　オランダ船1艘(Twee Cornelissen)誂物
　・戸川播磨守殿　剣附鉄炮2丁
　・高木作右衛門殿　鉄炮1丁, 狩筒1丁
　・高木内蔵丞殿　狩筒1丁

　・久松碩次郎　狩筒2丁
　・高嶋四郎太夫　短筒2丁
　・高木清右衛門　鉄炮2丁

1838　天保9　オランダ船1艘(Schoon Verbond)誂物
　・久世殿御誂　火打1
　・御代官誂　火打1
　・御鉄炮方　火打70
　・福田安右衛門誂　剣付鉄炮5挺 但, 小道具添
　・久松喜右衛門誂　剣付鉄炮5挺 但, 小道具添, 短筒1挺, 火打1
　・後藤市之丞誂　狩筒1挺, 剣付鉄炮10挺 但, 小道具添
　・高島四郎太夫誂　炮術道具1揃, 剣付鉄炮20挺 但, 小道具添, 火打石2000, 騎馬筒6組, 火打1
　・深(福か)田源四郎誂　釖付鉄炮5挺 但, 小道具添, 火打石30
　・高木清右衛門誂　剣付鉄炮12挺 但, 小道具添, 短筒1挺
　・久松新兵衛誂　釖付鉄炮20挺 但, 小道具添

1839　天保10　オランダ船1艘(Eendragt)誂物
　・戸川播磨守殿　二挺込鉄炮1丁
　・高木内蔵之丞殿　角石100
　・福田安右衛門　二挺込鉄炮1丁
　・久松喜兵衛　短筒2挺, 釛付鉄炮5挺
　・後藤市之丞　二挺込鉄炮2挺, 短筒2挺, 釛付鉄炮5挺
　・高島四郎太夫　二挺込鉄炮2挺, 角石2,000, 短筒2挺, 騎馬筒4組, 剣付鉄炮20挺 但, 小道具添, 火打石2,000, 騎馬筒6組, 釛付鉄炮27挺, 鉄炮1挺
　・高島作兵衛　二挺込鉄炮1挺, 短筒2挺
　・福田源四郎　角石30, 短筒1挺, 釛付鉄炮5丁
　・高木清右衛門　短筒2挺, 釛付鉄炮5挺
　・久松新兵衛　二挺込鉄炮1挺, 騎馬筒2組, 釛付鉄炮20挺
　・福田猪之進　短筒1挺
　・久松土岐太郎　釛付鉄炮10挺

1840　天保11　オランダ船1艘(Cornelia Henriette)誂物
　・田口加賀守様　短筒2挺, 釖付筒2挺

1842　天保13　オランダ船2艘(Johannes Marinus, Amboina)誂物
　・高島四郎太夫　炮術道具1式, 剣付鉄炮50挺, 短筒7対, カラベイン筒 但, 馬上筒3挺
　・福田安右衛門　短筒2挺
　・久松喜兵衛　狩筒1挺
　・後藤市之丞　短筒1対
　・福田源四郎　短筒1挺
　・高木清右衛門　狩筒1挺, 短筒1対
　・久松新兵衛　狩筒2挺, 短筒1対
　・高島作兵衛　狩筒1挺, 短筒1挺
　・福田猪之進　短筒2挺
　・久松土岐太郎　短筒1對

1844　天保15　オランダ船1艘(Stad Tiel)誂物
　・堀田備中守様御誂　剣付ヤーカルビユクス10挺, 騎馬筒2挺
　・真田信濃守様御誂　遂石切道具1揃
　・堀田摂津守様御誂　騎馬筒2挺, 剣付筒50挺, 剣付ヤアガルビユクス20挺

1845　弘化2　オランダ船1艘(Den Elschout)誂物
　・伊沢様御誂　釛付筒30挺, 火打石3,000
　・御用調心当　釛付筒70挺, 火打石5,000

1846　弘化3　オランダ船1艘(Fannij)誂物
　・御用御誂　釛付筒100挺 但小道具添, 火打石 数10,000

1847　弘化4　オランダ船1艘('s Hertogenbosch)誂物
　・御用御誂其外向 御誂幷誂之品　釛付筒180挺 但小道具添, 短筒20挺 但小道具添, 火打石 数23,000, 火打石切道具2揃, 釛付筒之小道具類30揃

石も同義）が銃とともに輸入されている点を踏まえると，第2表中の銃は，火打石銃が大半を占めるとみてよい。

　まず，1803年から1827年にも銃の輸入は散発的にあったが，1828年以降，火打石銃等やそれに付属する小道具類，ガン・フリントに関連するであろう火打石，砲術に関する書籍等が継続的に輸入され，1832年には単年での銃輸入数が2桁を超えている。1835年の高島秋帆の誂物には火打石を切る鋼鉄の道具1個が含まれているとされ（有馬1958），国内でのガン・フリント生産の意図を垣間見せるものも輸入されている。佐賀藩では，1848（嘉永元）年12月には，これまで諸組に渡した火縄銃を廃止し火打石銃に取り替えること，10年で火打石銃を新造するとともに，順次，諸組へ渡していくとしており（秀島1934），新規購入の火打石銃のみでなく，火縄式から火打石式へ改造された銃へ取り付けるガン・フリントも必要になったであろう。

　また，第2表には含まれないが，1842年に第12代将軍徳川家慶による武器・軍事書の注文があり，武器の中には「火打石　壱俵（右同断[12]　数三百）　釼付筒　五拾挺（右同断）」とある（片桐1985）。1844年には幕府高官である老中堀田備中守・真田信濃守，若年寄堀田摂津守の注文による数多くの銃輸入が第2表のとおり続いている。単純な数字上での比較ではあるが，第2表のとおり，御用誂や幕府高官らによる輸入数は，高島秋帆らによる輸入数よりも桁数が大きく上がっている。また，ここでも真田信濃守による火打石を切る道具が挙がっており，ガン・フリントの国内生産を意図したものとして注目される。

　そもそも火打石銃を実用するとなった場合，ガン・フリントはどれほど長持ちするのであろうか。これについては実験があり，新品のガン・フリントを装着した火打石銃で，100発連続で撃った結果，発射成功36回・火花が散るのみ25回・失敗39回，別のガン・フリントでは100発中で発射成功34回・火花が散るのみ7回・失敗59回（最初の25回で成功20回・火花のみ1回・失敗4回，最後の25回で成功2回・失敗23回）であったことから，使用に伴うガン・フリントの摩耗によって1つのガン・フリントで30発以上の発砲は難しいという（Skertchly 1879）。すなわち，点火装置として必須のガン・フリントを実用する際は，1個が約20回の点火でもって交換（Kenmotsu 1990）[13]という消耗の早さを考慮せねばならない。上述の佐賀藩のように旧銃を火打石銃へ作り替えていくとなれば，ますますガン・フリントの需要が高まっていくことは明らかである。そうなると，相当量のガン・フリントが必要となるわけだが，日本国内の火打石には，輸入フリントと同等の原石サイズや質の良いものがなく，ガン・フリントそのものあるいは素材・石材等について輸入に頼らざるをえないのである。

　ここまでみたとおり，出島和蘭商館跡・岩原目付屋敷跡から出土したガン・フリントは，近世後半における武器輸入の歴史等をダイレクトに物語る考古資料として，文献史料や限られた伝世品等とともにきわめて重要な実資料である。なお，火打石銃はその後，早い段階で雷管式銃に取って代わられることから（所2006），長崎出土のガン・フリントは，日本においては息の短かった火打石銃の運命とともに残されたものであり，これまで知られている多くの舶来品（山口2008ほか）と同様に海外に開かれていた長崎ならではの歴史的逸品ともいえよう。

(2)　考古資料および古文献から探る台湾における火打石

　台湾において火打石の出土した遺跡はいくつか報告例がある（第37図）。台湾の発掘調査報告書

では，「燧石（flint）」とは岩石名としての意味合いが強く，チャートやフリントあるいは石英そのものを指している。道具としての火打石は一般に「打火石（flint）」と表記され，たまに「燧石」の場合もある。

新北市に所在する十三行遺址（臧・劉2001，第37図1）は十三行文化の標式となった金属器時代を代表する遺跡の1つである。報告によれば，金属器時代の包含層の上層となる近代漢文化層中より火打石8点が出土した（第37図）。「漢文化」「漢人文化」とはおおよそ清代以降に広東省や福建省等から台湾に移民した人々の文化を指す。火打石はいずれも不規則で偏平で一端が尖ったような形状であり，周縁には使用による打撃痕が多数見られる。一般的な火打石あるいはガン・フリント（槍用撃火石）である可能性が示されている（臧・劉2001）。十三行遺址出土の火打石について図版（第37図）より判断したところ，淡褐色～黒褐色のフリント製で，ガン・フリントではなく一般的な火打石とみられる。火打石の出土した近代漢文化層中には，火打石のほか，青花・硬陶・いくつかの銅製品・年代的に新しい銭貨が出土している。十三行文化層中に明代以前の青磁あるいは白磁質の碗・坏・瓶・匙等の中国陶磁器も包含されており，近代漢文化層の年代的上限を概ね示していると思われる。

台南市に所在する牛稠子遺址（李1992，第37図5）の火打石は2点あり，1トレンチ2層，14トレンチ1層中より各1点出土した。1層は表土（近代漢人文化層）であり，漢人の墓が掘り込まれ，層中には硬質土器・青花と少量の土器片が包含される。2層は先史時代の生活面ならびに包含層である。火打石は2点とも打ち割られた燧石（flint）の小片製で，不定形であり，かなり鋭利な縁辺の部分もある。重量は小さい方が4gとかなり軽量である。火打石は2点とも地層上部出土であることから，先史時代の所産でなく，近代の漢人文化のものと考えられている。

宜蘭縣に所在する大竹圍遺址（劉1993，第37図2）の火打石は1点あり，2トレンチの1層中より出土した。燧石（frint）製で平面は台形をしている。縁辺はいたるところに打撃による打ち欠けがある。近代の火打石と思われるとあり，写真図版中（本書未掲載）には"清代文化層"出土の火打石と記載される。清代文化層は清国中葉から日本統治時代初期に堆積したもので，主に磚・瓦・硬陶・釉陶・青花ならびに下層文化層由来の印紋陶片が出土する。法量は 2.07×1.03×2.37 cm である。

高雄市に所在する左營遺址（何ほか2001，第37図6）では，石質標本としてメノウ砕片4点が，発掘によるトレンチ中より出土した。法量は，1トレンチ2層出土品が 3.077×2.034×1.027 cm・重量5.8g，2トレンチ2層出土品が 2.132×1.470 cm・重量2.0g，2トレンチ5層出土品が 2.614×1.563×7.08 cm・重量1.9g，6トレンチ2層出土品が 2.051×1.776×9.76 cm・重量4.0g である。この類のものは清代の漢人に関連する遺跡あるいは晩期平埔族の遺跡において常に登場するが，用途は不詳と記載される。

新北市八里区に所在する下罟坑遺址（第37図7）では，砂丘地表面や潮間帯から多くの動物化石や石器・土器・陶磁器等が採集されており，このうち旧石器時代の所産とされたフリント質の小形石器（趙ほか2012）について，後に，趙金勇による再検討を経て，旧石器ではなく近代の火打石として位置づけなおされている（趙2016）。

発掘資料では，上記以外には，台南市に所在し劉益昌らにより調査研究が進められてきた熱蘭遮城（ゼーランディア城，第37図4）や，雲林縣および嘉義縣の北港渓古笨港（崩渓缺）地点（何・劉

6 ヨーロッパから東アジアへ運ばれた火打石　83

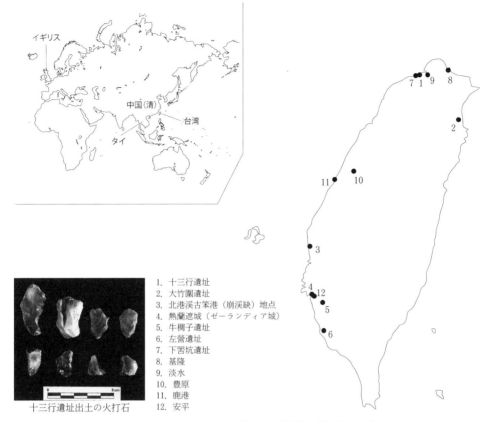

第37図　台湾における主な火打石出土遺跡と関連地名の分布

2003, 第37図3) の火打石がまとまった資料である。

　このほか, 花蓮縣の復興遺址・萬寧遺址・竹田遺址・六十石山遺址・羅山遺址・公埔遺址・富里山遺址（張2006），彰化縣の菜園角遺址（彰化縣2008），苗栗縣の山佳遺址・山頂遺址（劉ほか2009）の火打石がある。

　まず，時期について言及可能な発掘資料の火打石の年代については，検索しえた中では新石器時代から金属器時代にはなく，いずれも清代以降の漢人文化に伴うとされる。

　これに関連し，「葫蘆墩街と岸裏」の文中において，興味深い叙述が國分直一によって残されている（國分1942）。これは，当時の台湾における火打石とその周辺の実情をたいへんよく伝えるものとなっており，やや長くなるが引用しつつ要点を整理すると次のとおりである。國分は，1940・1942（昭和15・17）年に台中の豊原を訪問しており，「農具を売る店で火刀と火石という琢火の道具を売っているのを見つけた。台北帝国大学の土俗学教室で，移川子之蔵教授にそのことを申し上げると，珍しいことです。記録しておく必要がある。といわれた」ことに始まるもので，豊原の農具店では火打石を火石（ハイチャ）・火打金を火刀（ホイタ）[14]と呼ぶこと，火石は土地を乾燥させると伝えられていること，台中郊外の鹿港の町では建物の基礎に火石を埋めたと聞いていること，竹紙（ヴァウトア）に火刀と火石で火を点けること，火石は100匁で1円ぐらいであること，火刀は本島（台湾）の鍛冶屋で作り火石は支那（原文ママ）から輸入すること等が聞き取られている。また，火石は「フリントに似ている。おそらくフリントでないかと思う」とし，台南地方の先史遺

跡（新豊郡牛稠子，台南市三分仔三本木高地）で採集される燧石（＝フリント）の砕片について先史時代の所産と想像していたが，その後，燧石は遺跡以外の耕地でも発見され，さらに曾文渓（台南を流れる川）沿岸の農家で使用されていたことや上記のように豊原街での販売という自らの見聞を受け，先史遺跡出土の燧石は，表面採集のみでは先史時代のものなのか，比較的近代において遺棄されたものであるのか，にわかに断定できないことになったと所見を述べている。後に，國分は，台南の抽簽巷にある油釘鉄店においても火打石を扱っていたことを記録している（國分1944）。

　また，同年代のイギリス議会の資料の記載に基づく，1684～1895年までの台湾と中国寧波の貿易に関する研究によると，1860年代に中国寧波から台湾南部の港へ，そして1874年に中国温州から台湾北部の港へそれぞれ運ばれた商品の1つに火打石が確認されている（許2014）。『台湾鉱物調査報告』（台湾総督府民政部殖産局1911）でもこのイギリス議会の資料の記載と一致し，市中で販売されている「火打石」は対岸からの輸入品であると述べられている。『台湾島地質鉱産図　説明書』（台湾総督府民政局殖産課1898）では，その輸入された火打石とは，軟質の石灰質の土壌（原文では白亜土と記載）に含まれるものに類似し，その外辺に白い粉が付着していること，暗灰色であること，外観が餅のようであることが描写されている。また，1892年の『台湾通志』編さん時に作成された「安平縣采訪冊」の一部とされる「安平縣雑記」は，日本統治時代以前の台南にあった工匠と職人の概要がわかる記録であり（國分1944），その中に「琢火石司阜：火石均由暹邏國運來，用鐵斧琢片，以便用火刀擊之而取火」（火石切職人：火石はすべてタイから入荷され，鉄斧で打って形を整えられ，火刀と打ち付けて火を得た）とある。

　そもそも清国の火打石については，『支那貿易物産字典』（上野編1888）・『支那貿易品解説』（竹内編訳1885）等が清国の貿易について詳しく，「Flints（火石）」はヨーロッパ（竹内編訳1885ではイギリスと記載されている）から清国へ輸入されるものがあって，それらは発火具やガラス素材等に供されること，一方で，直隷省（現在の河北省の一部に相当）および“北支那”において産出する黄色と赤色の火打石が“南支那”各地やルソン，“東インド”等へ輸出されたこと，直隷省産の火打石は便利な形に切り割るにはあまりよくないと紹介されている。

　イギリス側にもフリントを清国へ輸出した記録が残っている。例えば，イギリス議会の委員会文書の1つに，1828年に東インド会社が中国へ輸出した53品目の1つとしてフリントが挙がっている（Great Britain. Parliament. House of Commons. Select Committee on the East India Company 1831）。また，1775～96年までにイギリス等から中国広東に向けた民間貿易での輸出品の1つにフリントが挙がっており，1785年以降になって船のバランスを取るための重しであるバラストの代わりにフリントを積むことがあったことや，1786年には41,242担（1担50kgとして約2,062t）という最も多いフリントの輸送量であったことが明かされている（Pritchard 1957）。

　ここまで取り上げてきた内容でもって，当時の文献や記録のすべてを網羅できているのでないことは承知の上ではあるが，同時代に残された記録・情報等は重要であり，それぞれの内容を重ね合わせると，以下のようになる。

　まず，フリントは，イギリス等から清国へ運び込まれた。そして，遅くとも1860年代には清国から対岸の台湾へとフリントが輸出され，それは，外辺に白い粉が付着し色が暗灰色で餅のような外観をしたものであった。台湾に入ってから後には，フリントは，職人により鉄斧で打ち割られて火打石として成形され，市場に商品として出回っていた。國分直一による「葫蘆墩街と岸裏」（國

第38図　朝鮮半島における古文献等に登場する火打石の産地

分 1942）の情景は，まさにこの延長上にあると言えよう。

（3）古文献から探る朝鮮半島における火打石

　ここでは，朝鮮半島で火打石に用いられた石材の色や質，産地や入手経路等をめぐって，地質学的あるいは岩石学的な特定等が課題になるとはいえ，古文献等で検索可能な情報をいくつか抜き出し，将来における遺跡出土品の登場に備えたい。

　まず，年代的に古い記録として，1631年（辛未年・仁祖9年）7月の「雑録」があり，李氏朝鮮の文臣であった鄭斗源が使臣先の明から持ち帰った洋式銃（火打石式の銃であろう）に関連し，「富平阿南山」に「火石」が多く産出すると記載されている（朝鮮古書刊行会1910）。この背景には，1631年当時の朝鮮において，火石（＝火打石）を用いた発火法が広く知られていたことが挙げられる（朴 2012）。富平阿南山は，現在の仁川広域市にある桂陽山が相当する（第38図1）。

　北野隆亮は，朝鮮時代の実用百科事典『林園経済志』中の火打道具に関する記載を紹介している

86　第2章　考古資料としての火打石

（北野 2002）。金貞姫の御協力により原文を参照すると，火打石について「燕貿者佳有青黄二種黄者
尤佳東人呼黄石為乾鰒火石呼青石為瓔瑚火石皆以其色似也東産類多白色麁頑不堪用金剛山北麓下産
一種石烏黒而明瑩如水晶毎一塊皆作峰巒形可作几案間物偶得新破廉劇者火鎌叩之輒善生火然其石蔵
在土中未易多得也　金華耕読記」とある。"火石"は火打石，"乾鰒"は干しアワビであることから，
"乾鰒火石"すなわち干しアワビのような（色をした）火打石石材があったこと，"瓔瑚火石"と呼
ばれる青い火打石石材があったこと，粗くて使用に耐えない白色の石があったこと，金剛山（第38
図2）の北麓ではカラスのような黒色で水晶のように明るく艶やかな石が大量に包蔵・産出するこ
と等を知ることができる。

　東京大学理学博士の川崎繁太郎によって，古文献に出てくる朝鮮半島の鉱産物が網羅される中で，
清風邑の土産，寧越邑の物産の1つとして，それぞれ火石が挙げられている（朝鮮総督府地質調査
所 1935）。忠清北道堤川郡および江原道寧越郡（第38図3・4）に，それぞれの土産・物産として取
り上げられる程度の火打石の産地が存在した可能性がある。

　ここまでみてきた朝鮮半島内の火打石の産地に関する情報とともに，火打石を朝鮮外から輸入し
ていたという記録もある。榎本武揚によって重訳された『朝鮮事情』（原名：高麗史略）によると
「火石ハ黄海道ニ出ルト雖モ其質悪キヲ以テ実用ニ供スル者ハ皆之ヲ支那ニ取ル」（榎本 1882）とあ
り，同じように『新撰朝鮮地理誌』でも「火石ハ黄海道ヨリ出ツト雖モ其質甚夕善良ナラザルヲ以
テ実用ニ供シ難シ」（大田 1894）と記載される。年1回，結氷後に会寧（後に慶源も開市）を中心に
なされた豆満江畔における清との貿易では，朝鮮の輸入品目に火打石が含まれていたという（北川
1932）。現在の黄海北道・黄海南道に相当する黄海道（第38図5）において火打石が産出するもの
の，質が良くなかったことから，実用する火打石は清から入手したということになる。

　輸入関係では，1883年以降にイギリス・イタリア・フランス・ドイツ・オーストリア・ベルギ
ー・デンマークと交わされた修好通商条約における輸入品目の関税に関する項目にも「火石」が挙
がっている（統監府 1908，岸 1966a）。実際の輸入量等は，さらなる検討を必要とするものの，ヨー
ロッパ諸国のフリント製火打石も輸入された可能性がある。

　このほか，火打石に適した石材が朝鮮半島に多くは産出しないことが，考古学者で当時，朝鮮総
督府古蹟調査委員の濱田耕作，同古蹟調査事務嘱託の梅原末治によって言及されている。金海貝塚
（第38図6）の発掘調査報告書の中で，同貝塚の第5層から出土した一端が炭化した木棒について
摩擦式発火具の火鑽杵のようなものと解釈し，その背景として「南鮮地方には燧石の産出乏しきが
如く石器の此の材料を以て作られたるもの無きより見るも，発火の方法は燧石によりて行はれずし
て鑽木の方法に由りし」（朝鮮総督府 1925）とした。これは，火打石について直接的に述べたもの
ではないものの，朝鮮半島南部において木どうしによる摩擦式発火法が採用された背景に，朝鮮半
島の南部には，火打石に適した石材が「産出乏しき」であったからと濱田耕作らが認識していたと
わかる。

　ここまでみてきたとおり，文献記録からは，朝鮮半島における火打石の産地として，少なくとも
金剛山の北麓，仁川の桂陽山，忠清北道堤川郡および江原道寧越郡があること，色味として黒・
黄・青・白色の石材があること，清国やヨーロッパ諸国から輸入された火打石もあったことを知る
ことができる。

註

(1) 第1号溝は未報告であるが，筑紫野市教育委員会（2011）の文脈からは，中世の溝でよいと思われる。

(2) 豊後府内第67次調査（大分県教育庁埋蔵文化財センター2010b）B区のK26区の包含層／整地層の姫島産黒曜石製の火打石の可能性があるとされた資料はたいへん注目されるところであったが，本例は火打石でなかった。しかし，唐橋世濟『豊後国志』（1803年）には，土産として「国東郡姫島出　燧石・礪石」「速見郡山香郷立石村出　水晶／山香郷六太郎村出　燧石」とあり，姫島に火打石となる石材が産出するとわかる。姫島は，乳白色の黒曜石やガラス質安山岩が，旧石器時代から弥生時代にかけての石器石材となったことで有名であるため，それらが火打石の候補となる可能性は十分に指摘される。今後も注意が必要である。

(3) これまでに，大宰府条坊跡第43・50・59・64・68・70・73・77・93・106・135・141・149・154・156・158・168・177・199・217・224・236-1次調査，宝満山遺跡群第27・28・29次調査，連歌屋遺跡第1・4・6次調査，馬場遺跡第7・8次調査，京ノ尾遺跡第4・6次調査，殿木戸遺跡第4・5・7次調査，原遺跡第8次調査，日焼遺跡第3次調査，宮ノ本遺跡第11次調査，筑前国分寺第24次調査の検索を完了している。

(4) ガン・フリント生産の映像がYouTube上で公開されており，ガン・フリントを知る上でたいへんわかりよい（2023年9月1日確認，動画タイトル：Brandon Flint Knapping 1943 / Brandon Flint Knapping 1936等）。

(5) 見た目の色調等を目安の1つとして，ハニーブラウンのフリントはフランス産，暗灰色あるいはまだらの灰黒色のフリントはイギリス産と仕分けられることが多かった。岩石学的分析は，産地比定の確度が科学的に高まるものとして注目される。

(6) 千島列島の資料は実見できていないため，各報告等から実測図をそのまま転載している。

(7) 発掘当時，すでにガン・フリントを点火装置に用いた火打石銃そのものが過去の産物であって，そのものに係る記憶・知識も失われているだろうから，馬場がガン・フリントについて古い年代の石器として捉えたのはやむをえないことなのであろう。

(8) 芹沢長介は，馬場らの調査を取り上げ「吉崎昌一君がしらべたところによると，つぎのような面白い話がある。幕末のころ千島へ鉄砲をもってやって来たロシア人が，露営したあとへガン・フリントをいくつか落としていった。日本の考古学者が数十年後にそこを発掘し，フリントの石器が出てきたということを学会に報告した。鉄砲の備品とは知らずに，ガン・フリントを石器時代のものと考えた」と述べた（芹沢1960：29頁）。また，吉崎昌一は，アイヌの文化起源と文化形成に係るシンポジウム席上で「オホーツク文化アリュート説」の根拠に，ガン・フリント＝古い時代の石器という認識が影響したと発言した（埴原ほか1972：173頁）。

(9) 報告書（長崎市教育委員会2018）によると，各地点の概要と遺構等の残存状況は以下のとおり。筆者蘭人部屋は，オランダ人の筆者（書記）3〜4名が入居した長屋風の2階建て建物であり，遺構残存状況としては，後世の攪乱により建物の中心部は未検出で東端の一部のみ残存している。十四番蔵は，1798（寛政10）年の大火後の建造物で輸入品である砂糖を収めた2階建て建物であり，18世紀代の資料は火災前の土層や土坑から出土している。

(10) 出土状況の観点では，出島和蘭商館跡でピストルと弾丸，鉄製箱に収められた大砲の点火に用いられた銅製摩擦管がカピタン（商館長）部屋建物東壁の外側で穴の中に隠されたような状況でまとまって出土した例もある（梶2008，長崎市教育委員会2008）。

(11) オランダ船が持ち渡った積み荷物には，①本方荷物：本方貿易で取引される商品，②脇荷物：脇荷貿易で取引される商品，③誂物：将軍をはじめとする幕府高官・長崎地役人等によってオランダ船に注文されたものの持ち渡り品，④献上・進物品：オランダ人が貿易取引を許されている御礼として江戸参府の際に贈る品（将軍へは献上品・幕府高官へは進物品），その他で⑤遺拾品：オランダ人が長崎商館で使用する日用品があり，誂物には本方荷物には見られない珍奇な品物が数多く含まれる（石田2009）。

(12) 「右」の文言は「卯年持渡済」であり，卯年すなわち1843（天保14）年にオランダ船により持ち渡りが完了したことを示す。

(13) Kenmotsu（1990）は未入手であり，それを引用したBallin（2012）を参考とした。また，ダイヤグラムグループ編（1982）でも同じく20回で消耗するとされる。

(14) 原文ではここのみ鉄刀となっているが，全体の文意から，正しくは火刀であろう。

第3章　考古資料としての火打金

　火打金は，地域によって火打鎌・火打鉄とも呼ばれるものであり，打撃式発火法により火打石と打ち合わせ火花を発生させるための鋼鉄片である（小林2001）。それは，火打石と接触させて火花を生じさせるための一定の打撃面があれば機能的に十分なものであり，打撃を行うために操作しやすい形状と規格であることが加味される（関2002）。

　火打金は，火打石とともに遺跡から最も多く出土する発火具の1つであるが，序章でも触れたとおり，発掘調査報告書に掲載された場合であっても，火打金でない別器種として扱われていることも少なくない現状がある。例えば九州地方では，鉄鏃・刀子・鎌・装飾品・ベルト・延板を釣状にしたもの・風招・板金を加工した用途不明品・風鐸の舌状を呈した用途不明品等，朝鮮半島では刀子・衣裳簞笥の装飾・鋏・鑷・装飾品・不明鉄器，中国東北部ではバックル・弧辺三角形器・鉄B形器・3字形の鉄鉤・名称不詳鉄器等と様々である。

　この火打金という考古資料への認識の低さは，火打金を含む発火具に係る考古学研究の大きな問題点の1つとなっており，例えば墓副葬品となっていても性格不明のためその意味づけが検討されない等の弊害が生じている。

　これは，本章の第1節でみていくとおり，火打金の集成的研究に地域的な偏りが生じてしまっていることも原因であろう。しかし，日本列島全体を対象とした遺跡出土火打金の集成は膨大な時間を要することから，本章では，研究の偏りを解消する第一歩として，九州および朝鮮半島・中国東北部の遺跡出土の火打金を集成し検討を加えることとした。

　集成に先立って，第2節では，火打金の分類に関する研究史を取り上げてその特徴や課題の整理を行い，第3節では，九州および朝鮮半島・中国東北部の遺跡出土資料に対応する火打金の分類を提示した。

　第4節は，九州の遺跡から出土した火打金の集成と検討である。九州では，第1節で触れるとおり，これまでに公開されている日本列島規模での資料集成において火打金の出土例がなかったこともあり，火打金という資料への認識そのものが低い状況が今も続いていると言わざるをえない。しかし，九州各地において，近年の資料増により一定数の火打金の出土が知られるようになり，その集成に基づいて，火打金の登場と変遷の総体把握を試みた。

　第5節で取り上げる朝鮮半島の火打金については，日本列島をはじめ東アジアにおける火打金の歴史的展開を紐解く上で，これらの地域の資料の実態解明が重要と指摘されてきた一方で，これまで実態がほぼ不明なままであった。ところが，近年，件数はいまだ十分とは言えないながらも確実に火打金の出土資料が増加している。そこで，現時点で把握できる朝鮮半島における遺跡出土の火打金を集成し，九州と同じく，火打金の通史的な検討を進めた。

　第6節で取り上げる中国東北部の火打金についても，前節の朝鮮半島例と同じ状況下にあって検討対象となった。

1 火打金の集成に関する研究史と課題

　日本列島内の遺跡から出土した火打金の集成は，その対象とされた範囲に注目すると，日本列島全体でなされたもの，現在の都道府県を基本単位としたもの，個別遺跡の発掘調査報告書の中で近隣遺跡の出土例を集成したものがある。

　まず，日本列島各地の火打金の出土例を取り上げた研究として，早くになされたものには青森・山梨・栃木・埼玉・千葉・長野・奈良・岐阜・岡山・広島県および東京都に所在する18遺跡の事例でもって青森県の古館遺跡出土火打金を位置づける小川貴司の考察がある（小川1980）。そして，日本列島全体を対象範囲とした遺跡出土の火打金の集成と考察は，これまでに2件知られている（高嶋1985，山田1989）。高嶋幸男による集成は，日光男体山山頂遺跡出土品（二荒山神社編1963）44点をはじめ，北は青森県の尻八館から南は広島県の草戸千軒町遺跡出土分まで，当時すでに所在不明となっているものも含めて合計109点の火打金が表に挙げられた（高嶋1985）。高嶋の集成から4年後に公開された山田清朝による集成は，兵庫県所在の中尾城跡出土火打金の位置づけに端を発するもので，少なくとも図あるいは写真で確認しえたものとして，合計177点の火打金が集成された。高嶋の集成から点数も増え，さらに出土遺跡の分布について，高嶋と同じく青森県内から広島県内までであるが，これに高嶋の集成にはなかった四国（愛媛県）の事例が追加されている（山田1989）。

　その後，集成のあり方として最も多いのは，現在の都道府県や市町村，あるいは遺跡群単位を対象としたものである。都道府県レベルでの集成は多くあって以下に列挙すると，茨城県17点を中心に千葉県26点／栃木県9点／埼玉県6点（鶴見1999），埼玉県30点（関2002），山梨県29点（野代2003），群馬県104点（小林2003a），千葉県87点（白鳥2005）等があり，それぞれの点数を単純に足し算した場合でも合計308点となり，山田による1989年当時の集成による合計177点（山田1989）と比べ，ずいぶんと資料数が増えたことがわかる。

　また，日本列島の外に目を向けると，日本語により公開されたものとして，林俊雄による北方ユーラシアを対象とした研究がある。林の研究は，北方ユーラシアについて東シベリア，モンゴリア・南シベリア・中央アジア，西シベリアに分け，それぞれにおける7世紀から14世紀前後までの火打金の動向について，ロシア語文献の検索によりいち早く検討されたものであり（林1994），その成果は，日本列島における火打金の起源や歴史的展開の解釈や評価に影響を与えてきた（関2002ほか）。地理的に北方ユーラシアと日本列島との間にある朝鮮半島や中国東北部等の火打金について考古資料の実態がみえない状況が長く続いていて今後の課題とされていたが（林1994），近年，筆者により朝鮮半島で17点（藤木2018），中国東北部で少なくとも16点（藤木2020a）が集成された。

　ここまで遺跡出土の火打金の集成という切り口でもって研究史を振り返ってきたが，まず注意しておきたいのは，日本列島全体を対象とした遺跡出土の火打金の集成は，約30年前に公開された高嶋および山田による2件が最新のままで止まっている点である。高嶋および山田の集成ともに，当時の資料状況が反映されたため仕方ないのではあるが，例えば北海道および九州における火打金の出土例が挙がっていない。とはいえ，考古学者の眼前に登場してくる遺跡出土の多くの鉄製品の

中で，火打金という器種の認知度を確実に上昇させた点で，高嶋そして山田の研究は高く評価されるものである。それは，両研究について発掘調査報告書や関連研究の中で多く引用されてきたことが物語っている。

　一方で，全国規模の火打金の集成を進めていくことは簡単ではなく，きわめて膨大な時間を要すると予想される。したがって，現実的には，実際に各地で実施されてきているとおり，都道府県や市町村等の単位，あるいは個別の遺跡調査報告書の中で近隣遺跡の状況が集成され，その積み上げ等の中で徐々に全体像がみえていくことが着実であろう。その観点で言えば，関東地方で蓄積の進んでいる火打金の集成作業は，火打金という器種への認識を確実に広げ，新たな関心や研究を生み出してきた点で評価されるものである。

　本章では，第4～6節において九州および朝鮮半島・中国東北部における遺跡出土の火打金の集成・検討を進めたが，それは，これまで集成的研究の弱かった範囲を対象としたものであり，また東アジア規模の展開を把握する手がかりとなるとも期待されることから，ここまでみた研究史に続くものとして大いに意味のあるものといえる。

2　火打金の分類に関する研究史

　火打金の分類について，その始発点は，1963年に発行された日光男体山山頂遺跡の調査報告である（二荒山神社編1963）。火打金の分類をめぐるその後の研究に大いに影響している重要な観点をもつ報告となっており，その概要は以下のとおりである。同報告中では，出土した火打金について，当初，火打金でなく，風鐸の舌部に懸吊されて風を受ける花形板（風招）という推測があった経緯を述べた上で，その形状は「笠形に鍛造した扁平な鉄板で，その多くは両裾が優美な曲線を画いて上反している」とし，「概して部厚なものが多く，しかも上方から下方に向ってその厚みを増し，下縁を打ち敲いた形跡のものも存する」と記載した。また，これらについて「半月形乃至は下縁を反らした山形鉄板の，中央頂部に一孔を穿って紐を通す形式」で「旅行携帯用として用いられ」，「古式をのこす」と推測し，もう1つの形式である「幅広い鎹と木片に打ちつけた如きもの」は「厨房備付用として多く用いられ」たとした。すなわち，火打金の形態的特徴の整理とその時代的な前後関係や機能差への言及がなされたのである。

　小川貴司は，青森県の古館遺跡から出土した火打金について，日光男体山山頂遺跡の報告中の分類と同じく，鎹（かすがい）状の鉄を長方形の板に打ちつけた鎹型と，全体が二等辺三角形に作られた山型とに大別し，前者は火打箱に入れて用いるもの，後者は携帯用とした（小川1980）。さらに，新たな取組みとして，山型については，Ⅰ類：上端を鑿で切り出して2本の腕をつくり，上へ伸ばして頂で合わせるもの，Ⅱ類：二等辺三角形のままのものと分け，ⅡA類：両端に突起のあるもの，ⅡB類：両端に突起のないもので細別した。そして，火打金ⅡA類における形態変遷の方向性としては，両端の突起が幅のあるしっかりしたものが8～9世紀にあって，12世紀には突起が細くなり，後にはさらに華奢な突起でかつ身全体も細くなると整理した（小川1980）。また，『記紀』の記述を拠りどころに，日本列島における火打金の出現は5世紀の大陸文化の波及の1つと推測した。なお，この年代観については後に，5世紀あるいは6～7世紀のどちらかであると述べた（小川1996）。小川の研究は，火打金の分類について，基本的には日光男体山山頂遺跡の報告におけ

92 第3章 考古資料としての火打金

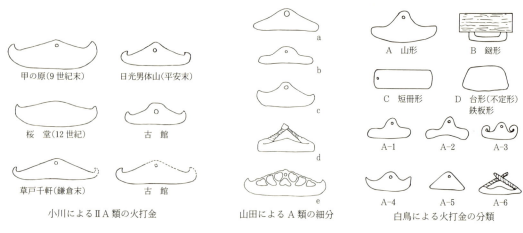

第39図　先行研究における火打金の分類・変遷（１）

る分類を踏襲して山型・鏟型の２大別としているものの，山型の中で細分類してその年代順の形状を比較することで，山型の火打金における時系列的変化を明らかにした点で特筆される（第39図）。また，火打金が大陸起源のものと指摘した点も重要な指摘である。

　高嶋幸男による研究は，『火の道具』（高嶋1985）にみるとおり，自らの実験結果を踏まえつつ，民俗資料や考古資料の発火具や発火法を総合的に論じたものである。火打金の分類については，民俗資料をもとに鏟型・山型（笠型）・短冊型・台型等と類型化した。次いで遺跡出土品を分類ごとに検討し，山型の火打金が６～７世紀に登場することや，中世以前では捻り鎌型も含めてすべて山型の火打金に限られるとした。また，古代から存在するとされていた鏟型の火打金について，実際は苧引鋸等の火打金でない別器種と見なして，鏟型の火打金は近世になってから出現するとした。高嶋は後に，『古墳時代の研究』シリーズ中の「発火具・照明」の項で火打金等について総論的に概観する中で，後述する山田清朝の研究を受けての再検討の必要性について言及した（高嶋1991）。

　山田清朝は，高嶋の研究を批判的に継承している。まず，火打金の分類としては，遺跡出土品を

2 火打金の分類に関する研究史　93

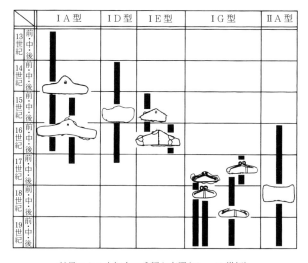

鶴見による火打金の分類と変遷(6〜10世紀)

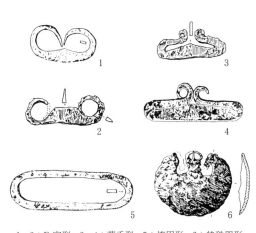

1・2：B字型，3・4：蕨手型，5：楕円形，6：特殊器形

鶴見による火打金の分類と変遷(13〜19世紀)　　　　　　　　　　　アムール川中流域の火打金

第40図　先行研究における火打金の分類・変遷（2）

94   第3章　考古資料としての火打金

対象に，小川による分類を参考としつつ，A類：山型，B類：鐙型，C類：短冊型とし，さらに量的に多いA類について，A-a類：平面二等辺三角形をなし，頂部に紐穴を穿つもので，小川分類のⅡB類に相当，A-b類：紐穴部分のみが突出し，凸形をなすもの，A-c類：三角形の両底角が上方に反り上がり，打撃部が弧状ないしその傾向にあるもので，小川分類のⅡA類に相当，A-d類：A-c類の反り上がりがさらに発達し頂部まで達するもので，いわゆる「捻り鎌」も含まれ，A類の中では全体に小型であり，小川分類のⅠ類に相当，A-e類：全体に透かしを施すもので，基本形態はA-c類と同じものが多い，というA-a〜A-e類に細分し，それらの消長を描き出した（第39図）。小川分類からの改良点としては，透かしを有するものとしてのA-e類，そして小川分類のⅡA・ⅡB類の中間型式としてA-b類をそれぞれ一型式として設定した点である。火打金の変遷については，各出土状況の検討や型式的観点から，A類についてA-a類からA-e類に向かって変遷すると見通せることや，A類はB類に先行すること等を指摘した。このほか，中世段階の文献・絵画資料の検討から，同一形態の火打金でも法量別による機能差が存在する可能性を指摘した（山田 1989）。

　関東地方で増加した火打金の出土品を対象にいち早く集成的研究を公開した鶴見貞雄は，高嶋の研究を引きつつ，火打金の分類を進めた。まず，Ⅰ：山型（笠型），Ⅱ：鐙型とし，山型について平面形からⅠA：「⊥」形タイプ，ⅠB：「山」字タイプ，ⅠC：「山」字端部渦巻タイプ，ⅠD：笠タイプ，ⅠE：三角形タイプ，ⅠF：三角形端部合わせタイプ，ⅠG：三角形端部渦巻タイプ，ⅠH：「凸」字端部渦巻タイプとし，さらに頂部の孔の有無でa（一孔あり）・b（孔なし）と分けた。この頂部の孔の有無については，錆等に覆われた場合等で不明確な場合のあることを注意喚起している。また，鐙型については，打撃部となる鉄板部分の幅の広狭でもってⅡA：幅広タイプ，ⅡB：幅狭タイプに細分した。この分類に沿って6世紀から12世紀までのⅠ類各類の変遷を中心に整理し，Ⅱ類は集成対象とした茨城・千葉・栃木・埼玉県域において中世段階の例がなく，近世以降に登場するとした（鶴見 1999）（第40図）。

　関義則は，埼玉県出土の火打金を検討するにあたって，階層性に留意した分類を目指した。まず，山形と鐙形に大別の上，山形の外形を規定する両端部分ならびに突起部分の造りに注目し，中央の突起部分がa：半球状，b：三角状，c：無突起があり，宝珠状や花弁状のものが少数あって半球状突起の亜種と整理した。次に先端の形状から，1：端部が切り落としたように収まり上方に湾曲しないもの，そして，端部が上方に弧状に湾曲するもののうち，2：湾曲が小さく突起状になるもの，3：湾曲が大きく先端が一回転して内巻き状となるもの，4：湾曲が大きく伸び三角形頂部の上方で接して反転するものに細別された。突起部分が三角状になるものには，5：湾曲が大きく伸び三角形頂部の上方で交差するものがあるとした。また，副次的な要素として，打撃面が直線か曲線かどうかや，三角形の幅と高さの比，透かし・捻じりの有無を挙げた（第39図）。鐙形については，埼玉県内で出土例がなかったことにより具体的な分類案の提示はないものの，先行研究（鶴見 1999，大西 2000）における分類を取り上げ，将来の細分化の必要性に言及した（関 2002）。

　小林大悟は，研究対象とした群馬県内出土の火打金の多くが該当したという理由で，山田による分類案をそのまま援用した（第39図）。ただし，鐙型については新たな細分案となっており，B-a類：横長の長方形の両端部がほぼ直角に突起状に上へ向かって伸びるもの，木片に対して2点で支えるタイプ，B-b類：両端部が弧状に，中央部も山状に上に向かって伸び上がるもの，木片に対

して 3 点で支えるタイプとした（小林 2003a）。

　白鳥章は，千葉県内の火打金を検討するにあたって，高嶋の研究を引いて A：山形，B：鎹形，C：短冊形，D：台型（不定形）鉄板型とし，さらに山形について，A–1：目玉クリップ形，打撃部は直線状，A–2：目玉クリップ形，打撃部は弧状に凹む，A–3：渦巻き形，A–4：角形，A–5：三角・笠形，A–6：捻り鎌と細分した（白鳥 2005）。

　林俊雄による北方ユーラシアにおける火打金の研究では，東シベリアのアムール川中流域一帯で靺鞨あるいは女真のものとされた遺跡出土の火打金について，メドヴェヂェフにより分けられた 5 タイプが援用され，カスガイ型・B 字型・カラーチ型（林により蕨手型と呼びかえ）・楕円形・特殊器形が挙げられた（林 1994）。カラーチ型（蕨手型）は，上部が丸くまくれ返ったロシアのパンであるカラーチにちなんだ命名であり，中央部が盛り上がったものは日本の山型に近いこと，特殊器形はほか 4 つの型式以外のもので，文様や装飾が施されたものや上部中央に留金が付けられたものを指すとされた（第 40 図）。

　ここまでみた以外で火打金の分類に関する内容で注目される研究には，透かし入りの火打金の年代についての言及として，広島の草戸千軒町遺跡出土火打金が集成資料の西限（九州の資料は皆無）であった資料状況の中で，12 世紀には確実に存在し大形品が多いという指摘や（山田 1989），鎌倉を中心に関東や山梨県域出土例では 13 世紀後半から 14 世紀にかけて猪目形や骨端形状をした透かしを入れた火打金が多いとする指摘がある（鶴見 2005）。

　また，鎹型の火打金の一部について，機能に直結する断面形の相違に基づき，火打金でなく正しくは凹字形鉄器（芋引金・芋引鋸等を含む）となるもの（あるいは凹字形鉄器とされた中に正しくは火打金となるもの）があると指摘された（村上 2001）。火打金の認定にあたって，その平面形のみでなく，火打石との打ち付け部となる縁辺の断面形状も重視されるべきことを示す重要な指摘である。

　このほか，江戸時代以降にブランドといえる位置を確立した吉井本家の火打金等の民具資料を対象に実測図が作成され，型式学的な詳細検討によって吉井本家の火打金の特質が明らかにされた（大西 2000）。

3　本書における火打金の分類

　本書における火打金の分類は，前節でみてきた先行研究を参照しつつ検討するものであり，本章で触れる九州および朝鮮半島・中国東北部における考古資料に加え，後に第 5 章で検討を進める民俗資料までの，これら資料の全体を横断するものである。この時空間を横断する分類は，既存の火打金の研究の延長として新たな試みとなっている。これは，今回の分類の最も大きな特徴でもある。

　火打金の分類の前に，本書で用いる火打金の部位に係る呼称を整理しておこう（第 41 図）。火打金は火打石と打ち合わせて火花を出す道具であり，その打ち合わせる部分を打撃部とした。打撃部は，火打石と打ち合わされる縁辺付近を限定して指す場合と，火打金の全体を指す場合とがあり，必要に応じて説明を加えた。打撃部の左右の端は端部とし，左右両方を指す際は，両端（部）とした。さらに，端部が上方に伸びてその末端に特徴的な造作がなされる場合があり，その末端について端部の末端とした。火打石と打ち合わされる縁辺としての打撃部の反対側となる上の方は，頂部とした。頂部には紐通し用と思われる平面円形の孔があくことがあり，これは円孔とした。以上の

用語でもって，火打金の記述を進めることとした。

　火打金の分類は，火打金を全体シルエットや打撃部の形状，そして持ち手あるいは袋部分等との組み合わせから，まず，Ⅰ～Ⅺ類に大別し，必要に応じて細分類を加えた（第41図）。また，本書の分類と先行研究における分類との対応関係がわかるよう取りまとめたのが，第3表である。以下では，各類間の関係等をみていこう。

　先行研究で山形と分類されてきた全体シルエットが三角・山形のものについては，Ⅰ類そしてⅡ類が相当する。Ⅰ・Ⅱ類間の最大相違点は，両端の湾曲が頂部の上方に向かって大きく伸びるⅡ類とそうでないⅠ類にある。Ⅰ類は，両端の湾曲の形状から細分類され，小さく突起状になるもの（ⅠA類），鉤状もしくは内巻き状となるもの（ⅠB類），上方に湾曲しないか両端全体が幅広く上方に湾曲するもの（ⅠC類），上方に湾曲せず全体が三角形となるもの（ⅠD類），頂部から端部までの平面形が雲状・波状となるもの（ⅠE類）がある。Ⅱ類は，頂部の上方まで伸びた端部の末端の仕上げから細分類され，反転し蕨手状となるもの（ⅡA類），交差するもの（ⅡB類）がある。各類とも縦断面は長方形か下が広い台形となる。ただし，欠損や錆等の状況により，細分類が困難な資料も一定数あり，それについてはⅠ類・Ⅱ類という大別でもって記載することとなる。

　一方で，Ⅰ・Ⅱ類とも，頂部について三角形あるいは半球形のものがあり，Ⅱ類にはこれに加えて無突起のものが見られるが，説明で捕捉するのみとし，今回の分類には反映しない。また，透かしを有する火打金や，両端部から頂部にかけて装飾的な仕上げとなっているものについて，先行研究では一型式として抽出したこともみられたものの，本書ではあえて細分化はせずにその全形でもってⅠ類に含めており，必要に応じて透かしの有無等に言及することとした。これは，九州に限ったことではないが，火打金にある円孔や端部の処理，さらには透かしの有無や細かな形状等について正確を期す上で，X線画像による観察は必須である一方で，X線画像による悉皆的な観察がなされているわけではなく，将来の課題とせざるをえないという現状からである。

　Ⅲ類は全体シルエットが三角形・台形に近いものの，Ⅰ・Ⅱ類とは異なって，両端を強く折り返し，頂部の上方まで伸ばして蕨手状とするものである。

　Ⅳ類は，一見すると形状が似ているともいえるⅠB類のうち両端の鉤状部分等が大きいものやⅡ類との違いをよく整理しておく必要があろう。まず，ⅡA類・Ⅳ類について，その共通点としては，両端が長く伸びていき，頂部の上方で蕨手状等に仕上げられる点，縦断面は長方形か下が広い台形である点を挙げることができる。注目したいのは，その“腕”のように伸びた両端の形状である。まず，Ⅳ類の全体シルエットについてみると，アルファベットの“B”の字を横に倒したような形状，すなわち，両端から先が上方に向かって高く湾曲した後に，末端部が頂部の上付近へ下がってくるようになっている。一方，Ⅱ類についてはⅠ類に近く，両端が“腕”のように上方へ伸びてはいるものの，全体シルエットがあくまで三角・山形になるような仕様である。ここに，Ⅱ類とⅣ類の最大の相違点がある。次に，ⅠB類・Ⅳ類の相違は，全体シルエットにあって，ⅠB類が両端の鉤状もしくは内巻き状の仕上げも含めて三角・山形となり，Ⅳ類がその“腕”のように伸びた両端によってアルファベットの“B”の字を横に倒したような形状となる点である。なお，Ⅳ類の頂部には三角形や半球形のものがあるが，この形状差による細分は行っていない。

　Ⅴ類は，Ⅳ類とⅥ類の中間にあるような形態である。全体シルエットは，Ⅳ類を縦方向に縮めたような，低平な五角形・樽形をしている。頂部は三角形・半球形があり，やはりこれによる細分は

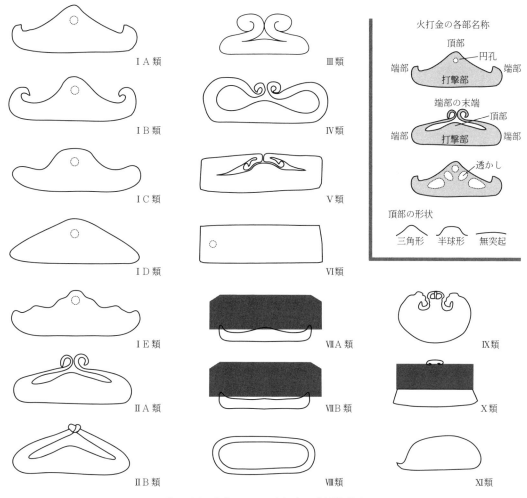

第41図　本書における火打金の分類模式図

していない。そして，両端は頂部上方で打撃部側へ折り込み，その末端を蕨手状とするという，細かな仕上げとなっている。縦断面は長方形である。

　Ⅵ類は，全体シルエットが短冊形・長方形のもので，縦断面は長方形を基本とするとした。片端側に円孔を1つもつことが多い。遺跡発掘調査においては，性格不明の平面長方形で薄い鉄片と認識されることが予想され，注意しないと火打金であると気付かれにくい可能性がある。なお，2つの長辺について，当初からやや膨らんだようなもの，あるいは直線的なもの等があるものの，積極的に細分類するには至っていない。

　Ⅶ類は，木製握手に鋲形の鉄片を打撃部として打ち込むという，先行研究で鋲形とされたものに相当する。打撃部頂部の形状には，三角形・半球形の突起をもつもの（Ⅶa類）と無突起のもの（Ⅶb類）があり，打撃部の縦断面は長方形か下が広い台形となる。

　Ⅷ類は，全体シルエットが楕円環形・リング形のもので，断面は長方形を基本とする。本書で扱う中では該当実資料が存在しないが，林俊雄による研究成果を受け，一型式として取り上げている。

　Ⅸ類は，打撃部の上半分について，動物等の文様や装飾を造形したもの，あるいは留金が付されたものである。打撃部の縦断面は長方形となる。Ⅸ類も，Ⅷ類と同じ理由により挙げている。

98　第3章　考古資料としての火打金

第3表　先行研究および本書における火打金の分類とその対応関係

小川 1980 青森	山田 1989 全国	小林 2003a 群馬	鶴見 1999 茨城・千葉・栃木・埼玉	関 2002 埼玉
ⅡA類：二等辺三角形のままで，両端に突起のあるもの。	A-c類：山形。三角形の両底角が上方に反り上がり，打撃部が弧状ないしその傾向にあるもの。※山田　A-e類：透かし。		ⅠB：山型（笠型）「山」字タイプ ⅠD：山型（笠型）笠タイプ	a2類：中央の突起は半球状で，先端形状は湾曲が小さく突起状になるもの。 b2類：中央の突起は三角状で，先端形状は湾曲が小さく突起状になるもの。
			ⅠC：山型（笠型）「山」字端部渦巻タイプ	a3類：中央の突起は半球状で，先端形状は湾曲が大きく先端が1回転して円環状となるもの。
	A-b類：山形。紐穴部分のみが突出し，凸形をなすもの。		ⅠA：山型（笠型）「⊥」形タイプ	a1類：中央の突起は半球状で，先端形状は上方に湾曲しないもの。
ⅡB類：二等辺三角形のままで，両端に突起のないもの。	A-a類：山形。平面二等辺三角形をなし頂部に紐穴を穿つもの。		ⅠE：山型（笠型）三角形タイプ	b1類：中央の突起は三角状で，先端形状は上方に湾曲しないもの。
			ⅠB／ⅠD	a2類／b2類
Ⅰ類：上端を鏨で切り出して二本の腕をつくり，上へ伸ばして頂で合わせるもの。	A-d類：山形。A-c類の反り上がりがさらに発達し，頂部まで達するもの。いわゆる「ねじり鎌」も含まれる。A類の中では全体に小型である。		ⅠF：山型（笠型）三角形端部合わせタイプ	b5類：中央の突起は三角状で，先端形状は湾曲が大きく伸び頂部の上方で交差するもの。
			ⅠG：山型（笠型）三角形端部渦巻タイプ	b4類：中央の突起は三角形状で，先端形状は湾曲が大きく伸び頂部の上方で反転するもの。
			ⅠH：山型（笠型）「凸」字端部渦巻タイプ	a4類：中央の突起は半球状で，先端形状は湾曲が大きく伸び頂部の上方で反転するもの。
				c4類：中央の突起はなく，先端形状は湾曲が大きく伸び頂部で接して反転するもの。
	C類：短冊形	C類：短冊型。長方形で端部に紐孔を穿つもの。		
	B類：鐙形	B-b類：鐙型。両端部が弧状に，中央部も山状に上に向かって伸び上がるもの。木片に対して3点で支えるタイプ。	Ⅱ：鐙型 A：幅広タイプ B：幅狭タイプ	
		B-a類：鐙型。横長の長方形の両端部がほぼ直角に突起状に上へ向かって伸びるもの。木片に対して2点で支えるタイプ。		

白鳥 2005 千葉	林 1994 北方 ユーラシア	本　　　書
A-4：山形。角形。		ⅠA類：全体シルエットが三角・山形で，頂部は三角形・半球形で，両端は湾曲が小さく突起状になるもの。縦断面は長方形か下が広い台形。
A-3：山形。渦巻き形。	B字型	ⅠB類：全体シルエットが三角・山形で，頂部は三角形・半球形で，両端は湾曲が鉤状もしくは内巻き状となるもの。縦断面は長方形か下が広い台形。
A-1／A-2：山形。目玉クリップ形。打撃部は直線状・弧状に凹む。		ⅠC類：全体シルエットが三角・山形で，頂部は半球形で，両端は上方に湾曲しないか両端全体が幅広く上方に湾曲するもの。縦断面は長方形か下が広い台形。
A-5：　山形。　三角・笠形。		ⅠD類：全体シルエットが三角・山形で，頂部は三角形で，両端は上方に湾曲せず，全体が三角形となるもの。縦断面は長方形か下が広い台形。
A-4		ⅠE類：全体シルエットが三角・山形で，頂部は三角形・半球形で，頂部から端部まで上縁が雲状・波状となるもの。縦断面は長方形か下が広い台形。
A-6：捻り鎌。		ⅡB類：全体シルエットが三角・山形で，頂部は三角形・半球形・無突起で，両端は湾曲が大きく伸び頂部の上方で交差するもの。縦断面は長方形か下が広い台形。
	蕨手型	ⅡA類：全体シルエットが三角・山形で，頂部は三角形・半球形・無突起で，両端は湾曲が大きく伸び頂部の上方で反転し蕨手状とするもの。縦断面は長方形か下が広い台形。
		Ⅲ類：全体シルエットが三角・台形に近いが，打撃部の両端を強く折り返し，頂部の上方で蕨手状とするもの。縦断面は長方形。
	B字型	Ⅳ類：全体シルエットがアルファベットのB字形で，頂部は三角形・半球形で，両端は頂部上方で近接する・反転するもの。縦断面は長方形か下が広い台形。
		Ⅴ類：全体シルエットが低平な五角形・樽形で，頂部は三角形・半球形で，両端は頂部上方で打撃部側へ折り込み，末端を蕨手状とするもの。縦断面は長方形。
C：短冊形		Ⅵ類：全体シルエットが短冊形・長方形のもの。縦断面は長方形。
B：鐙形	鐙型	ⅦA類：木製握手に鐙形の鉄片を打ち込むもの。握手に対して両端の2点で打ち付け，中央に突起をもつタイプ。打撃部の縦断面は，長方形か下が広い台形。
		ⅦB類：木製握手に鐙形の鉄片を打ち込むもの。握手に対して両端の2点で打ち付けるタイプ。打撃部の縦断面は，長方形か下が広い台形。
	楕円形	Ⅷ類：全体シルエットが楕円環形・リング形のもの。縦断面は長方形。
	特殊器形	Ⅸ類：打撃部の上半分が動物等の文様や装飾を造形したものや留金が付されたもの。縦断面は長方形。
		Ⅹ類：皮製あるいは金属製の袋に鉄片を組み合わせたもの。打撃部の縦断面は，長方形か下が広い台形。
D：台型(不定形)鉄板型		Ⅺ類：全体シルエットが不定形のもので鉄片のみのもの一括。

X類は，皮製あるいは金属製の袋に鉄片を組み合わせたものである。鉄片が打撃部に相当し，平面形が台形や低平な長方形ほかがあって，縦断面は長方形か下が広い台形となる。また，袋部についても上辺中央に紐通し用として金属環を付けるものや袋部中央に文字や記号，図柄をあしらうもの等がある。将来的には，有効な項目でもって細分されていくものと予想されるが，本書では他の類型との相違点も大きく，一括してX類とするまでとした。

XI類は，不定形のものや，火打金として報告された鉄片等を一括りにした。

なお，各分類に共通する点として付言すると，先行研究の火打金の分類には，火打石と打ち合わされる打撃部の下縁が直線状であるか弧状に凹むかで細分類されたものがあるが，本書では分類基準としなかった。なぜなら，この打撃部の形状差は，火打金の使用過程による打ち減り等の進み具合による相違の可能性があり，当初から作り分けられた形態差があったと言える場合を除き，分類基準として不適当と考えたからである。ただし，使用部位を特定することや使用の進度の差を示す目安としては有効であることから，必要な場合は言及することとしたい。

4　九州における火打金の変遷

九州における火打金については，これまでの2回の全国規模の集成において出土例なしであった（高嶋1985，山田1989）。その後，筆者により2004年に九州全体で16点が集成され，大隅・薩摩，奄美地域の古代以降の鉄製品集成（川口2008）や火打金の集成がなされ（上床2009），日向についても筆者が集成的検討を加えてきた。さらに資料の増加等を受け，今回96点の火打金が集成された。現在の県別の点数は，福岡県24点・佐賀県1点・長崎県3点・熊本県20点・大分県10点・宮崎県21点・鹿児島県17点（沖縄県は出土例なし）であり，おおよその旧国単位では，筑前地域18点・筑後地域2点・豊前地域4点・豊後地域10点・肥前地域4・肥後地域20点・日向地域21点・大隅地域4点・薩摩地域12点・奄美地域1点である（第42図）。以下，地域ごとに火打金の様相をみていくこととする。

(1)　筑前地域の火打金

元岡・桑原遺跡群第7次調査（福岡市教育委員会2008a）の池状遺構SX123から多くの遺物とともに出土した"不明板状製品"は，後に火打金と再整理された（福岡市埋蔵文化財センター2009）。池状遺構SX123は，谷の中央にあって湧水点を中心に全長42m・幅10〜15mと長大に掘り広げられたものであり，7世紀第4四半期から8世紀代の須恵器・土師器や製鉄関連遺物，木製品等が多量に出土し，9世紀には遺物量が減少する。火打金もこの年代幅で捉えられ，1／2近くが欠失するものの，棒板状の打撃部の両端が頂部に接するほど強く折り返され，端部の末端は外上方へ蕨手状に丸く仕上げられたものと復元される。III類に相当し，復元長は8cm前後，高さ2.5cmである（第44・49図1）。

博多遺跡群第99次調査（福岡市教育委員会1998）の火打金は，外反した板状の打撃部の両端が幅広く上方に湾曲し，頂部は半円状の突起となってその中央に円孔1つがあるもので，IC類に相当し，長さ6.2cm・高さ2.2cmである（第44・49図2）。出土状況の情報はないものの，火打金の年代について，遺跡の年代観から7〜8世紀ならびに12世紀中頃〜14世紀前半が候補となり，他地

4 九州における火打金の変遷　　101

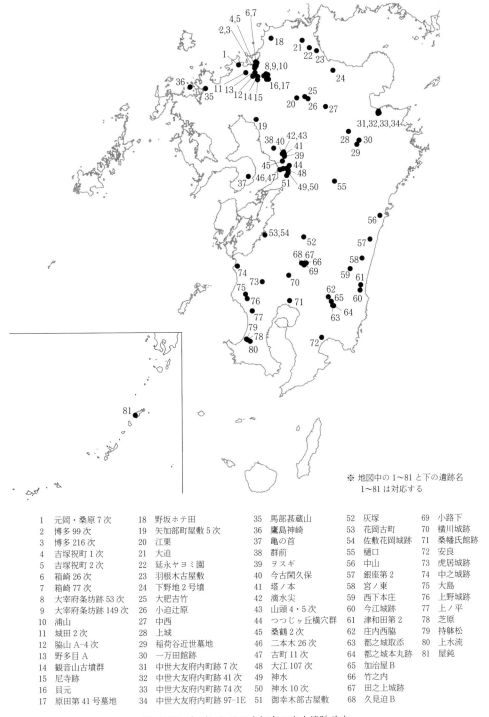

1	元岡・桑原7次	18	野坂ホテ田	35	馬部甚蔵山	52	灰塚	69	小路下
2	博多99次	19	矢加部町屋敷5次	36	鷹島神崎	53	花岡古町	70	横川城跡
3	博多216次	20	江栗	37	亀の首	54	佐敷花岡城跡	71	桑幡氏館跡
4	吉塚祝町1次	21	大迫	38	群前	55	樋口	72	安良
5	吉塚祝町2次	22	延永ヤヨミ園	39	ヲスギ	56	中山	73	虎居城跡
6	箱崎26次	23	羽根木古屋敷	40	今古閑久保	57	銀座第2	74	中之城跡
7	箱崎77次	24	下野地2号墳	41	塔ノ本	58	宮ノ東	75	大島
8	大宰府条坊跡53次	25	大肥吉竹	42	滴水尖	59	西下本庄	76	上野城跡
9	大宰府条坊跡149次	26	小迫辻原	43	山頭4・5次	60	今江城跡	77	上ノ平
10	浦山	27	中西	44	つつじヶ丘横穴群	61	津和田第2	78	芝原
11	城田2次	28	上城	45	桑鶴2次	62	庄内西脇	79	持躰松
12	脇山A-4次	29	稲荷谷近世墓地	46	二本木26次	63	都之城取添	80	上水流
13	野多目A	30	一万田館跡	47	古町11次	64	都之城本丸跡	81	屋鈍
14	観音山古墳群	31	中世大友府内町跡7次	48	大江107次	65	加治屋B		
15	尼寺跡	32	中世大友府内町跡41次	49	神水	66	竹之内		
16	貝元	33	中世大友府内町跡74次	50	神水10次	67	田の上城跡		
17	原田第41号墓地	34	中世大友府内町跡97-1E	51	御幸木部古屋敷	68	久見迫B		

第42図　九州における火打金の出土遺跡分布

域資料との型式的比較からみて7〜8世紀と推定される。

　大宰府条坊跡第53次調査（太宰府市教育委員会2017b）では9世紀前半の井戸SE30からⅠA類に相当する火打金が出土した。長さ7.75cm・高さ3.4cmである（第44図3）。大宰府条坊跡では，第149次調査（太宰府市教育委員会1999）の平安時代後期とされるピット群SX267からも，山形の

火打金かと発掘調査報告書中で記載されたものが出土した（第44図4）。欠損により細分類は叶わないがⅠ類に相当すると思われ，残存長4.6cmである。

このほか，城田遺跡第2次調査（福岡市教育委員会2008bほか）の6区包含層出土例は，円孔が1つある山形の打撃部とその両端が上方へわずかに反っており，ⅠA類に近いもののⅠC類に該当するとみられる。長さ6.0cm・高さ2.3cmである（第44図5）。発掘調査報告書によると，本遺跡では9世紀末以降に集落や官衙的施設の継続はなく，中世以降は水田等が展開するとされ，火打金についても9世紀末以前のものかと推定される。貝元遺跡（福岡県教育委員会1999）15号溝出土の火打金は，同溝が11世紀後半までに埋没したとされることからその年代幅の中で捉えられる。ⅠC類に相当し，円孔が1つあって長さ6.5cm・高さ2.3cmである（第44図6）。

ここまで古代以前に収まる事例をみてきたが，6世紀後葉にあたる観音山古墳群中原Ⅱ群5号墳（那珂川町教育委員会2003）の墓道埋土下層から出土した火打金があり，古墳に直接関わりがあるかは不明であり"火打金状鉄器"と慎重に発掘調査報告書へ記載されている。本資料の年代については，単純に5号墳の年代である6世紀後葉とするのではなく，開放空間である墓道が埋没を開始するまでの時間経過の中で残されたことを考慮すべきものであろう。火打金はⅠA類に相当し，山形の全形で両端がわずかに上方へ返され，頂部近くに円孔が1つあり，長さ7.4cm・高さ2.4cmである（第44図7）。

12世紀後半〜13世紀初頭のものは3例あり，うち2例が墓出土である。1つ目は，箱崎遺跡第26次調査（福岡市教育委員会2004）の66号墓において，木棺内の被葬者頭付近から刀子とともに出土した火打金である（第43図）。被葬者は熟年男性で，北頭位の仰臥伸展葬であり，ほかの副葬品には，土師器皿・青磁碗（龍泉窯Ⅰ-2-b類）・陶硯・碁石等がある。火打金は山形の打撃部があり，その両端を上方向へ大きく棒状に折り返し，さらに両端の末端を折り重ねるように仕上げるもので，ⅡB類に相当し，長さ6.2cm・高さ3.1cmである（第44・49図8）。

もう1例は，野坂ホテ田遺跡（宗像市教育委員会1987）の1号木棺墓から出土した火打金であり，床面のほぼ中央に1振りの鉄刀と並んでいた（第43図）。副葬品には，火打金以外に土師器皿・青磁碗（龍泉窯Ⅰ-2-b類）・釘・楔・針がある。火打金は，"名称および用途ともに不明の鉄器"として発掘調査報告書へ記載され，山形で両端がわずかに上方へ返されるもので，ⅠA類に相当し，長さ7.7cm・高さ2.1cmである（第44・49図9）。

12世紀後半〜13世紀初頭の3例目は，吉塚祝町遺跡第1次調査（福岡市教育委員会2000）の第11区（E区）第1面29号遺構（土坑）出土の火打金である。ⅠA類に相当し，山形で頂部に円孔が1つあって，長さ6.7cm・高さ2.6cmとなる（第44・49図10）。

箱崎遺跡第77次調査（福岡市教育委員会2018）の12〜13世紀とされる土坑SK1133から出土した火打金は，山形の打撃部の両端を大きく上方に折り返し，棒状に伸びた両端の末端を蕨手状に仕上げるもので，Ⅳ類に相当し，長さ6.8cm・高さ2.6cmである（第44・49図11）。火打金の形状が後述する鷹島神崎遺跡出土品と共通する点や遺跡の性格等から，蒙古襲来との関係が推定され，朝鮮半島の増浦洞遺跡7号墓出土品（第52図7）と類似すると指摘されている（福岡市埋蔵文化財センター2018）。

博多遺跡群第216次調査（福岡市教育委員会2021）では15世紀代とされる火打金2点が出土した。7区の第2面下層出土例は透かしのあるもので，ⅠA類に相当し，長さ7.8cm・高さ2.6cmであ

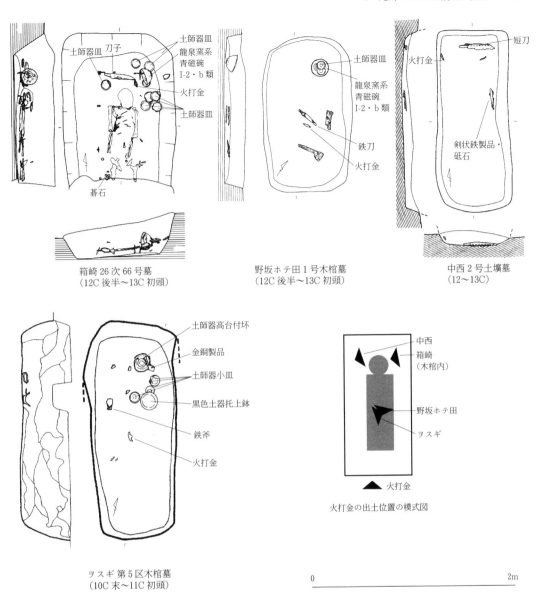

第 43 図 九州の古代・中世墓における火打金の出土状況

る（第 44 図 12）。欠損著しいものの，3〜6 区の第 3 面上出土例も透かしをもつ I A 類であり，長さ 8.8 cm・高さ 1.9 cm である（第 44 図 13）。

このほか，吉塚祝町遺跡第 2 次調査（福岡市教育委員会 2006）の古代〜中世にあたる第 1 面のピット SP1277 出土の火打金は，山形で両端をわずかに上方へ返すもので，I A 類に相当し，長さ 6.4 cm・高さ 2.2 cm である（第 44 図 14）。発掘調査報告書掲載の実測図に描かれている頂部の円孔について，その有無は明確でないという。尼寺跡遺跡群（那珂川町教育委員会 2017）のⅡ区出土の火打金は山形で両端がわずかに上方へ返されるもので，I A 類に相当し，長さ 6.0 cm・高さ 2.3 cm である（第 44 図 15）。遺跡の年代観から中世のものであろう。

出土銭の組み合わせから 1739 年以降のものとされる，原田第 41 号墓地（筑紫野市教育委員会 2003・2004・2006）の 78 号墓は熟年女性が被葬者であり，火打金とチャート製火打石等が錆着して

出土した。火打金は長さ 4.5 cm・高さ 1.4 cm の板状長方形あるいは隅丸長方形のものであり，Ⅵ類に相当する（第 44・49 図 16）。火打金には布が残着し，火打金・布には紐状のものが巻かれている。浦山遺跡（太宰府市教育委員会 2021）例も同じく近世中～後期の墓 2ST009 出土で，ⅡA 類に相当し，長さ 5.1 cm・高さ 2.6 cm である（第 44 図 17）。

なお，位置づけの困難な例として，脇山 A 遺跡第 4 次調査（福岡市教育委員会 1992）の 6 号土坑から，糸切底の土師器皿とともに出土した，半月形をした長さ 7.1 cm・高さ 4.1 cm・厚み 0.9 cm の鉄器が火打金として発掘調査報告書へ記載されている（第 44 図 18）。ひとまずⅪ類としたが，現時点で類品はない。

(2) 筑後地域の火打金

江栗遺跡（福岡県教育委員会 1997）の 12 世紀中頃のコの字状に溝をめぐらせた掘立柱建物跡等のある Ⅰ区下段の包含層から，"風招か"と報告された長さ 8.1 cm・高さ 3.2 cm の山形の火打金が出土した（第 44 図 19）。ⅠA 類に相当する。実測図では，風招という前提により頂部に円孔を復元しているが，円孔の有無は定かでない。火打金の出土した周辺では白磁類や石鍋・権等が出土し，遺跡立地や建物面への造成規模が大きい点から，一定クラスの建物であろうと推測されている。

矢加部町屋敷遺跡 5 次調査（九州歴史資料館 2012b）の 18 世紀～19 世紀中葉とされる大土坑 1 南部上層からは，頂部が丸みをもつ笠形とでもいうような二等辺三角形をしていて頂部に円孔が 1 つある，長さ 6.2 cm・高さ 2.7 cm の火打金が出土した（第 44・49 図 20）。ⅠD 類に相当する。

(3) 豊前地域の火打金

羽根木古屋敷遺跡（行橋市教育委員会 2018）の 12～13 世紀頃とみられる土坑 SK536 から出土した火打金は，山形で両端がわずかに上方へ返されるもので，ⅠA 類に相当し，長さ 8.4 cm・高さ 2.8 cm である（第 44 図 21）。

大迫遺跡（㈶北九州市教育文化事業団埋蔵文化財調査室 1992）の近世まで下がらない 16 世紀を下限とする包含層から，"飾り金具"と発掘調査報告書に記載された，透かしを有する火打金が出土した。ⅠA 類に相当し，欠損が著しいもので，残存長 10.0 cm・高さ 4.0 cm である（第 44 図 22）。

延永ヤヨミ園遺跡（九州歴史資料館 2014b）の Ⅴ-5 区のピット P717 から出土した火打金は，両端を欠損するが，山形のもので，長さ 4.0 cm・高さ 1.5 cm である（第 44 図 23）。Ⅰ類あるいはⅡ類に相当する。遺跡の年代観から古代～中世に収まるものであろう。

このほか，7 世紀中頃～後半の下野地 2 号墳（福岡県教育委員会 1998）の石室内から，発掘調査報告書で"不明鉄器"と記載された火打金が出土した。火打金の一端は欠損するが，山形の打撃部があり，その両端が大きく上方へ棒状に折り返されるものである。ⅡB 類に相当し，復元長 5.0 cm・高さ 2.0 cm である（第 44 図 24）。発掘調査報告書によれば，調査前から開口する石室は床面まで徹底して攪乱されていたとされ，この点からは，火打金が古墳副葬品でなく，後世になって石室内へ持ち込まれた可能性を想定しておく必要がある。なお，石室内からは，火打金以外に須恵器類や刀子・用途不詳の鉄製品等が出土した。

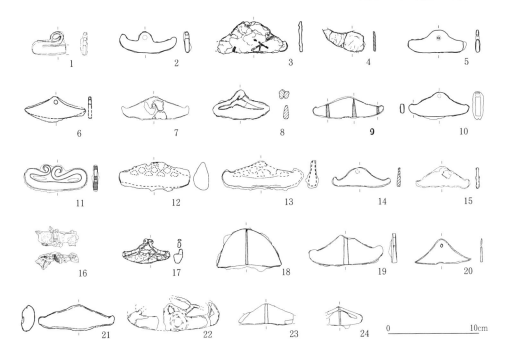

1. 元岡・桑原7次　2. 博多99次　3. 大宰府条坊跡53次　4. 大宰府条坊跡149次　5. 城田2次　6. 貝元
7. 観音山古墳群中原Ⅱ群5号墳　8. 箱崎26次　9. 野坂ホテ田　10. 吉塚祝町1次　11. 箱崎77次
12・13. 博多216次　14. 吉塚祝町2次　15. 尼寺跡　16. 原田第41号墓地　17. 浦山　18. 脇山A-4次
19. 江栗　20. 矢加部町屋敷5次　21. 羽根木古屋敷　22. 大迫　23. 延永ヤヨミ園　24. 下野地2号墳

第44図　九州（筑前・筑後・豊前地域）で出土した火打金

(4) 肥前地域の火打金

鷹島神崎遺跡（松浦市教育委員会2015）では，X線画像解析等によって火打金2点が発見されている。1つは，紡錘形の打撃部があってその両端が上方へ伸びて端部が蕨手状となるものであり，長さ7.5 cm・高さ3.8 cmで，ⅡA類に相当する（第45・49図25）。もう1点は，蹄鉄と錆着して出土したもので，長さ7.1 cm・高さ2.9 cmで，丸く上方へ突出した打撃部とその両端が上方に延びて末端が蕨手状に丸く仕上げられており，やや特異ながらⅣ類に相当する（第45・49図26）。鷹島神崎遺跡出土の2点は，出土状況からみて，1281年の蒙古襲来の高麗・元軍が所有していた火打金の可能性が高い。

亀の首遺跡（南島原市教育委員会2011）の包含層D-6Ⅲ層から，発掘調査報告書で古墳時代以降の"板状の鉄製品"で刃物の一種かと記載された火打金が出土した。火打金はⅠA類に相当し，山形の全形で両端がわずかに上方へ返され，長さ7.0 cm・高さ2.4 cmである（第45図27）。Ⅲ層からは中世遺物が出土しており，火打金もこれらに伴うものとみておきたい。

馬部甚蔵山遺跡（唐津市教育委員会1988）の中世の93号土坑墓から，発掘調査報告書では"用途不明の鉄製品"とされたものが出土し，後に火打金であるとされた（徳永・木島2004）。火打金は山形の打撃部があり，その両端を上方向へ大きく折り返し，さらにその末端を重ねるように仕上げるもので，ⅡB類に相当し，長さ7.9 cm・高さ2.5 cmである（第45図28）。

(5) 肥後地域の火打金

桑鶴遺跡群第2次調査区（熊本市教育委員会2015）のうち，出土土器から8世紀代かと報告された竪穴建物SI16111から火打金が出土している。発掘調査報告書によれば，床面やかまど内部といった出土位置の明確なものとそうでないものがあって，火打金は後者の明確でないものの1つである。山形の頂部があまり高くならない打撃部があり，その両端が上方へ伸びて端部が円環状となるもので，ⅡA類に相当する。長さ5.5 cm・高さ2.7 cmである（第45図29）。当資料は，肥後地域ならびに九州各地の近世段階の火打金に類似することから，後世資料が混入した可能性も残しておきたい。

神水遺跡（熊本県教育委員会1986）の9世紀中頃の4号火葬墓（美濃口ほか2004）から出土した火打金は，山形の打撃部でその両端が上方へ反るもので，ⅠA類に相当し，長さ8.4 cm・高さ2.8 cmである（第45・49図30）。3号土壙墓にも類品があると発掘調査報告書で示されているものの，形状からみて火打金ではなさそうである。同遺跡ではもう1点，神水遺跡第10次調査区（熊本市教育委員会2015）の包含層C-5区Ⅲ層から火打金が出土した。調査区の出土遺物の年代観等からは，10世紀前半までに収まるものと推測される。山形の打撃部の両端が上方へ反るもので，ⅠA類に相当し，長さ10.9 cm・高さ3.0 cmである（第45図31）。

ヲスギ遺跡（植木町教育委員会2004）の第5区1号木棺墓からは，火打金のほか，托上椀・黒色土器B類・土師器高台付坏・土師器小皿・鉄製手斧・その他金銅製品等が出土し，出土土器から10世紀末〜11世紀初頭とされる（第43図）。火打金は，頂部に円孔が1つある山形の打撃部の両端が低平な内巻き状に上方へ折り返されるもので，ⅠB類に相当し，長さ7.55 cm・高さ3.1 cmとなる（第45・49図32）。

中世にあたる火打金の出土例はいくつかある。つつじヶ丘横穴墓群（熊本市教育委員会2002）のC群前庭部上層から出土した火打金は，山形三角形の打撃部をもち，その両端を強く上方へ返し伸ばして仕上げるもので，末端は欠損等で不明であることからⅡ類に相当し，長さ6.8 cm・高さ2.2 cmとなる（第45図33）。火打金は，横穴墓に本来的に伴うものでなく，後世における横穴空間の再使用によって持ち込まれたものと報告され，その年代について12〜13世紀の所産と推定されている。

二本木遺跡第26次調査区（熊本市教育委員会2007b）のものは欠損著しく，火打金であるとすればⅠC類に相当か。古代〜中世という包含層Ⅲb層から出土した。現状で長さ4.1 cm・高さ1.9 cmである（第45図34）。

灰塚遺跡（熊本県教育委員会2001）で214基検出された中世の土坑墓のうち，162号土壙墓で火打金が出土した。火打金は山形三角形の打撃部をもち，その両端を上方へ返すもので，端部は欠損して不詳である。ⅠA類と思われ，長さ9.0 cm・高さ2.4 cmとなる（第45図35）。

御幸木部古屋敷遺跡（熊本県教育委員会1993）でC15グリッドの中世包含層から，Ⅰ類に相当する長さ6.5 cm・高さ2.2 cmの山形の火打金が出土した（第45図36）。

群前遺跡（熊本県教育委員会2004）の自然の落ち込みⅠのうち，中世遺物が多いという下層出土の火打金は，"刀子"として報告されたが，山形の打撃部の一端のみ上方に折り返され，もう一端は直線的に終わっている。Ⅱ類に相当すると思われ，長さ6.4 cm・高さ1.7 cmである（第45図

25・26. 鷹島神崎　27. 亀の首　28. 馬部甚蔵山
29. 桑鶴2次　30. 神水　31. 神水10次　32. ヲスギ　33. つつじヶ丘横穴群　34. 二本木26次　35. 灰塚
36. 御幸木部古屋敷　37. 群前　38. 花岡古町　39. 大江107次　40. 古町11次　41・42. 山頭4次
43・44. 山頭5次　45. 今古閑久保　46. 滴水尖　47. 塔ノ本

第45図　九州（肥前・肥後地域）で出土した火打金

37）。

　このほか，花岡古町遺跡（芦北町教育委員会2013）の表土出土で"不明鉄器"と報告された火打金は，山形の打撃部の両端を強く上方へ返し伸ばすものである。Ⅱ類に相当し，長さ8.3 cm・高さ2.2 cmである（第45図38）。佐敷花岡城跡（芦北町教育委員会2001）からもⅠあるいはⅡ類に相当する火打金が出土している。花岡古町遺跡・佐敷花岡城跡出土のものは，いずれも中世の可能性がある。

　近世以降の火打金もいくつかある。大江遺跡群第107次調査区（熊本市教育委員会2007a）の近世後半〜近代の堆積土とされるB-3Ⅲ層から出土した火打金は，板状の打撃部があってその両端を強く上方へ返し伸ばすもので，末端が欠失している。打撃部下辺は使い減りが顕著である。Ⅱ類に相当し，長さ5.7 cm・高さ1.3 cmである（第45図39）。

　古町遺跡第11次調査区（熊本市教育委員会2020）の18世紀後半〜19世紀とされる廃棄土坑S72から出土した火打金は，山形の打撃部の両端を強く上方へ返し伸ばし末端を蕨手状に仕上げるもので，ⅡA類に相当する。長さ7.1 cm・高さ3.5 cmである（第45・49図40）[1]。

　山頭遺跡は1877（明治10）年の西南戦争遺跡であり，政府軍と薩摩軍が直接銃火を交えたと推定される戦場が，考古学的な発掘調査によって明確な遺構・遺物を伴って確認された国内初の遺跡である（熊本市教育委員会2016）。山頭遺跡第4次調査地のX2堀畑出土の火打金は，頂部の盛り上がりの弱いやや山形の打撃部があって，その両端は捩じられつつ強く上方へ伸ばされ，末端は折り返されて結ばれる。ⅡB類に相当し，長さ4.0 cm・高さ1.8 cmである（第45図41）。同4次調査地のZ2堀畑出土の火打金は，41よりも頂部の盛り上がりをもつ山形の打撃部があって，同じくそ

の両端は捩じられつつ強く上方へ伸ばされるもので，末端は欠失している。Ⅱ類に相当し，長さ4.4cm・高さ1.6cmである（第45図42）。山頭遺跡第5次調査地は薩摩軍陣地跡とされ，4区1号堀出土の火打金は，頂部の盛り上がりの弱い山形の打撃部があって，その両端は捩じられつつ強く上方へ伸ばされ，末端は折り返されて結ばれる。ⅡB類に相当し，長さ4.5cm・高さ2.0cmである（第45図43）。同遺構から出土したもう1点の火打金は，頂部に明瞭な三角形の頂点をもつ山形の打撃部があって，その両端が強く上方へ伸ばされるもので，末端は欠失している。Ⅱ類に相当し，長さ5.9cm・高さ1.7cmである（第45図44）。

このほか，今古閑久保遺跡の4区14トレンチ，塔ノ本遺跡の3区E23グリッド，滴水尖遺跡のC4区1・2溝（3件とも植木町教育委員会2004）からそれぞれ火打金が出土した。今古閑久保例は長さ5.7cm・高さ1.2cm（第45図45），滴水尖例は長さ5.9cm・高さ1.0cm（第45図46），塔ノ本例は長さ6.5cm・高さ1.3cm（第45図47）である。いずれも三角形山形の打撃部をもち，その両端を強く上方へ返し伸ばして仕上げるもので，末端は欠損等で不明であり，Ⅱ類に相当する。

(6) 豊後地域の火打金

日田盆地の大肥吉竹遺跡（日田市教育委員会2004）の8世紀後半の6号住居から火打金が出土した。同住居からは，鉄製品や鉄生産関連の資料に時期がやや新しくなりそうなものも出土したとされ，火打金の年代もまた新しくなる可能性を残す。"用途不明の鉄製品"と報告された火打金は，いわゆる山形で，頂部が半円形の突起状になり，打撃部の両端は上方に向かって短く反るもので，ⅠA類に相当し，長さ7.3cm・高さ2.0cmである（第46・49図48）。

12〜13世紀のものとして，中西遺跡（玖珠町教育委員会1987）の2号土壙墓では，被葬者の頭部左側より火打金1点が出土した（第43図）。副葬品には，短刀・剣状鉄製品・砥石がある。火打金は山形で，上辺が波打つように仕上げられたもので，ⅠE類に相当し，長さ8.3cm・高さ2.7cmである（第46・49図49）。なお，火打金について，発掘調査報告書では"風鐸の舌状を呈した用途不明の鉄製品"と記載された。

中世大友府内町跡では4点の火打金が出土した。第7次調査（大分県教育庁埋蔵文化財センター2006a）の溝状遺構SD766から出土した火打金は，山形の打撃部とその両端が上方に返され上辺が波打つもので，ⅠE類に相当し，長さ9.0cm・高さ2.9cmである（第46・49図50）。同遺構は15世紀後半〜16世紀中葉とされるが，8〜9世紀代の遺物も混入している。第74次調査（大分市教育委員会2007）の土取り遺構より出土した火打金は，同一層出土遺物と同じ8〜9世紀代および12世紀のいずれかが候補で，加えて火打金に関する全列島的な研究（山田1989）を参考に12世紀であろうと報告された。もちろん，8〜9世紀代に遡る可能性も残るが，その峻別は現時点では難しい。山形の打撃部とその両端が上方に返されるもので，ⅠA類に相当し，長さ12.0cm・高さ3.3cmである（第46図51）。第97-1E次調査（大分市教育委員会2016）の井戸SE010裏込め（褐色土）は16世紀後半のもので，火打金が出土した。火打金は，低い山形の打撃部があり，その両端が上方へ強く棒状に伸ばされた上で末端が前後に重なるもので，ⅡB類に相当し，長さ8.2cm・高さ2.9cmである（第46・49図52）。第41次調査（大分県教育庁埋蔵文化財センター2010c）では，B64区の包含層から出土したものもまた低い山形の打撃部と，その両端が上方へ強く棒状に伸ばされた上で末端が頂部上でまとまるもので，Ⅱ類に相当し，長さ7.5cm・高さ2.6cmである（第46図53）。遺

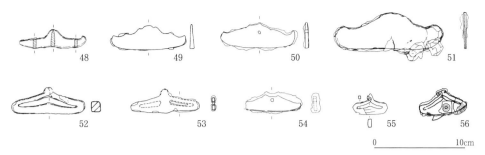

48. 大肥吉竹　49. 中西　50. 中世大友府内町跡7次　51. 中世大友府内町跡74次　52. 中世大友府内町跡97-1E次
53. 中世大友府内町跡41次　54. 上城　55. 一万田館跡　56. 稲荷谷近世墓地

第46図　九州（豊後地域）で出土した火打金

跡の年代観からみて，中世のものであろう。

　小迫辻原遺跡（大分県教育委員会・日田市教育委員会1998）のＮ区3号土壙墓は中世のものであり，短剣・釘等とともに火打金が出土した。ⅠA類に相当する（図は未掲載）。

　上城遺跡（久住町教育委員会2002）の柱穴から，長さ6.0cm・高さ1.8cmの山形で，直径0.3cmの円孔を1つもち，ⅠA類と思われる火打金が出土した（第46図54）。時期は明確でないものの，古代から中世には収まるであろう。

　一万田館跡（朝地町教育委員会1994）のⅠ区から出土した火打金は，山形の打撃部があり，その両端が強く上方へ棒状に伸ばされ，両端の末端が蕨手状に仕上げられたもので，ⅡA類に相当し，長さ3.8cm・高さ2.1cmの小形品である（第46図55）。遺跡全体の年代観からは14～15世紀代の火打金となるが，後述の稲荷谷近世墓地例に型式的に近いことを重視すれば，本例も近世以降とみた方がよかろう。

　近世以降のものとしては，稲荷谷近世墓地（竹田市教育委員会2004）で出土位置不明ながら，火打石やボタン・布等が付着した火打金が出土した。火打金は山形の打撃部があり，その両端が強く上方へ棒状に伸ばされ，両端の末端が蕨手状に仕上げられたもので，ⅡA類に相当し，長さ5.2cm・高さ2.5cmである（第46・49図56）。

(7)　日向地域の火打金

　日向地域[2]では，古代のものは未確認であり，12世紀代以降のものが現状での最古資料となる。西下本庄遺跡（宮崎県埋蔵文化財センター1999）では16号土坑から火打金1点が出土した。16号土坑は，径2.5mの平面円形もしくは隅丸方形状で，床面には規則的配置ではない複数の柱穴状の落ち込みがあるもので，出土した土師器小皿1点が12世紀中葉から末に相当することから，火打金も同年代とみてよかろう。火打金は平面山形で，両端はわずかに上に向かって反っているもので，頂部に直径0.4cmの円孔が1つある。ⅠA類に相当し，長さ7.7cm・高さ2.7cmである（第47・49図57）。

　加治屋B遺跡（都城市教育委員会2008b）では，火打金が3点出土した。第47・49図58は，平面山形で両端がわずかに上に反るもので，頂部中央に円孔がある。ⅠA類に相当し，長さ7.5cm・高さ2.0cmである。13世紀前半～中頃における中核的建物群の北側にある，屋敷墓とみられる土壙墓群の1つSC47から出土した。第47図59は58と同じ形状で，ⅠA類に相当し，長

さ 7.5 cm・高さ 2.5 cm である。P–7 区 5 層から出土した。第 47 図 60 は平面長方形に近い山形であり，上部に円孔がある。Ⅰ類に相当し，長さ 6.8 cm・高さ 2.3 cm である。土壙 SC132 から出土し，12 世紀中頃から後半の白磁，13 世紀前半〜中頃に相当する土師器坏・小皿を伴っている。

時期の絞り込みに幅はあるものの，今江城跡（宮崎県教育委員会 1988）では曲輪 2 の柱穴 SH49 から火打金 1 点が出土した（第 47 図 61）。出土遺構の年代は不詳ながら，曲輪 2 については，遺物の全体相から 15 世紀〜16 世紀前半までに収まるであろうとされ，火打金についてもひとまず同じ年代幅で捉えてよかろう。火打金は平面山形で，右端のみわずかに上に向かって反っている。縦断面では，打撃部側が厚く，持ち手側となる頂部に向かって薄くなる。頂部付近に円孔があり，その上半は失われている。ⅠA 類に相当し，長さ 8.6 cm・高さ 3.5 cm である。

宮ノ東遺跡（宮崎県埋蔵文化財センター 2008d）では，12 世紀代以降に開削され，遅くとも 18〜19 世紀までには埋没した道路状遺構・溝状遺構群の土層観察用の畔（S3412）から火打金 1 点が出土したが，厳密にどの遺構に伴うのかは明確でない。火打金は平面山形で，両端が上方に向けて小さく曲げられているもので，頂部中央に円孔が 1 つある。ⅠA 類に相当し，長さ 8.2 cm・高さ 2.1 cm である（第 47 図 62）。火打金の形状からみて，中世のものと報告された。

竹之内遺跡では，中世までに収まる遺物包含層であるⅢ〜Ⅳ層から火打金 1 点が出土した（えびの市教育委員会 1997）。発掘調査報告書では“用途不明の鉄器”とされた火打金は，平面山形であり，両端がわずかに上に反る。ⅠA 類に相当し，長さ 6.5 cm・高さ 2.1 cm である（第 47 図 63）。

小路下遺跡では，Ⅸ区の溝 SD–02 から火打金 1 点が出土した（えびの市教育委員会 2002）。伴出遺物には，糸切皿，東播系須恵器鉢，口禿の白磁皿あるいは碗，17 世紀前半までに収まる近世国産陶磁器，石鍋，砥石，鉄滓等がある。火打金は平面山形で，上部中央の円孔を挟んで 2 対の透かしが入るもので，ⅠA 類に相当する。発掘調査報告書で“鉄製装飾品”と記載されたことも頷ける，装飾性の高い火打金である。長さ 12.1 cm・高さ 4.2 cm である（第 47・49 図 64）。

都之城本丸跡では，火打金 1 点が出土した（都城市 2006）。保管カードによると，火打金は，曲輪 1（第 3 次調査 K–10 区）の道 16（SF16）を切る土坑から，釘 1 本とともに出土したようである。道 16（SF16）については，橋畑光博により，都之城本丸跡の遺構変遷Ⅰ〜Ⅳ期（都城市教育委員会 1991a）のうち，16 世紀代（Ⅲ期）のもので 16 世紀末〜17 世紀前半（Ⅳ期）には完全に埋め立てられたと報告された（都城市 2006）。さらに，都之城は，1615 年の一国一城令によって廃城となっていることから，土坑についても 16 世紀末〜17 世紀前半を大きくは下らないものと推測される。火打金は平面山形で，頂部は直線的であり，両端は棒状に伸びて頂部側へ折り曲げられる。Ⅱ類に相当し，長さ 8.1 cm・高さ 3.1 cm である（第 47 図 65）。

田之上城跡では，Ⅵ区の土坑 SZ12 から火打金 1 点が出土した（えびの市教育委員会 2003）。SZ12 は，1615 年の一国一城令による廃城に伴う「城破り」遺構の 1 つと発掘調査報告書で推定されている。伴出遺物には，糸切小皿，備前甕，擂鉢，大和系瓦質鉢，白磁皿，青磁剣先蓮弁文碗，青花皿・碗，褐釉陶器がある。発掘調査報告書では“用途不明鉄製品”と記載された火打金は，錆膨れが著しく本来の形状がわかりづらいものの，都之城本丸跡のものと近い形状にみえ，Ⅱ類に相当する。長さ 7.7 cm・高さ 3.6 cm である（第 47 図 66）。

都之城取添遺跡では，出土遺構等の詳細は不明ながら，遺跡の全体相からみて中世・近世の火打金とみてよかろう（都城市教育委員会 1991b）。第 47 図 67 は平面山形で，両端は棒状に伸びて頂部

4　九州における火打金の変遷　　*111*

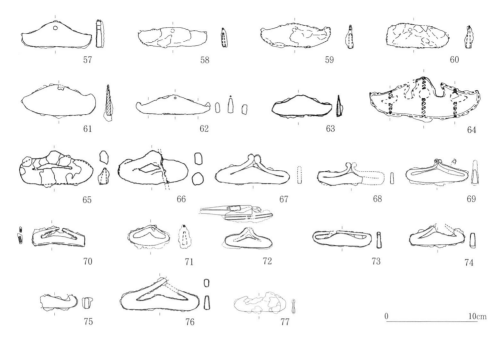

57. 西下本庄　58～60. 加治屋B　61. 今江城跡　62. 宮ノ東　63. 竹之内　64. 小路下
65. 都之城本丸跡3次　66. 田之上城跡　67・68. 都之城取添　69. 久見迫B　70. 中山　71. 庄内西脇
72. 津和田第2　73～76. 銀座第2　77. 樋口

第47図　九州（日向地域）で出土した火打金

側へ折り曲げられ，頂部でさらに外方へ丸く曲げられ蕨手状となる。がま口財布の口金と言った方が解りよいかもしれない。ⅡA類に相当し，長さ8.1cm・高さ3.1cmである。第47図68は2／5ほどが失われているが，全体の成形は第47図67と同じでⅡA類に相当し，残存長4.9cm（復元長7.3cm）・高さ2.4cmである。打撃部の凹みは，火打石との打ち付けに伴う使い減りとみられる。

近世の年代を特定できるものとして，墓出土のものが3例ある。中山遺跡（宮崎県埋蔵文化財センター2004）の墓SX3は，墓標の銘文から，1838（天保9）年没の男性でSX1に埋葬された女性の夫という人物の墓であり，早桶と思われる棺の中に，煙管（吸口1・雁首1）・寛永通宝1枚・火打金1点が副葬されていた。火打金は，平面山形で両端が直線的になり，そこから細長く棒状に上方に折り曲げられたもので，それが収められた袋等の付属銅製金具かと思われるものが付着していた。Ⅱ類に相当し，長さ5.7cm・高さ1.9cmである（第47・49図70）。

墓出土の2例目は，庄内西脇遺跡（都城市教育委員会2017b）の土坑KSC1から出土した火打金がある。他出土品には，木質の付着した鉄釘1点，新寛永通宝1点，苗代川系の土瓶1点，碗1点，薩摩磁器の皿1点があり，19世紀中頃から幕末の墓とされる。頂部が三角形になる打撃部と，その両端が強く上方へ折り返され，細く伸びた後に頂部の上付近で端部の末端が重なっており，ⅡB類に相当する。長さ4.5cm・高さ2.2cmである（第47・49図71）。

そして3例目は，宮崎市の津和田第2遺跡（宮崎市教育委員会2021a）の19世紀の土坑墓7から出土した火打金である。床面付近から，棺の底板材の残欠と煙管・玉髄製火打石・銅銭・鉄釘等とともに出土し，火打金は煙管と錆着して，被葬者の頭左側に沿うように置かれていたという。ⅡA類に相当し，長さ5.1cm・高さ2.1cmである（第47図72）。

このほか，年代の絞り込みが難しいものの，近世以降のものと考えられる火打金がいくつかある。

久見迫遺跡 B 地区（えびの市教育委員会 1996）で出土した火打金 1 点について，出土位置等に関する情報はないが，同遺跡からは中世から近世（〜19 世紀代）までの陶磁器等も出土しており，火打金もその年代幅の中で捉えることとなる。火打金は平面山形で，両端を頂部に向かって細長く折り返し，その先端を蕨手状に細工するもので，ⅡA 類に相当する。長さ 6.8 cm・高さ 1.7 cm である（第 47 図 69）。

銀座第 2 遺跡（宮崎県埋蔵文化財センター 2005d）では，C 区Ⅱ層（黒色をした旧耕作土）から火打金が 4 点出土した。同層からは，近世陶磁器や寛永通宝（文銭）等が出土し，同層から掘り込まれた掘立柱建物跡等の複数の柱材を対象とした放射性炭素年代測定では 16〜17 世紀代の年代を示すことから，17 世紀代以降の火打金とみてよかろう。火打金は 4 点とも平面山形で，両端が棒状に伸びて頂部に向けて折り曲げられている。第 47 図 73 は，両端から頂部に向けての折り返しが強く，火打金全体の平面的な見た目では細長い楕円形となっているもののⅡB 類に相当し，長さ 6.4 cm・高さ 1.6 cm である。第 47 図 74 はⅡ類に相当し，長さ 6.0 cm・高さ 2.0 cm である（推定で約 2.5 cm）。第 47 図 75 は半分ほどで折れているが，本来は第 47 図 74・76 に近い形状とみられ，Ⅱ類に相当する。長さ 4.2 cm（推定で 9 cm 前後）・残高 1.5 cm である。第 47 図 76 はⅡB 類に相当し，長さ 8.7 cm・高さ 3.5 cm である。打撃部には使い減りがある。

樋口遺跡（宮崎県埋蔵文化財センター 2024a）では，火打金 1 点が出土した。山形と推測される打撃部があり，その両端が上方へ折り返されている。末端の形状は，欠損等により不明瞭であるが，Ⅱ類に相当し，長さ 5.7 cm・高さ 2.2 cm である（第 47 図 77）。

(8) 大隅地域の火打金

桑幡氏館跡（隼人町教育委員会 2003）では，56 号土坑（旧 57 号土坑含）から火打金が 2 点出土した（第 48 図 86・87）。同遺跡は，鹿児島神宮四社家である桑幡氏の累代の館跡であり，桑幡氏の本格的居住は 12 世紀以降とされる。56 号土坑は底面が広く，壁がオーバーハングするものであり，埋土上部から，17 世紀代の陶磁器も含みつつも，土師器坏・陶磁器ほか中世に相当する多くの遺物が出土した。第 48 図 86 は平面山形で，打撃部は緩く膨らんだカーヴを見せており，両端は上に向かって反っているものであり，ⅠA 類と思われる。錆で膨れたままの図からの採寸で，長さ 7.0 cm・高さ 2.8 cm である。第 48 図 87 は「鎌？」と報告されていたものであり，上床真により火打金として集成された（上床 2009）。火打金であれば，孔の位置からみて，ⅠA 類で透かし入りのものあるいはⅡ類にあたる両端を上方へ折り返して伸ばすものの 2 とおりの可能性が出てくる。長さ 8.5 cm・高さ 3.5 cm である。

安良遺跡（（公財）鹿児島県文化振興財団埋蔵文化財調査センター 2020）の J-26 Ⅰ層から出土した火打金は，平面山形で，両端は上に向かって反っており，頂部に円孔が 1 つある。ⅠA あるいはⅠC 類に相当し，長さ 9.3 cm・高さ 2.8 cm である（第 48 図 88）。中世のものと報告された。

横川城跡（横川町教育委員会 1987）では，火打金が 1 点出土した（第 48 図 93）。平面山形で，右端は欠損する。左端は上方にきつく折り返されて棒状に伸び，その末端は欠損している。Ⅱ類に相当し，残存長 5.8 cm（左右対称に復元すると長さ約 6.8 cm）・高さ 1.8 cm である。中世以降のものか。

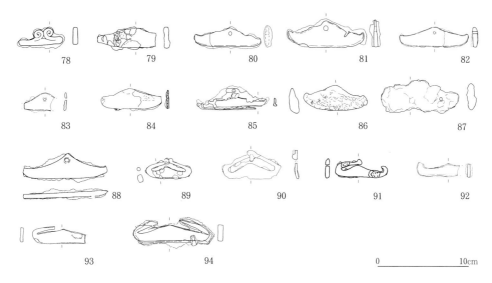

78. 大島　　79・91. 上野城跡　　80・81. 持躰松　　82・83・92. 上水流　　84. 虎居城跡　　85. 上ノ平
86・87. 桑幡氏館跡　　88. 安良　　89. 中之城跡　　90. 芝原　　93. 横川城跡　　94. 屋鈍

第48図　九州（大隅・薩摩・奄美地域）で出土した火打金

(9) 薩摩地域の火打金

　古代のものは1例あり，大島遺跡（鹿児島県立埋蔵文化財センター2005）の主に8～9世紀代の遺物包含層となる7区のⅢ層から火打金1点が出土している（第48・49図78）。Ⅲ層には，弥生時代や中世の土器・陶器も少数ながら含まれている。火打金は，X線写真により形状観察され，平面台形のもので，両端を上方に強く折り返し，両端の末端は外方に蕨手状に丸められているもので，Ⅲ類に相当し，長さ4.8cm・高さ1.8cmである。本遺跡は，薩摩国府・国分寺とも距離的に近く，一般的な遺跡では出土数がきわめて少ない越州窯系青磁や緑釉陶器が多量に出土したほか，丸鞆・風字二面硯・須恵器水差し・多数の転用硯等も出土したことから，発掘調査報告書では，薩摩国府や国分寺と関連の深い人々が居住した集落と位置づけられている。

　上野城跡（鹿児島県立埋蔵文化財センター2004a）では，13世紀前半のもの1点そして近世以降である可能性が高いもの1点という，年代の異なる火打金が出土した。第48・49図79は，13世紀前半の5号方形竪穴遺構から出土した。同遺構は，壁際に柱穴がめぐる2.7m四方の竪穴であり，床面中央付近には硬化面と炭化物の堆積が見られ，口禿げの白磁・鎬蓮弁の青磁・青白磁の合子・黒色土器等が出土した。火打金は平面山形で，打撃部は緩く膨らんだカーヴを見せている。両端とも欠損している。ⅠA類と推測され，長さ6.5cm・高さ2.5cmである。第48図91はD-9Ⅰa層から出土した。Ⅰa・Ⅰb層からは，土瓶等も含む17世紀以降，新しければ近代まで下がる可能性のある陶器（主に薩摩焼）が出土しており，火打金の年代も近世以降である可能性が高い。平面山形で，両端は上方へ折り返されており，とくに左側は山形の頂部まで伸びて，末端が丸く仕上げられている。ⅡA類に相当し，長さ5.7cm・高さ1.8cmである。

　持躰松遺跡（鹿児島県立埋蔵文化財センター2007）では，火打金が2点出土した（第48図80・81）。第48図80は，U-12Ⅲb層から出土した。平面山形で，両端がわずかに上に反っており，上片が波打っている。頂部には円孔が1つあるもので，ⅠE類に相当し，長さ7.2cm・高さ2.2cmであ

114　第3章　考古資料としての火打金

る。第48図81は，W-13Ⅲb層から出土した。形状は第48図80に同じでIE類に相当し，長さ8.3 cm・高さ2.8 cmである。Ⅲb層は，古代末から中世前期の包含層であり，上野城跡の例（第48・49図79）を参考に，13世紀以降の火打金であろうとされている。

上水流遺跡（鹿児島県立埋蔵文化財センター2009a・2010b）では，火打金が3点出土した（第48図82・83・92）。第48図82は，A-6区のトレンチから出土した。平面山形で，両端は上に向かって反っており，頂部に円孔が1つあるもので，IA類に相当し，長さ7.5 cm・高さ2.1 cmである。第48図83は，J・K-4区I層から出土した。欠損著しく，打撃部の両端は失われている。平面山形で，頂部に円孔が1つあるもので，残存長3.3 cm・高さ2.2 cmである。I類あるいはⅡ類に相当する。第48図92は，掘立柱建物跡21-1を構成するピットM8-36から出土した。平面山形で，打撃部の左半と左端の折り返し部分付近のみ残存している。発掘調査報告書の実測図作成以降に折り返した先側で接合が追加され，上方向に棒状に伸びて頂部でまとまるタイプと判明しており，Ⅱ類に相当する。第48図の実測図は追加接合前のものであり，長さ4.7 cm・高さ1.5 cm。遺跡の全体様相からは，最大で11世紀後半から18世紀初頭までの年代幅があり，遺構内には主に16～17世紀頃を中心とした遺物が含まれているという。

虎居城跡（鹿児島県立埋蔵文化財センター2011）では，腰曲輪3（I地区）から火打金1点が出土した（第48図84）。腰曲輪3からは15世紀代から16世紀後半の瓦質土器・青花が出土し，火打金も，ひとまずは同年代幅に収まるものとみてよかろう。平面山形で，両端はやや上に向かって反っているもので，IA類に相当し，長さ6.7 cm・高さ2.3 cmである。

上ノ平遺跡（鹿児島県立埋蔵文化財センター2004b）では，火打金が1点出土した（第48図85）。平面山形で，両端は上に向かって反っており，頂部に円孔が1つある。IA類に相当し，長さ7.8 cm・高さ2.4 cmである。報告書では，火打金は近世のものと記載され，ほかの近世遺物には陶磁器や土製品，18世紀以降とみられるキセル等がある。

中之城跡（阿久根市教育委員会2003）では，I地区のピットP6から火打金が1点，砥面のある礫とともに出土した（第48図89）。平面山形で，両端は上方向に折り返されて棒状に伸び，両端の末端が蕨手状に丸く仕上げられている。あるいは"がま口"といった方が解りよいかもしれない。ⅡA類に相当し，図からの採寸で長さ5.0 cm・高さ2.2 cmである。

芝原遺跡（鹿児島県立埋蔵文化財センター2012）では，火打金が1点出土し，中世から近世のものと位置づけられている（第48図90）。出土位置の記載はない。平面山形で，両端は上に向かって折り返されて棒状に伸び，錆で不詳ながら両端の末端を絡めるように仕上げられている。Ⅱ類に相当し，長さ6.3 cm・高さ3.0 cmである。

⑽　奄美地域の火打金

奄美大島の宇検村に所在する屋鈍遺跡は，分布調査時に兼久式土器・カムィ焼が採集されたことで弥生時代から中世にかけての遺跡として知られ（鹿児島県教育委員会1990），道路改築に伴い発掘調査された結果，弥生時代～古墳時代・古代の土器や石器・鉄器・貝製品，貝・獣骨・魚骨等が出土した（鹿児島県立埋蔵文化財センター2009b）。

その発掘品の1つである火打金（第48図94）は，奄美地域で唯一の遺跡出土発火具である。屋鈍遺跡出土の火打金は，平面山形のもので，両端が上方に大きく折り返されている。その先端側は

現状で先細りとなっているが，欠損とみてよい。Ⅱ類に相当し，長さ 8.3 cm・高さ 2.1 cm である。発掘調査報告書では，火打金が，古代の遺物や貝・サンゴ小片を含む砂質土であるⅢ層から出土したことや，非常にもろかったことから土ごと切り取って持ち帰り室内で乾燥の後に土を除去したこと，当初"棒状の錆の激しい鉄製品"とみえたものが X 線写真によって火打金の可能性が高くなったこと，中山清美から火打金の類例等について教示のあったこと等が記載され，その発掘調査から報告に至るまでの経過を追体験できる内容となっている。そして，Ⅲ層から古代の土師器・須恵器等が，Ⅲ〜Ⅴ層にまたがってベトナム産の可能性をもつ陶器壺がそれぞれ出土し，一方でカムィ焼・青磁・白磁等は出土しなかったことから，Ⅲ層について古代を中心とした包含層とされた。この土器や陶磁器に導かれたその出土層の年代観を根拠に，同じくⅢ層から出土した火打金もまた古代の所産と見なされている。

(11) 小 結——九州における火打金の変遷

　ここまでの内容から，九州においては，ⅠA・ⅠB・ⅠC・ⅠD・ⅠE・ⅡA・ⅡB・Ⅲ・Ⅳ・Ⅵ・Ⅺ類ならびに欠損等により細分ができずに大別分類のⅠ・Ⅱ類に留まる火打金が出土しているとわかった。これら九州における火打金の登場と変遷の総体は，以下のとおりである（第49図）。

　まず，九州における現状の最古級資料は，7〜8世紀となる可能性があるⅠC類の博多遺跡群第99次調査の火打金や，両端を強く折り返し頂部の上方で反転し蕨手状となるⅢ類に相当する，元岡・桑原遺跡群第7次調査の火打金である（第49図1・2）。後者は，古ければ7世紀第4四半期のものであり，少なくとも9世紀代までに収まる遺構中の出土である。同じくⅢ類に相当する大島遺跡の火打金もまた8〜9世紀代の包含層出土である（第49図78）。

　年代がより絞り込まれている資料は，ⅠA類について大肥吉竹遺跡の8世紀後半の住居跡・大宰府条坊跡第53次の9世紀前半の井戸跡・神水遺跡の9世紀中頃の墓から，両端が内巻き状になるⅠB類に相当する火打金がヲスギ遺跡の10世紀末〜11世紀初頭の墓からそれぞれ出土している（第49図3・30・32・48）。神水遺跡第10次調査区出土のⅠA類も10世紀前半までに収まると推測される。このように，九州のおおよそ8世紀から11世紀初頭までには，火打金ⅠA・ⅠB・ⅠC・Ⅲ類に相当する事例が確認される。

　なお，これらの最古級資料群を年代的に遡る可能性について検討を要する資料が3件見られた。すなわち，6世紀後葉でⅠA類にあたる観音山古墳群中原Ⅱ群5号墳の墓道埋土下層（第44図7），6世紀末以降でⅡ類にあたるつつじヶ丘横穴墓群のC群前庭部上層（第45図33），7世紀中頃〜後半でⅡB類にあたる下野地2号墳の石室内（第44図24）という，古墳時代後期以降の横穴式石室墳ならびに横穴墓から出土した火打金である。この3例は，古墳の墓道や横穴墓の前庭部が開放空間であることや下野地例の石室内について床面まで徹底して攪乱されていたという点から，その出土状況について注目すれば，いずれも古墳や横穴墓そのものに本来的に伴うのではなく，後に持ち込まれた火打金である可能性も想定される。また，この3例は，古代あるいは後述する中世以降の火打金と型式的に親和的であり，古墳時代の火打金というよりも，後世になって古墳石室等へ持ち込まれた火打金であるとみておいた方がよいと考えられる。さらに，桑鶴遺跡群の火打金（第45図29）は，床面やかまど内部といった出土位置の明確なものでない埋土中出土であり，打撃部の両端が上方へ伸びる点で近世の火打金との形態的類似もあることから，後世の火打金が混入した可能

116　第3章　考古資料としての火打金

性を排除できない。

　同様に，日本列島最南端の事例となる，奄美大島の屋鈍遺跡出土で，発掘調査報告書で古代のものとされたⅡ類に相当する火打金（第48図94）も検討を要する事例となっている。まず，屋鈍遺跡例の類品について，地理的に近い薩摩・大隅および日向地域の出土品等（第47・48図57～93）や後章で取り上げる奄美諸島で収集された民具（第57図）との比較・検討から，17世紀以降のものに多く，それより古いものにはないことがわかる。また，現時点の資料状況においては，薩摩・大隅本土域出土品および薩南諸島の民具における山形の打撃部の両端が上方向へ折り返されて長く伸ばされたⅡ類を検索すると，屋鈍遺跡出土品における欠損した両端の末端形状は“がま口”状あるいは前後に折り返されるように仕上げられているものと予想される。以上の検討から，屋鈍遺跡出土火打金の年代については，発掘調査報告書でいわれていたような古代のものではなく，17世紀以降の火打金と見なす方が自然であろう。

　ただし，屋鈍遺跡例の年代的な位置づけについては，その地理的な位置と周辺の火打金等に係る資料現状からは，他以上に慎重な姿勢も求められるのであり，別の見方もありうる。そもそも海に囲まれた島にあり，かつ焼内湾に面する屋鈍遺跡の地理的位置からは，例えば屋鈍遺跡出土のベトナム産とされる陶器壺に伴うといった，東南アジアや中国大陸ほか海を介して広く周辺各地から火打金が持ち込まれた可能性を考えておかねばならないが，東南アジアや中国大陸の火打金が不明な現状でこれ以上の議論は難しい。また，屋鈍遺跡をはじめ，奄美大島やその周辺における鉄器生産の開始や普及の状況（川口2008，大澤・川口2013ほか）を探る中でみえてくることもあろう。将来的には，東南アジアほか周辺地域も総合された発火具の全体相が明らかにされていく過程で，改めて議論されることが期待される。

　このほか，例えば第2章でみた日向地域のように，8世紀後半から9世紀初頭のものをはじめ古代に用いられた火打石が出土している一方で，同時期の火打金は日向地域において出土例が未見であるというような，セットであるはずの火打石・火打金の間で不均衡な資料現状が散見される。このような場合，現在，火打金が未出土であっても，火打金とセットとなる火打石が出土していることを根拠に，実態としては同年代の火打金が存在した可能性がきわめて高いものと理解してよかろう。今後の発掘調査における発見が期待される。

　次に，資料が増加する12世紀後半以降になると，まず，12世紀後半～13世紀初頭の火打金には墓出土例が2件あって，当該期の基準資料になると同時に，同じ筑前地域の中に位置するという空間的・年代的に近いながらも異なった型式がみられた点が注目される。1つ目は，野坂ホテ田遺跡の1号木棺墓出土の火打金（第49図9）であり，平面山形で，両端がわずかに上に向かって反るⅠA類に相当するものである。両端部の上方に向かう反りのあり方や頂部の円孔の有無等といった小異もみられるが，野坂ホテ田遺跡例のようなⅠA類の火打金について，主に西下本庄遺跡（第49図57），吉塚祝町遺跡第1次調査（第49図10），加治屋B遺跡（第49図58），上野城跡（第49図79）例のとおり，12世紀後半から17世紀代まで数多く出土している。もう1つは，箱崎遺跡第26次調査の66号墓出土の火打金（第49図8）であり，低い山形の打撃部とその両端が上方へ強く棒状に伸ばされた上で末端が折り重なるよう仕上げられたⅡB類に相当するものである。類例は少ないながら，年代の絞られるものとしては，16世紀後半の中世大友府内町跡第97-1E次調査（第49図52）例が挙げられる。このように，12世紀後半～13世紀初頭の墓出土例には，ⅠA類・ⅡB類

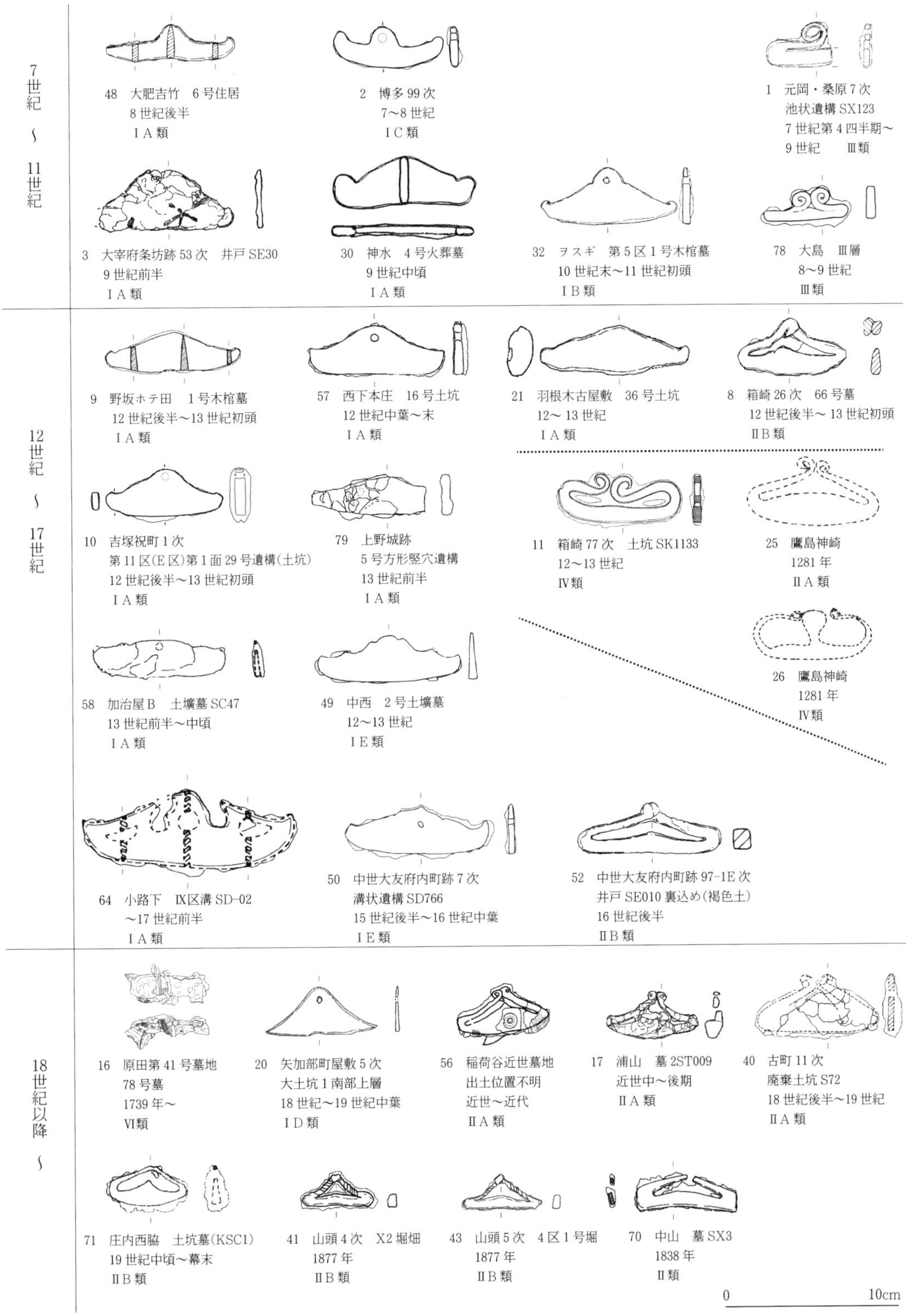

７世紀〜１１世紀

48 大肥吉竹　６号住居
8世紀後半
ⅠA類

2 博多99次
7〜8世紀
ⅠC類

1 元岡・桑原7次
池状遺構 SX123
7世紀第4四半期〜
9世紀　Ⅲ類

3 大宰府条坊跡53次　井戸SE30
9世紀前半
ⅠA類

30 神水　4号火葬墓
9世紀中頃
ⅠA類

32 ヲスギ　第5区1号木棺墓
10世紀末〜11世紀初頭
ⅠB類

78 大島　Ⅲ層
8〜9世紀
Ⅲ類

１２世紀〜１７世紀

9 野坂ホテ田　1号木棺墓
12世紀後半〜13世紀初頭
ⅠA類

57 西下本庄　16号土坑
12世紀中葉〜末
ⅠA類

21 羽根木古屋敷　36号土坑
12〜13世紀
ⅠA類

8 箱崎26次　66号墓
12世紀後半〜13世紀初頭
ⅡB類

10 吉塚祝町1次
第11区(E区)第1面29号遺構(土坑)
12世紀後半〜13世紀初頭
ⅠA類

79 上野城跡
5号方形竪穴遺構
13世紀前半
ⅠA類

11 箱崎77次　土坑SK1133
12〜13世紀
Ⅳ類

25 鷹島神崎
1281年
ⅡA類

58 加治屋B　土壙墓SC47
13世紀前半〜中頃
ⅠA類

49 中西　2号土壙墓
12〜13世紀
ⅠE類

26 鷹島神崎
1281年
Ⅳ類

64 小路下　Ⅸ区溝 SD-02
〜17世紀前半
ⅠA類

50 中世大友府内町跡7次
溝状遺構SD766
15世紀後半〜16世紀中葉
ⅠE類

52 中世大友府内町跡97-1E次
井戸SE010裏込め(褐色土)
16世紀後半
ⅡB類

１８世紀以降〜

16 原田第41号墓地
78号墓
1739年〜
Ⅵ類

20 矢加部町屋敷5次
大土坑1南部上層
18世紀〜19世紀中葉
ⅠD類

56 稲荷谷近世墓地
出土位置不明
近世〜近代
ⅡA類

17 浦山　墓2ST009
近世中〜後期
ⅡA類

40 古町11次
廃棄土坑S72
18世紀後半〜19世紀
ⅡA類

71 庄内西脇　土坑墓(KSC1)
19世紀中頃〜幕末
ⅡB類

41 山頭4次　X2堀畑
1877年
ⅡB類

43 山頭5次　4区1号堀
1877年
ⅡB類

70 中山　墓SX3
1838年
Ⅱ類

0　　　　　　　　　10cm

第49図　九州における主な火打金の変遷

という異なる型式の火打金が空間的・年代的に近い関係で存在している。

　ⅠA類のうち，透かしを有する大形で装飾性の高い火打金が博多遺跡群第216次調査（第44図12・13）や小路下遺跡（第49図64）等でいくつか見られ，これまでの日本列島規模（九州の出土例は未見であった当時のもの）および関東地方を対象とした集成的検討（山田1989，鶴見2005）において12世紀以降に同様の透かしを有する大形品の火打金が見られるという所見と親和的である。ⅠE類である中西遺跡（第49図49）・中世大友府内町跡第7次調査（第49図50）・持躰松遺跡（第48図80・81）例も長さ7.2〜9.0cmとやや大形の傾向があり，中世段階に収まって用いられる。

　また，1281年の蒙古襲来の高麗・元軍が所有していた火打金と理解してよさそうなⅡA類およびⅣ類の鷹島神崎遺跡出土品（第49図25・26）や，同じくⅣ類の箱崎遺跡第77次調査出土のもの（第49図11）も九州内の一般的な火打金とは一線を画すものである。出土遺跡の性格からは大陸由来の火打金である可能性も想起され，本章第5・6節で触れる朝鮮半島および中国東北部の火打金等との型式比較が必要である。終章(5)で詳しくみていきたい。

　18世紀代以降の火打金について，墓出土品が年代を絞り込み可能な基準資料となる。ⅡA・ⅡBあるいは細分できずⅡ類とした浦山遺跡・稲荷谷近世墓地・庄内西脇遺跡・中山遺跡・津和田第2遺跡（第47図72，第49図17・56・70・71）をはじめ，18世紀以降の火打金は，その多くが平面山形の打撃部とその両端が頂部に向けて棒状に長く伸びるものであり，中山遺跡例の長さ5.7cm・高さ1.9cmのように概して小形である。西南戦争時のものの可能性がある山頭遺跡例（第49図41・43）は，両端から長く伸びた先が捩じられている。このほか，Ⅵ類にあたる原田第41号墓地例（第49図16），ⅠD類にあたる矢加部町屋敷遺跡第5次調査例（第49図20）も少数ながらみられる。そして，火打金は，マッチの普及に伴い徐々に姿を消していくものの，第4章で取り上げていくとおり，18世紀以降の出土火打金と同様の特徴をもつ民具からは，火打金の終焉の一端を垣間見ることができる。

　以上の検討について，火打金の型式分類を強調した形でまとめると，九州における最古の火打金は，7〜8世紀のⅠC類あるいは古ければ7世紀第4四半期以降のⅢ類が候補となり，その後11世紀代までⅠA・ⅠB・Ⅲ類がみられた。資料間の個体差が大きく，少数限定的な状況であることから，資料数の増加を待って検証していく必要がある。

　12世紀後半以降になると出土件数が増加する。12世紀後半〜13世紀初頭にはⅠA類・ⅠE類・ⅡB類がともにあり，ⅠA類は12世紀後半から17世紀代まであって例数も多い。また，ⅠA類で透かしを有する大形で装飾性の高いものがあり，ⅠE類の平面形もまた装飾的要素の可能性がある。さらに，九州ならではの事例として，1281年の蒙古襲来の高麗・元軍が所有していた火打金で良さそうなⅡA類・Ⅳ類が鷹島神崎遺跡で出土し，履歴は置くとして箱崎遺跡群でもⅣ類がみられた。すなわち，11世紀代以前では個体差が大きかったことに対し，12世紀後半〜17世紀までは，大多数を占めるⅠA類と少数のⅡB類が特徴的にみられ，装飾性をもつ大形品が登場する。特殊なものとして大陸側に由来するⅡA・Ⅳ類がみられた。

　18世紀代以降には，小形のⅡA・ⅡB類のほかⅠD・Ⅵ類がみられる。なお，この小形のⅡA類は，型式上では11世紀代までのものや蒙古襲来に関連するものに類品があるものの，地理的・年代的にみて直接の系譜等が想定されるものではない。

　なお，他地域や民具の例からは，Ⅶ類・Ⅹ類も存在した可能性が高く，Ⅵ類も方形の鉄片と誤認

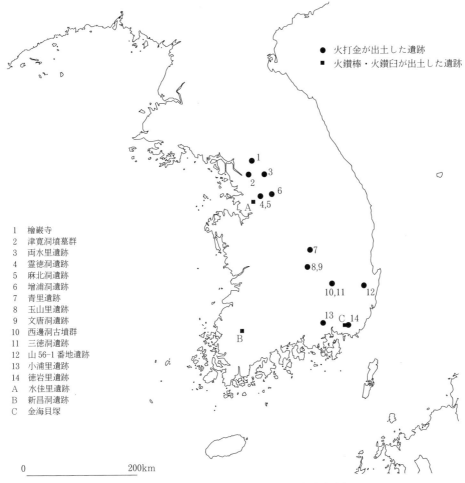

第 50 図　朝鮮半島における火打金の出土遺跡分布

され未報告となっている可能性が十分にあって，将来的には資料増が見込まれる。

5　朝鮮半島における火打金の変遷

　朝鮮半島の火打金については，その実態は長く不明なままであったが，朝鮮半島における民具資料ならびに日本における類品からみて火打金でよいと思われる資料が発掘調査報告書へ掲載されるようになってきた。発掘調査報告書の検索は，2004 年までに宮崎県立西都原考古博物館へ寄贈された図書および 2018 年当時に韓国文化財庁ほかの Web 上で無償閲覧できた発掘調査報告書の PDF 等で実施し，管見の限り，朝鮮半島の 14 遺跡から出土した 17 点の火打金を確認できた（第 50 図）。

　火打金については，報告例が増加しつつある器種ながら性格不明の鉄製品として報告書に記載されることも多い。火打金は，統一新羅時代に属す可能性のあるものから朝鮮時代のものまであり，大半は朝鮮時代の墳墓からの出土である。以下では，個々の火打金の出土状況や資料形状等について，実見は叶っていないため，発掘調査報告書の記載に沿って時代ごとに紹介する。とくに墳墓出

120　第3章　考古資料としての火打金

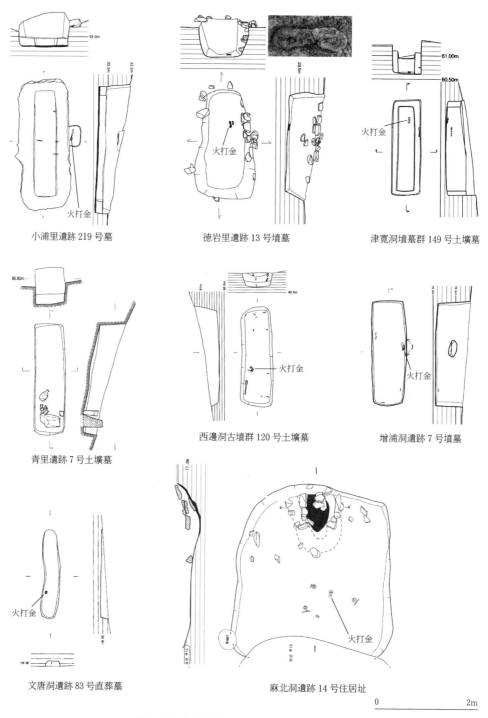

第51図　朝鮮半島における火打金の出土状況

土例については，火打金の出土位置のわかるものが多い（第51図）。火打金の実測図は，資料数が少ないことから，時代ごとの変遷図中でまとめて掲載した（第52図）。

5 朝鮮半島における火打金の変遷　　121

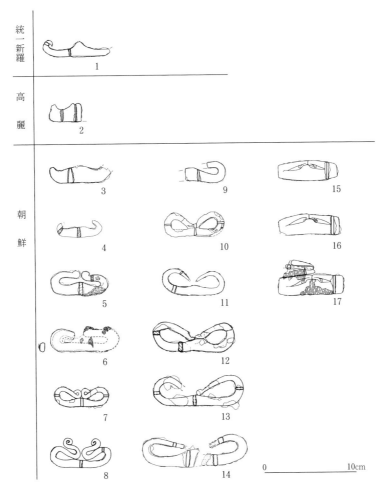

1	霊徳洞遺跡 1 号性格未詳遺構	8	麻北洞遺跡 14 号住居址
2	両水里遺跡 1 号建物址	9	小浦里遺跡 219 号墓
3	玉山里遺跡 9 号竪穴	10	檜巌寺 4 段地 "カ" 建物跡東北側の基壇の間
4	青里遺跡 7 号土壙墓	11	西邊洞古墳群 120 号土壙墓
5	山 56-1 番地遺跡 13 号土壙墓	12	津寛洞墳墓群 149 号土壙墓
6	三徳洞遺跡 11 号竪穴	14	徳岩里遺跡 13 号墳墓
7・13	増浦洞遺跡 7 号墳墓	15～17	文唐洞遺跡 83 号直葬墓

第 52 図　朝鮮半島において出土した火打金とその変遷

(1) 統一新羅時代の火打金

　霊徳洞遺跡（㈶京畿文化財研究院 2010）は京畿道龍仁市霊徳洞に位置し，1 地点の 1 号性格未詳遺構から火打金 1 点が出土した。平瓦・陶磁器類・鉄刀子・砥石等が伴っている。1 地点の出土遺物の多くは 8 世紀後半～9 世紀前・中頃の統一新羅時代のものであるとされ，1 号性格未詳遺構の一部は瓦の廃棄空間と解釈されている。火打金（第 52 図 1）は，鋒部を欠失した鉄刀子片として報告され，刀子としてみた場合に柄となる部分は丸く巻き込まれ，柄および身の断面は方形であるとされた。ⅠB 類に相当し，長さ 8.9 cm・高さ 1.9 cm である。

122　第3章　考古資料としての火打金

(2)　高麗時代の火打金

両水里遺跡（㈶西海文化財研究院 2016）は京畿道楊平郡両水里に位置し，高麗時代の1号建物址から，陶器・青磁・丸瓦・平瓦・鉄製刀子等とともに，火打金の可能性ある鉄器片が出土した。同資料（第52図2）は，報告書では用途のわからない未詳鉄器とされ，断面方形で，薄い板状であるとされた。

両水里遺跡出土品は欠損の大きい資料であることから，他資料と同じ水準で火打金であると推定するには十分でない。火打金であれば，およそ半分を欠失した状況である。全形が不明ながらＩＡ類に相当すると思われ，残存長4.3 cm・高さ2.5 cmである。

(3)　朝鮮時代の火打金

玉山里遺跡（㈶慶尚北道文化財研究院 2013）は，慶尚北道金泉市龍田里に位置する。三国時代〜朝鮮時代の9号竪穴の覆土除去中に不明鉄器2点が出土したと報告され，そのうちの1点が火打金である。火打金（第52図3）は，一端を欠失し，打撃部の断面は台形に近く両端の断面は角の丸い長方形とされた。ＩＡ類に相当し，長さ8.0 cm・高さ1.7 cmである。

青里遺跡（韓国文化財保護財団 1999）は，慶尚北道尚州市に位置する。朝鮮時代の7号土壙墓から，青磁広口瓶や青銅盤・匙，鉄刀子等ともに火打金1点が出土した（第51図）。同墓壙は，主軸N-50°-Wで長径2.34 m・短径0.64 mの平面長方形となり，遺物は側壁の中央から一端側に偏って出土した。火打金（第52図4）は，報告書では鐙とされ，断面長方形で，長細く尖った端部が欠失しているとされた。Ｉ類あるいはⅡ類に相当し，長さ5.9 cm・高さ1.3 cmである。

山56-1番地遺跡（㈶新羅文化遺産研究院 2009）は，慶尚北道慶州市九於里に位置する。朝鮮時代の13号土壙墓から火打金1点・青銅鈴1点が出土した。同墓壙は，主軸N-66°-Wで長径2.15 m・短径0.75 mの平面隅丸長方形であり，火打金と鈴は上部から出土した。火打金（第52図5）は，報告書では，正確な名称や用途は不詳ながら衣装箪笥の装飾等と推定され，全体が楕円形で上面中央に隙間が空き，リング状の両端が噛み合うような形とされた。伸びた両端の上方への張り出しがやや弱いものではあるが，Ⅳ類に相当し，長さ7.8 cm・高さ3.1 cmである[3]。

三徳洞遺跡（㈶嶺南文化財研究院 2012）は，大邱広域市三徳洞に位置する。朝鮮時代の11号竪穴から火打金1点が，磁器皿や丸瓦，甕等とともに出土した。火打金（第52図6）は，報告書では用途不明鉄器とされ，両側がＵ字状のリングで断面が長方形であり，全体に木質の付着が観察されるという。サイズについて，本文中では長さ3.5 cm・高さ1.2 cm・厚み0.6 cmとある[4]。山56-1番地遺跡例と同じく，上方への張りの弱さはあるが，Ⅳ類に相当する。

増浦洞遺跡（㈶高麗文化財研究院 2015）は，京畿道利川市増浦洞に位置する。朝鮮時代の7号墳墓の墓壙は，主軸W-32°-Nで長径2.20 m・短径0.73 mの平面長方形であり，東壁の中央付近に掘り込まれた収納空間の位置で火打金2点（第52図7・13）および青銅匙1点，床上で棺釘4点がそれぞれ出土した（第51図）。報告書では，青銅匙・青銅鉢・青銅盒や白磁類を副葬した墓については冥器を副葬する以前の段階・16世紀前半とみている。火打金等は癒着状態で発見され，腐食が激しく表面に気泡が形成されているという。形態は長い鉄板の両端を中央まで伸ばし，両端の末端を丸く巻いている。断面形は長方形であり，中央から両端にかけて徐々に薄くなるという。なお，

火打金は，報告文中では未詳鉄製品と記載され，遺物出土状況の実測図中では「鉄製ハサミ」と注記されている。第52図7はIV類に相当し，長さ7.2 cm・高さ2.7 cmである。第52図13もまたIV類にあたり，長さ12.0 cm・高さ4.5 cmとなり，第52図7より一回り大形品である。

麻北洞遺跡（㈶京畿文化財研究院 2009）は，京畿道龍仁市麻北洞に位置する。朝鮮時代の14号住居址から火打金1点が，白磁鉢や陶器・粉青沙器・鉄製刀子・青銅匙および箸等を伴って出土した（第51図）。火打金（第52図8）は，報告書では鉄製装飾品と記載された。鍛造品であり，鉄板の最大長1.0 cm・厚み0.3 cmほどで両端を巻き込むような形であり，鉄板の厚みは両側まで一定である一方で，鉄板の幅は狭くなっているとされた。IV類に相当し，長さ8.0 cm・高さ3.8 cmである。

小浦里遺跡（㈶東西文物研究院 2015）は，慶尚南道咸安郡北面小浦里に位置する。朝鮮時代の219号墓の墓壙は，主軸N-48°-Eで長径2.69 m・短径1.10 mの平面隅丸長方形であり，東壁の中央付近に掘り込まれた収納空間の位置で火打金1点および青銅匙1点が，墓壙中央の木棺内からは棺釘4点がそれぞれ出土した（第51図）。火打金（第52図9）は，報告書では正確な用途がわからない不明鉄器とされ，一端が欠失し，全体形は環状で，断面はすべて長方形とされた。II類あるいはIV類に相当し，長さ5.3 cm・高さ1.6 cmである。

檜巌寺（㈶京畿文化財研究院 2013）は，京畿道楊州市檜巌洞に位置する。建物配置等は高麗〜朝鮮前期に遡り，最終的な廃寺は19世紀初頭である。発掘調査では大量の遺物が出土しており，火打金は1点のみみられ，報告書では未詳鉄器とされた。火打金（第52図10）は，4段地"カ"建物跡の東北側の基壇の間から出土した。腐食により器面が剥離しており，厚みは0.2 cmと薄い。断面長方形で，両端を丸く曲げ中央で密着させている。中心の最大幅は0.9 cmであり，両端にいくほど幅が狭くなる。IV類に相当し，長さ7.3 cmである。

西邊洞古墳群（㈶嶺南文化財研究院 2001）は，大邱広域市西邊洞に位置する。朝鮮時代の120号土壙墓から火打金1点が，棺釘15点・青銅匙1点とともに出土した。同墓壙は，主軸N-3°-Eで長径2.08 m・短径0.64 mの平面隅丸長方形で，木棺痕跡を土層で確認できないことから，墓壙と木棺はほとんど同じ規模とされ，床面中央からやや南西よりで火打金が出土した（第51図）。火打金（第52図11）は，報告書では両端部が一部欠失する鉄製装身具とされた。IV類に相当し，長さ8.2 cm・高さ1.0 cmである。

津寛洞墳墓群（㈶中央文化財研究院 2008）は，ソウル特別市恩平区津寛洞に位置する。II-4区域の朝鮮時代の149号土壙墓から火打金1点・青銅薬匙1点が出土した。同墓壙は，主軸N-71°-Eで長径2.01 m・短径0.62 mの平面長方形，木棺の平面は長径1.82 m・短径0.38 mの平面長方形となり，火打金（第52図12）は木棺東南側の端よりの底面から出土した（第51図）。火打金は，報告書では用途未詳鉄器とされ，形は数字の"8"を横にしたようなもので同じ方向に巻いて成形され，断面は長方形となる。IV類に相当し，長さ10.6 cm・高さ3.9 cmである。

徳岩里遺跡（㈶頭流文化研究院 2017）は，慶尚南道金海市徳岩里に位置する。朝鮮時代の13号墳墓の墓壙は，主軸N-5°-Wで長径2.54 m・短径1.06 mの平面やや不整形な隅丸長方形，木棺の平面は長径2.01 m・短径0.48 mほどであり，底部には5 cmほど灰褐色砂質粘土が敷かれ，その上に遺体を安置したと判断されている。火打金1点（第52図14）は，中央部やや東寄りの床面から鉄釘1点とともにまとまって出土した。火打金は，発掘調査報告書中では鉄ハサミとして報告され，握り部分2つが残存し，その断面長方形の鉄棒を逆"S"形に曲げて製作されたものと記載された。

残存長は 7.3／5.6 cm・横幅 0.6〜2.2 cm・厚み 0.4〜0.5 cm。出土状況の実測図・写真（第 51 図）をみると，火打金は 2 片に折れており，その折れ口を接した状態で出土している。そこで，第 52 図では，出土状況写真を参照しつつ実測図の向き等を改変・調整したものを示している。Ⅳ類に相当する。

文唐洞遺跡（㈶慶尚北道文化財研究院 2008）は，慶尚北道金泉市文唐洞に位置する。想定される時期幅が高麗末〜近代とされる 83 号直葬墓の墓壙は，主軸 N-40°-E で長径 1.86 m・短径 0.36 mの平面細長い楕円形である。火打金は 3 点あり（第 52 図 15〜17），墓壙北半の東壁付近に銅銭 3点・花形の青銅製品等とともに 1 か所にまとまって出土した（第 51 図）。火打金は，報告書では不明青銅器（ただし所見欄では鉄製品として記載）とされる。第 52 図 15 は，中央部分が膨らんだ鉄板の両端を長く伸ばし，伸ばした先を膨らみ部分で折り返し，先端をワラビ形に 1 回巻くとされた。全体の平面形はやや膨らんだ長方形で，断面も長方形である。Ⅴ類に相当し，長さ 8.1 cm・高さ2.5 cm である。第 52 図 16 は 15 とほぼ同じ形態で，ワラビ形に巻かれた先端の 1 つが欠損しているという。Ⅴ類に相当し，長さ 7.9 cm・高さ 2.5 cm である。第 52 図 17 も 15・16 と同じ形態であり，断面三角形の鉄製品と陶磁製品が，前面には木質がそれぞれ付着するという。Ⅴ類に相当し，長さ 8.7 cm・高さ 2.5 cm である。

(4)　小　　　結——朝鮮半島における火打金の変遷

ここまで，朝鮮半島の 14 遺跡から出土した 17 点の火打金について概観してきた。

年代の古い方からみると，8 世紀後半〜9 世紀前・中頃には朝鮮半島にも火打金ⅠB 類が登場する可能性が示されることとなった。両水里遺跡例（第 52 図 2）が火打金ⅠA 類でよいと確定できれば，霊徳洞遺跡例と朝鮮時代のものとの年代的な間を埋める資料となる。

朝鮮時代の資料は，一定の出土数がある。打撃部の平面が山形で，両端が上方へ短く折り返されるⅠA 類（第 52 図 3），両端がアーモンド形のリング状に折り返されて，両端の末端が打撃部の山形の頂部に接するかあるいは近い位置にあって全形がアルファベットの B 字形となるⅣ類（第 52図 5・6・10〜14）や，あえて細分類はしないもののⅣ類のうちには両端をさらに 2 回折り返してアルファベットの S 字状にまとめるもの（第 52 図 8）がある。増浦洞遺跡例（第 52 図 7・13）は，Ⅳ類の中で全体の大小差や伸びた両端の末端の仕上げの異なるものが同一墳墓で共存している。

また，文唐洞遺跡例のように，両側を折り返して端部を蕨手状にまとめる姿を残すものの，全体形は山形でなく，長辺のやや膨らんだ短冊形となるⅤ類（第 52 図 15〜17）がある。これと同じ民具が後章で紹介するとおり慶尚北道で収集されており，民具には短冊形のⅥ類もみられる。これらの短冊形を基調とする一群は民具資料に一定数みられ，朝鮮半島における火打金の変遷の中で最も新しい様相であると予想される。

なお，火打金の出土した遺跡の分布をみると，京畿道周辺および慶尚北道・慶尚南道に偏って存在している。これが，実態的な分布の偏りを示すものであるのか，あるいは現在の調査報告の上での偶然によるものかは，当該資料について性格不明品でなく火打金としての認識が広まって後の資料増加を受けて改めて検証されるべきであろう[5]。

第53図 中国東北部における火打金・火打石の出土遺跡分布

6 中国東北部における火打金の変遷

「発火器は今日では大抵の山間でも洋火（俗語，本当は柴火と云ふ）即ち燐寸の行き渡らぬ所はないがそれでも老人はよく火鎌─即ち火打鎌を用ひる。これは北支蒙疆，満洲一帯によく見る所で一見蕾口の如く装飾された火鎌を市中に売ってゐるのをしばしばみる」。これは，洋画家・民俗学者の染木煦が著した報告文の一節であり（染木1943），発火具の主役が火打金でなくマッチ（燐寸）になっていたこの当時，「北支蒙疆，満洲一帯」において「一見蕾口の如く装飾された」火打金が市場で売られていたとわかり，現在の吉林省・黒龍江省等といった中国東北部における火打金利用の終焉の状況をよく窺うことができる貴重な内容となっている。

以下では，前節の朝鮮半島と同じように，中国東北部で出土・報告された火打金について，発掘調査報告書の記載に沿って出土状況や資料形状等を紹介し，その型式変遷等の概要把握を試みたい。火打金は，遼・金・元・明・清代まで，管見の限り16遺跡から出土した14点以上の火打金が確認され（第53図），墓出土品が多い（第54図）。各事例については時代順にみていくこととし，資料数が少ないことから，時代ごとの変遷図としてまとめて実測図を掲載した（第55図）。

なお，火打金について，中国語では「火鎌」と一般に表記するが，今回収集した情報中の「火鎌

袋」には，皮袋下部に鉄製打撃部をはめ込み一体構造とした火打金を指す場合と，火打金や火打石等を収める袋そのものを指す場合の2とおりがあった。資料実見が叶っていない現時点において，実測図がなく本文記載のみでこれらを区別できない場合は，報告原文の表記を括弧書きで記述した。また，火打石について，中国語では「火石」「燧石」との表記が一般的ながら，「火鎌」と表記された中に，文脈から火打石を指しているとわかる事例もあったため，その場合は適宜，火打石と読み替えた。

(1) 遼代の火打金

遼代の火打金は，吉林省双遼市の高力戈遼墓群から出土している（吉林省文物考古研究所1986）。高力戈遼墓群は1982年に長方形磚室墓1基・小長方形磚室墓4基・長方形竪穴土壙墓10基が発掘調査され，随葬品から遼代晩期のものとされる。火打金は，12・13号墓（M12・13）からそれぞれ1点出土した。12号墓は，長さ1.84m・幅0.8m・深さ0.5mの小長方形磚室墓で，仰身直肢で合葬された夫婦の大腿付近の中間から火打金が出土した（第54図）。名称不詳の鉄器で，扁長形で両端にそれぞれ"円孔"が1つあると報告された火打金は，長さ7.1cm・高さ1.8cmであり，Ⅳ類に相当する（第55図2）。13号墓は，長さ1.88m・幅0.6〜0.82m・深さ1.1mの長方形竪穴土壙墓で，木棺中に仰身直肢の男性単人葬である。出土した火打金は長さ7.8cm・高さ2.2cmのもので，弓形をした名称不詳の鉄器として報告された（第55図1）。ⅠB類に相当する。

黒龍江省綏浜県の奥里米で発掘された遼金代墓のうち，随葬品の特徴から遼代の墓と推定されている5号墓（M5）から"火鎌"が出土したと報告されている（方・王1999）。5号墓は，長さ2.74m・幅0.94mの竪穴土壙墓で，仰身直肢の単人葬である。5号墓の平面図に「火鎌」[6]があり，遺物図や法量等の掲載はないものの，その図化された形状や大きさからは火打石を指している可能性が高い（第54図）。

(2) 金代の火打金

金代の火打金は，吉林省徳恵市の攬頭窩堡遺跡の6号房址から1点出土している（吉林省攬頭窩堡遺址考古队2003）。攬頭窩堡遺跡は，高速道路建設に伴う土取り場となったことで1998・1999年に約4,200m²が発掘調査された。6号房址の年代は，出土陶磁器等から金代晩期とされる。火打金は"弧辺三角形器"として報告され，底辺が弧形で両角を上に折り，その端部を両側辺へ貼り合わせており，頂部の尖る部分はすでに失われているとされた（第55図3）。ひとまずⅠB類としておくが，ⅠB類とⅡA類との中間とでもいうべき形状であり，長さ約10.2cm・残高3.8cmである。なお，同資料については後に，吉林省地域の金代における火打金の一例として紹介されている（趙ほか2017）。

このほか，1988年に発掘調査された，黒龍江省ハルビン市阿城区城子村の斉国王墓からも，良好な状態を保つ多くの金代の中期前後の随葬品の1つとして「火鎌袋」が報告されている（黑龙江省文物考古研究所1989）。

(3) 元代の火打金

元代の火打金は，吉林省琿春市の西甸子に所在する，随葬品の特徴から元代晩期から明代初頭と

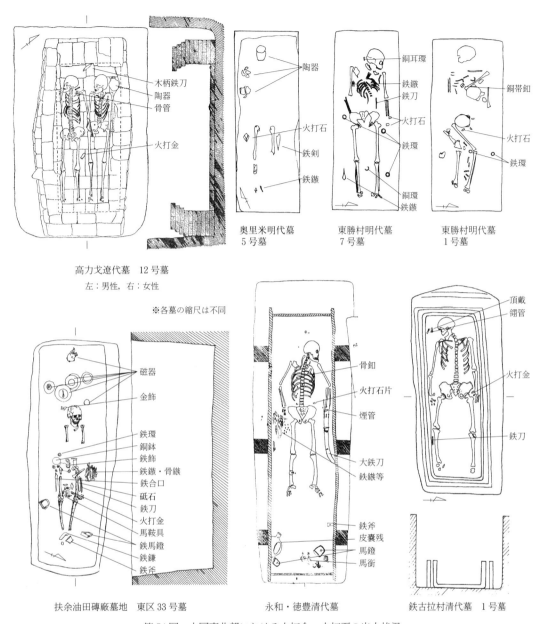

第54図 中国東北部における火打金・火打石の出土状況

される五組元明代墓から出土した（延辺博物館・琿春市博物館1993）。火打金を含む「生活用鉄器」の多くは，被葬者の腰から大腿付近から出土したという。火打金は，その平面形から"鉄B形器"とされ，計4点出土した"鉄B形器"のうち1点が図化されており，Ⅳ類に相当する（第55図4）。出土した4点は，長さ7.25〜8.8 cm・高さ2.4〜3.7 cm までのもので，2種類の異なる布痕が残着するものがあるという。

(4) 明代の火打金

明代の火打金は複数の遺跡で出土している。吉林省竜井市の朝東村で発見された13基の墓のうち，1号墓（M1）から火打金1点が出土した（延辺博物館1986）。同墓は仰身直肢で壮年男性単人

葬の竪穴土壙墓であり，随葬品の年代観から，明代の景泰（1450〜56年）かそれ以降の兀良哈部の女真人の墓とされる。火打金は，報告では長さ6.2cm・高さ2.6cmで"3字形をした鉄勾"とされており，Ⅳ類に相当する（第55図5）。

西玉井明墓は，吉林省梅河口市の西玉井村に所在し，1985年に発見された長方形竪穴土壙墓で，随葬品の種別からみて東側に男性，西側に女性が埋葬された夫婦合葬墓である（王1987）。随葬品の特徴が輝発河流域の明代早期のものと一致しており，墓の年代の根拠となっている。火打金は"鉄帯扣"として報告され，男性の腰部から出土した。鍛造により扁平な数字の3字形に仕上げられ，両側を湾曲させてその両端を小円環状に仕上げたものと記載される。Ⅳ類に相当し，長さ6.8cm・高さ2.8cmである（第55図6）。

吉林省松原市寧江区に所在する扶余油田磚廠墓地は，1992年に76基（東区42基・西区34基）の墓群と推測されている（吉林省文物考古研究所2011）。火打金が出土したのは，方形竪穴土壙墓である東区33号墓（DM33）であり，長さ2.91m・幅1.03m・深さ1.03mの墓壙中の木棺に仰身直肢の男性1体が埋葬される。火打金の出土位置の報告記載はないものの，出土状況の平面図で検索すると，左膝近くのものが該当しそうである（第54図）。火打金は楕円形状で，鉄片の中央には弧形の凸部があって，両側は中空にしつつ先端が接するように上に巻かれているという（第55図7）。Ⅳ類に相当し，長さ6.2cm・高さ3cmである。

吉林省輝南県に所在する輝発城址では，2010年の発掘調査で得られた多くの明代晩期の出土品中に火打金1点がある（刘ほか2015）。火打金は中位が凸出し，両端が徐々に細くなって，一方の末端はS字形に折り曲げられていると記載され，長さ約7cmである（第55図8）。Ⅳ類に相当する。

このほか，黒龍江省綏浜県の東勝村に所在し，1991年に調査された14基の小形竪穴土壙墓のうち，墓室長1.95m・幅0.8m・深さ0.4mで3体の二次合葬の1号墓（M1）や墓室長1.8m・幅0.65m・深さ0.45mで単体葬の7号墓（M7）等から"火鎌"7点の出土が報じられている（黑龙江省文物考古研究所・鶴崗市文物管理站2000，第54図）。出土した銭貨の年代や，喫煙具・清代磁器等がみられない点から，明代に松花江下流に居住していた兀的哈人（赫哲〔ホジェン〕族の前身）の墓とされている。"火鎌"は，不規則な形状で天然の小石片であり，長さ・幅は約1.5〜2cm，乳白色と紅褐色が混ざった色調と記載されていることから，ここでは火打石を指すとわかる。

(5) 清代の火打金

清代の火打金も多くの遺跡で出土している。とくに，尼尔基ダム建設に伴い実施された嫩江中流域に所在する清代の平民墓あるいは将軍墓の発掘調査は，清代の考古学研究の上で重要かつ大きな成果と評価されており（李2011），このうち，黒龍江省訥河市の沿江村清代墓（王2004，李2005），沿江村の托拉蘇将軍墓（李2011），多福村清代墓（赵2004），多福村の全発屯清代墓（陈ほか2016b），登科村の団結屯清代墓（陈ほか2016a），黒龍江省嫩江県の鉄古拉村清代墓（赵2007，黑龙江省文物考古研究所2017）で火打金等が出土している。

鉄古拉村清代墓の土壙墓2基（1・2号墓〈M1・2〉）は，出土した頂戴（帽子飾）や人骨から，1号墓の被葬者は清代の従六品（清代の官職）にあたる40〜45歳代の男性，2号墓が30〜35歳代の女性の墓であった（赵2007，黑龙江省文物考古研究所2017）。1号墓は長さ3.7m・幅1.7m・深さ1.3mの有槨で木棺の収められた竪穴土壙墓であり，火打金は右側の尻骨の位置で出土した（第54

6　中国東北部における火打金の変遷　129

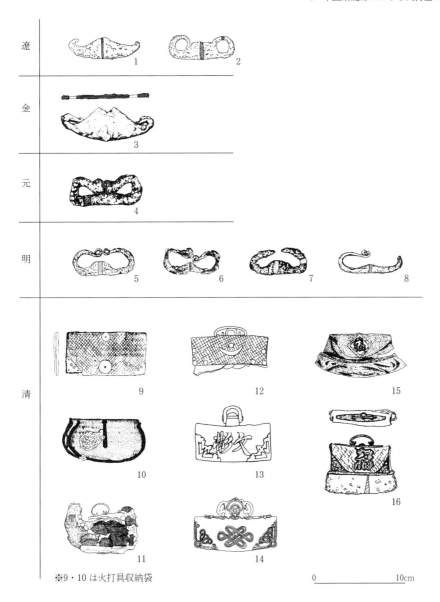

1　高力戈遼代墓 M13	5　朝東明代墓 M1	9　永和清代墓	13　全発屯清代墓 M3
2　高力戈遼代墓 M12	6　西玉井明代墓	10　徳豊清代墓 M3	14　全発屯清代墓 M2
3　攪頭窩堡遺跡 6 号房址	7　扶余油田磚廠明代墓 DM33	11　鉄古拉村清代墓 M1	15　紅光村清代墓
4　五組元明代墓	8　輝発城址	12　全発屯清代墓 M4	16　団結屯清代墓 M2

第 55 図　中国東北部において出土した火打金とその変遷

図)。火打金 (第 55 図 11) の上部は一皮造で袋状であり, 袋部の上面には銅環がある。残長約 8 cm・高さ 5.2 cm で腐食が著しい。X 類に相当する。随葬品の組成と年代から, 清代中晩期で嘉慶 (1796〜1820 年) 以前の墓ではないと推測されている。

　全発屯清代墓では"コ"字形の土壁が 2 か所あって, それぞれの内側に夫婦合葬となる竪穴土壙墓がそれぞれ 2 基 (1・2 号墓〈M1・M2〉および 3・4 号墓〈M3・M4〉) 並んでおり, 2〜4 号墓から火打金が各 1 点出土した (陳ほか 2016b)。出土した頂戴により 1730 (雍正 8) 年以降のものとされる 2 号墓の被葬者は成年男性であり, 棺の中ほどの位置で鉄刀 1 振り等とともに火打金 1 点が出土

した。火打金の皮袋の上部には3個の銅環が雲状に造作され，携帯に便利なようになっている。裏面側は腐食が進んでおり，正面側の中央には銅飾があしらわれ，さらに両端には雲状の銅飾がなされる。X類に相当し，長さ8.9 cm・高さ3.3 cmである（第55図14）。また，セットで夫婦合葬となる3・4号墓のうち，3号墓の被葬者は50～55歳の女性であり，埋土中から他随葬品とともに火打金1点が出土した。火打金の皮袋の上部には銅環があり，正面側の中央には青銅で"文彬"の2文字がはめ込まれる。X類に相当し，長さ8.2 cm・高さ2.8 cmである（第55図13）。M4の被葬者は45～50歳の男性であり，右肱骨の側から火打金1点が出土した。火打金の皮袋の上部には雲状に銅環が付され，正面側の中央には月牙形をした銅飾が1つあしらわれ，両端には3個の円点形の銅飾がなされる。裏面側は腐食が進んでいる。これもX類に相当し，長さ8.4 cm・高さ3.4 cmである（第55図12）。随葬品等の全体状況から，いずれも清代中・晩期で，一定の社会的地位にあった達斡尓（ダウール）族の夫婦の墓と位置づけられている。

団結屯清代墓では"ロ"字形の土壁の内側に2基の竪穴土壙墓が並び，骨格等から20～30代男性が被葬者とされる2号墓（M2）から火打金1点が出土した（陈ほか2016a）。袋の上部には銅環が付き，正面の中心には"福"の字がはめ込まれ，左右の下方には三角形の飾りがある。袋部下端には長方形の銅箍により鉄製の打撃部が留められている。X類に相当し，長さ7.9 cm・高さ3.7 cmである（第55図16）。1・2号墓の随葬品等から，清代中・晩期の達斡尓族の夫婦の墓とされる。

このほか，図等で詳細を追えていないものの，火打金等の出土が報告されたものがいくつかある。托拉蘇将軍墓では，女性の埋葬された5号墓（M5）から「火鐮」が出土した（李2011）。1～5号墓の随葬品からは，清代中晩期の墓とされている。沿江村清代墓のうち，2002年に発掘調査された墓は，かつては西に門をもつ土塀で四周を囲まれた大塚で，その内側から木棺土壙墓2基（1・2号墓〈M1・2〉）が発見された（王2004）。被葬者は，1号墓が40歳前後とみられる女性，2号墓が40～45歳の男性であり，1・2号墓とも「火鐮袋」が随葬されていた。吊鍋・腰刀・カバノキ樹皮を用いた蓋物等は少数民族の特徴を反映するとされ，青花磁器の年代観から，清代の中・晩期の達斡尓族の墓と考えられている。2003年の沿江村清代墓の発掘調査では，小高くなった箇所で村民が"北山""南山"とそれぞれ呼ぶ2地点で計9基の墓が発見され，「火鐮」ほか多くの随葬品が出土し，それらの特徴から清代中・晩期の達斡尓族の夫婦の墓と考えられている（李2005）。

多福清代墓は，『讷河県文物志』によると「将軍墓」と呼ばれており，2002年の発掘により，東南方向に開口する馬蹄形の土塀中で，南側に女性墓，北側に男性墓の2基の墓が検出された（赵2004）。男女とも「火鐮」が随葬され，男性墓の被り物の存在から，清代の達斡尓族の従六品（清代の官職）にあたる人物の夫婦合葬墓と認定されている。

嫩江の尼尓基ダム建設に伴う発掘調査以外にも清代の火打金がいくつか出土している。永和，徳豊清代墓は，黒龍江省依蘭県の永和村，徳豊村にそれぞれ所在し，1980年に永和清代墓で8基，徳豊清代墓で4基の竪穴土壙墓が発掘調査された（黑龙江省文物考古工作队1982）。随葬品のうち，青花が康煕・乾隆時期（清初期）のものであることや漁労・狩猟具が多い点から，清初期の赫哲族の墓と推定されている。「火鐮」は3点あり，永和清代墓で1点，徳豊清代墓で1点が図化・報告されている。永和清代墓例（第55図9）は長方形で，長さ8.9 cm・高さ4.5 cm，徳豊清代墓例（第55図10）は楕円状のもので長さ9.1 cm・高さ5 cmであり，2点とも牛皮で作製され，「鉄製打火工具」が内装されているということから，火打石や火打金を収める袋そのもののように思われる。

火打石はフリント製のものが2点出土したという。1基のみ代表例として墓の出土状況が図示されており，火打石の欠片を指すのであろう「燧石块」が被葬者の左腰付近で1点出土したことがわかる（第54図）。

　黒龍江省斉斉哈尔（チチハル）市建華区の紅光村に所在する青レンガの券頂墓は，東が男性・西が女性で2基の木棺が並ぶもので，随葬品や墓誌から，清代の行政機関である布特哈の四品官の夫婦合葬墓と考えられている（斉斉哈尔市文物管理站2005）。火打金（第55図15）は，報告記載からは男女いずれに伴うか不明である。上部は皮袋であり，その正面中央に“福”の文字があって，裏面には3つの雲状の銅飾がある。皮袋の端の四隅には三角形の銅飾が取り付けられ，皮袋下部には打撃部となる鉄片が付いている。X類に相当し，残っているところで長さ10 cm・高さ4.8 cmである。

(6)　小　　　結──中国東北部における火打金の変遷

　本節では，大半が個別報告に留まっていてその全体像が不明であった中国東北部における火打金や火打石等の出土状況や資料形状，その変遷等の概要把握を試みてきた。まとめとして，限られた現状の資料ではあるが，中国東北部における火打金の型式と変遷について整理を試みておこう。

　まず，中国東北部における火打金等について，遼・金・元・明・清代までみられたとわかり，年代的に古いのは，遼代晩期の高力戈遼墓群出土の火打金であった。これについて，アムール川中流域（冯2015，林1994）や朝鮮半島において，高力戈遼墓群例に並行あるいは年代的に遡る火打金があることから，中国東北部においても同等の火打金について今後の発見が期待される。そして，この遼代晩期の高力戈遼墓群出土の火打金については，同墓群内にあってすでにIB類（第55図1）・IV類（第55図2）という異なる2つの型式をみせている点で注目できる。後者は，北方ユーラシアにおける7世紀から14世紀前後までの火打金等の集成（林1994）を頼りに検索すると，地理的に離れているとはいえ，アムール川中流域に所在する7～8世紀のトロイツコエ墓地や8世紀後半～10世紀のコルサコヴォ墓地等で出土した火打金にIV類があり，中でも10世紀後半のコルサコヴォ346号墓出土品と酷似している。

　金代の火打金は1例のみと少ないが，大形品でかつIB類とIIA類の中間とでもいうべき形状で，今回はIB類としたが特異な形態であり，サイズも他火打金と比べて大きい。遼代晩期の高力戈遼墓群出土品の打撃部両端の折り返しよりも上方向へ端部が伸びる状況ながらも，端部が頂部の上方まで伸びるのではないまま蕨手状に仕上げている（第55図3）。元代の火打金もまた1例のみであるが，いわゆるB字形といわれるIV類である（第55図4）。これは，明代の火打金4例（第55図5～8）と共通するものであり，明代には，折り返した両端先を蕨手状・S字状に仕上げるものも登場していた。これら金・元・明代の火打金については，総体として，遼代の火打金から続く系譜として捉えられる一群とみることが可能である。また，遼代に引き続き，アムール川中流域（冯2015，林1994）や朝鮮時代の朝鮮半島における火打金と中国東北部の火打金とに型式的な共通点がみられ，何らかの関係を窺わせている。

　清代は，遅くとも中・晩期には皮袋とその下部に鉄製の打撃部を組み合わせるX類が登場し，型式の上で大きな変化となっている（第55図11～16）[7]。皮袋の上部には吊り下げ紐等と結ばれる銅環が用意され，袋部の正面中央には“さいわい・しあわせ”を意味する「福」，“明らか・はっき

りしている"ことを意味する「彬」を含む「文彬」等の良い意味の漢字あるいは三日月文様等をあしらうものがみられた。

このように，黒龍江省・吉林省ほか中国東北部の遼代から明代の火打金には，全体形が山形でその両端を上方向へ鉤状に折り返すＩＢ類・いわゆるＢ字形のⅣ類があり，それらは北方ユーラシアや朝鮮半島のものとよく共通する型式であること，そして，遅くとも清代中・晩期には，皮袋の下部に鉄製打撃部をはめ込むⅩ類が登場している。

次に，墓における火打金や火打石の出土位置に注目すると，高力戈遼代墓12号墓，奥里米遼代墓5号墓，西旬子元代墓，扶余油田磚廠墓地東区33号墓，西玉井明墓，鉄古拉村清代墓1号墓，永和・徳豊清代墓において，被葬者の腰から大腿付近で火打金等が出土するという共通点がみられた（第54図）。この共通点は，内蒙古地域では蒙古族・達斡尔族・鄂温克族・鄂温春族の男子は火打金等を腰帯に提げた（賽2004），黒龍江地域の明清代の蒙古族は木椀・腰刀・火打金は常に身に付けた（宋2004），遼寧地域では男性の腰帯に火打石等の入った袋を提げた（韓2004）といった，中国東北部における複数の民俗記録にみられる腰帯に火打金等を提げる習慣とよく合致する。清代の北京における服装について，女真人の基本習俗を受け継いだ満族のものを主体に漢族・蒙古族の様式が融合したものであり，その特徴の1つとして「火鎌袋」を常に腰に提げていたという（刘1999）。腰帯に火打金等を提げる点は，北方ユーラシアの考古資料においても同様のことが指摘されている（林1994）。遼代から清代までの墓において，被葬者の腰付近から火打金・火打石が出土する傾向は，北方ユーラシアと同様に，火打金等を腰に提げる伝統の反映とみてよかろう [8]。

─ コラム　鳥居龍蔵と「火打金の模造品」 ─

宮崎県延岡市の南方39号墳出土「火打金の模造品」の報告は，著名な「上代吾人祖先の発火法」以降における鳥居の問題意識を端的に知ることのできる興味深い内容となっている。鳥居龍蔵は，明治時代から大正時代において，日本人や日本文化のルーツを巨視的に捉えようと，東アジア各地において徹底した野外調査を進めた大学者であり，発火具や発火法，発火とその系譜等についての記録や研究等を数多く残している。『人類学上より見たる我が上代の文化』に収められた「上代吾人祖先の発火法」は，『記紀』のヤマトタケルの記事に着目して火打金の出現を景行天皇の時期に求め中国から伝来したとする考えや，凹石を発火具の一種と解釈した点等，その後の発火具等に係る研究に影響を大きく与えている（鳥居1896・1925ほか）。

その鳥居龍蔵が，当時の宮崎県知事らの要請により，宮崎県の延岡一帯の古墳等を調査して報告書『上代の日向延岡』の中で，宮崎県延岡市所在の南方39号墳出土の「火打金の模造品」を報告（鳥居1935）していることは，あまり知られていない。当時の鳥居の考えを窺えるものであり，ここで紹介したいと思う。

鳥居は，「上代吾人祖先の発火法」の中で「昨年下総成田町の大野市平氏の陳列品を見た時に，図の如き石製模造品を見た（石質は蠟石で，発見地は下総香取郡丁子村古墳内）これはまさしく火打金の模造品であって，これで兎に角，原始時代に使用した其形状が間接ながらよくわかる。さうすると当時の火打金と云ふものは全く斯んな形状をして居ったのである。此一個の遺物は日本の発火器研究史上最も大切な資料と云はねばならぬ」と述べている。第56図4は，その火打金の模造品とされた石製品について，鳥居（1925）に掲載された実測図を転載したものであり，本書での火打金の分類でいえばＩＥ類に近い形状である。

1. 甲ノ左側ニアリシ守石（火打金の模造品）　2. 胸部ニアリシ守石　3. 石鏃（火打石の代用）
4. 下総香取郡丁子村古墳発見の蠟石製模造品

第 56 図　鳥居龍蔵が火打金模造品等と解釈した資料

　この後，鳥居龍蔵は，南方 39 号墳（『上代の日向延岡』において浄土寺山粘土棺古墳として報告された）等の発掘調査を実施するのであるが，その調査で「火打金の模造品」，「火打石の代用」を見出している（鳥居 1935）。それは「上代吾人祖先の発火法」での問題意識の延長にあったことは言うまでもない。やや長くなるが，『上代の日向延岡』から関連する箇所を引用しておこう。

　「甲・冑の中に左の如き石製火打金模造品一個を発見した。また左の図の如き鋭い石で鏃の形をしたものが入れられて居た。この鏃の形をしたものは，磨製石鏃のやうであるが，質は最も堅く，荒割りで，磨製石鏃とは全然違つて居る。これも必要の為入れられたものであつて，火打金の模造品があるのを見ると，これは火打石の代要（筆者註：原文ママ）であらうか。以上に拠つて考ふると，這は甲・冑の中に発火器模造品を入れ，タブーされた（筆者註：原文ママ）ものであるまいか。この粘土棺から出た火打金の模造品と似たものは，下総香取郡丁子村の古墳のそれであつて互によく似て居る。（その模造品は今下総成田の大野市平氏が所蔵せられて居る。）我が上代に於いて火打金・火打石を入れた袋を所持した例は，彼の日本武尊が焼津で賊に襲はれた時，倭姫命から渡された袋の中から火打金を取り出し火を打つて難を免れたといふ事から知る事が出来る。斯くの如く火打金を袋に入れて魔除けに用ゐた事は，古くから我が国に行はれて居たのである」（鳥居 1935）。

　鳥居龍蔵が注意した南方 39 号墳出土資料は，現在，延岡市教育委員会により保管されている（第 56 図 1 ～ 3）。保管ケースの中には，墨で註書きされた紙が入っており，1 は「甲ノ左側ニアリシ守石」，3 は「石鏃」とされており，それぞれ『上代の日向延岡』に写真が掲載された「火打金の模造品」「火打石の代用」にあたる。また，第 56 図 2 は同書に写真掲載はない資料であるが，同じ保管ケースに収められており，「胸部ニアリシ守石（燧金模造石）」と註書きされている。すなわち，鳥居により，第 56 図 1・2 は火打金の，第 56 図 3 は火打石の模造品と評価されたのであり，南方 39 号墳に副葬された甲冑等に付された"魔除け"的なものであったと解釈されていたのである。

　今回，これらを実見した結果としては，火打金の模造品とされた第 56 図 1 の石材は砂質のホルンフェルス，同 2 が千枚岩製のものであり，いずれも自然石が薄く割れただけのもので，人為的な加工痕跡を見ることはできなかった。火打石の代用とされた 3 の石材はホルンフェルスである。裏面の縁辺に人為的な加工痕のように見える箇所もあるとはいえ，やはり自然に割れた石片とみられる。この状況は，今日の宮崎県域で知られている古墳時代の石製模造品の形式や石材（滑石や灰黒色の頁岩等が用いられる）と明らかに異なっている。もちろん自然石であるからといって当時の人々が火打金の模造品的なものと意識していないとは断言できないのであるが，現状では，鳥居が積極的に火打金の模造品等と評価した資料について，粘土槨内に意図せず混入したのであろう自然石であり，模造品等の類いである可能性は低いと理解しておきたい。また，千葉県出土の第 56 図 4 については，出土古墳の特定や実物資料の観察ができていないものの，今日的な研究成果（埋蔵文化財研究集会事務局 2005 ほか）を参照しつつ，「蠟石」製という記述や鳥居の図面から読み取る限り，古墳時代の剣形の石製模造品に近いものであろう。

以上のように，鳥居が南方39号墳で火打金模造品と捉えた資料について，今日的には，意図せず粘土榔内に混入した自然石であると評価されるものの，「火打金の模造品」への注目は，鳥居龍蔵の問題意識を端的に知ることのできる興味深いものとなっている。

なお，鳥居以降に同資料を取り上げたのは，管見では，石川恒太郎による南方39号墳の解説中で，他遺物の紹介とともに「火打金・火打石の模造品があった」とした『宮崎県の考古学』が最後である（石川1968）。『宮崎県史』や延岡市域の古墳群をめぐる最新の総括的論考等における南方39号墳の出土品リストの中には，とくに注書きされることもなく，火打金の模造品は含まれておらず（北郷・山田1993，高浦2011），鳥居が想定したような資料解釈は肯定されなくなったのであろう。

註
(1)　古町遺跡第11次調査では，攪乱S19からも1点火打金が出土したと報告されているものの，実見の結果，火打金ではないと判断された。
(2)　塩見城跡（宮崎県埋蔵文化財センター2012a）において出土した鎹2点，円孔のある鉄片1点について，火打金である可能性について発掘調査報告書で言及されている。前者は，一端を欠いている残存状況ながらも長さ9cm前後と幅広であることや断面形状等から，総合的に判断して鎹そのものでよいと思われる。後者は，日向地域の他の火打金と比べて厚みが分厚いことや，円孔の位置等が火打金としては違和感があることから，やはり火打金である可能性は低いと言える。
(3)　山56-1番地遺跡の14号土壙墓から出土している鉄製品も，実測図・写真図版でみる限り火打金の可能性があるように思えるが，本書では取り上げていない。
(4)　発掘調査報告書図版140の実測図に付されたスケールでは本文中の数値からおよそ3倍のサイズとなっている。その数値であると厚みが一般的な火打金よりも厚くなりすぎるため，本書では発掘調査報告書本文中の数値を採用している。
(5)　1688～93年の間に蘇斗山により著された「雑物折價」表・「龍灣志」には，朝鮮から清へ輸出された雑貨の1つに「火鐵」が挙がっている（張1978）。また，沈象奎らにより1808年に編纂された『萬機要覧』には，日本への使節である信使の幾多の携行品の1つとして「火鐵（中略）三件」が挙がっている（朝鮮総督府中枢院1938，岸1966b）。これら文献記録について，今後の考古学的な検証等に期待したい。
(6)　器種名について両括弧書き「　」としたものは，報告文章のみで図や写真がないため，火打金等であろうということ以上の詳細について実見等を要するものである。
(7)　中国歴史博物館・黒龍江省民族博物館等に同等品が所蔵される（宋・高編2004）。また，火打金の皮袋については，早期の赫哲族ではチョウザメの皮がよく用いられていたという（张・尤2008）。
(8)　最後に，今後につながっていく視点をいくつか挙げておこう。まず，上記注(5)のとおり，中国東北部も含まれるかは不詳ながら，朝鮮産と思われる火打金が清へ運ばれていたとわかる。また，1810年に著された『黑龙江外記』巻五によると「齐齐哈尔出鱗　城东有鱗廠　流人相聚煎晒　通行吉林　又出火镰　关以东贵之　称其加钢甲于内地　号卜奎火镰　相赠答以为土产佳品　樺皮鞍版次之」とされ，1810年当時には黒龍江省の齐齐哈尔の古名である「卜奎」を冠した「卜奎火镰」が当地の特産物として贈答品ともなっていたようである。これらの記録と考古資料を結ぶことは，今の資料状況では難しいものの，今後の検討の中で念頭に置く必要がある。

第4章　民俗資料からみた発火具や発火法

1　本章の着眼点と目的

　前章までは，考古資料に基づいて打撃式発火具の状況を検討してきた。本章で取り組むのは発火具や発火法に係る民俗資料を対象とした研究であり，そのねらいは，考古学的研究のみでは到達困難な点の不足を補い，また新たな視点も提供してくれることが期待されるという点である。

　民俗資料には，民具それ自体やその生産・流通等に関わる構造物といったモノとして捉えられるものと，使用方法や名称といった当事者からの聞き取り等によるものとがある。本章でとくに重視したいのは，民俗資料についてその収集年代等を考慮しつつ歴史資料として積極的に捉えた場合，火打石・火打金等の民具やその周辺情報が示す内容は，一般に近世以前の遺跡出土品よりも後出するものでよいと思われる点である。そして何より，民具というモノそのものが残っている場合は，後世のわれわれが手にとって詳細に観察・図化等を進めることが可能である。この前提でいくと，火打金や火打石については，考古資料と一体的に研究することで，例えば各地域における火打金の型式変遷の最終段階を知ることが可能になる。火打石については，その石材や入手方法等に関する情報が得られることも期待される。遺跡出土品と民具が同一の分類基準等によってモノとして一体的に研究されることで，考古資料の不足等を補うことが十分に期待されるのであり，国内各地の資料館等に所蔵・保存が図られている民具や，多くの聞き取り情報のもつ意味は大きい。

　この視点において研究史をふりかえると，大西雅広により進められた，江戸時代以降にブランドといえる位置を確立した吉井本家の火打金に関する研究は重要である（大西2000）。その最大の特徴は，群馬県に所在するあかりの資料館で個人収集された膨大な所蔵品を中心に，打撃部に吉井の鑿銘があるものや把手部分に吉井銘の焼き印がある火打金を中心に考古学的な実測図を作成することで型式学的な詳細検討がなされ，吉井本家の火打金の特質が明らかにされた点である。また，幕末のエドワード・モース収集の民具の中にある火打石等の紹介（小西・田辺編2005，小林・小山編2013ほか）は，モース収集という点で年代の下限が明快な民具である。このほかにも，火打石・火打金に係る民具の紹介とその周辺情報の整理や，使用者からの聞き取り，自らの体験等の紹介等は，各地で実践されている（青木1992，眞野1996・1998，森2013，領塚2015a・cほか）。

　さらに，小林克を中心に江戸東京博物館で進められた『火打ち道具の製作』（東京都江戸東京博物館2002）は，火打金・火打石を取り巻く産業全体の記録化を試みた点できわめて特筆されるものである。それは，火打金の製造・販売を担ってきた伊勢公一商店や関係する火打石採掘現場等を丹念に取材し，火打石の採掘工程の映像記録や採掘道具の図化，商品等の実測とそれらに係る当事者からの聞き取り等から構成される。同様の取組みは，小林らの研究を遡ること10年前に，徳島県阿南市に所在する大田井産チャートの産地において，火打石を採掘する道具の図解や採掘現場の見取り図等が作成され，また聞き取り等がなされている（森本1992）。大田井産チャート産地については，船築紀子により調査が継続している（船築2020）。伝統的な発火具の生産等に関わる産業その

ものが急減・消滅しつつある中で，火打石の採掘坑といった遺構等は残ったとしても，その従事者本人や家族等でしか知りえないような情報の収集は時の推移とともに叶わなくなってしまうだけに，これらの取組みは重要である。

　考古資料の不足を補うという点では，例えば火口や付木のような脆弱な有機質の発火具は考古資料としてきわめて残りにくいのであり，民具や聞き取り等で得られるであろう素材や入手の方法，使用の実際，呼び名の背景等といった情報が多くの知見を与えてくれる。火口を含めた民俗・民族資料や文献等から網羅的に調査された深津正による『燈用植物』（深津1983）はその1つである。

　以上の研究史のとおり，発火具や発火法に係る民俗資料を対象とした研究は，考古学的研究の不足を補い，また新たな視点も十分に提供してくれることが明白である。例えば九州地方では，これまで火打石・火打金への関心が低かったこともあり，これら発火具に係る考古資料がきわめて限定的な地域が残されている点は前章までにみてきたとおりである。そういった地域では，考古資料の新知見を待つことはもちろんであるが，今すでにある民具や聞き取り等といった民俗学的な観点からアプローチをかけることで，考古資料の不足を補いつつ将来の道しるべとなる視点を導くことが期待される。

　そこで本章では，第2節で奄美地域，第3節で日向地域のうち九州山地一帯の山間部を取り上げる。両地域とも発火具の考古資料がきわめて少ないことから，民具の図化や聞き取り内容の取りまとめ等といった民俗資料からのアプローチでもって考古資料の不足を補うものである。とくに日向地域の山間部の資料からは，火打石等が狩猟習俗・祭事等の中で果たした役割を知ることができる。

　また，前章で考古資料を検討した朝鮮半島について，今後の考古資料の増加に期待しつつも，九州地方の場合と同様に，民具の図化や聞き取り内容の取りまとめ等といった民俗資料からのアプローチが考古資料の不足を補う意味で重要である。そこで第4節では，朝鮮半島における民具資料を図化することで考古資料との関係を検討するとともに，近代以降の火打石等をめぐる生活記録等からみた発火具や発火法について整理を試みる。

　第5節では，台湾原住民の生活・文化・習俗等に関する豊富な記録の中から発火具・発火法に係る記録を抽出し，台湾における発火具や発火法の変遷，それらの登場背景等について把握したい。台湾については，発火具の考古資料がより限定的である一方で，台湾原住民の諸記録がきわめて豊富で魅力的である。

　第6節では，九州の火打石産地の情報について，考古資料の検討の中で取り上げられなかった分を整理した。

2　奄美地域の発火具・発火法とその周辺

　ここでいう奄美地域とは，地理学的にいう薩南諸島（種子島から与論島まで）の範囲を便宜的に指している。奄美地域の発火具・発火法に関連する考古資料には，前章のとおり，奄美大島に所在する屋鈍遺跡出土の火打金1点があるばかりときわめて少ない。一方で，火打金・火打石の民具は一定数知られていることから，考古資料との型式等の比較が可能となるよう，新たに民具の図化等を進めた。また，多くの聞き取り情報を確認できたことから，それらの収められた各文献等から抜粋の上，一覧表を作成した（第4表）。

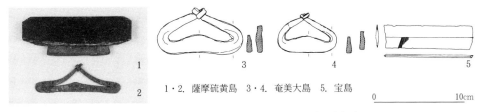

第 57 図　奄美地域において収集された民具の火打金

　まず，火打金は，奄美大島・宝島・薩摩硫黄島において収集されたもの全6点がある。

　奄美大島で収集された火打金のうち，奄美市立奄美博物館所蔵品は，頂部が山形で，両端が上方向に湾曲し頂部上まで伸び，その端部を前後に折り返すように仕上げられている（第57図4）。ⅡB類に相当し，法量は，長さ6.4 cm・高さ4.2 cm である。国立民族学博物館の標本 No. H25748 も奄美大島のもので（第57図3），奄美博物館所蔵の火打金と形状・製法に共通点が多く，打撃部の長さ等を一回り大きくしたような格好をしている。ⅡB類に相当し，法量は，長さ9.3 cm・高さ4.9 cm である。

　薩摩硫黄島で収集された火打金は，国立民族学博物館の標本 No. H16596 であり，その概要や渋沢敬三ら調査団による収集経緯等について紹介がなされている（松山1997，笹原2001ほか）。火打金は2点あり，木製の把手付きのものは（第57図1），鎹に形状の似た鉄製の打撃部を把手に打ち込んで仕上げられている。鉄製の打撃部は長さ7.0 cm・高さ1.7 cm，木製の把手部分については長さ12 cm・高さ3.0 cm である。Ⅶ類に相当する。頂部が山形のものは（第57図2），その両端が上に向かって折り返されて棒状に伸び，左右からの端部を絡めるように仕上げられている。ⅡB類に相当し，法量は，長さ9.5 cm・高さ3.1 cm である。

　宝島で収集された火打金は，鹿児島県歴史資料センター黎明館の民俗資料番号1799である（第57図5）。他例の火打金は，当初から火打金として製作されたものであったが，本例はそれらとは異なって，断面が菱形で棒板状のやすりを切断したものであり，その履歴がたいへん注目されるものである。素材となったやすりの目は，単目で1 mm幅に対し2条の溝が入るものである。やすりの切断面の凸部分は摩滅しており，鋭利であったろう稜線が失われている。また，やすりの両側縁には，使用痕なのか，刃こぼれ状の欠けが断続的に見られる。法量は，長さ9.8 cm・幅2.5 cm・厚み0.3 cm である。形状のみで言えばⅥ類にあたるが，やすりを切断して転用した点で，Ⅺ類に相当する。

　このほか，未実見ながら法量等の情報が公開されている打撃式発火具のセットが2件ある。徳之島で収集された資料は，沖縄県立博物館所蔵品で，民俗の番号4799「火打ち道具／袋：平面9.5×12.3 cm・厚み1.0 cm，竹筒：長さ6.7 cm・直径2.8 cm，鋼鉄：長さ7.7 cm・幅3.0 cm，石：3.3×3.0 cm」である（山崎真治のご教示による）。また，与路島の森岡順義所有の火打道具袋があり，袋：平面12.5×14.5 cm で，その中に竹筒：長さ7.0 cm・直径3.5 cm，銅製の火打金：長さ9.8 cm・幅3.0 cm，石英製の火打石：2.2×1.0 cm が収められており，終戦後まで使用していた人がいたという（村田1975）。与路島収集の火打金は，不定形のⅪ類に相当する[1]。

　実測図や写真等がないものの，聞き取り等による火打金に係る情報からは（第4表），奄美地域において，火打金を用いた発火方法が少なくとも19世紀後半から20世紀初頭頃まで広く採用され

138　第4章　民俗資料からみた発火具や発火法

第4表　薩南諸島における火打金・火打石等に関する聞き取り情報等の一覧表

島　名	情　報　の　概　要	出　典
トカラ列島	旧暦1月にアワヤマキイといって琉球竹林伐採を行う。島中で吟味しておいて一定地域を集団で、あるいは単独で、いずれにしても互いに競争しあって伐採を行う。伐った竹や木は、2月に乾燥させ、3月に火打ちとカドイシで火を起こして火入れする。	下野1980
黒島	マッチのない頃はすべて火打石から火起こした。ホタという立ち腐れの木をとっておきそれを火口にした。	早川1941
平島	1880年代頃はつけ木といってシラ松の木の薄い皮に硫黄をつけたものを内地から買っており、それをオキイ(起火)にあぶればぽっと火がついた。また、中之島から硫黄をもらってきて、竹の皮に硫黄をつけてオキイにあぶるとぽっと火がついた。その火を枯れ笹につけて燃やした。平島にはホクチの木がある。年取った木でボロになっているホクチの木を焼いて、赤いうちに竹筒に押し込むと、中で炭になる。そして蓋をする。火が必要な時は、カドという火打石を打って竹筒の中に火を入り込ませ、ふーふー吹くと火がついて広がった。1回でつける人もいた。竹筒の炭は15日ほど使うことができた。カドという石は平島に産する。昔はこの石を鹿児島に送っていた。神様の火はタネ油とセンコウを灯した。ローソクは動物の油であるため穢れるという。神様用の火打ちは別にあった。煙草の火は神様からもらってよいとされた。1964年当時、鹿児島からの購入品はマッチ・石鹸等の日常品があった。下野敏見氏により1964(昭和39)年夏に日高栄熊氏から聞き取り。	下野1966
奄美大島	キジアスビは6月に行なわれ、朝早く各戸の人が稲穂を迎えてきて稲粒をむいて飯に入れて炊く。この日、前1年間に棺を担いだ人、ハブに噛まれた人、流産した人は、日の出前に集落外へ出て日没後帰ってくる。ケガレのない人だけが集落内にあって休む。昔は竈の火は「火尻」といって翌日まで火を残していたが、キジの前の日には使い切り、キジの日には火打ちがねで新しく火を起こして使った。キジとは、人の精神をあらためて清める意味だという。話者は屋鈍の東八次郎氏(1890〈明治23〉年生)で、下野敏見氏により1969年以前に聞き取り。	下野2005
	燧はヒューチという。	恵原1983
	1902(明治35)年大和浜生まれの長田須磨によると、火打石はヒューチイシといい、三角形の硬い石で、角で火を打ち出す。キリ・ホホカシワ等の柔らかい木を粉にしたフクチを竹筒に入れて持ち歩き、打って出した火を移す。仁添善己氏によると、煙草に火をつける時にもこれを使っていたという。また、普段、イロリの火は夜も絶やすことはないが、人が死んだ時等は火の神に不浄がかかるとして家中の火を消し、何日か外にかまどを作って用を足す。その後、火打石で新しく火をつけた。	長田・須山編1977
	椎の木の内部のよく腐食したものはお灸のもぐさに似ている。明治の中期頃まで、まだダンツケギ(マッチのこと)が手に入りにくい僻遠の部落ではまだ火打石が用いられていたが、この椎の木の粉末を竹筒に詰め、火打石で火を打ち出して粉末にあらかじめつけ、次いで吹いて枯葉等に火を移した。	金久1971
	1896(明治29)年古仁屋生まれの茂野幽考が作成した古語にかんするカードによると、ヒウチとは火打石のことで、白色で青みを帯びた石英である。	茂野2007
	有良では、火打ち道具をヒッチドゴという。火打石は石英や花崗岩等の硬い石で、火花が多く出るほど良かった。海岸や河原で拾って使い、石が減ると近くの河原に行って拾った。有良のヒラノアザの下流の石は良質といわれ、その川下へ行って拾って使った。大和村の名音の石が良質といわれ、「名音石」として重宝がられた。名瀬の知人に頼み込んで取り寄せたりした。ヒッチガネは有良ではカネといい、鍛冶屋から購入したものは把手が付いて使いやすかったが、大方の人は鉄工所で使っている大型のやすりを8cmほどに切断して使っており、これ1つで長年使用することができた。ホグチは、クサンデー(ゴサンチク)の一節(7cm程度で口径3～4cmほど)にしたものを片手で握ることができる程度のものが良かった。その中にはクッチを入れた。クッチは、山仕事や薪拾いの際に大木や枯れて倒れている木の一部分に腐食したのでなく枯れ朽ちた部分があり、その柔らかい部分を削り取ってきたもので、家の床下等で乾燥させておいた。クッチを入れる際は、火口に入る程度の長さに切り、切り口の先端部分を火で黒焼きにするかクッチ全体を黒焼きにして火口に詰めて栓をする。栓はナボラ(ヘチマ)を乾燥させた後の繊維を使った。これは、雨水が筒の中に入らないようにするため。ヒッチイシ・ヒッチガネ・ホグチの三種を入れる袋は、丈夫な布を使ったが、キャンバス等の厚みがあって雨水が染み通らない布が良かった。袋は各道具がぶつからないほどが良く、袋の首は紐を通して閉めることができるようにした。火起こしは、左手で火口をあてた火打石を持ち、右手の火打金で石を砕くように振り摩擦すると発火した。火口の中のクッチの火が広がるように口で吹く。前もって準備した枯葉や小枝に火を移	求1995

	し，吹いてゆくと燃え移って火が焚けた。煙草は，火口の中へ煙管を入れて吸えばよい。家の中で火打ち道具を使う機会は少なく，通常は炉にいけてある火種から火を取った。野良や漁舟では火打ち道具の方が使いやすかった。それは，マッチを贅沢に使うことができなかったことや風雨のある時は湿りと風で使用困難となることがあったからであった。昭和15・16〜25・26年頃は，火打ち道具を再び用いたが，その後はマッチに替わった。文久3年生まれの有村文常翁は，周辺に火がない時は火打ち道具で火を起こして煙草を吸っていた。有村翁に火起こしを尋ねると，火打ち道具は便利だと話されていたという。	
	子供の頃には今のようなマッチはなかった。火打ちマッチというものがあり，グミックッ（紙屑）やシバックッ（芝草）等にぱっぱっと何回も打てば火が付いた。話者は大熊生まれの長井トモマツ嫗（1895〈明治28〉年生）で，増田勝機氏が1988年9月に聞き取り。	増田1990
	宇検村芦検における，明治27年から大正12年まで生まれの男女8名からの聞き取りによると「かどいし」＝火打石であるという。	春日1982
喜界島	燧火を移すのに用いた朽木を粉にしたものをプクチという。	岩倉1941
徳之島	尾母では，火打石はカドイシと呼ばれた。	徳富1975
	火種は，火打石で火を起こしてヒクチ（朽木）に移し，枯草でたきつけた。ヒクチで煙草を吸い，枯葉の火でお茶等をわかした。	伊仙町1978
	あんばいしは，あぶら石の義。すべすべした黄色の光沢のある美しい石。マチイシ＝火石。アンバイシ＝油石。チキギ＝付木（マッチ）。	久留1962
	法政大学沖縄研究所により1978（昭和53）年に井之川の方言の聞き取りがなされた。話者は法元盛秋（87歳，年齢は調査時で以下同じ）・保徳忠（77歳）・保マツ（73歳）・法元ナベ（72歳）・利田義忠（67歳）・沖島直（66歳）。火打石はチウチイシ，火打金はチウチガニという。	法政大学沖縄文化研究所1979
	5月のアンダネ（小林正秀氏は『徳之島の年中行事』でアンダネに畦畔の字をあてる）では，福岡富隆氏の記録では「……どの家も戸をしめて，庭に幕や芭蕉の葉などにて日よけを作り飲食することあたかも唐土寒食の如し。夜に入り，新に火打石をさぐり火を点ず，近来（明治末から大正初め）この法なく只酒肴のみを携え，海辺に出でて遊宴し，斗牛あるのみ」と紹介している。	徳富1970
	尾母における子供の"採集しながらの遊び"の1つとして「火打ち石遊ビ」（読みはマアチイシアシビ）が挙げられ，備考欄には「アンバイシ（諸田）」と記載されている。	徳富1977
沖永良部島	肉の白味に似た色の滑らかな石をアブライシあるいはマグイシと呼び，火打石として利用した。アブライシはヒウチガニと合わせて用いる。ヒウチガニは，方5cm内外・厚さ3mmほどの鋼鉄であった。フクチを竹筒に用意しておき，そこへ点火する。フクチは，ガジュマル等の朽ちてぼろぼろになったもの。また，貧乏していることを「ヒウチガニを打っている」とも言った。フクチを藁で巻いたもの，あるいは粟を脱穀した後の穂綿を藁で巻いたものをジニルといい，1度火を移すと消さない限り消えない。煙草を吸う人は海に山にこれを携えることを忘れなかった。戦後大いに用いられた。木を削って硫黄を付けたチキデが明治10年頃に移入され，火種に近付けることで火を得た。現在のマッチはダンチキデ（オランダチキデ）と呼ばれた。	甲2011
	ダンチキギ（蘭付け木）とは奄美地方ではマッチのことで，マッチ伝来以前からあったチキギ（付け木）にオランダ（西欧）ものを意味するランが頭につき，ランがダンに訛ってダンチキギとなった。チキギは，枯れ竹の枝に硫黄の粒をとりつけたもので，火打石で火花を起こして発火させたという。	恵原1987
	燐寸の移入されたのは明治中期以後であり，それ以前の発火は火打道具によっている。火打鎌は内地より移入した。火打石は野山で拾った。火口は自製した。火口の火はジニルに移し，喫煙や焚火に用いた。ジニルは粟穂を揉んで脱穀した後の穂綿を藁で大根状に捲いたもので1度火を移せば消さない限り消えることがなかった。喫煙家は火打道具とともにこれを携えることを忘れなかった。かつては附竹を移入して用いたとみえ，今も燐寸をツケダケと称する者が少なくない。	柏1954・1975
	火打鎌のことはヒウチガネィと呼ぶ。	野間1942
与論島	火打石での火付け用には，アンチャニク（ナガハアコー）のかれ果てたものやガジュマルの枯木の粉末状態のものがよいと言われ，こうした火口用になる枯れ果てた枯木の切れをプクチピノー（プクチ＝火口，ピノーは火種用の枯木の木切れのこと）といった。	野口1983
	堅木でない木が枯れきってふくふくしているもの，あるいはハマイヌビワやガジュマル等が枯れきって，火が付きやすい状態になったものをプクチ，火が付きやすい付け木をプクチピノー，火打石をピューチイシという。	菊・高橋2005
	麦屋では，火打石をピュウチイシという。	山田1995

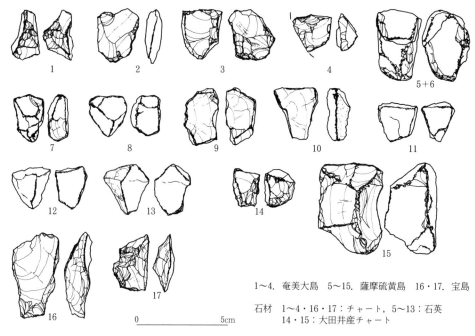

1〜4. 奄美大島　5〜15. 薩摩硫黄島　16・17. 宝島
石材　1〜4・16・17：チャート、5〜13：石英
　　　14・15：大田井産チャート

第58図　奄美地域において収集された民具の火打石

ていたことや、第二次世界大戦前後にもみられたことがわかる。火打金そのものの形状や大きさのわかる記録には、沖永良部島の火打金は、四方5cm内外・厚み3mmほどの鋼鉄であったという（甲 2011）[2]。Ⅵ類に相当する。沖永良部島では、火打金が鹿児島県本土域から移入されたという（柏 1975）。また、奄美大島の有良では、把手付きのものを鍛冶屋から購入したほか、鉄工所で使っている大型のやすりを8cmほどに切断していたという（求 1995）。把手付きという点でⅦ類と思われ、またやすり切断によるものは、宝島で収集された鹿児島県歴史資料センター黎明館の民俗資料番号1799と同じくⅪ類に相当する。

　次に、火打金とセットで収集された奄美大島・宝島・薩摩硫黄島における民具の火打石やその関連情報を検討し、将来、遺跡出土が期待される火打石について予察しておく。

　奄美大島で収集された火打石は、奄美市立奄美博物館の所蔵品ならびに国立民族学博物館の標本No. H25748がある。前者は2点あり（第58図1・2）、石核状となる第58図1の稜線上には顕著な潰れが残されている。第58図2は剥片状のもので、縁辺に剥離や潰れがある。いずれも透光性の低い灰白色のチャート製である。国立民族学博物館の標本No. H25748は3点からなり、そのうち2点を図化した（第58図3・4）。第58図4には円磨された礫面がみられることから、海岸や川原あるいはそういった環境下にあった礫を含む露頭等から火打石材料が得られたことがわかる。後者の3点とも奄美市立奄美博物館所蔵の火打石と色調や節理の様子がよく似ている。

　薩摩硫黄島で収集された火打石は、国立民族学博物館の標本No. H16595のもので、11点のうち2点が接合するため、本来10点である。石材は、雲母の付く白い石英1点（第58図5・6）、白色で透光性の低い石英2点（第58図7・8）、淡黄褐色の石英5点（第58図9〜13）、現在の徳島県阿南市で産する大田井産チャート2点（第58図14・15）である。各資料ともその稜線に潰れが生じている。

第59図　薩南諸島で収集された打撃式発火具の名称と火打石の石材

　宝島で収集された火打石は，鹿児島県歴史資料センター黎明館の民俗資料番号1799に2点含まれている（第58図16・17）。第58図16は，裏面に粗い面をもつ剥片状の石片であり，右面の折れ面の稜線に使用に伴うとみられる潰れがある。第58図17は，剥片状の石片の稜線に，先史時代の石器の二次加工のような細かな剥離や，火打石としての使用に伴うとみられる潰れがある。石材は，いずれも灰白色に黒・白色の線が走るチャートである。

　このほか，聞き取り等によれば（第4表），奄美大島の有良では，ヒラノアザの下流の石が火打石として良質とされ，さらに大和村名音のものを「名音石」として取り寄せることもあったという（求1995）。奄美大島の古仁屋では，火打石とは白色で青みを帯びた石英であった（茂野2007）。また，徳之島と沖永良部島では，火打石にはアンバイシ（アブライシ）等が用いられる。アンバイシとは，徳之島ではすべすべした黄色の光沢のある美しい石（久留1962），沖永良部島では肉の白身に似た色の滑らかな石（甲2011）という。アンバは油脂類のことである（徳富1975）。アンバイシには，新里編（2013）の145頁にある写真35の徳之島③・④のような石英等が候補の1つになりそうである。また，平島で産する火打石は，鹿児島に送られていたという（下野1966）。

また，奄美大島大和村の名音に火打石産地の1つがあると聞き取りされているが（求1995），この火打石は，湯湾層に含まれるチャート（木崎1985）であった可能性がきわめて高い。2017年4月に現地確認したところでは，徳浜の断崖から名音隧道を抜けた南側にあるチャートの露頭は，一見すると層状の節理が著しいものであったが，その足下から海底に隙間なく広がる転磨されたチャート礫の中には，奄美大島や宝島で収集された民具の火打石によく似た石質をもつものが一定数含まれていたのである。名音の海岸で採集されたチャートは，奄美大島等の先史時代における剝片石器石材であり（長野2013），剝片石器自体の出土がみられなくなる弥生時代後期併行期まで利用された（中山2004）。今回，先史時代における剝片石器に加え，火打石の石材という名音産チャートの新しい側面がみえてきたのであり，その利用開始の時期や経緯・流通状況等について，将来の考古資料でみえてくるものと期待される。なお，名音訪問の後には，有良集落の眼前に広がる浜の石材について確認したが，結果としては，名音の浜とは全く異なる石材構成でチャートはみられず，火打石に使用可能な石材としては，赤いまだらの入る石英質のものが少量拾えるばかりであった。

　ここまで，奄美地域の発火具等に係る民俗資料について，基礎的な整理を進めた。まず，火打金については，遺跡出土品に未見であった木製把手の付くⅦ類，平面長方形の短冊形のⅥ類に相当する火打金が存在したことや，ヤスリを再加工した火打金といったⅪ類に該当する特殊な事例もあって様々であった。頂部が山形で，上方へ折り返され伸ばされた端部が前後に折り返される仕上げのものは，ⅡB類に相当し，おおよそ17世紀以降に九州本土域で見られる火打金の延長上で理解しうる形状をしている。薩摩・大隅本土域の遺跡出土品等の所見と総合することで，奄美大島で唯一の遺跡出土火打金である屋鈍遺跡例について，これまで考えられていた古代ではなく近世以降のものと見なす方が自然とみる見解に至ったのは，第3章第4節⑽で検討したとおりである。

　また，ヤスリを利用した火打金は，宝島で収集され鹿児島県歴史資料センター黎明館に所蔵されている実物資料と，奄美大島の有良での聞き取り内容とが一致するものであり，当地域での火打金の実態の一端，おそらくは定型化していた火打金が失われていく，火打金の終焉の姿の1つと予想される。本来のやすりという用途から火打金へと用途換えされている点も，たいへん興味深い事象である。

　火打石について，薩摩硫黄島収集品には，広域に流通し明らかに島外から持ち込まれた大田井産チャート製火打石と，あまり質の良いものでなく島内の近隣で入手されたのであろう石英製火打石という2つの石材が見られた。薩摩硫黄島においてはこの粗質の石英が伝統的な火打石石材である可能性が考えられる。この石質や入手経路が対照的となる複数の石材で構成される点は，奄美大島の有良における火打石でもみられ，人に頼んで取り寄せることもあった大和村名音の良質の火打石と，ヒラノアザの下流で手近に得ることの可能な，相対的に良質でない火打石とがあった。薩摩硫黄島および奄美大島の有良における火打石とは，広域流通品あるいは取り寄せるような良質の火打石（大田井産チャート・名音産チャート）と，それには劣る質のもので身近で入手可能な火打石（粗質の石英・ヒラノアザの下流で得られる石材）とが共存するあり方なのである。

　これは，例えば第2章でみたとおり，小倉城下町・黒崎宿での石英等＋大田井産チャート，久留米城下町でのメノウ質石英＋大田井産チャートという，質は劣るものの地元産石材による火打石＋広域流通する良質な火打石が組み合わされるという他地域における近世以降の火打石の石材構成とよく似ているのであり，同じような状況が将来，奄美地域の遺跡出土品でもみられる可能性を指摘

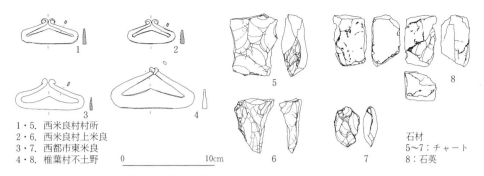

第60図　日向地域山間部で採集された民具の火打金・火打石

できる。なお，薩摩硫黄島の事例は，現状で知られる考古資料・民俗資料いずれにおいても，大田井産チャート製火打石が流通した南限という点でも注目される（第33図も参照）。

3　日向地域山間部の発火具・発火法とその周辺

　日向地域における火打石・火打金を含む民俗資料は，東米良狩猟用具（西都市歴史民俗資料館所蔵）・西米良の焼畑農耕用具（西米良村歴史民俗資料館所蔵）・日向の山村生産用具（宮崎県総合博物館所蔵）の中に保存されている。いずれも山深い地域で収集されたもので，国指定重要有形民俗文化財となっている。日向地域の山間部においては，遺跡出土品の火打金・火打石が現状で未確認であることから，火打金・火打石の終焉の実態を物語る重要な資料と言える。

　西米良村村所採集の火打金（第60図1）は，西米良の焼畑農耕用具（国指定重要有形民俗文化財，昭和61〈1986〉年3月31日付で指定，西米良村歴史民俗資料館所蔵）に含まれている。調査カードによると，採集年月日：昭和57年7月19日，旧所有者：児玉友輔，使用者：児玉愛平であり，地方名：ヒウチイシ，採集経過：民俗資料館充実のため寄贈を受けた，製作地：熊本県球磨地方，製作年代：江戸時代，製作者：乾，使用年代：江戸時代から明治後期，使用法：焼畑作業でヤボ焼きの際の発火用具であり，金属と石を打ちつけて火を起こすのに使用された，分布・由来：村内全域で使用された，調査年月日：昭和60年5月23日である。火打金は平面山形で，両端から上方に折り返された先端が蕨手状となる。ⅡA類に相当し，長さ6.2cm・高さ2.7cmである。セットで用いられた火打石（第60図5）は，分厚い剥片素材で，周縁より剥離が入ったものである。チャート製のもので，使用痕がごくわずかに見られるほかは，鋭い縁辺を保っている。法量は，6.7×5.2×2.9cm・重量97.0gである。

　西米良村上米良採集の火打金（第60図2）もまた，西米良の焼畑農耕用具（同上）に含まれている。調査カードによると，採集年月日：昭和57年7月15日，旧所有者：那須経広，使用者：那須智勇で，地方名以下は西米良村村所採集品に同じである。火打金は，村所採集品と同じ形状でⅡA類に相当し，長さ5.1cm・高さ2.5cmである。セットとなる火打石（第60図6）もまた村所採集品と同じくチャート製である。打点側が厚い不定形剥片が用いられ，使用痕がごくわずかに見られるほかは，鋭い縁辺を保っている。法量は，5.8×4.3×2.5cm・重量37.8gである。

　これら西米良村における火打金等の使用状況については，狩猟と火打石占いに関するものが記録されている。村所八幡では，毎年12月18日が神楽の奉納であり，翌19日午前10時に神楽を終わ

り，戦前には昇神行事の後，午後から特殊神事が行われている。特殊神事とは猟師や一般の人々によって行われる「ししかりの真似」であり，面を被った猟師が足付俎（キリバン）に竹柴を結いつけて，願を立てた者がこれを担いで「トッタ・ヨイサ・ヨイサ」とぐるぐる回って騒ぐものである。その中で，火打石で火を打ち出し，火の点くまでの打ち数によって，新しい年の猟始めの日と，カクラ（イノシシ等のいる狩場をいう）を定める。この神事による狩猟では，必ず獲物があって不思議であるという（田中 1985）。

西都市東米良採集の火打金（第 60 図 3）は，東米良の狩猟用具（国指定重要有形民俗文化財，昭和32 年 6 月 3 日付で指定，西都市歴史民俗資料館所蔵）に含まれている。同資料の調査は，1954 年 11月 11〜13 日に，日高正晴そして東米良銀鏡在住の浜砂正衛らによって実施された。火打道具等を入れていたのは，湯之久保の中武傳所有品では，腰に結んだカッテゴ（テゴ＝手籠の一種）であるという。火打道具は，浜砂正衛によると，火縄銃の火縄に引火させるために用いるという。また，猟のとき以外でも，火打石・火打金は発火道具として使用された。それらは，たいていは燧袋に入れられ，さらにカッテゴの中に入れられていたという。調査当時，東米良尾八重の中武光義宅でも火打金等を見かけたというが，東米良全体でもわずかしか保有されておらず，火打金等を用いる生活が消えつつある状況であったという（日高 1956）。火打金は，西米良村内の 2 点と同じような造作であり，ⅡA 類に相当し，長さ 7.6 cm・高さ 3.3 cm である。蕨手の部分は輪状でなく潰れている。セットとなる火打石（第 60 図 7）は灰白色に黒い縞が縦横に入るチャート製のものである。厚手の剥片素材で，表裏面とも周縁から剥離が加えられて，その表裏面がなす縁辺を中心に，顕著に潰れが残される。全体に鉄錆が付着する。法量は，4.3×2.2×1.6 cm・重量 19.3 g である。

関連情報として，銀鏡神楽で必要なオニエ（イノシシの頭）のための最初の狩り「オニエ狩り」の日について，火打石を打って最初に出た火花の数でもって決定したという。また，猟期を終える頃に行うコウザキガリでは，集落ごとに狩人が集まり，その日を心で勘案しながら火打石を切り，出た火花の数で日を決めたことから，コウザキガリはヤービ（合火）の狩りともいった（千葉 1963，濵砂 2012）。また，濵砂正衛の記す「狩法神事次第」に，銀鏡神社の大祭の神事で火打石を用いると記載されているという（千葉 1969）。

椎葉村不土野採集の火打金（第 60 図 4）は，日向の山村生産用具（国指定重要有形民俗文化財，平成 5〈1993〉年 4 月 15 日付で指定，宮崎県総合博物館所蔵）に含まれている（宮崎県総合博物館 1985）。椎葉村不土野では，明治 40 年頃までの様子として，火打金は鋼鉄製であることやたいていは土地の鍛冶屋によって製作されたという。火打石は石英の一種を用いており，灰白色・褐色等があり，椎葉では白い石をコメイシ，赤褐色の石をカドイシと呼んでいた。火口は，山の枯れ木に生えるシロナバ（別名ホタナバ）をよく乾燥させて燃やし，粉炭にして用いたという。点火した火口を，口でやわらかく吹いて広げ，次いできざみたばこに移し，さらにカビ（ワラ製のツト）につけ，少し炎をたてた状態で用いた。火打ち具の不使用時は，木を刳って製作された蓋付の火打ち箱や固く栓をした竹筒に入れて保管したという。また，携帯用のものはスゲ製の小さいヒウチヤマテゴを用いたという（泉 1980）。火打金は平面山形のもので，左右から上方に折り返された両端部の端は前後に巻き付けるように仕上げられている。打撃部は緩い凹部をなしているが，それは使用による打ち減りによるものであろう。ⅡB 類に相当し，長さ 9.1 cm・高さ 4.3 cm である。セットとなる火打石（第 60 図 8）はあまり質の良くない石英製で，5.5×3.6×3.1 cm・重量 79.8 g である。石核状の

もので，稜線に潰れや鉄錆の付着が見られる。

　このほか，日向地域の山間部等で収集された民具あるいは聞き取り等では，以下のものがある。実資料には，日之影町大人東で収集された火打金が宮崎県総合博物館で所蔵されている（番号1776〈台帳番号4651〉，資料名：ひうちがね，数量：1）（宮崎県総合博物館1985）。聞き取りには，①マッチ以前には，火打石を鉄で打って火花を出し，箱のバンヤに移し，さらに硫黄を付けた付け木に移して火を大きくした（日之影町2000），②延岡市北浦町宮野浦では，石どうしを打ち合わす，あるいは「三角形の鉄板製の器」（火打金）と「白く固いかど石」を打ち付けて火起こしした（田中1985），③高千穂町五ヶ所では，猟師の携行品（猟具）として，腰に吊るしていた小さな火打袋に，カドイシ（石英の一種で火打石に用いる）や火打金，火口のパンヤまたはタモトクソ（パンヤの代用品で着物のタモト等に溜まったゴミ）を入れていた（田中1971），④高千穂町・五ヶ瀬町では，サルノコシカケ類を乾燥させ，砕いて粉状にしたものが使われた（黒木2010）等がある。

　ここまで，日向地域の山間部で収集された発火具等に係る民俗資料について検討した。まず，火打金についてはⅡA類3点・ⅡB類1点ですべてⅡ類であったが，これは日向地域の考古資料において近世以降の火打金がやはりⅡ類であった点と共通している。また，火打金の生産地について，西米良村採集品の2例とも熊本県の球磨地方と聞き取られていることは，椎葉村採集品が村の鍛冶屋による生産であった点と対照的であり，火打石石材の相違とともに注目される。すなわち，火打石のうち，西米良村内採集品では球磨川流域で採集されるチャートが西米良村へ持ち込まれた可能性が高く，東米良採集品も同様である可能性が考えられる一方で，椎葉村採集品はおそらくは近隣で採取されたとみられるあまり質の良くない石英製である点とよく符合しているのである。なお，椎葉では，白い火打石をコメイシと呼んでいたと聞き取られているが，これは石英を指す可能性が考えられる。赤褐色の火打石石材をカドイシと呼んでいた点については，実物資料を未見であるためあくまで推測となるが，その色合いから鉄石英や碧玉，ジャスパーあるいは赤色のチャート等の類いを候補としておきたい。

　また，聞き取られた内容のうち，マッチ登場以降にあっても，西米良・東米良等の山間部において，狩猟に係る実用の発火具として，さらに神事の中で火打石・火打金が用いられていた点は興味深い。狩猟に係る神事のうち，銀鏡神楽で必要なオニエのための最初の狩り「オニエ狩り」の日や，村所八幡において新しい年の猟始めの日とカクラを定めるにあたって，火打石・火打金を打ち合わせて火花が出るまでの回数によって日を占っているのであり，火のもつ神聖性等を窺わせる内容となっている。火打石・火打金を用いた生活文化の1つとして大いに注目されるものである。

4　朝鮮半島の発火具・発火法とその周辺

　前章で考古資料を検討した朝鮮半島について，その資料数は決して十分なものではない。一方で，民俗資料には，韓国・日本両国の博物館所蔵資料等において，いくつかの火打石・火打金が知られている。民俗資料は，年代的には，前節の遺跡出土品よりも概ね後出する火打金でよいと思われ，朝鮮半島における火打金の型式変遷やその終焉を知る上で重要な情報として期待される。火打石についても，考古資料では未見であることから，その石材等について重要な情報となる。

　これまでに，韓国国内の資料については，いくつか紹介されたことがある。まず，『朝鮮王朝の

美』展示会図録によると，韓国国立民俗博物館には，革真鍮燧袋1点（X類に相当），綿刺子燧袋1点，鉄製火打金1点（V類に相当），火打石2点が所蔵されており，火打石の石材が石英であること，火打金には鋼鉄製と銅製のものがあることが紹介された（北海道立近代美術館・国際芸術文化振興会編2001，北野2002）。また，済州大学校博物館所蔵品には，山形の火打金2点，短冊形の火打金3点，一部白色の風化面をもつ光沢のある黒い石で，済州島内には産しない石材の火打石1点，火打袋1点，付け木1点が所蔵されているという（北野2002）。

　以下では，日本の国立民族学博物館の所蔵する朝鮮半島収集の火打金・火打石の民具資料について実見した際の所見等を紹介する。

　平安南道での収集品（標本番号H0017529）の火打金（第61図2）は鉄製で，長辺のやや膨らんだ短冊形で，その上下端が直線的にカットされている。板面には約1cm間隔で直径0.8cmの円孔が3か所ある。穿孔は上下より捩じるようになされている。VI類に相当し，長さ7.0cm・幅2.8cmである。縦断面形はやや中膨れしており，厚みが中央付近で0.4cm，端になると0.3cmである。

　慶尚北道での収集品（標本番号H0015224）の火打金は鉄製のものが2点ある。第61図1は，打撃部の両端を上方に大きく折り曲げ，さらにその先端を打撃部の山部分の頂点付近でまとめるように，蕨手状に仕上げている。打撃部の左右端は直線的である。打撃部は約5cm幅で緩い凹面となっており，使用に伴う打ち減りとみられる。V類に相当し，長さ7.4cm・高さ2.0cmである。第61図5は，平面長方形の板状のものである。とくにその長辺は直線でなく凹凸がある。これは，使用に伴う打ち減りとみられる。VI類に相当し，長さ5.4cm・幅1.9cmである。縦断面形はやや中膨れしており，厚みが中央付近で0.3cm，端になると0.1cmである。なお，同標本には，火打袋・火口もある。

　全羅南道・務安郡での収集品（標本番号H0020900）は，鉄製の火打金1点とチャート等の石片100点以上が袋に包み込まれた状態のものである。火打金（第61図3）は，平面長方形の板状のもので，長辺が直線でなく凹凸があり，やはり使用に伴う打ち減りとみられる。VI類に相当し，長さ7.3cm・幅2.3cmである。厚みは中央付近で0.3cm，端になると0.2cmである。石片は火打石に関連するものと思われ，良質でない節理の多いチャートがほとんどであり，赤色のチャート1点とメノウ質のものがいくつかある。使用痕の明確なメノウ質のもの1点を図化した（第61図6）。1.4×1.0×0.5cm・重量0.8gと小さなものであり，縁辺の大半がよく潰れている。潰れは，火打金への打ち付けによって生じたものであろう。

　朝鮮半島での収集品（標本番号H0015162）は，鉄製の火打金1点および燐寸箱に収められた火打石2点・火口からなる。火打金（第61図4）は，平面長方形の板状のもので，VI類に相当し，長さ6.9cm・幅2.7cmである。厚みは中央付近で0.4cm，端になると0.2cmである。火打石は2点とも全体に手擦れしている。第61図7は赤色のチャート製で，2.2×1.4×1.3cm・重量4.8g。弱い潰れが見られる。第61図8は灰色のチャート製で，1.9×1.5×1.4cm・重量4.3g。稜線上に顕著な潰れが見られる。

　ここまで実物資料を検討してきたが，朝鮮半島において，火打金・火打石を利用した発火法はいつまで続いたのか，その年代上の下限と当時の様相について，入手できた文献による情報①〜⑥について，断片的ながら箇条書きで挙げておく。

　① 1882年当時，硫黄をしみこませた木片に火打石で火を点けたこと，1894年当時，日本から輸

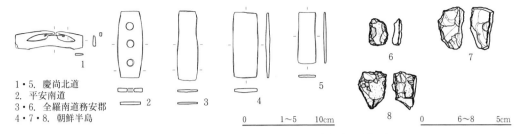

1・5．慶尚北道
2．平安南道
3・6．全羅南道務安郡
4・7・8．朝鮮半島

第61図　朝鮮半島で収集された民具の火打金・火打石

入したマッチが広く普及していたことが報告されているという（小島1997）。

②足立鉎二郎　1894『朝鮮雑記』

各地の市場にいた多くの「支那人」が一様に扱っていた品の1つに「燧石，摺付木」があったと描かれる。

③三成文一郎　1907『韓国土地農産調査報告　慶尚道　全羅道』

1904年12月から数か月にわたって各地の闇市で扱われた商品を調査した有働良夫の記録から発火具に関するものを抜き出すと，全南長城邑（3月3日）雑品：火打石・燐寸，慶南晋州邑（3月17日）雑品：燐寸・燧石・火附木，慶南亀浦（3月28日）織物及雑品：燐寸・火附木，慶南蔚山村（4月14日）雑品：火附木・燧石・燧金・燐寸，慶南霊山邑（4月9日）雑品：火附木・燧石・燧金・燐寸，慶北大邱邑（4月21日）雑品：燐寸・燧石・燧金がある（三成1907）。「火打石」「燧石」という違いについて，何らかの実体的な相違を反映した書き分けの可能性も残され注意を要する。

④執筆者不詳　1938「西鮮通信　燐寸代用に火燧石」

戦時中のマッチ不足を補うために，当時の黄海道の金川郡西北面鵞峙洞では木片に硫黄を塗ったものを用意して火打石で点火していたこと，それは「明治初年の発火設備に還ったかの如く，時局が生んだ時代逆行の風景」である。

⑤印貞植　1943『朝鮮農村雑記』

「工場製の廉価な安全マッチが原始的な燧石や黄燐を一掃し」，「これらの自給品を駆逐したのは確かに大正十年の頃からだったと思う。安全マッチや石油が入ってきたのも，殆んど同じ頃だった様に記憶される」という。

⑥崔在錫　1979『韓国農村社会研究』

「全般的にみて，解放前には必要なときごとに火打ち石で火を起こした農家が過半数」であったが今日（1970年代初めまで）では激減している。

ここまでみたように，本節では，まず，日本の国立民族学博物館所蔵の朝鮮半島で収集された民具の火打金5点・火打石3点を検討した。火打金については，考古資料にもみられたⅤ類のもの1点，未見のⅥ類のもの4点であったが，Ⅴ類の存在は，考古資料からの連続性を示すものとして注目される。Ⅵ類については，朝鮮半島に限ったことではないものの，考古資料としては単なる鉄片として認識されて発掘調査報告書等において未掲載となることもあると予想される。なお，『韓国民族文化大百科事典』（韓国精神文化研究院編1991）には韓国の温陽民俗博物館所蔵品の写真が掲載され，平安南道および慶尚北道における収集品（標本番号H0017529・H0015224）（第61図1・2）とよく似たⅤ・Ⅵ類の火打金等が紹介されていることを付記しておく。火打石については，考古資料

148　第4章　民俗資料からみた発火具や発火法

が未見の現状にあって，その石材等に関する重要な情報を得ることとなった。火打石石材は，石英や，一部白色の風化面をもつ光沢のある黒い石（北野2002），赤色・灰色のチャート，赤色のメノウ質のもの等，様々なものがみられ，朝鮮半島において少なくとも4種類の石材が火打石に用いられたことがわかる。第2章第6節(3)で触れた，古文献から探る火打石石材の情報と合わせ，今後の考古資料の登場とその突合に期待したい。

　また，発火具としての火打金・火打石の状況を記載した文献について，各記載中の年代に沿って古い方から順に機械的に並べると，1894年当時には火打石・火打金による発火具セットとともに新来のマッチが普及しており，1905年3・4月当時の闇市でそれらが扱われていたこと，1921年頃には火打石・火打金のセットに替わってマッチの利用が優勢になったこと，1938年において事情はともかくとして火打石を実際に用いたことがあったこと，1945年以前には農村部全般において必要時に火打石を用いた農家が過半数であったこと，1970年代初めにはそのような農家が激減していること等となる。文献収集について断片的な段階ではあるものの，これらの情報からは，火打石・火打金について当初は新来のマッチと共存していたものの，ついには発火具の主役をマッチに譲っていった過程を垣間見ることができよう。

5　台湾の発火具・発火法とその周辺

　台湾の遺跡出土発火具は，第2章第6節(2)で述べたとおり，未だ断片的な資料状況であり，将来の発掘資料の増加や研究に期待する部分が大きい。そこで，本節では，マッチ以前の火打石等をはじめとする発火具の諸相を把握するため，1940年代以前の台湾原住民に係る各種の記録等を検索する。台湾原住民 [3] は，17世紀頃に中国大陸からの多くの移民が来る以前から台湾に居住していた民族の呼称であり，現在，言語・文化・習俗等の特徴から16の原住民族群が，台湾政府により認定されている。

　『蕃族調査報告書』全8冊，『番族慣習調査報告書』全9冊は，台湾原住民に関する膨大な調査報告からなるもので，1913～22年にかけて『蕃族調査報告書』が台湾総督府内の蕃族調査会から，そして『番族慣習調査報告書』が臨時台湾旧慣調査会から発行された。同書は，その質や規模において，当時の世界的にみて類例のない独創的かつ優れた報告書と評価され（関口2012），近年，台湾中央研究院民族学研究所からそれぞれの中国語訳も刊行されている。そこで，本節では，『蕃族調査報告書』『番族慣習調査報告書』を中心に同時代の報告や取りまとめ（伊能1896ほか）も検索し，台湾原住民におけるマッチ以前の火打石等をはじめとする発火具の諸相に係る各種の神話や伝承，実際の発火具の種類や名称，素材，使用する方法や場面，日常と非日常の違い，発火具の変遷等を拾い出し，台湾における発火具の変遷やその登場背景等を検討する。

(1)　台湾原住民の発火具・発火法に関する記録

　以下，台湾原住民の族群ごとに箇条書きするが，各記事について，中国語訳も参照しつつ，なるべく原文に近い表記や言い回しを残しつつ現代文で整えている。

（ⅰ）泰 雅 族

・合歓蕃は主にヒノキを摩擦していたが，後に鉄と石を用いて発火した。「プトン」と称する草の葉あるいは芭蕉の繊維を揉んで火口とした（台湾総督府蕃族調査会編 1918）。

・大嵙崁蕃の若者がアワを炊こうとしたが火がなく戸惑っていたところ，老人が硬い木を取ってくるよう言った。若者は命ぜられるままに硬い木を選び，老人はその木を揉んで火を出したという伝説がある。今は，芭蕉の繊維および蓬（モタン）の葉を乾かし火口とし，火打石を用いる。火縄はスーウェッルと称する葛の内皮を乾かし打ち砕いて縄を作って用いる（台湾総督府蕃族調査会編 1918）。

・昔，祖先が大覇尖山にあった頃は，ピコとシンコラホンとを摩擦して火を得ていた。その後，流木をみて，上流に人のいることを知った土人[4]がやって来て，火打石を私たちに与えた（台湾総督府蕃族調査会編 1918）。

・加拉歹蕃では，現在はマッチを使用するが，昔は火打石を用いていた。合加路蕃では，昔はセグナォと称する木片を揉んで火を得ていたが，後に漢人から火打石が伝わった。汶水蕃及び太湖蕃では，昔はパーシンと称する木を揉んで火を作り，芭蕉の芯（ガシゴシ）を火口とした。奇拿餌蕃では，火打石をプトンガン・バトノフ，火打金をバレク，マッチをプトンという。火口には，煮た後に乾かした艾を用いる（台湾総督府蕃族調査会編 1920）。

・北勢蕃・カラバイ蕃では，昔，祖先はマリビヤンというところで初めて火打石と鉄を打って火を得ることを知った。その頃は，ガミン・ナ・カバロン（松の根）を火口とした（佐山・大西 1923）。

・現在，大多数が使用するのは交換で得る「マッチ」であり，点火器具としている。ただし，従前は，鉄片を火打石で敲打して火を取っており，芭蕉の繊維で作られた火口に移していた（附記：伝説では，彼らの祖先は木の頭どうしを摩擦して火を得ており，それは神が我々に教えたのだそうだ）（台湾総督府臨時台湾旧慣調査会編 1915a）。

・汶水蕃では，チャチャスがどこかから火を携え来て祖先に授けた。今でもチャチャスを霊鳥として射殺さない（佐山・大西 1923）。

・抜歯について，大嵙崁蕃では男女 16，17 歳になると，火打金を犬歯にあて槌で打って 2 本ともその日に打ち欠く。汶水蕃では，木片を口にくわえさせ，火打金を歯にあて手斧で打つ。萬大蕃では，まず口に衣服をくわえさせてから火打石をあて斧で打つ（野谷 1936）。

・副葬品として，男子であれば煙草入れや火打（今ではマッチ）等を用意する（森 1914）。

・火打石と鉄片の無い時代は木と木の摩擦による発火法であった（伊能 1905）。

・ハハコグサ（角板山蕃ではプットン，ガオガン蕃ではポットン，霧社蕃ではガーリャクプットンと呼ぶ，以下同じ）・アキノハハコグサ（ガオガン蕃ではプットンバラノ）・チチコグサモドキ（ガオガン蕃ではプットン）は全体に毛があって冠毛もまた多く，それらを乾燥して揉むと点火材に適している。火打石による発火で用いられる（台湾総督府民政部殖産局 1921）。

（ⅱ）賽 夏 族

・従来は火打石を用いていたが，現在はマッチを使う。古い時代にはサイイあるいはサイレ（落葉樹でその葉はカシに似ており，豆の大きさ程の赤い実をつける）という木の根で火縄を作り，枯

れ木と摩擦して1日がかりで火を起こした（台湾総督府臨時台湾旧慣調査会編 1917）。
・シャイイと称する木の根を摩擦して火を得た。後に火打石を得て，芭蕉のオシベの繊維を乾かして火口とした（台湾総督府蕃族調査会編 1921a）。
・抜歯は，左手の火打石を抜去する歯の根部にあて，右手の木槌で一気に打ち欠く（野谷 1936）。

（iii）排　灣　族

・大洪水の話とともに「木燧」の発明について伝説が残されている。ルカイ蕃サポガヌ社では（山に登って水を避けた際に）火を失ってみな困っていた。その時，1匹の羌（キョン）が泳いで大武山に行って樹豆の幹を取って来て，燧具を作って火を出したことによって「木燧」の方法を知ったという。ラバル蕃バリラヤヌ社では（山に登って水を避けた際に）火がなく困っていたが，たまたま1匹の大蠅が来て頬に足を擦っていることに倣って木を摩擦したところ発火したことが，火を作出する起源であるという。ラバル蕃上パイワヌ社では（蕃地一帯が海になって山に登り）火がなく困っていたところ，遠くの霧頭山に火の気があるのをみて，人が泳いで行って取ってこようとしたが途中で溺死してしまった。そこで，子羌に命じて取らせたところ，子羌は火を頭角に結着して泳いで帰ってきた。しかし，途中で疲れて，頭を水につけたために火が消えてしまった。とうとう霧頭山から火を取る術がなくなり，どうしようと苦心していたところ，1匹の蠅が飛んで来て，頬にその肢先を擦る様子があたかも火を発するかのようにみえた。そこである人が試みに木と木を取って摩擦したところ，次第に熱気が生じ，ついに火を発したことが「木燧」の始まりであるという。パリジャオ蕃サプデク群社牡丹路社では，大水が引いた後に旧社に帰ってきたが火がなく困ることとなった。ジャムチ（足の赤い鳥）が遠くボカリヅに赴いて火種を得て帰ってきた。パリジャオ蕃高士佛社では，1匹の蠅が枯木の上に糞をしたところ，その木が燃えだした。あるいは，火を作出したのは蠅でなく，烏秋（オウチュウ，蕃語でチャチュウ）がどこかから火を取って来て，樹枝にとまったところその脚下から火が燃え出たという。この功により，今なお番人はこの鳥を捕殺しない。この鳥のくちばしが赤いのは，火を咥え来たからであるという（台湾総督府臨時台湾旧慣調査会編 1920）。
・ラルクルク社では，発火法として，昔はカタジャプと称する木を揉んで発火させていた（台湾総督府蕃族調査会編 1921a）。
・古来，木燧であったが，漢人と接触して後は，鋼燧を用いる。パリジャオ蕃加芝來，高士佛等の蕃社においては 1661（順治 18）年に車城に来住した漢人よりこれを得たという。近代に至っては，一般にマッチを用いる。木燧は，現在，パリシ・タ・キ・ナジャン（蕃社の不吉を祓う祭祀）の時にのみ用いる。あらかじめカタジャプ（面頭果）と称する木のよく枯れたものをもって，雌雄の燧具を作る。その大小は1つではないが，雌の長さ 8〜9 寸，幅1寸，厚み 6〜7 分でその一端に小孔を穿つ。雄はその長さ 8〜9 寸，円径5分の棒にしてその末端を尖らせて錐のようにする。火を起こすには，雌の一端を片足で踏んで押さえつつ，雄の一端を孔に挿し込み，錐のように揉むと次第に熱を帯びてきて，孔の周囲に木屑が生じ，煙を出しつつ，数十分後についに発火する。火種を火縄に移し，火縄から茅へ，茅から薪へと火を移す。火縄は赤榕の内皮を取って乾かした後に敲いて繊維となし，絢って縄状に作ったものである。鋼燧（パチキス）は雌雄2点からなる。雌は長さ約3寸，幅6分で，その中央に凹んだ箇所がある。

5　台湾の発火具・発火法とその周辺　151

火のもたらし，木どうしの摩擦式発火法の登場	火打金・火打石を打ち合わせる打撃式発火法の登場
・火を失ってみな困っていた。その時，1匹の麂（キョン）が泳いで大武山に行って樹豆の幹を取って来て，燧具を作って火を出したことによって「木燧」の方法を知った。 ・火がなく困っていたが，たまたま1匹の大蠅が来て頬に足を擦っていることに倣って木を摩擦したところ発火したことが，火を作出する起源である。 ・ジャムチ（足の赤い鳥）が遠くボカリヅに赴いて火種を得て帰ってきた。	・古来，木燧であったが，漢人と接触して後は，鋼燧を用いる。1661（順治18）年に車城に来住した漢人よりこれを得た。 ・遠方に火の光をみたことで喜んでその所に赴いた。それは，亡き父が海の中にあって，火打石と鉄を擦って造った火であった。まもなく亡き父が来て，それを授けて去っていった。

マッチの登場

第62図　排灣族の神話・伝承からみた発火法の変遷

　雄は長さ2寸，幅は雌と同じ。火を発するには，雌の凹んだ箇所に火媒を附し，雄で打つことで，火媒に火が移る。火媒にはカライライ（かじの木）の内皮を日で乾かし，敲いて綿のようにしたものへ，消墨または鍋墨を混ぜたものを用いる（台湾総督府臨時台湾旧慣調査会編1922）。
・スクスクス社では，昔，サリムヅとサルマイという2人がチャチェーという鳥から火を得て，それを朽木に移して保管したことが火の始まりである（佐山・大西1923）。
・カスボカン社では，死者への副葬品について，普通は，男には衣類・銃刀・小刀・網袋・豚骨・鍋の破片（燧石代用），女には網袋・櫛・衣類・小刀・鍋の破片等であり，小児には銃を除いたものであったという（台湾総督府蕃族調査会編1921a）。
・チヤヂヤアプス社では，昔，プルルガンとアヂャチュの間にウデデという子がいた。まもなく両親が死んでウデデは孤児となった。社人は両親が死んだことを幸いに，その財産を分配しウデデには何も与えないばかりか火さえも借さなかったから，ウデデは致し方なく畑に逃れた。すると，遠方に火の光をみたことで喜んでその所に赴いた。それは，亡き父が海の中にあって，火打石と鉄を擦って造った火であった。まもなく亡き父が来て，それをウデデに授けて去っていった。彼は，火とその道具とを携えて社に帰ったところ，社人等はそれをみてたいへん便利なので借りようと皆集まってきたが，ウデデは固く拒んで貸さなかった。社人も今は前の非を悔いて，ウデデと和解した。これが蕃社に火打石が伝わった始まりである（佐山・大西1923）。
・『臺灣府志』で「無火則竹木相鋸而出火」とあるが，鋸火ではなく錐火が正しい（伊能1905）。

(ⅳ) 鄒　　族
・往古は木片を摩擦し乾燥した茅の花を火口とした。後に土人から火打石を得てからは専ら火打石を用いた。今はマッチを使用するが，祭日には木片の摩擦で得た火を用いている。発火法の口碑によると，昔，ある者が1匹の青蠅が手足で全身を擦り，また手足を互いに摩擦するのをみて面白く感じ，真似してみようと思い，木片を2つ求めてきて，何心なく互いに擦り合わせたところ，熱が生じて指で触れることができなくなったため，そこから休まず続けたところ，ついに発火した。後に彼は，美壠社でいうタラバウル，排剪社でいうタルパヲシュと称する木を選んで発火器を作ったという（台湾総督府蕃族調査会編1915）。
・今は通常，火打石を用いるが，年1回の祖先を祀る大祭の火と，敵族との戦闘時に携帯する火に限り，新たに作った火錐によって新たに発火した火を用いる。この発火器をPossaと言い，一度使用したら最も神聖なものと認め，未婚少年の宿泊所となる特殊建物の中へ備え付け，決して再び手を触れることを許さない（伊能1904・1905）。
・当年・次年のイネの豊穣を報謝・祈求する祭儀に4～5日先行し，恒例として成年男子は山で

狩猟をする。野宿時は，信仰上より，木と木を摩擦して発した火で暖を取る。ほかの発火法は用いない（伊能 1910）。

- 阿里山蕃では，ケウイシという鳥が大空高く飛び去り，ケイシポフプトという神から火を貰ってきた。悠々と舞い下りようとしたところ，火を失ってしまった。そこで，ウフゴという鳥が再び同神のもとへ行き，首尾よく火を貰ってきた。その功により，ウフゴは畑の真ん中で食いあさっても許されるが，ケウイシは畑の中に入ることができない。この二鳥の嘴が尖らないのは，火のために焼かれたからという。平素用いる火はこの鳥から得たものであるが，祭日に用いる火はエヤファヘヲイという軍神から授けられたという（佐山・大西 1923）。

（v）布農族

- 巒蕃人倫社では，今は艾を火口（ポットン）として火打石を用いる。昔は揉木法であった（台湾総督府蕃族調査会編 1919）。
- 達啓覓加蕃卡社では，マラクタイガ祭の時のみ木を揉み，茅の穂を火口とした（台湾総督府蕃族調査会編 1919）。
- 丹蕃丹大社では，狩猟及び出草（首狩り）の際，必ず火打石を用い，艾を火口とした（台湾総督府蕃族調査会編 1919）。
- 郡蕃東埔社では，マラクタイガ祭の時にもマッチを用いる（台湾総督府蕃族調査会編 1919）。
- 以前は木による摩擦式発火であった。現在も年1回の大祭で，酋長は家屋内で戸を閉ざし四面を闇黒にし，家伝の火錐を擦って発火し，次いで1人の蕃丁が石製の刀を取り豚の喉を屠る真似をし，さらに鉄刀で捌き犠牲に供する習慣がある（伊能 1905）。
- 埔里社の南，水社湖付近の丘地に住む支那化土蕃（布農族と血統関係と推察される）では，今も祖先祭の儀式として，前夜に全部落を挙げ家中の火を悉く消し，翌早朝に男子は山に登り，ニレの幹を伐って台とし，細い木の棒を火錐として発火し藁束に移して携えて帰る風習があり，これをPatuという（火を改めるという意味を含む）。この儀式をしないと，その年に悪疫火災の災いがあるという迷信を伝えている（伊能 1905）。
- 達啓覓加蕃では，昔，大洪水により土人は新高山に，蕃人は卓社大山に逃れた。急なことで，蕃人は火を持ってくるのを忘れたため，新高山からもらい受けようとしたが，海を泳ぎ渡るものがいない。鳥に頼むと気づき，ララリガンを遣わしたが，途中で火を落としてしまった。次にタンプガーを遣わしたが，飛び回るうちに火が消えてしまった。次のサリヌタンは長い尾が水に使って重さに耐えかねて火を水中に入れてしまった。さらにリナスを遣わしたが目的果たせず。タンパワは飛び方が荒く持った火で自らの羽毛を焼き水中に沈んでしまった。最後にカイピスを遣わしたところ首尾よく嘴に挟んで火を持ち帰った。人々は喜び，その恩義を忘れずカイピスを射殺することはない。その嘴が赤いのは火に焼かれたから。鳴き声を真似したら衣類を焼かれるとさえ言われる（佐山・大西 1923）。

（vi）阿美族

- 南勢蕃では，昔は木片どうし，または木片と竹を摩擦していたが，漢人が鉄材を輸入するようになって以後は，鉄片と火打石とを用いた。現今は，マッチの便を知ってからは盛んに使用し，

古来の発火法をみることができなくなった（台湾総督府蕃族調査会編 1913）。

・奇密社の祖先は，火がなく不便であり，どこかに火種がないか，全社を挙げて深山幽谷に分け入った。数日後，高山の頂に露営した時，遥か沖合の島に火が見え喜んだが，遠い海中の一孤島でありどうにもできない。そこで，鳥獣を使うより仕方なしとなり，熊や豹を遣わしたが風波荒く，溺死あるいは中途で引き返したため何れも使命を全うできなかった。弱々しく選に漏れて最後に残った仔麞（キョン）を遣わしたところ，首尾よく火を取ってきた。人々は狂気のように喜び，彼を撫で上げ褒めたたえたことで，その毛は滑らかで光沢を生じつやつやとなったという。海岸蕃では，アボクラヤンという神が，ボトル島で樹を藤蔓で摩擦して火を得たという（佐山・大西 1923）。

（vii）卑　南　族

・ヌノルを挿した竹の節より生まれたバグマライ，バクムシルの両人はブロと称する虫にここから東方向の日出る国に行き，マルデイ・マルダヴ両神から火を貰い来るべきと命じた。ブロは命を受けて日出る国に行き，両神から火を請い受け，自らの両角に挟んで帰り屋後の樹（ドゥムともババンダンともいう）に移した。バクムシル夫婦は枯れた草木にこれを移したが，その火が絶えることを憂い，焼け草を求めて一緒に出かけて遠近の野山を探索しカラエラエと称する草を発見し，これを揉んで軟らげ，石より出る火を移すことを始めたという（番人が言うには，木を擦り合わせて火を得るのはブロが日出る国に使いに出て以後の発火法であり，専ら藤を擦り合わせるものであった。祖先から日出る国のマルデイ・マルダヴ2神から貰ってきたものであると伝え聞いている）（台湾総督府臨時台湾旧慣調査会編 1915b）。

（viii）賽徳克族・太魯閣族

・霧社蕃の1つであるタウガンは，火打石（プトガン）を産出したことが社名の由来となった（台湾総督府蕃族調査会編 1917）。

・ダウダー蕃の季節行事の1つである粟播（スムテットツ）では，司祭者（スマルゲヤスムラッドッ）はおよそ午前2時頃に独り，社の近傍でブタやニワトリ等の入ってこない所に行き，1枚を斜めに3枚の石をたて長さ2尺・幅1尺ほどに区域を定めてその中央にやや小さい1枚の石をたてて境とする。これを「グムリープ」という。一方には糯粟，他方には粳粟を播いて水をかけて行事は終了する。その時は，そばに小さな松明と1本の竹および火打石をたて，粟を播くにあたって石のごとく堅く，竹のごとく成長が速く，松明の色のごとく粟が熟すように，また猟に出る時は獲物があるようにと祈る。翌朝早くに少年やほかの者がその所へ行って粟を播くと，年中病気に罹ることなしと司祭者が帰社すると各社に通知する。翌日は全社で休業とし謹慎する。3日目から全社の者が粟播きを始める（台湾総督府蕃族調査会編 1917）。

・昔は寄生木によって発火器を作りそれを揉んだけれども，今は火打石を用いる。彼らは駐在所に来てマッチを恵与されて喜ぶことひとかたならず，あるいは3本5本と1箱を与えられた時は満面の笑顔となる（台湾総督府蕃族調査会編 1917）。

・ダウダー蕃では，火打石入れをクプクプトンと呼んだ（台湾総督府蕃族調査会編 1917）。

・現今は交易所でマッチを交換すれば常にそれを使用するが，以前は鉄片で火打石を打ち，芭蕉

の繊維を裂いた火口に移した。火口には少量の火薬を加えることが常であった。今日においても，出猟，開墾，旅行等にはマッチのほかに火打石とその関係道具を必ず携帯する。揉木法について語るのは聞いたことがない（台湾総督府蕃族調査会編 1917）。

（ix）達　悟　族（雅美族）

・紅頭嶼では，台湾本島のように火打石・火打金を用いることなく，専ら木と木の摩擦により火を出す。まず1つの小木板（A）を台となし，この上縁に切目をつけ，1本の細い木棒（B）を切目の上にあて，両手で錐のように揉めば，摩擦の結果，熱を生じついに火を発する（第63図）。この火を他に移すには，常に船板の継ぎ目を塞ぐ柔らかな海綿質様の菌類を乾かしたもの，もしくは枯葉を木板の下に置いて移し取る。私は発火法を行わせ，それをただちに撮影した（第64図）。木板をババクシュ，木棒をマガカイと言い，これを総称してブットヌンという。即ち，木棒を男となし，木板を女となしている。而して木板の穴を Usun という。この Usunは臼のことであり，日本の「ひきりうす」と称するにあたるものである。木板の木質は松村理学博士（筆者註：松村任三）によると通脱木（筆者註：ウコギ科のカミヤツデ）の幹であろう。木棒はその木質に髄があることから通脱木の枝であろうという。彼らはこのようにして火を得ることから，彼らにあっては火が貴重であることは推して知るべしであり，紅頭嶼で火を貴ぶことは1つの風習となり，ある社のいずれかの家には火を保存して置いた。火の絶えた時は，近隣の家から互いに貰い来る風あり。もしも近隣いずれも火がない時は，やむを得ず摩擦発火法を行うに至る。私がかつて，無人島である小紅頭嶼に渡航して，その岩窟中に土器とともに以上の発火器を置いてあるのを見たことがあるが，これは彼らがこの島に漁業のために来る際に，この発火器によって火を出すものと思われる（鳥居 1899・1902b）。

⑵　台湾原住民の記録からみた台湾における発火法の変遷やその登場背景

　台湾原住民における発火法の変遷については，木と木を擦り合わせる段階が先行し，次いで鉄（火打金）と石（火打石）を打ち合わせる段階，そしてマッチを用いる段階以降という大きく3つの段階で推移したことが明白である。この推移は，当時，いち早く岡松参太郎によって取りまとめられ指摘されたとおりである（台湾総督府蕃族調査会編 1921b）。各方法は完全に入れ替わっていくというものではなく，記録の作成された 1910～20 年代当時，台湾原住民にとって，マッチが容易に入手できて日常の発火具として一般的になっていても，例えば，季節ごとの祭事や出草（首刈り）等といった伝統的習俗の中で用いる火を起こす際には，旧来の発火法が採用されている。これは，前例踏襲する姿勢と新しい方法への畏れが表れたものと評価される。

　火のもたらし，あるいは木どうしの摩擦式発火法の登場については，神話・伝承等によると，排灣族では大水により高山へ逃れたところ火を失ってしまうが，海の向こうに火を見て，羌（キョン）を遣わして火種を運んでくる，あるいは排灣族・鄒族では蠅が足を擦っていることに倣って木どうしを摩擦する発火法を知った等があった。海の向こうから羌が火を運ぶ話は阿美族にもみられ，布農族では鳥が海の向こうから火を取ってきていた。火のもたらし，あるいは木どうしの摩擦式発火法の登場については，全体に神話・伝承の色合いの強い内容で共通している（第62図）。

　火打金・火打石を打ち合わせる打撃式発火法は，「漢人」をはじめ部族外との接触によってもた

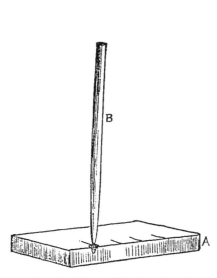

第 63 図　達悟族（雅美族）の発火具スケッチ

第 64 図　達悟族（雅美族）による発火法

らされたと泰雅族・排灣族・鄒族・阿美族に共通して伝わり，さらに「順治 18 年（1661 年）に車城に来住した漢人よりこれを得た」という排灣族パリジャオ番加芝來，高士佛社等の伝承はより具体的なものである。また，阿美族においても「漢人」による鉄材の輸入を契機に始まったとされている。排灣族では，亡き父が海の中にあって，火打石と鉄を授けたと伝えられている。これらの伝承は，第 2 章第 6 節(2)で検討した遺跡出土品の示す台湾における火打石の採用年代とは調和的であることから，台湾における火打金・火打石を打ち合わせる発火法の登場とは，台湾への「漢人」の移動をはじめ部族外との接触によってもたらされ，普及していったとみてよかろう。

　なお，1896 年の手稿本「鹿港風俗一班」によると，当時において台湾の鹿港へ清国から輸入されている商品には火打石がみられず，同等品であろう火柴（マッチ）が挙がっている（許 2014）点も興味深い。なぜなら，1840〜95 年における清国の対外貿易に関する史料の取りまとめによると，清国におけるマッチの輸入量について 1867 年が 79,236 羅（羅は 12 ダースを示す単位で 1 羅＝144 本）であったものが 1894 年には 6,615,327 羅と増加していることや（許 2014），1882 年の時点で火打石・火打金からマッチへと完全に代替してしまったという報告（姚 1962）のあった点とよく符合するからである。台湾原住民から聞き取られた各種情報からは，発火具の変遷として，火打石と火打金を用いた発火法からマッチによるものへと移り変わっていたことが明らかであり，その年代は 19 世紀後半であると言えよう。

6　民俗学・歴史学資料に基づく九州における火打石の産地

　第 2 章および本章で取り上げた以外にも，九州においていくつか明らかにされている火打石産地

があり，ここで列記しておきたい。今日的には，開発等によって失われた，あるいはその存在自体が忘れられた産地も多いものの，今後の九州各地における火打石等に係る調査研究の足がかりとなっていくものと期待される。

①福岡県福岡市金隈（第65図1）

奥村玉蘭により1821年に著された「筑前名所図会」によると「鏡石　金の隈の山にあり，すかしみれハ，よく人のかけもうつす，むかひてみれハうつらす，此所海辺より一里余あり，よって船の帆うつる，日和を考て登りみるへし，石の面たいらかにして其質燦なり，かたわらに火打石多し色ハ白し，此山に登臨すれハ海の中道見えて風景至てよし」という（奥村1821）。「筑前國續風土記」（貝原1709）には「其石の高三尺余，横一間許あり」と鏡石のサイズが記載される。

②福岡県筑紫野市 市内の河川（第65図2）

筑紫野市内で実施された聞き取り調査により「火をつけるときは，クドの燃え残りから付け木で火をつける。付け木はハガキ半分くらいの薄いスギの板で，片端に硫黄がついている。これを縦に割って使う。神事の時は，川から石英を拾ってきて火打石として使う。袋に入れておく」（西南学院大学国語国文学会民俗学研究会1984）。

③福岡県福津市上西郷（第65図3）

小字地名に「火打石」があり，近隣での発掘調査の際に石英が多く見られたという紹介記事が「広報ふくつ」（福津市2006）へ出ている。

④長崎県対馬市厳原町久田の「めいし坂」（第65図6）

『楽郊紀聞』（中川1977）巻九に中川延良により著された「対馬夜話」があって，「久田村」の記事として「（前略）同村，めいしの坂といへるは，峠より内山の方に，大成岩石の山上に峨々としたる処有。其内路より見れば，角なる石の，ひらたき石に重りて立たる有，是をまひ石と云。天より舞ひ下りし石故，かく云ひ伝るとぞ。同上，瀬村給人高松織部被官の者話。同じ坂の下り口より，余り遠からざる処の，路の少し脇に入込めば，火打になる石有。自身取りて試るに，江戸にある石に劣らず。吉村仁吉郎話。○此人高松織部弟也」とある。

高松織部は，別記事を参照すると1849（嘉永2）年の時点で80歳とされる。その高橋織部の弟である吉村仁吉郎が自ら試して「江戸にある石に劣らず」と言ったようである。「江戸にある石に劣らず」という点は誇張かもしれないが，「江戸にある石」が江戸で用いられていた火打石の意味であれば，水戸諸沢産の白い玉髄が主に該当することとなる。したがって，「めいし坂」の下り口からあまり遠くないところの路から脇へ少し入り込んだところで得られる火打石は，白っぽい色の石材である可能性が出てくるのであり，石英が候補の1つとして考えられる。「めいし坂」は舞石ノ壇山に関する地名と推測され，舞石ノ壇山の南側の峠から西に下ると「内山」である。

⑤長崎県平戸市か（第65図8）

木内石亭により寛政年間（1789〜1801年）に著された「奇石産誌」によると「珊瑚石　平戸近山ニアリ　里人火打石ト云　今城主ヨリ止山ニス　玉ニ磨テ珊瑚ニマガフ」とある。「雲根志」には「安永己亥の秋九月，筑後国柳川君山の説に，肥前国平戸の近山に珊瑚石という物を産す。里俗は火打石ともいう。これをうてばよく火を散らす故なり。ただ山にありて形は等しからざる石なり。石質堅硬にして玉のごとく，色赤く木理ありて玉に磨く時はつやありて，実に珊瑚に異なることなし。里俗これを玉師に磨かしめて珊瑚に贋す。よって地主これを禁じて当時は得がたし」という。

6 民俗学・歴史学資料に基づく九州における火打石の産地　157

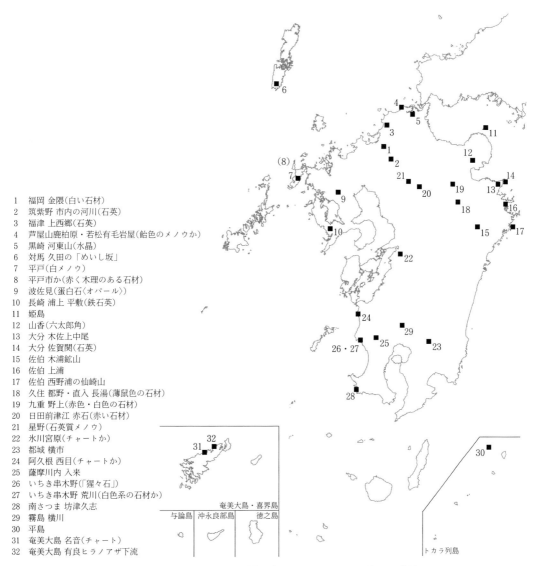

第 65 図　民俗学・歴史学資料に基づく九州における火打石の産地

「平戸」の意味が平戸島なのか平戸藩領なのか判然としない。赤く木理のある石材である。

　⑥大分県姫島（第 65 図 11）

　唐橋世済『豊後国志』（1803 年）によると，土産として，六太郎角（第 2 章第 4 節(7)参照）とともに「国東郡姫島出　燧石・礪石」とある。姫島には，旧石器時代から弥生時代にかけての石器石材となった灰白色の黒曜石やガラス質安山岩が産出し，それらが火打石の候補となる可能性がある。

　⑦大分県大分市木佐上中尾（第 65 図 13）

　第 2 回内国勧業博覧会に「品名　燧石　石　産地　北海部郡中尾村　出品者　橋迫基」とある（明治文献資料刊行会 1975a・b）。「中尾村」は臼杵藩領にあたる。

　⑧大分県佐伯市木浦鉱山（第 65 図 15）

　明治 10 年内国勧業博覧会に「品名　火燧石　産地　大野郡木浦鉱山　出品者　県庁」とある（明治文献資料刊行会 1975c）。木浦鉱山は旧南海部郡宇目町に位置し，木浦鉱山は岡藩直轄である。

158 第4章 民俗資料からみた発火具や発火法

⑨大分県佐伯市上浦（第65図16）

明治10年内国勧業博覧会に「品名　燧石　産地　南海部郡東上浦村二ノ一九四　出品者　中西唯吉」とある（明治文献資料刊行会1973）。上浦村は佐伯藩領である。

⑩大分県佐伯市蒲江大字西野浦の仙崎山（第65図17）

仙崎山に高さ5m・横10mほどの大理石のように美しい岩があり，あたりにはその岩のかけらが落ちている。マッチ登場以前は，この石を火打石としていた（話者：西野浦　久寿米木ヨシ　80歳）（広松・岡本1974）。

⑪大分県竹田市久住町都野地区から直入町長湯地区（第65図18）

横井希純により寛政年間頃に著されたかとされる「阿州奇事雑話」の「所々奇石」の項に「那賀郡大井村の内大田井の火打石色青く火能く出づ，海内の火打石第一品なるべし，京師。浪花。近国。西国辺皆此石を用ひ価貴し，実に宝の石なり，玉或は掛物の軸又風鎮などに磨造るべし，此類石は美濃の養老の火打石色青く少し黒し，彼の近国之を用ゆ，大田井石に亜く，常陸の水戸石山城の鞍馬火打石は白石なり，近年豊後の久多見火打石は色薄鼠なり，火出る事は他の火打に勝れり然も其石堅きに過て燧を損すとも云ふ」とある（横井〈不詳〉）。また，「毛吹草」（松江1645）には火打石等の産地そして豊後国の名物の1つとして「久多見燧」が挙げられている。薄鼠色の石材であったとわかる。

⑫大分県玖珠郡九重町野上（第65図19）

第2回内国勧業博覧会に「品名　燧石　赤　産地　玖珠郡野上村　出品者　穴井徳治」，「品名　燧石　白　産地　玖珠郡野上村　出品者　岩尾熊吉」とある（明治文献資料刊行会1975a・b）。赤・白色の石材があったとわかる。

⑬大分県日田市前津江町赤石（第65図20）

「赤石」の地名は，この北の地に，大きな火打石のように赤い石があったことで生まれたという（広松1974）。

⑭宮崎県都城市横市町（第65図23）

第2回内国勧業博覧会に「品名　燧石　産地　日向国諸懸郡横市村　出品者　入米只右衛門」とある（明治文献資料刊行会1975a・b）。なお，出品者名の「入米」姓は「入来」の誤記の可能性が考えられる。

⑮鹿児島県阿久根市西目（第65図24）

『三国名勝図会』によると，出水郡阿久根の「物産　土石類」に「燧石　西目の内，小潟に出づ」という（五代・橋口1843）。「西目の内，小潟に出づ」の記載を頼りに現地確認したところ，西目の海岸にはチャート転礫が散見され，火打石の候補となる。

⑯鹿児島県薩摩川内市入来町（第65図25）

『三国名勝図会』によると，薩摩郡入来の「物産　土石類」に「燧石」という（五代・橋口1843）。

⑰鹿児島県いちき串木野市（第65図26）

『三国名勝図会』によると，日置郡串木野の「物産　土石類」に「猩々石　燧石の上品なり」という（五代・橋口1843）。「猩々」は「わずかに黒味を帯びた深紅色」であり，火打石石材の色を示している可能性が考えられる。

⑱鹿児島県いちき串木野市荒川（第65図27）

　第2回内国勧業博覧会に「品名　燧石　硅石　産地　薩摩郡日置郡荒川村　出品者　別府源兵衛」とある（明治文献資料刊行会1975a〜c）。硅石という記載からは白色系の石材が想起される。

⑲鹿児島県南さつま市坊津（第65図28）

　第2回内国勧業博覧会に「品名　燧石　産地　川辺郡久志村　出品者　岡元弥四」とある（明治文献資料刊行会1975a〜c）。

⑳鹿児島県霧島市横川町（第65図29）

　『薩隅日地理纂考』によると，横川村の「物産　金石」として「金，滑石，道観石，禹余粮石，火燧石，石中黄，以上六品金山ニ産ス」という（鹿児島県教育会1898）。これと関連しそうな記事が「島津斉彬文書」にいくつかあり，まず嘉永2年6月7日徳川斉昭への書簡として「（前略）燧石之儀承知仕候，山出之石ニても，中々十分ニ細工出来兼申候，当年蘭人江承候様申遣置候間，相知れ候ハヽ，可申上候，（中略）一　燧石国よりは宜敷品出不申，余り堅過候間，細工六ヶしく，玉も宜敷品出来兼申候，此間外より承候ニは，製造燧石之法御座候よし，蘭品も夫ニては無之やと申事ニ御座候，（後略）」とあり，さらに嘉永2年9月5日徳川斉昭への書簡として「（前略）一　燧石拝見難有奉存候，余程よろしく，早速試も仕候処，火の出もよろしく，御沙汰之通り，山出シ之石ニて御座候ハヽ，可然奉存候，私ニも種々試候へ共，十分ニ難出来候処，此間事林広記之中に，石を軟ニ仕候法見出シ候間試候処，少しは切安く相成申候間，右之石入御覧候，御試奉願候，一　製造燧石之儀は，尋常之青硝子を蒸焼ニ仕候よし伝承仕候へ共，委細は承り不申候，（後略）」がある（島津斉彬文書刊行会1959）。"山出之石"には，大隅横川村山ヶ野金鉱産と付記されている。これらの記事は，第2章第6節(1)で取り上げたガン・フリントに関するものであるが，ここでは，山ヶ野金山から"火の出もよろ"しい火打石が産出したという点に注目したい。

― コラム　「火打」地名とその背景 ―

　三重県下の「火打」の付く地名には，古文献等には火打石産地として登場しないとしても，火打石の材料となりうるチャート等が採集されることがあり（増子・三島2003ほか），火打石産地を検索する手がかりの1つとして有効である。一方で，「火打」には三角形をしたものを指す意味もあるとされ，「火打」等を含む地名には，火打金の平面形から想起される山形・三角形をした地形等を表現している可能性もあることから，個別で現地確認していくことが必須である。

　ここでは，現地確認はできていないながら，地名そのものに「火打」を含むことから，ひとまずは火打石産地の候補となりうる事例を挙げておきたい。なお，火打石について「六太郎角」「火川カド」「川辺かど」そして星野村の「カド石」のように，「カド（角）」「カドイシ（角石）」と呼ぶ地域もあることから，角や角石等の地名についても同様に，火打石産地を示す可能性を念頭に置く必要があろう。

　火打（長崎県西海市西彼町喰場郷）

　火打小野（鹿児島県薩摩郡樋脇町市比野）

　火打ヶ浦（長崎県南松浦郡新上五島町若松郷）

　火打ヶ迫（大分県佐伯市直川大字仁田原）

　火打木場（熊本県天草市天草町高浜北・高浜南）

　火打崎（宮崎県延岡市神戸町）

　火打水流（宮崎県都城市下水流町）

火ウチタ（大分県佐伯市青山）

ヒウチ田（大分県佐伯市長良）

火打谷（長崎県佐世保市三川内町）

火打塚（福岡県嘉穂郡桂川町九郎丸）

火打柊木（鹿児島県西佐田町）

火打山（大分県国東市国東町富来）

註

(1) ここに挙げた以外に，鹿児島県歴史資料センター黎明館の民俗資料番号1799は，火打金・火打石以外に，火口とそれを収めた火口入れ1点で構成される。国立民族学博物館（標本No. H25748）と奄美博物館の民具もまた，火打金・火打石以外に，道具一式を収める袋1点，火口とそれを収めた火口入れ1点がある。このほか，国立民族学博物館には，薩摩硫黄島の木製で蓋付きの火打箱（標本No. H16594），奄美大島の発火具を納める袋（標本No. H18525）や火口（標本No. H18526）もある。

(2) 同資料について，甲（1987）および酒井（2002）では厚み3mmでなく3cmと記載されているが，明らかに誤植であって，民具等を踏まえると甲（2011）の3mmが正しいのであろう。

(3) 台湾原住民は，自らのことを台湾に昔から住んでいたという意味で「原住民」と呼ぶ。日本語でなじみがある「先住民」という表現は，中国語で「すでに滅んでしまった民族」という意味であるため，この表記は台湾では用いられていない。したがって，本書では，台湾原住民という呼称を採用する次第である。

(4) 原文での表記を尊重している。

第5章　絵画資料に表れた発火具や発火法

1　本章の着眼点と目的

　絵画資料に表現された発火具や発火法を扱った研究は，すでにいくつか公開されている。主なものを挙げると，まず，山田清朝は，兵庫県所在の中尾城跡出土の火打金を位置づける過程で，12世紀から15世紀前半までの絵巻物等である「伴大納言絵詞」「鳥獣戯画」「北野天神縁起」「一遍上人絵伝」「粉河寺縁起」「当麻寺曼荼羅縁起」「男衾三郎絵詞」「天狗草紙」「石山寺縁起」「絵師草紙」「春日権現験記」「福富草紙」「法然上人絵伝」「慕帰絵詞」「融通念仏縁起」を対象に，火打袋と思われるものを携帯している人物やその場面，火打袋の提げ位置，火打袋の大小や色等について検索した。その結果，一般庶民階層においても火打袋が携帯・使用されていたこと，火打袋には幾種類かの大きさがあったこと等を指摘した（山田1989）。

　また，日本美術史家の畑麗は，江戸東京博物館による発火具研究の中で，火打石・火打金が描かれた江戸周辺の江戸時代中期以降の絵画資料である「浮世めいた記」「近世職人絵尽」「絵看板子持山姥」「近世商売尽狂歌歌合」「新柳二十四時　午後九時」「江戸職人歌合」を検討した。その結果，「絵看板子持山姥」の著された1815（文化12）年頃までは升屋の火打金売りが健在であったことや，「近世商売尽狂歌歌合」の本文で吉井の火打金売りが「文政年間より江戸にて少しヅ、評判もありし」と記載されたとおり，文政から天保年間（1818〜44）にかけて江戸における火打金売りが升屋から吉井本家へ転換していくことが絵画資料から読み取り可能と指摘した（小林ほか2002）。

　このほか，伊勢谷家の絵画資料の読み解きから，大坂における火口商の実態に迫る研究等が知られている（伊藤2011）。

　このように，先行研究からは，文書資料では情報の少ない一般庶民層の実態や考古資料のみの検討では接近の困難な内容について，絵画等の特性を生かして迫ることが可能であるとわかる。そこで，第2節では浮世絵や錦絵・読物への挿図といった近世以降の絵画資料から，第3節では絵本"かちかちやま"から，それぞれ読み取り可能な発火具や発火法について検討する。

2　近世・近代の絵画資料にみる発火具・発火法

　本節では，近世・近代の絵画資料である浮世絵や錦絵に描かれた発火具や発火法を整理し，考古資料のみからは復元の困難な，発火具を用いる身振り等について明らかにする。

　火打石による火起こしの身振りに係る問いに関連して，歴史学者の岡田章雄は，雑誌のコラム記事の中で，ルイス・フロイスがみた16世紀後半の日本での火打石の持ち手の話題を取り上げている（岡田1974）。ルイス・フロイスは，ポルトガル出身のカトリック司祭であり，戦国時代の日本で活躍した宣教師である。そのフロイスが1549年から1593年にかけて日本で見聞したものを記録したのが『日本史（Historia de Iapam）』であり，その中に「われわれは左手に火打石を持ち，右

162　第5章　絵画資料に表れた発火具や発火法

「江の嶋もうで」
（二代豊国，不詳）

「藪原 鳥居峠硯ノ清水」
（溪斎英泉，1835年か）

「絵本和歌浦」
（高木貞武，1734年）

第66図　火打金を右手に火打石を左手に持つ絵画資料

手を使って火を打つ。彼らは右手に火打石を持ち左手で打つ」と記載される。これは，フロイスをはじめヨーロッパ人は，左手に火打石を持ち右手を使って火を打つ，日本人は右手に火打石を持って左手で打つということであり，フロイスらの振舞いと日本人のそれが逆である点に違和感を覚えたことによってフロイスの記録に至ったものと思われる。

　そこで，フロイスの違和感も念頭に絵画資料を検索したところ，管見では近世以降の浮世絵や錦絵および絵本等の9件において，火打石・火打金を使用する場面が描かれていることを確認できた。この9件を対象に，左手・右手をどのように使って火打石による火起こしをしていたのか検証した結果，火打石を左手に火打金を右手に持つものと，火打金を左手に火打石を右手に持つものという2パターンがあるとわかった。火打金は，第3章の分類を用いる。

2 近世・近代の絵画資料にみる発火具・発火法　　163

「新柳二十四時・午後九時」　　　　　　　　　　　　「新柳二十四時・午後七時」
（月岡芳年・1880 年）　　　　　　　　　　　　　　（月岡芳年・1880 年）

第 67 図　火打石を右手に火打金を左手に持つ絵画資料

　まず，火打石を左手に，火打金を右手に持つのは，「江の嶋もうで」（二代豊国，不詳），「絵本和歌浦」（高木貞武，1734 年），「賢勇婦女鏡　大井子」（歌川国芳，1843 年頃），「藪原　鳥居峠硯ノ清水」（渓斎英泉，1835 年か），「大日本名物盡」のうち「肥後」（不明，1856 年）の 5 件である（第 66 図）。
　「江の嶋もうで」は，立ち姿の女性が，右手に火打金，左手に火打石を持って，右手を上から振り下ろすような様子で描かれている。火打金は木製の把手があることからⅦ類に相当し，火打石は白色の石材である。「絵本和歌浦」は，腰掛けた男性 2 人のうち，右の男性が煙管をくわえながら左手に火打石・右手に火打金を持っているものである。火打金はⅥ類あるいはⅦ類に相当する。「賢勇婦女鏡」（図示なし）は近江高島生まれの大井子という女性が，煙管をくわえ左手に火打石・右手に火打金を持っているものであり，白色の火打石の上には黒い物が描かれている。この黒い物は，火花を落とす火口と推定され，火打石の上に火口を指で押さえ持ってそこへ火種を載せるという動きを示している。火打金は木製握手があることからⅦ類に相当する。「藪原　鳥居峠硯ノ清水」は，中山道を旅して峠で休む男性 2 人がおり，うち 1 人が煙管をくわえながら左手に火打石・右手に火打金を持っているものである。火打金・火打石の形状や色等の詳細は，判読が難しい。「大日本名物盡」のうち「肥後」（図示なし）は，火打石を含む肥後国の名物を紹介する記事の挿絵として，室内で女性が右手に火打金（Ⅶ類に相当）を，左手に火打石を持って打ち合わせているもので，火花が放射状の線で表現されている。親指の先に黒い部分があるのは，火口のようにみえる。また，足元にある火打箱とそこから取り出されたとみられる付け木のようなものが描かれている。火打箱と付け木が置かれ，手には火口とともに火打石があって火打金が打ち付けられる姿からは，この後，火口についた火種を付け木に移し，行灯に火を灯そうという場面である。
　この火打石を左手に，火打金を右手に持つという 5 件をまとめると，1 例は不明ながら，3 件が

煙管をくわえている様子からその火種を得るための火起こしであり，もう１例が室内での行灯用かと思われる火種を取る場面であった。判読できたものでは，火打金は３件がⅦ類，１件がⅥ類かⅦ類であり，火打石は２件が白色の石材であった。

　これに対して，火打石を右手に，火打金を左手に持つのは，「正本製」九編下（柳亭種彦・歌川国貞，1815年以降），「當勢三十二.想」（豊原国周，1869年），「新柳二十四時　午後九時」および「新柳二十四時　午後七時」（月岡芳年，1880年）の４件である（第67図）。

　「正本製」九編下（図示なし）の例は挿絵であり，室内で，火打箱を前に座った女性が左手に火打金（Ⅶ類に相当）を打撃部が縦位になるように持ち，右手の火打石を火打金に打ち下ろすように描かれている。火打金は，２つに区切られた火打箱の内側のうち，火口と思われる黒いでこぼこした塊のある方の真上にあることから，火打石で打った火花を火打箱の火口の上へ落とそうという状況とわかる。なお，火打箱の内側のもう一方は，短冊状のものが３つ収まっていることから，束状にまとめられた付け木であろう。火打石は，灰白色の石材である。

　「當勢三十二.想」（図示なし）は芸妓の顔よりやや高い位置で，もう１人が，左手に火打金（Ⅶ類に相当）を持ち，右手の火打石を打ち合わせている様子である。火打金の握手の頭には「吉井」と横書きがあり，指で判読不可の縦書きの２～３文字とその末尾に「作」とある。縦書きの文字は，民具の類品から「本家女作」の焼き印とみてよい。

　「新柳二十四時」は新柳イコール新橋・柳橋の芸妓の一日を１時間単位で24枚セットとした揃い物であり，「午後七時」は芸妓が左手に火打金，右手に火打石を持って，自らの顔の正面で両者を打ち合わせている様子であり，詞書から推測すると新年の切り火とみられるもので，火打金はⅦ類に相当し，火打石は灰白色の石材である。「午後九時」は芸妓の幸先が良いよう，もう１人が左手の火打金，右手の火打石を打ち合わせて，火花を肩に打ちかけている様子である。火打金は，その傾き具合から判然としないもののⅦ類かⅩ類に相当し，火打石は白色の石材である。

　火打石を右手に，火打金を左手に持つ以上の４件をまとめると，厄除け等の意味でなされた切り火と推定されるもの３件，火打箱に入れた火口への火種落としの場面１件であった。また，右手に火打石を持つ場合，絵をみる限り，左手に持った火打金に対し，火打石を持った右手を振り下ろしているようにみえる。これは，打って出た火花をそのまま下方に落とすような動きである。また，火打金は３件がⅦ類，１件がⅦ類かⅩ類に相当し，判読できたものとして，火打石の石材は白色１件・灰白色１件であった。

　近世・近代の浮世絵や錦絵に描かれた，発火具を用いる身振り等についてまとめると，火打石による火起こしは，煙管や行灯用の火種を取る際には，火打石を左手に，火打金を右手に持ち，火打金を打ち下ろすことで火打石の上に指で押さえ持った火口に火種を載せるという動きである。一方，切り火を打つ時や火打箱の火口へ火種を落とす場合には，火打石を右手に，火打金を左手に持ち，左手に持った火打金に対し，火打石を持った右手を振り下ろす動きである。このように，浮世絵や錦絵等が描かれた近世後半以降には，火打石・火打金を持つ手の左右を，その目的により明確に持ち替えていたものと判明した。

　なお，近世・近代の浮世絵や錦絵に描かれた火打金で判読可能であった８件の内訳は，６件がⅦ類，Ⅶ類かⅩ類およびⅥ類かⅦ類がそれぞれ１件というように，木製の握手のつくⅦ類が多数を占めていた。火打石の石材は４件でその色を判読でき，白色３件・灰白色１件であった。

第68図　1888年刊行分までにみる写実的表現の絵本"かちかちやま"

3　絵本"かちかちやま"にみる火打石・火打金とその記憶

　本節では，火打石を使って火を起こす様子の描かれた絵本"かちかちやま"における火打石・火打金とその変遷から，前節と同じく火打石を左手で持つのか右手なのか検討し，さらに火打石等を

用いた発火法が人々の生活から失われていく状況が絵本にも表れている可能性を読み取ってみたい。検討するのは絵本"かちかちやま"の中でタヌキが背負った薪に，ウサギが火を点けるという場面である。厳密にいうと，「カチカチと打ち合わせただけでは火花が出るだけで芝には火はつかないはず」（岡田 1974）ではあるが，火打石・火打金を打ち付け火を点けようという行為そのものではある。

　絵本"かちかちやま"は，江戸時代の赤本・豆本等に始まり，沼賀美奈子が分析対象としたのみでも 122 冊があり（沼賀 2001），今回は，筆者が国立国会図書館および宮崎県立図書館・宮崎市立図書館・宮崎大学附属図書館本館で検索した結果を加えた 126 冊をリスト化した（第 5 表）。このうち 34 冊について絵の確認ができ，絵そのものの様子や，火打石・火打金を左右どちらの手で持っているか，そもそも火打金等でない別物が描かれているか等について検討した（第 68・69 図）。

　まず，江戸時代ならびに 1882〜88 年までの刊行分 10 件では，火打石と火打金がその形等について忠実に描かれている点が注目される。第 68 図に挙げた 8 件の火打金はいずれもⅦ類に相当し，中でも『赤本　兎大手柄』（江戸時代〈詳細年代不詳〉）には握手に「本升や」，『かちゝ山』（沢久次郎・1887 年）では「吉井」と描かれたものまである。「本升や」「吉井」は，民具や現在の販売品と同様，火打金販売を担った商家を示す焼付けである。そして，タヌキが背負った薪に火を点けるウサギに注目すると，ウサギは，右手に火打石，左手に火打金を持つという，一貫して共通した身振りで描かれている。右手に火打石，左手に火打金を持つ点は，前節でみた浮世絵等の場合，切り火か，火打箱に入れた火口への火種落としの場面の身振りである。つまり，ウサギは，タヌキの背中の薪に向けて火花を直接に打ち落として発火させるような描かれ方となっているのである。火打石・火打金そのものが正確な描写であることに加え，持ち手の左右という身振りまで忠実に描かれていると評価できる。

　次に，1920 年代以降になると，火打金と火打石を持つ手が左右反対となって左手に火打石・右手に火打金を持つ絵が加わり，絵そのものも火打金がそれとわからないような板状あるいは塊状の表現となるもの，石どうし（あるいはより抽象的なモノどうし）を打ち合わせる描かれ方のものが登場しはじめ（第 69 図），中にはマッチを用いたウサギもみられる。石どうしに変化した絵本"かちかちやま"を象徴的に示すものとして，1953 年に集英社から発行の『かちかちやま』（宮脇紀雄・井口文秀）を挙げておこう（本書には図示なし）。

　火打金・火打石とその左手・右手の使い分けに係る忠実な描写から，持ち手の左右の入れ替わり

第 5 表　絵本"かちかちやま"と左手・右手に何を持つかの一覧表

出版年	著　　　　　者	絵　著　者	出　版　社	叢　書　名
未詳	未詳	未詳	未詳	赤小本
未詳	未詳	未詳	未詳	赤本
1771	未詳	富川房信	未詳	黒本
	未詳	未詳	未詳	黒本
天保頃	未詳	一斎	未詳	合巻
	未詳	明重	森屋治兵衛	豆本
	未詳	貞虎，一員斎芳綱	江崎屋	豆本
	未詳	国明，英松	溜屋善兵衛	豆本
	未詳	歌川芳虎	未詳	豆本
	未詳	盛信，一寿斎芳員	万屋吉兵衛	豆本
	未詳	未詳	未詳	豆本
	国政	未詳	宮田伊助	豆本

3 絵本"かちかちやま"にみる火打石・火打金とその記憶　167

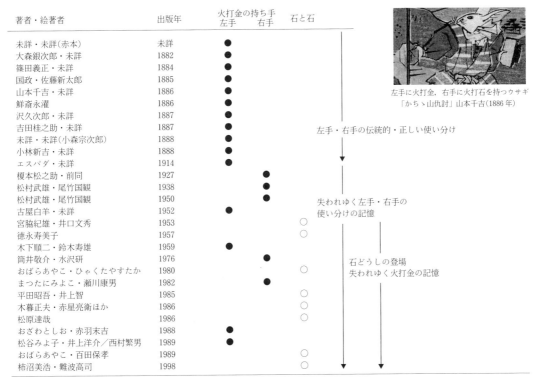

第69図　"かちかちやま"に描かれた火打石・火打金の変遷

や打ち付けるモノそのものの描写へと変化したことの背景は何であろうか。1つには，絵本全体における絵そのものの意味や求められた役割が写実性重視から楽しさやストーリー重視なものへと変化していった点（鳥越編2002）があろう。そして，強調しておきたいのは，日常生活の中から火打石を使った火起こしそのものの記憶が忘失する生活文化の変化の過程で，絵本"かちかちやま"で描かれる同場面についても，本来的な用い方や身振り，道具の組み合わせが，意図的でなく自然に失われていった可能性も十分に考えられる点である。石どうし（あるいはより抽象的なモノどうし）で火起こしするという絵の流れは，その後の絵本"かちかちやま"の趨勢を占めるようになって現在に至っている。

書　　名	左手	右手	沼賀No.
本年四つ切りむぢなの敵			1
兎大手柄	火打金	火打石	2
昔々御ぞんじの兎			3
かちゝ山			4
昔噺かちゝ山			5
かちゝ山			6
かちゝ山			7
かちゝ山			8
かちゝ山			9
かちゝ山かたきうち			10
かちゝ山一代記			11
かちゝ山			12

168　第5章　絵画資料に表れた発火具や発火法

出版年	著　　者	絵　著　者	出　版　社	叢　書　名
1850	松亭金水	玉蘭斎貞秀	岡田群鳳堂	豆本
1879	未詳	未詳	坂田善吉	豆本
1880	小林英次郎	幾蔵斎	野田茂政	豆本
1881	国政	未詳	宮田伊助	豆本
1882	木村文三郎	未詳	木村文三郎	豆本
1882	大森銀治郎	未詳	大森銀治郎	豆本
1884	篠田義正	未詳	篠田義正	豆本
1885	堤吉兵衛	未詳	堤吉兵衛	豆本
1885	国政	佐藤新太郎	佐藤新太郎	豆本
1886	未詳	尾崎民太郎	尾崎民太郎	豆本
1886	山本千吉	未詳	山本千吉	豆本
1886	ダビッド・タムソン訳述	鮮斎永濯	弘文社	
1886	堤吉兵衛	未詳	堤吉兵衛	豆本
1886	綱島亀吉	未詳	綱島亀吉	豆本
1886	長谷川園吉	未詳	長谷川園吉	豆本
1887	沢久次郎	未詳	沢久次郎	豆本
1887	沢久次郎	未詳	沢久次郎	豆本
1887	吉田桂之助	未詳	吉田桂之助	豆本
1888	未詳	未詳	小森宗次郎	豆本
1888	堤吉兵衛	未詳	堤吉兵衛	豆本
1888	小林新吉	未詳	小林新吉	豆本
1888	鎌田在明	未詳	鎌田在明	豆本
1895	未詳	未詳	井上市松	教訓はなし
1900	うえだかずと	くろさきしうさい	東京開発社	
1902	未詳	未詳	荒川コマ	
1908	小波	古涯	博文館	お伽画帖6
未詳	未詳	未詳	未詳	子供画本
1914	エスパダ		長谷川武次郎	西文日本昔噺第5号
1915	巌谷小波	岡野栄	中西屋書店	日本一の画噺
1921	榎本松之助		榎本書店	少年画帖
1926	北村寿夫	斎田たかし	イデア書院	
1926	湯浅粂策		春江堂	
1927	榎本松之助	榎本松之助	榎本法令舘東京支店	
1933	巌谷小波		吉田書店出版	
1934	未詳	未詳	泰光堂	ドウワエホン
1938	松村武雄	尾竹国観	講談社	講談社の絵本
1939		山路露三	春江堂	ムカシバナシ
1940		大沼静巌	春光堂	かちかち山
1943	中尾　彰	平野　直	教養社	
1943	柴野民三	林　義雄	春江堂	
1948	稲垣蝸堂		綱島島鮮堂	少年教育キレイ画帖
1948	よしたにまさる		フレンドブック社	
1949	金會竹太呂		幸文堂	
1949		須々木博	日本絵本社	日本絵本社のお伽絵本
1949	藤井樹朗	西のかおる	よい子ども社	
1950	松村武雄	尾竹国観	大日本雄弁会講談社	講談社の絵本
1950		吉岡　陽	光洋社出版	光洋社の家庭絵本
1950	よしたにまさる		キング	
1950	柴野民三	おおもりゆみまろ	新子供社	
1951	秋吉秀彦		トモブック社	
1952	古屋白羊		ます美書房	
1952	木下よしひさ		寿書房	
1952	与田進一		実業之日本社	名作絵文庫 1年生
1953	宮脇紀雄	井口文秀	集英社	よいこの幼稚園えほん
1956	土家由岐雄	鈴木寿雄	講談社	
1957	服部直人	宮田武彦	講談社	講談社のなかよし絵本
1957	徳永寿美子		偕成社	学年別幼年文庫6
1959	木下順二	鈴木寿雄	講談社	講談社の絵本ゴールド版

書　　　名	左手	右手	沼賀No.
（うさぎ）			13
かちゝ山仇討	—	—	14
かちゝ山			15
かちゝ山			16
かちゝ山噺			17
かちゝ山	火打金	火打石	18
かちゝ山	火打金	火打石	19
かちゝ山			20
かちゝ山	火打金	火打石	21
かちゝ山			22
かちゝ山仇討	火打金	火打石	23
カチカチ山	火打金	火打石	
かちゝ山			24
かちゝ山			25
かちゝ山			26
かちゝ山	火打金	火打石	27
兎の仇討ち			28
かちゝ山一代記	火打金	火打石	29
かちゝ山	火打金	火打石	30
かちゝ山			31
かちゝ山	火打金	火打石	32
かちゝ山			33
兎の仇討			34
かちゝ山			35
カチゝ山			36
カチゝ山			37
勝ゝ山			38
La montana Kachi-Kachi（勝々山）	火打金	火打石	
カチカチヤマ			39
カチゝ山			40
カチカチ山	板状物	板状物	
新カチカチ山			41
カチカチ山	火打石	火打金	
カチカチヤマ・ハナサカヂヂイ			42
カチカチヤマ			43
かちかち山	火打石	火打金	44
カチカチ山			45
かちかち山			46
カチカチヤマ			47
かちかちやま			48
カチゝ山			49
かちかち山	板状物	板状物	
かちかち山			50
かちかち山			51
よい子ども　カチカチやま	マッチ	マッチ箱	
かちかち山	火打石	火打金	
かちかち山			52
かちかちやま			53
かちかちやま			54
かちかち山			55
はなしの絵本	火打金	火打石	56
かちかちやま			57
かちかちやま	板状物	板状物	
かちかちやま	火打石	火打石	58
かちかちやま			59
かちかちやま			60
日本のおとぎ話　1年生　かちかちやま	火打石	火打石	
かちかち山	火打金	火打石	61

出版年	著者	絵著者	出版社	叢書名
1960	三越左千夫	井口文秀	トッパン	トッパン愛児えほん
1960	小春久一郎	大日方明	ひかりのくに昭和出版	声のえほん
1963	三橋雄一	川本哲夫	ます美書房	ポピー絵本
1963	久保 喬	森国ときひこ	講談社	講談社の絵本クラウン版
1965	三越左千夫	黒崎義介	フレーベル館	トッパンの愛児えほん
1966	三越左千夫	若菜 珪	主婦の友社	主婦の友こども版
1967	松谷みよ子	瀬川康男	ポプラ社	むかしむかし絵本 12
1967	那須田稔	渡辺三郎	鶴書房	
1967	滝原章介	浜田広介	講談社	講談社の絵本ワイド版 21
1967	土家由岐雄	深沢邦朗	小学館	世界の童話 18 日本のおとぎ話
1969	虫プロ	虫プロ	ます美書房	ます美のおはなしえほん
1970	松谷みよ子	瀬川康男	講談社	日本のむかし話
1971	相賀徹夫編	瀬尾太郎	小学館	小学館の育児絵本
1971	滝原章介	小春久一郎	ひかりのくに	
1974	南本 史	猿山二郎・槻間八郎	ポプラ社	日本昔話 5
1975	秋 晴二	梶 秀康	いずみ書房	ポケット絵本 10 せかい童話図書館
1976	愛プロ製作	グループ・タック	講談社	テレビまんが日本昔ばなし 2 デラックス版
1976	筒井敬介	水沢 研	小学館	ピコリー絵本シリーズ
1977	岡 信子	童 公佳	金の星社	
1977	ひろみプロ		高橋書店	
1978	福田清人	若菜 珪	講談社	講談社の絵本 4
1978	筒井敬介	村上 勉	あかね書房	えほんむかしばなし 4
1978	スタジオ IWAO	ひぐちたろう	若木書房	おはなしおりがみ 5
1980	おばらあやこ	ひゃくたやすたか	学習研究社	ひとりよみ名作 23
1980	小沢 正	なかのひろたか	チャイルド本社	チャイルド絵本館
1982	渋谷 勲	島田明美	コーキ出版	絵本ファンタジア
1982	まつたにみよこ	瀬川康男	ポプラ社	むかしむかし絵本
1983	平田昭吾	成田マキホ	ポプラ社	アニメファンタジー 38
1984	岩崎京子	黒井 健	フレーベル館	にほんむかしばなし
1985	若林利代		金の星社	せかいの名作ぶんこ
1985	平田昭吾	井上 智	ポプラ社	世界名作ファンタジー 14
1985	卯月泰子	高橋信也	永岡書店	名作アニメ絵本シリーズ 16
1985	愛企画センター		講談社	まんが日本昔ばなし 41 デラックス版
1986	香山美子	渡辺三郎	チャイルド本社	
1986	スタジオアップ		ぎょうせい	ぎょうせい知育絵本
1986	木暮正夫	赤星亮衛ほか	小学館	国際版はじめての童話
1986	松原達哉		ぎょうせい	ぎょうせい知育絵本 再版
1987	田島征三		三起商行	ミキハウスの絵本
1987	立原えりか	サンリオアニメスタッフ	サンリオ	
1988	おざわとしお	赤羽末吉	福音館書店	日本傑作絵本シリーズ
1988	横田弘行	ひとみ座人形劇	集英社	NHK テレビ人形劇日本昔話
1989	川田由美子	成田マキホ	ポプラ社	スーパーアニメファンタジー 24
1989	中島知子	木曽健司	ひかりのくに	はじめてふれるアニメ名作絵本
1989	松谷みよ子	井上洋介・西村繁男	講談社	講談社のおはなし絵本館 2
1989	瀬尾七重	富永秀夫	主婦と生活社	日本昔ばなし絵本
1989	おばらあやこ	百田保孝	学習研究社	楽しい英語・名作童話
1990	西本鶏介		ポプラ社	アニメむかしむかし絵本
1990	鶴見正夫	長 新太	偕成社	じぶんで読む日本むかし話
1993	藤井いづみ	井上洋介	TBS ブリタニカ	日本名作絵本 7
1994	川崎 洋	梶山俊夫	フレーベル館	名作絵本ライブラリー
1995	平田昭吾	大野 豊	ブティック	よい子とママのアニメ絵本 62
1995	末吉暁子	長 新太	講談社	はじめてのおはなし絵本 18
1995	童夢		主婦と生活社	日本昔話の森
1997	わらべきみか		ひさかたチャイルド	あかちゃんめいさく
1998	松谷みよ子	野村俊夫	講談社	むかしむかし 7
1998	柿沼美浩	難波高司	永岡書店	日本昔ばなし アニメ絵本(1)

書　　　　　名	左手	右手	沼賀No.
かちかちやま			62
かちかち山			63
かちかちやま			64
かちかち山			65
かちかちやま			66
かちかちやま			67
かちかちやま			68
かちかちやま			69
かちかちやま			70
かちかちやま			71
かちかちやま			72
かちかちやま			73
かちかちやま			74
かちかちやま			75
かちかちやま			76
かちかちやま			77
かちかちやま			78
かちかちやま	火打石	火打金	79
かちかちやま			80
かちかちやま			81
かちかち山			82
かちかちやま			83
かちかちやま			84
かちかちやま	火打石	火打石	85
かちかちやま			86
かちかちやま			87
かちかちやま	火打石	火打金	
かちかちやま			88
かちかちやま	—	—	89
かちかちやま			90
かちかちやま	火打石	火打石	91
かちかち山			92
かちかち山			
かちかちやま			93
かちかちやま			94
かちかちやま	火打石	火打石	95
かちかちやま	火打石	火打石	
かちかちやま			96
かちかちやま			97
かちかちやま	火打金	火打石	98
かちかちやま			99
かちかちやま			100
かちかちやま			101
かちかちやま	火打金	火打石	102
かちかち山			103
かちかちやま	火打石	火打石	
かちかちやま			104
かちかちやま	板状物	火打石	105
かちかちやま			106
かちかちやま			107
かちかちやま			108
かちかちやま			109
かちかち山			110
かちかちやま			111
かちかち山			112
かちかち山	火打石	火打石	113

終章　九州・朝鮮半島・中国東北部・台湾における
火打石・火打金からみた歴史

　本書では，九州・朝鮮半島・中国東北部・台湾における考古資料としての火打石・火打金について取り上げ，また，同地域における発火具や発火法に係る民俗資料・民族誌等にも触れてきた。火打石については，考古資料の検索により，これまで発掘調査報告書に未掲載となっていたものや先史時代の石器として誤認されていた，九州における古代から近代までの火打石を抽出・資料化でき，本書で実測図や写真を挙げただけでも300点となった。最初の集成時（藤木2004）に九州で知られている火打石が20点に満たなかったことに比べ隔世の感があるものであり，これまでほとんど知られていなかった九州各地における火打石利用の歴史的段階の一端を明らかにできたことは，本書の主な成果の1つである。また，火打金については，九州の遺跡出土品が計96点集成され，火打金の登場や変遷等について総体が把握された点が大きな成果となった。さらに，朝鮮半島の考古資料17点（プラス民具5点），黒龍江省・吉林省ほか中国東北部の考古資料14点以上を集成できたことも，日本列島の火打金の登場や変遷を知る上で重要と指摘されつつも，これまで実態のよくわかっていなかった朝鮮半島・中国東北部における火打金の通史的変遷等の輪郭をつかむことができた点で重要である。終章では，前章までの検討結果を総合して，九州・朝鮮半島・中国東北部・台湾における火打石・火打金からみた歴史についてまとめる。

(1)　九州における最古級の火打石・火打金の年代と分布

　火打石・火打金は，打撃式発火具を構成する基本セットである。しかし，「石」「鉄」という異なる材質に起因する遺跡での残存状況の違いや考古資料としての火打石・火打金の認知度の問題等により，両者が実際にセット状態を維持して出土することは稀である。本書でも，火打石・火打金それぞれで九州における最古級資料をみてきた。

　まず，火打石は，遺構出土品では，8世紀後半〜9世紀初頭となる博多築港線第2次調査（筑前）の89号井戸出土の白メノウ製火打石があり，ほぼ同時期の国分千足町遺跡第3次調査（筑前）の15号溝状遺構出土の鉄石英製火打石がある。遅くとも8世紀後半までには収まる筑後国府跡第89次調査（筑後）の東限大溝SX3856上層出土の橙色のメノウ，水晶質の石英，鉄石英製の火打石は，古ければ7世紀後半〜8世紀前半となる。宮ノ東遺跡（日向）の竪穴住居跡等から出土した石英・チャート製火打石が8世紀後半〜9世紀初頭ほかであり，続いて9世紀後半までに収まる下北方塚原第2遺跡（日向）の1号溝状遺構出土のチャート製火打石の欠片，9世紀後半の天神免遺跡（日向）の124号溝状遺構出土の石英製火打石ならびに真米田遺跡（日向）の24号掘立柱建物跡出土のチャート製火打石が挙げられる。また，包含層出土では，医者どん坂遺跡（肥後）出土の石英製火打石，江津湖遺跡群（肥後）出土のチャート製火打石が8世紀後半〜9世紀前半のほか，雨窪遺跡群（豊前）では，8世紀代の包含層中から，先史時代の姫島産黒曜石製石器が火打石として利用されるという稀な状況もみられた。このように，九州において，いくつか事例のある火打石の年代

として8世紀後半〜9世紀初頭があり，早ければ8世紀前半までには登場していた。

火打金は，古墳時代の遺構に関連して出土した事例が存在しているものの，後世の再利用・混入等の想定される横穴式石室出土のもののほか，確実に古墳時代の火打金であると言い切るには十分でない。遺構出土品では，8世紀後半の大肥吉竹遺跡（豊後）の6号住居出土品，9世紀前半の大宰府条坊跡第53次調査（筑前）の30号井戸出土品，9世紀中頃の神水遺跡（肥後）の4号火葬墓出土品が挙げられる。遅くとも9世紀代までに収まっている元岡・桑原遺跡群第7次調査（筑前）の池状遺構SX123出土品は，古ければ7世紀第4四半期まで遡る。また，包含層出土では，7〜8世紀とみられる博多遺跡群第99次調査（筑前），8〜9世紀代の大島遺跡（薩摩）がある。このように，火打石とセットの火打金であるから当然の結果ともいえるが，九州において，火打金は，火打石と同じくおおよそ8世紀代には登場しているとみてよい。

一方で，火打金を用いる打撃式発火法は，『火の道具』等の先駆的研究によって，日本列島においては古墳時代になって登場するとされたこともあって（高嶋1985），40年近く経った今日もなお，火打金の古墳時代登場説が踏襲されることが多い。しかし，資料数の少なさや考古学的な資料批判が十分でない中で示された高嶋の見解は，今日的にはむしろ問題提起の重要性が大きく評価されるべきものであろう。近年の研究では，関東地方においては，8世紀前半よりも確実に遡るものの6世紀までは至らず，7世紀でも後半以降において打撃式発火法が登場するとされる（関2002）。千葉県内においては，古墳時代の火打石は未確認であり，奈良・平安時代以降になって火打石がみられるという（白鳥2005）。さらに，平安時代等の諸文献において，摩擦式発火法と打撃式発火法がどのように出現するのかが検討され，少なくとも各文献に登場する地域において，摩擦式は儀礼の中で用いられ，打撃式発火法が実用として普及していたと評価された（小川1996）。これら近年の考古学・文献等の研究が明らかとしてきたのは，①日本列島における打撃式発火法の古墳時代登場説を完全否定するには至らないこと，②遅くとも8世紀初めから前半頃の畿内の中央周辺および関東地方には確実に火打金等に関する知識をもつ人々が存在したことである。

このように，九州における火打石・火打金の登場が遅くとも8世紀代である点は，九州外における出土状況や近年の関連研究からみてもおおよそ整合的である。これらの九州の最古級資料の分布は，点的かつ限定的である（第70図）。これは，資料認識等による見かけ上の偏りに過ぎないことが自明であり，実際のところは概ね九州一円に分布していると評価した方がよい[1]。8世紀代の九州の広範囲に，火打石・火打金という打撃式発火具とその用法や知識がすでに広まっていたとみてよかろう。今後，資料蓄積が進むことで，国府等の公的施設に関係するような範囲までなのか，あるいは一般集落まで深く浸透したのかといった，火打石・火打金等を用いた打撃式発火法の普及の度合いについても言及可能となることが期待される。

(2) 地産地消による火打石，広域流通による火打石とその変遷

古代から近世までの通史的な発火具の変遷等について，一定の小地域内で検証できる事例は決して多くはないものの，九州において確実に事例を増やすことができた。主なものとして，古代から中世を中心とする博多遺跡群そして大宰府（筑前），そして中世から近世が中心となる中世大友府内町跡および府内城・府内城下町（豊後）があり，近世以降の様相を中心とする資料として，久留米城下町（筑後），黒崎宿・内野宿（筑前），小倉城下町（豊前），長崎奉行所跡・岩原目付屋敷跡・

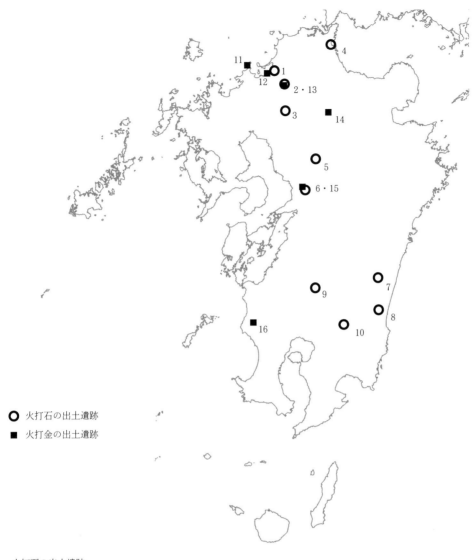

第70図　九州における最古級の火打石・火打金の出土遺跡分布

火打石の出土遺跡
1　博多築港線2次(8世紀後半〜9世紀初頭)
2　国分千足町遺跡3次(8世紀末〜9世紀初頭)
3　筑後国府跡89次
　　(7世紀後半〜8世紀前半,遅くとも8世紀後半)
4　雨窪遺跡群(8世紀)
5　医者どん坂遺跡(8世紀後半〜9世紀前半)
6　江津湖遺跡群(8世紀後半〜9世紀前半)
7　宮ノ東遺跡(8世紀後半〜9世紀初頭ほか)
8　下北方塚原第2遺跡(〜9世紀後半)
9　天神免遺跡(9世紀後半)
10　真米田遺跡(9世紀後半)

火打金の出土遺跡
11　元岡・桑原遺跡群7次
　　(7世紀第4四半期〜8世紀,遅くとも9世紀)
12　博多遺跡群99次(7〜8世紀)
13　大宰府条坊跡53次(9世紀前半)
14　大肥吉竹遺跡(8世紀後半)
15　神水遺跡(9世紀中頃)
16　大島遺跡(8〜9世紀)

魚の町遺跡（肥前）が挙げられる（第71図）。

　興味深いのは，これら火打石の消費地において，火打石の石材が年代によって変化する状況がいくつか確認された点である。

　まず，博多遺跡群では，火打石の石材として，8世紀後半以降に平戸産白メノウが用いられたが，

12世紀以降の中世段階には平戸産白メノウがほぼ姿を消し，平戸産白メノウに代わって，赤色や黄土色等をした鉄石英を中心に，白色で透明度のあまりない石英や草緑色チャート，チャート，赤メノウ等が用いられており，中世段階になって火打石石材が多様化したことがわかった。中世大友府内町跡および府内城・府内城下町においても，17世紀代あるいはそれを遡る火打石石材には，石英や六太郎角，チャートほかの石材という近隣で調達されたとみられる多様なものを用いていたところへ，近世以降になると遠隔地からの良質石材である玉髄や大田井産チャートが用いられていた。

　このように1つの小地域内であっても，同じ産地の火打石を用い続けるのではなく，博多遺跡群では古代と中世以降とで火打石石材が変化・多様化し，中世大友府内町跡および府内城・府内城下町では中世に近隣で調達の多様な石材であったところから近世に遠隔地の良質石材を新たに用いるようになるという変化がみられた。ただし，古代から中世にかけての変化を追うことの可能な事例は，遺跡・地域等の中での資料数不足により，博多遺跡群のような事例がほかにない現状である。本書では，この火打石石材が変化する背景には，当時の社会・経済等の状況や火打石産地の開発・消長が反映されている可能性を指摘するまでとし，今後，各地域での資料の積み上げを待ちつつ，変化の背景に関する解像度を高めていきたい。

　また，久留米城下町，小倉城下町，黒崎宿，長崎奉行所跡・岩原目付屋敷跡，長崎魚の町遺跡等では，近世以降の中において年代により火打石石材が変化する状況がみられた。それは，火打石の採取から流通等に係る2つのあり方によるものである。まず，小倉城下町のうち，堅町遺跡第1地点出土の17世紀以降の石英・鉄石英製火打石に注目すると，3点ともよく転磨された礫面を残していることから，堅町遺跡第1地点で用いられた火打石の原石について，岩脈等からの採掘ではなく，小倉城下町の近隣の河原や海岸あるいは旧河道に由来する礫層等から採集されたと推定できる。また，久留米城下町では星野産メノウ質石英，黒崎宿では河頭山産かと思われる水晶，そして長崎奉行所跡・岩原目付屋敷跡では浦上産鉄石英というように，久留米城下町や黒崎宿，長崎奉行所・岩原目付屋敷跡等では，小倉城下町と同じく，近隣の石材を火打石に用いていた。こういった状況は，地元産の石材を地元で消費するという“地産地消”による火打石の利用として評価できる。それは，親世代から子世代，子世代から孫世代へと代々受け継がれた伝統的なものであったと推測される。そして，地産地消による火打石の利用は，肥後・日向地域等の様相からみて，中世以前にまで遡るものである。

　これと対照的な動きをみせるのが大田井産チャート製火打石であり，遠隔地にある産地のものが高品質の商品として広域流通したブランド火打石とも言いうるものである。第2章のとおり，九州における大田井産チャート製火打石は，博多遺跡群・長崎の魚の町遺跡・小倉城下町・久留米城下町・日向地域等の複数の遺跡において，おおよそ18世紀以降に登場し，大田井産チャート製火打石の出土遺跡は，現状で肥後地域で未確認であるが，西は肥前，南は薩摩地域そして海を越え薩摩硫黄島にまで広がっている。

　大田井産チャート製火打石は，船築紀子によると，その市場評価の高まりと販売量の増加を受け，18世紀後半以降には，阿波藩の藩政改革の一環としてその採掘・流通・販売に藩の管理が強化され，阿波藩の管理下で大坂の商人（沢屋徳兵衛）が火打石流通の委託販売を担っており，さらに，19世紀の初頭には，大田井産チャート製火打石は，京都・大坂のほか近国，西国に出荷され，高

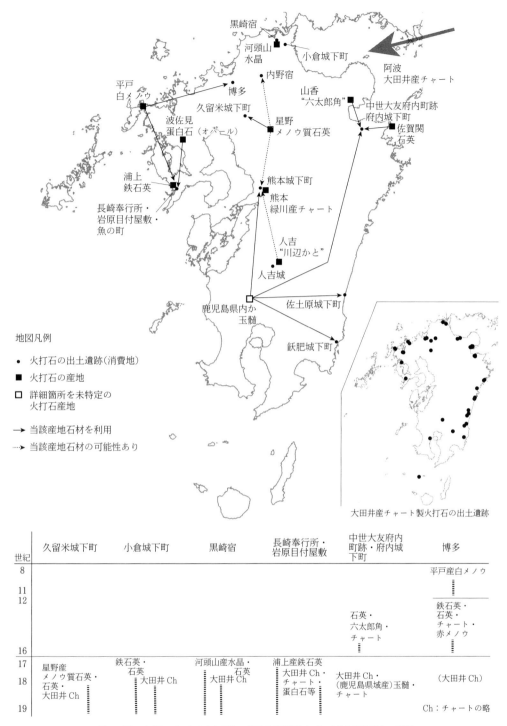

第71図 九州における火打石の産地と消費地および火打石石材の変遷

値で取引されており，品質の上でも高評価を得ていたという（船築2007・2010）。

　この各地域でみられた，地産地消による火打石の利用と大田井産チャートをはじめ高品質商品の広域流通による火打石の利用という二者の関係が，九州の近世以降の火打石の特質を知る鍵となっている。すなわち，各城下町等では地元あるいは近隣に産する石材が火打石として利用されていた

ところへ，広域流通した商品である大田井産チャート製火打石が新たに登場すること，そして大田井産チャートが流通・採用された後にも，地元や近隣の火打石石材も引き続き利用されたのである（第72図）。

大田井産チャート以外に，玉髄製火打石についても広域流通している可能性が高く，その動向に注意が必要である。玉髄は，見た目では江戸遺跡で出土する水戸産火打石にもよく似た乳白色あるいは白色半透明をした良質緻密な石材であり，その産地特定には至っていないながら，出土遺跡の分布や地質環境からみた産地候補の1つに薩摩藩域がある。日向地域内では，現状で同地域北部における出土が確認されないものの，遅くとも18世紀中頃以降には多く用いられており，鹿児島県域のチシャノキ遺跡・鹿児島大学構内遺跡・弥勒院遺跡等（薩摩・大隅），大分市所在の府内城・府内城下町遺跡（豊後）や福岡県上毛町所在の緒方古墳群（豊前）でも出土が知られる。

また，考古資料にみられた，広域流通商品としての火打石と地元や近隣に産する伝統的な地産地消の火打石とが併用された点と関連して興味深いのは，考古資料と同様の流通状況をみせている奄美地域の民俗資料である。1つは国立民族学博物館所蔵の薩摩硫黄島収集の民具（笹原2001）において，大田井産チャートと薩摩硫黄島内産とみられる質のよくない石材がともに見られたこと，もう1つは奄美大島の有良において，人に頼んで取り寄せることもあった奄美大島の大和村名音の良質の火打石とそれには劣る質のもので身近で入手可能な有良地区内のヒラノアザの下流の火打石とが用いられたという（求1995）点である。これらは，九州本土域の考古資料でも同様の状況がみられたとおり，広域流通品あるいは良質の火打石と，それには劣る質のもので身近で入手可能な火打石とが共存して用いられるという，火打石利用の特徴を示すものとして注目される。

地産地消による火打石の利用と大田井産チャートをはじめ高品質商品の広域流通による火打石の利用という二者の関係は，九州外の地域においても看取されている。近畿や和歌山城下町周辺の火打石の様相から，中世以来の在地調達型の物資流通から近世的な広域流通する大田井産チャート製火打石等の登場という新たな物流形態への転換とも言いうる現象が生じたという指摘がなされ（北野1999・2000），名古屋地域でも，近世前半のあり方として在地性の高い石材が火打石に選ばれていたこと，都市部では近世後半になって在地産とともに遠隔地産の良質の火打石も使われるようになることが明らかとされている（水野2001）。

九州の小倉城下町や黒崎宿，久留米城下町，府内城下町，長崎の魚の町遺跡等の考古資料，そして薩摩硫黄島・奄美大島等の民俗資料において看取された，おおよそ18世紀以降における，伝統的に利用されてきた石材と新来の広域流通する石材との共存は，当時の経済状況や庶民生活の変化を示すものとして評価される。

(3)　ヨーロッパから東アジアへ運ばれた火打石銃やフリント製火打石

九州・朝鮮半島・台湾における火打石について，ヨーロッパ産フリント製と思われるガン・フリント（火打石銃の点火装置に用いられたフリント製石器）や発火具としての火打石等の出土例が確認された。

出島和蘭商館跡・岩原目付屋敷跡で出土したガン・フリントについては，海防意識等の高まりの中，高島秋帆らの積極的な活動が鍵となって登場したと理解される。千島列島でもロシア軍等との関係の中でガン・フリントの出土が知られているが（高嶋1993，西秋2006，熊木ほか2010ほか），出

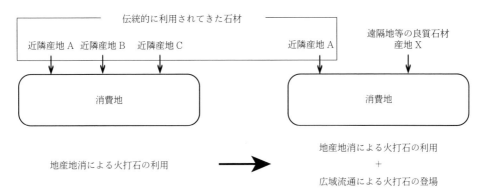

第 72 図　九州における火打石の流通構造の変化モデル

島和蘭商館跡・岩原目付屋敷跡のガン・フリントは，千島列島出土のガン・フリントとは異なる意味をもつものである。それは，日本においては息の短かった火打石銃の運命とともに，海外に開かれていた長崎の地ならではの逸品と評価されよう。

そして，有馬成甫によれば，1842（天保 13）年に高島四郎大夫より転売されたものとして，佐賀藩へ「火打石三百」・江川太郎左衛門へ「火打石五百」・肥後藩へ「火打筒火打石百斗」・薩摩藩へ「火打石銃百挺」（有馬 1958）が挙げられている。この，ガン・フリントそのものやその石材，ガン・フリントを装着していたであろう火打石銃が転売された点からは，例えば佐賀藩・肥後藩・薩摩藩に係る遺跡等からガン・フリントの出土があってよい。また，ガン・フリント自体はその銃の発火装置としての役割を終えたとしても，日常使いの発火具としての火打石へ転用されることもありえ（Whittaker and Levin 2019 ほか），今後の発掘調査の中でヨーロッパ産のフリント製石器の出土が留意されるべき点であろう。

また，今後，発掘調査の中で火打石が見出され，文献記録等との比較検証が必須ではあるものの，朝鮮半島や台湾においても，ヨーロッパ産のフリントが火打石として輸入されていた実態があった。当時の文献や記録の全情報を網羅できていないながらも，イギリス等から清国へ運び込まれたフリントは，遅くとも 1860 年代には対岸の台湾へと輸出され，それは，外辺に白い粉が付着し色が暗灰色で餅のような外観をしたものであった。フリントは職人により鉄斧で打ち割って火打石として成形され，市場に商品として出回っていたのである。これは，台湾の原住民資料に石英や玉髄製火打石とフリント製火打石の両者が見られる点や，いくつか遺跡出土品にもフリント製火打石が確認できている点とも一致する。おそらくはフリント登場以前には，台湾で産する石英や玉髄が火打石に用いられており，フリント登場後には両者が共存する状況であったものと思われる。朝鮮半島においても，文献から知られる火打石の産地として，金剛山の北麓，仁川の桂陽山，忠清北道堤川郡および江原道寧越郡・黄海道があって，その色味として黒・黄・青・白色の石材であったようである。そして，遅くとも 1883 年以降には，清国やヨーロッパ諸国からフリント製と思われる火打石が輸入されていたことから，台湾と同じく朝鮮半島においても在地石材とフリントの共存があった可能性がある。

今の資料状況ではこれ以上の議論をすることは難しいものの，これまであまり注目されていなかったフリント製火打石について，ヨーロッパ等からの舶載品という視点でもって再評価されるべきものであるという点を強調しておきたい。

(4) 九州・朝鮮半島・中国東北部における火打金の登場

　九州をはじめ日本列島における打撃式発火法の開始をめぐっては，これまでの見解は基本的に大陸側から列島への流入を想定するものである。仏教等の大陸からの各種伝来と同期するものという予想や（小川1996），火打金の伝来窓口について日本海沿岸の全体を想定する意見もある（関2002）。いずれの場合であっても，東アジア地域における発火具の歴史との整合を検証することが必須なのであるが，7世紀から14世紀前後までの北方ユーラシアの様相（林1994）がいち早く検討された一方で，これまで，中国東北部から朝鮮半島の実態がほぼ不明で判明していないという状況が長く続いていた。第3章でみてきたとおり，今回，朝鮮半島および中国東北部の遺跡出土火打金について集成でき，九州の火打金との関係を検討する材料をはじめて得ることができたと言える。

　以下では，九州・朝鮮半島・中国東北部の火打金について，資料数はいまだ少ない中ではあるものの，比較を試みたい。まず，先述のとおり，九州における火打金の登場は遅くとも8世紀である。この8世紀からおおよそ11世紀までの火打金をみると，資料が断片的かつ僅少であることの影響も踏まえる必要があるものの，個体差が大きい特徴がある（第73図1〜7）。両端を強く折り返し頂部の上方で反転し蕨手状とするもの（Ⅲ類），両端の湾曲が小さく突起状になるもの（ⅠA類），内巻き状になるもの（ⅠB類），全体が幅広く上方に湾曲し，かつ頂部が半球形のもの（ⅠC類）等がある。

　中国東北部で年代的に古いのは，遼代晩期の高力戈遼墓群出土の火打金2点である（第73図10・11）。1つは全形が山形で折り返された端部が鉤状に仕上げられるもの（ⅠB類），もう1つは全体シルエットがアルファベットのB字形で両端部が上方向へ円環状になるよう折り返されるもの（Ⅳ類）であった。後者は，林俊雄による北方ユーラシアの火打金の集成（林1994）を参考にすると，アムール川中流域に所在する7〜8世紀のトロイツコエ墓地や10世紀後半のコルサコヴォ墓地346号墓等で出土した火打金に類品がある（第73図13）。遼代晩期の高力戈遼墓群出土の火打金は，アムール川中流域や朝鮮半島の最古資料より後出するものであるが，これは見かけ上のことと思われ，将来的にはより古い資料が発見されるであろう。

　このように，8世紀からおおよそ11世紀代までの火打金について，九州7例・朝鮮半島2例・中国東北部2例の火打金について，型式別にいうと九州（ⅠA類×3，ⅠB類×1，ⅠC類×1，Ⅲ類×2）・朝鮮半島（ⅠA類×1，ⅠB類×1）・中国東北部（ⅠB類×1，Ⅳ類×1）となる。3つの地域に共通した型式はⅠB類である（第73図7・8・10）。ⅠB類は，朝鮮半島・中国東北部のものは共通点が多い一方で（第73図8・10），分類上は同じになるが九州のⅠB類（第73図7）とは，頂部の円孔の有無や端部の形状ほか相違点の方が目立っている。また，九州におけるⅠB類は九州出土96例のうちヲスギ遺跡の1例のみであり，九州にあっては特異な存在ともいえる状況である。また，端部形状で分けた分類では異なる類型になってしまうものの，大肥吉竹例と朝鮮半島の霊徳洞遺跡例の頂部の平面形が三角形で左右の端部に向けて細く伸びた上で上方へ湾曲する点がよく似ている（第73図4・8）。さらに，より遠距離の関係であるアムール川中流域の8〜9世紀初頭のコルサコヴォ墓地274号墓で出土したⅢ類の火打金（第73図12）と九州出土のⅢ類（第73図1・2）がよく共通する点も注意される。

　これらの検討からは，九州・朝鮮半島・中国東北部の間には一定の共通した火打金が採用されて

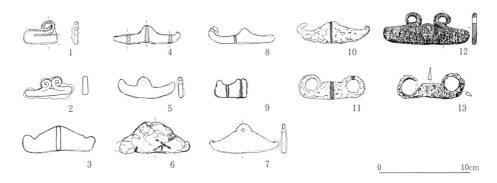

分類
　　ⅠA類：3・4・6・9／ⅠB類：8・7・10／ⅠC類：5
　　Ⅲ類：1・2・12／Ⅳ類：11・13

九州
　1　元岡・桑原遺跡群7次
　　　（7世紀第4四半期～8世紀，遅くとも9世紀）
　2　大島遺跡（8～9世紀）
　3　神水遺跡（9世紀中頃）
　4　大肥吉竹遺跡（8世紀後半）
　5　博多遺跡群99次（7～8世紀）
　6　大宰府条坊跡53次（9世紀前半）
　7　ヲスギ遺跡（10世紀末～11世紀初頭）

朝鮮半島
　8　霊徳洞遺跡　1号性格未詳遺構
　　　（統一新羅，8世紀後半～9世紀前・中）
　9　両水里遺跡　1号建物址（高麗，10～14世紀）

中国東北部
　10　高力戈遼代墓 M13（遼，10～12世紀）
　11　高力戈遼代墓 M12（遼，10～12世紀）

（参考資料：アムール川中流域）
　12　コルサコヴォ274号墓（8～9世紀初頭）
　13　コルサコヴォ346号墓（10世紀後半）

第73図　九州・朝鮮半島・中国東北部等における最古級の火打金

いたと予測される一方で，ただちに系譜関係等を論じるにはあまりに断片的な状況である。性急な結論づけは避けるものの，資料増を待ちつつ今後も注視したい。

(5) 九州・朝鮮半島・中国東北部における火打金の展開

　九州における火打金の形態の変遷をみると，大きく3つの段階で変遷を追うことが可能である。すなわち，本章(4)でみた8～11世紀までを段階1とすれば，段階2として，資料数が増える12世紀後半～13世紀初頭以降からおおよそ17世紀まで，段階3として18世紀代以降から民俗資料までという，段階1～3で整理できるのである（第74図）。

　一方で，朝鮮半島と中国東北部における火打金の年代について，九州の事例と同じような精度を現時点で得ることは難しく，ずいぶんと幅をもったままの年代観とならざるをえない。そこで，一定の検討を進める前提として，まず，朝鮮半島では14世紀末から20世紀初頭までに及ぶ朝鮮時代のものを段階2との，民俗資料との型式的連続性をもつ朝鮮時代の一部から民俗資料を段階3との，そして中国東北部では，金代から明代のものまでを段階2との，清代以降から民俗資料を段階3との，それぞれ比較対象とする。

　段階2の九州では，12世紀後半～13世紀初頭というほぼ同時期の墓の副葬品として2つの型式をみることができた（第49図）。1つは，野坂ホテ田遺跡（筑前）の1号木棺墓出土品に代表され，平面山形で両端がわずかに上に向かって反る火打金（ⅠA類）であり，もう1つは箱崎遺跡第26次調査（筑前）の66号墓出土品に代表される，低い山形の打撃部とその両端が上方へ強く棒状に伸ばされた上で末端が折り重なるよう仕上げられた火打金（ⅡB類）である。ⅠA類は，上に向かう反りのあり方や頂部の円孔の有無等といった小異をもちつつも，類品が中世段階の全般にわたっ

て多く出土している。上縁が波打つ形状のⅠE類もみられる。ⅡB類もⅠA類よりは少数ながら，いくつか類例がある。

　そして，段階2の九州では，鷹島神崎遺跡（肥前）出土の火打金2例（ⅡA・Ⅳ類）および箱崎遺跡第77次調査（筑前）の火打金1例（Ⅳ類）は，ⅠA類が多数派を占める中にあって特異な状況であるが，後述のとおり，これは朝鮮半島・中国東北部の火打金との比較によってその性格を明らかにできるものである。

　まず，朝鮮半島17例の火打金のうち実に15例が朝鮮時代のものである（第52図）。朝鮮時代の各資料について細かな年代を絞り込んでいるものはなく，その細分は今後の課題である。朝鮮時代の火打金15例は，型式別に点数をみていくとⅠA類×1，Ⅳ類×9，Ⅴ類×3および細分不可のもの（ⅠかⅡ類×1，ⅡかⅣ類×1）となる。次に，中国東北部の火打金については，金代にⅠB類とⅡA類の中間的なもの×1，元代にⅣ類×1，明代にⅣ類×4であり，段階2の九州に対比される年代の火打金は大多数がⅣ類となっている（第55図）。すなわち，鷹島神崎遺跡および箱崎遺跡第77次調査で出土した火打金は，九州にあって異質であった一方で，朝鮮半島・中国東北部の様相とは親和的な型式のあり方なのである（第74図）。少なくとも，鷹島神崎遺跡の性格等も加味すれば，同遺跡出土の火打金は，1281年の蒙古襲来の高麗・元軍が所有していたものである可能性がきわめて高いといえる。

　この3つの地域の火打金の型式について，段階2の九州とそれとの対比を念頭に比較すると，段階2の九州ではⅠA・ⅡB類が主流となる一方で，朝鮮半島・中国東北部での主流はⅣ類なのであり，朝鮮半島・中国東北部の火打金の一群と九州の一群とで様相が分かれていることから，2つの群の間では影響関係をもつことなく，それぞれに火打金の型式が変遷していったものと考えられる。

　そして，段階3の九州では，墓出土品等で年代を絞り込み可能な18世紀代以降の火打金等として，小形のⅡA類×4・ⅡB類×3のほかⅠD類×1・Ⅱ類×1・Ⅵ類×1がみられる（第47図72，第49図）。年代絞り込みの弱いものや型式細分の困難な資料もあわせると，段階3の九州では，Ⅱ類に相当するものが多く出土している傾向にある。また，民俗資料としては日向地域のうち山間部の資料そして奄美地域のものを図化できたが，前者はⅡA類×3，ⅡB類×1，後者はⅡB類×3，Ⅶ類×1，Ⅺ類×1である。段階2の九州で多数を占めていたⅠA類が姿を消し，Ⅱ類が優勢になり，かつ新たにⅦ・Ⅺ類等が登場している（第57・60図）。補足資料ではあるが，浮世絵等の絵画資料に登場する火打金の型式がⅦ類であった点も，考古資料の変遷と整合している。

　朝鮮半島については，段階3よりも新しい様相となろうが，朝鮮時代以降のものと推定できる民俗資料として今回図化できたものには5例あり，型式別ではⅤ類×1，Ⅵ類×4となるほか（第61図），Ⅹ類も確実に存在する。段階3の中国東北部で実測図から形状を知ることができた火打金はすべてⅩ類である（第55図）。

　Ⅴ類とは，全体シルエットが低平な五角形・樽形で，頂部は三角形・半球形で，両端は頂部上方で内側へ折り込み，末端を蕨手状とするものである。その形態的特徴は，Ⅳ類とⅥ類の中間形態のようなものであることから，文唐洞遺跡出土資料のⅤ類は，民俗資料との技術形態学的な連続性を加味すると，朝鮮時代の中でも新しい年代に属する火打金と推定される。なお，九州と朝鮮半島のⅥ類はよく似たものとなっている。現状の資料のみでは詰め切れていないながら，系譜等に係る何らかの関係を窺わせている。

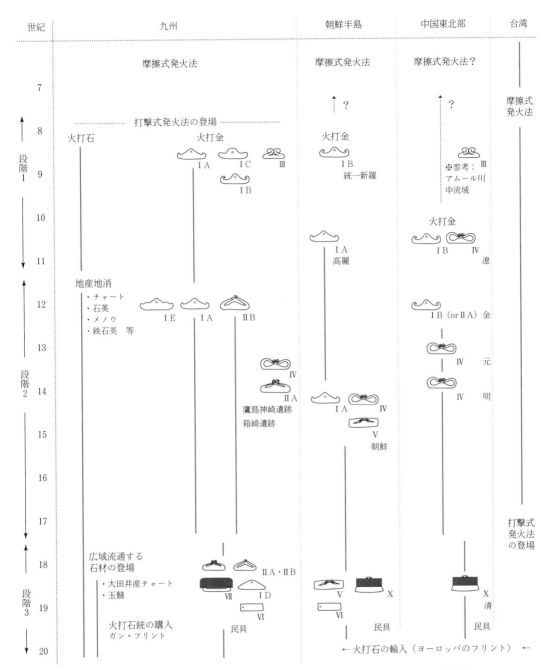

第74図 九州・朝鮮半島・中国東北部・台湾における火打石・火打金の変遷模式図

(6) 東アジアにおける火打金の受容と展開（予察）

　中国東北部および朝鮮半島の火打金と九州のそれを考えあわせたとき，中国中原地域において火打金が普及すること自体が日本列島のそれより遅れる可能性が出てきている．第1章で触れたことの繰り返しとなるが，すなわち，文献資料等の検討からは，中国中原地域における発火具の変遷とは，1：遅くとも春秋戦国時代から南北朝期には摩擦式発火具が一般的である，2：漢・晋のころに

は石どうし（黄鉄鉱等）を打つ火起こしが存在する，3：唐代（618〜907年）には，石どうし（黄鉄鉱等）を打つ火起こしが一般に普及し，宗教儀式の中に摩擦式発火法が残されている，4：宋・元代（960〜1368年）に，石どうしでなく火打金を用いる発火法が普遍化すると整理されている（汪2008）。つまり，九州で火打金が登場する8世紀代の中国中原地域における発火法とは，前代からあった摩擦式発火法が宗教儀式の中に残されつつ，石どうし（黄鉄鉱等）を打つ火起こしが一般に普及した段階に含まれており，火打金を用いた打撃式発火法はみられないようなのである。

　これと関連し，905年に編纂された『延喜式』賜蕃客例条（大蔵省・賜蕃客例・大唐皇）に記載された，遣唐使が持参した朝貢品の中に，別貢（別送）の1つとして挙げられた，出火水精（水晶）10顆，瑪瑙10顆，出火鉄10具が注意される。出火鉄については火打金を指すとみられ，出火水精や瑪瑙については玉の素材である可能性等も示されているが，出火鉄との組み合わせから考えるといずれも火打石の可能性がある（東野2007）。日本産打撃式発火具が唐への朝貢品リストへ挙がったことも，そういった中国中原地域の発火具事情によるものなのか。大陸側から日本列島へ伝わった，というような単純な図式で説明できない打撃式発火法の履歴があった可能性が出てきている。その内容は，文献のみでなく，考古資料による検証を必要としていよう。東アジアの中で打撃式発火具がどのように登場し広がっていくのか，今後，北方ユーラシアや中国東北部，朝鮮半島の火打金に一定の共通点があった背景や，朝鮮半島と地理的に近い九州の火打金との関係に係る議論を深めるためには，今の資料数や年代特定の精度のみでは難しい地域間の比較等が求められており，引き続き検討していきたい。

　また，日本列島と同じく，東アジアの東端に位置する島である台湾において，摩擦式発火法が先行し，打撃式発火法が後出するという2つの発火法の相対的な年代の前後関係では共通しつつ，8世紀代にすでに打撃式発火法を採用している東北地方から九州本土域に対し，17世紀以降の漢人移住に起因して打撃式発火法がもたらされた台湾という相違がみられた。台湾と日本列島では，東アジア東端の島どうしとはいえ，打撃式発火法の導入年代について実に1,000年近い隔たりをみせているのであり，その契機についても，それぞれにおける大陸側との関係史の相違を強く感じさせるものである。

　こういった研究の到達点と課題からは，発火具の歴史について東アジア史の中で紐解くことが重要であることを改めて強く意識させられる。東アジア各地の人と火の関係史を解明し比較することによって，日本列島をはじめ各地域における文化の自生や伝播の流れを知ることとなり，それぞれに展開してきた固有の地域史をより深く理解することが期待される。

(7)　今後の課題

　本書では，人と火をめぐる歴史の一端として，主に火打石・火打金やその発火法について検討した。最後に，論じることのできなかった点を整理し，今後の課題としたい。

　まず，火の使用の開始は人類史の中で重要な転換点の1つであったという，人口に膾炙した文言とは裏腹に，古い時代になればなるほど，火がどうやって得られたのかあるいは起こされたのかという，日ノ岳遺跡の調査研究から発せられた問いへの解答である。例えば，宮崎県域をはじめ日本列島ではおよそ35,000年前以降になってヒトの住んでいた痕跡が多く発見され，その最初期から火を使った痕跡等も含む礫群や炭化材等が残されていることから，火を使ったことは間違いないの

である。一方で，火をどうやって起こしたのか，確保したのかは，今日に至るまで十分に説明できていない。旧石器時代に遡る火の使用の証拠が数多くあるにもかかわらず，火を得るあるいは起こす方法が不分明なままとなっている。この旧石器時代等の発火具や発火法については今後の発掘調査の中で意識的に捉えていく必要もあり，課題として残したい。

　2つ目は，火打石に関する課題である。本書で取り上げた以外にも，遺跡単位での火打石出土の報告が九州各地で増加しており（大野城市教育委員会 2013，沖縄県立埋蔵文化財センター 2016・2023，鹿児島県立埋蔵文化財センター 2013，九州歴史資料館 2013b，久留米市教育委員会 2015，長崎県埋蔵文化財センター 2018，中津市教育委員会 2014，みやこ町教育委員会 2016，柳川市教育委員会 2016 ほか），より詳細な歴史復元が可能になりつつある[2]。

　一方で，産地不詳のままとなっている火打石石材も少なくないのであり，民俗資料や各種の紀行文・地誌等に残る火打石の利用状況や産地等の情報と可能な限り一連で検討されていくことが期待される。また，広域流通した火打石は商品として理解しやすい一方で，伝統的な在地石材の場合，河原等から採取されたのか，使用者自らが採取したあるいはそれを生業とする者が存在したのか，商品として流通したのか等が問われており，生業史・経済史的側面を補強することもまた将来の課題である。

　3つ目は，火打金に関する課題である。第39・40図にある関東地方の火打金の最古段階資料をみると，九州と関東で形状の近い火打金が出土していることが明白であり，その関係性の説明が今の資料状況では十分に果たしえない。このためには，日本列島規模での資料集成を実施した上で，改めて検討を加えたい。列島内各地に散見される最古段階と目される火打金やそれに類する鉄製品との相互関係の解明も含め，打撃式発火法の登場と展開の解像度を高める必要がある。また，ヲスギ遺跡・野坂ホテ田遺跡・中西遺跡・箱崎遺跡第26次調査における古代から中世にかけての墓4例に伴う火打金の出土位置について，被葬者の頭部付近にあるものが2例，同腰付近かとみられるものが2例である（第43図）。腰付近の出土例は，中国東北部の遼代から清代までの墓の検討で判明した，被葬者の腰付近において火打金・火打石が出土する傾向（第54図）と一致する点であり，火打金等の発火具の扱われ方を反映したものと予想されることから，朝鮮半島の様相（第51図）ほか時空間的に対象を広げた上で改めて評価等を進めたい。

　4つ目は，民俗資料とその周辺の記録化である。記録化が急務の事例を九州でもいくつか挙げることができる。1つには，六太郎角の産地の記録である。現地には竹藪に覆われた現状ながら採掘坑が残されており（大分県教育委員会 2010），2005年には杵築市の指定文化財（天然記念物）となって一定の保護が図られている。採掘坑の測量や，直接の採掘者でないにしても関係者への聞き取り等について早い段階で実施が必要と考えている。小林克を中心に進められた諸沢村における火打石産地の調査と記録（東京都江戸東京博物館 2002）は，その優れた道しるべとなる。このほか，奄美地域の聞き取り成果等や台湾原住民の火に係る習俗等の諸記録等で垣間見たのみとなった，火の神聖性等に係る諸相の解明があり，これについては柳田國男によるもの（柳田 1944 ほか）をはじめ，多くの資料や議論が積み重ねられており，今後，改めて取り組んでみたい。

註

（1）　その詳細は別稿となるが，例えば鹿児島県内資料で，これまで同県内では未見であった8〜9世紀代の火打石が新たに確認される等，本書執筆と並行して九州各地で火打石の検索作業を継続しており，事例が確実に増加して

186　終章　九州・朝鮮半島・中国東北部・台湾における火打石・火打金からみた歴史

いる。

（2）　本書では九州の火打石を扱いつつも沖縄県域の情報が空白のままとなっていたが，註(1)と同じく継続中の検索
作業によって，2024年8月2日に，沖縄県域出土火打石の確実例について，同センターの大堀皓平・金城翼と
ともに確認できた。

付表1　火打石出土遺跡地名表（九州の主なもの・中国東北部・台湾）

地図番号	遺　　跡　　名	所　在　地	出　　　　典
九州			
第15図1／ 第33図1	博多遺跡群 第3・6・22・33・35・71・77・79・85・180・216次調査，博多築港線第2次調査	福岡県　福岡市	福岡市教育委員会1985・1986・1988a・1988b・1988c・1995・1996a・1996b・1997a・1997b・2009a・2021
第15図2／ 第33図2	福岡城下町遺跡第1次調査	福岡県　福岡市	福岡市教育委員会2017
第15図3	麦野A遺跡第18次調査	福岡県　福岡市	福岡市教育委員会2009b
第15図4	薬師の森遺跡	福岡県　大野城市	大野城市教育委員会2013
第15図5	原田榎本ノ一遺跡A地点	福岡県　筑紫野市	筑紫野市教育委員会2011
第15図6／ 第33図3	観世音寺跡	福岡県　太宰府市	九州歴史資料館2007
第15図6	大宰府条坊跡 第59・106・154・156・168・199・224・267次調査	福岡県　太宰府市	太宰府市教育委員会1996・1998a・2000・2002a・2002b・2004・2009・2022
第15図6	宝満山遺跡群第28次調査	福岡県　太宰府市	太宰府市教育委員会2005
第15図6	連歌屋遺跡第1次調査	福岡県　太宰府市	太宰府市教育委員会2003
第15図6	大宰府政庁周辺官衙跡(不丁地区)	福岡県　太宰府市	九州歴史資料館2012a・2013a・2014a
第15図6	国分千足町遺跡第3次調査	福岡県　太宰府市	太宰府市教育委員会2017a
第15図6	サコ遺跡第1次調査	福岡県　太宰府市	太宰府市教育委員会2021
第15図7／ 第33図4	内野宿御茶屋跡	福岡県　飯塚市	飯塚市教育委員会2022
第15図8／ 第33図5	黒崎城跡5区・5a区・5b区・2区	福岡県　北九州市	㈶北九州市芸術文化振興財団2007，㈶北九州市芸術文化振興財団埋蔵文化財調査室2005
第15図9	小倉城三ノ丸跡第6地点	福岡県　北九州市	㈶北九州市芸術文化振興財団埋蔵文化財調査室2010
第15図9	小倉城跡I区	福岡県　北九州市	㈶北九州市教育文化事業団埋蔵文化財調査室1997
第15図9／ 第33図7	竪町遺跡第1地点	福岡県　北九州市	㈶北九州市教育文化事業団埋蔵文化財調査室2000
第15図9／ 第33図7	長浜遺跡第6地点	福岡県　北九州市	㈶北九州市芸術文化振興財団埋蔵文化財調査室2011
第15図10	雨窪遺跡群	福岡県　苅田町	福岡県教育委員会2004
第15図11	筑後国府跡第89次調査	福岡県　久留米市	久留米市教育委員会2009
第15図12	久留米城下町遺跡第14・15次	福岡県　久留米市	久留米市教育委員会2001・2003
第15図12	久留米城外郭遺跡第6次	福岡県　久留米市	久留米市教育委員会1998
第15図12／ 第33図6	櫛原侍屋敷遺跡第2次	福岡県　久留米市	久留米市教育委員会1999
第15図12／ 第33図6	両替町遺跡	福岡県　久留米市	久留米市教育委員会1996
第15図13	市ノ上遺跡	福岡県　久留米市	久留米市教育委員会2015
第15図14	蒲船津西ノ内遺跡第6次調査	福岡県　柳川市	柳川市教育委員会2016
第15図15／ 第33図19	唐津城跡	佐賀県　唐津市	唐津市教育委員会2019・2021
第15図16／ 第33図25	早岐瀬戸遺跡	長崎県　佐世保市	佐世保市教育委員会2018
第15図17／ 第33図26	長崎奉行所跡・岩原目付屋敷跡	長崎県　長崎市	長崎県教育委員会2005a
第15図18	出島和蘭商館跡	長崎県　長崎市	長崎市教育委員会2018
第15図19／ 第33図27	魚の町遺跡第2次調査	長崎県　長崎市	長崎市教育委員会2023
第15図20	八坂中遺跡	大分県　杵築市	大分県教育委員会2003
第15図21／ 第33図16	中世大友府内町跡第8・30・31・41・51・77次	大分県　大分市	大分県教育庁埋蔵文化財センター2005・2006b・2010a・2010b・2010c・2010e
第15図21／ 第33図17	府内城・府内城下町第15・17次	大分県　大分市	大分市教育委員会2004a・2009
第15図22	医者どん坂遺跡	熊本県　菊池市	菊池市教育委員会2022
第15図23	山頭遺跡第5次調査	熊本県　熊本市	熊本市教育委員会2016
第15図23	今古閑久保遺跡	熊本県　熊本市	植木町教育委員会2004
第15図23	硯川遺跡群	熊本県　熊本市	熊本市教育委員会2018b・2018c
第15図24	谷尾崎遺跡	熊本県　熊本市	―
第15図25	二本木遺跡群第106次調査	熊本県　熊本市	熊本市教育委員会2021
第15図26	古町遺跡第11次調査	熊本県　熊本市	熊本市教育委員会2020
第15図27	黒髪町遺跡群1310地点	熊本県　熊本市	熊本市教育委員会2021

地図番号	遺　跡　名	所　在　地		出　典
第15図28	本荘遺跡0104・0509・1708地点	熊本県	熊本市	熊本大学埋蔵文化財調査室2010，熊本大学埋蔵文化財調査センター2016・2020・2021
第15図29	新南部遺跡群第12次調査	熊本県	熊本市	熊本県教育委員会2018
第15図29	江津湖遺跡群	熊本県	熊本市	熊本県教育委員会2008
第15図29	神水遺跡第11次調査	熊本県	熊本市	熊本県教育委員会2011
第15図29	健軍神社周辺遺跡群第8次調査	熊本県	熊本市	熊本市教育委員会2013
第15図30	御幸木部遺跡群	熊本県	熊本市	熊本県教育委員会2006
第15図31	人吉城跡・中原城跡・下原城跡・上原城跡	熊本県	人吉市	人吉市教育委員会1998・1999・2020，鶴嶋2013，村上2003
第15図32	古城遺跡	熊本県	水俣市	水俣市教育委員会2013
第15図32	水俣城跡	熊本県	水俣市	水俣市教育委員会2007
第32図7	山田遺跡	宮崎県	延岡市	宮崎県埋蔵文化財センター2007a
第32図11・12／第33図30	延岡城下町遺跡第7次・延岡城内遺跡第44次調査・延岡城内遺跡	宮崎県	延岡市	延岡市教育委員会2017・2019，宮崎県埋蔵文化財センター2012c
第32図18／第33図28	海舞寺遺跡	宮崎県	延岡市	宮崎県埋蔵文化財センター2010b
第32図20／第33図32	塩見城跡	宮崎県	日向市	宮崎県埋蔵文化財センター2012a
第32図23／第33図34	岡遺跡第6・7・9次調査	宮崎県	日向市	宮崎県埋蔵文化財センター2012b・2013a
第32図30	大内原遺跡	宮崎県	川南町	宮崎県埋蔵文化財センター2006b
第32図25／第33図35	野首第1遺跡	宮崎県	高鍋町	宮崎県埋蔵文化財センター2007g
第32図41	高鍋城三ノ丸跡	宮崎県	高鍋町	宮崎県埋蔵文化財センター2009b
第32図44	牧内第1遺跡	宮崎県	高鍋町	宮崎県埋蔵文化財センター2007h
第32図50／第33図37	宮ノ東遺跡	宮崎県	西都市	宮崎県埋蔵文化財センター2008b
第32図51	次郎左衛門遺跡	宮崎県	西都市	宮崎県埋蔵文化財センター2010c
第32図57	佐土原城跡第6・8次調査	宮崎県	宮崎市	宮崎市教育委員会2015・2016
第32図58	囲遺跡	宮崎県	宮崎市	宮崎市教育委員会2020a
第32図59	中小路遺跡	宮崎県	宮崎市	宮崎市教育委員会2019
第32図63	下北方塚原第2遺跡	宮崎県	宮崎市	宮崎市教育委員会2011
第32図68	橘通東一丁目遺跡	宮崎県	宮崎市	宮崎県埋蔵文化財センター2018
第32図69	津和田第2遺跡	宮崎県	宮崎市	宮崎市教育委員会2021a
第32図76	上の原第1遺跡	宮崎県	宮崎市	宮崎県埋蔵文化財センター2000a
第32図79	高岡麓遺跡5地点	宮崎県	宮崎市	宮崎県教育委員会1996
第32図90	真米田遺跡	宮崎県	都城市	都城市教育委員会2014
第32図94	祝吉第3遺跡第2次調査	宮崎県	都城市	都城市教育委員会2015
第32図95	安永城跡二之丸	宮崎県	都城市	都城市教育委員会2019
第32図96	早馬遺跡	宮崎県	都城市	都城市教育委員会2008a
第32図98／第33図41	八幡遺跡	宮崎県	都城市	宮崎県埋蔵文化財センター2003a
第32図99	南卸屋舗跡	宮崎県	都城市	都城市教育委員会2017a
第32図102	笹ヶ崎遺跡第1次調査	宮崎県	都城市	都城市教育委員会2016
第32図105／第33図40	飫肥城下町遺跡	宮崎県	日南市	宮崎県埋蔵文化財センター2012d
第32図86	天神免遺跡	宮崎県	えびの市	えびの市教育委員会2010
第32図88	蔵元遺跡	宮崎県	えびの市	えびの市教育委員会1996
第32図89／第33図42	中満遺跡	宮崎県	えびの市	えびの市教育委員会1996
第15図33	志布志城跡	鹿児島県	志布志市	志布志市教育委員会2018
第15図34	チシャノ木遺跡	鹿児島県	曽於市	鹿児島県立埋蔵文化財センター2008
第15図35	山口遺跡	鹿児島県	薩摩川内市	鹿児島県立埋蔵文化財センター2013
第15図36	油免・本寺遺跡	鹿児島県	南さつま市	鹿児島県立埋蔵文化財センター2010a
第15図37／第33図43	鹿児島大学構内遺跡	鹿児島県	鹿児島市	鹿児島大学埋蔵文化財調査室2010，藤木2012
第33図8	緒方古墳群	福岡県	上毛町	九州歴史資料館2013
第33図9	中津城下町遺跡18次	大分県	中津市	中津市教育委員会2014
第33図10〜15	角田コレクション（宮ノ下・薄尾西・高平東・原西ノ西・大峰・内野）	大分県	杵築市ほか	宮内2005・2006，藤木2013
第33図18	末広遺跡	大分県	大分市	大分市教育委員会2012

地図番号	遺　跡　名	所　在　地	出　典
第33図20	八幡溜遺跡	佐賀県　唐津市	藤木2012
第33図21〜24	山下実採集資料(伊万里西・平尾北・坊田B・野田A)	佐賀県／長崎県　伊万里市ほか	藤木2012
第33図29	鳴川引地	宮崎県　延岡市	宮崎県埋蔵文化財センター2010b
第33図33	板平遺跡	宮崎県　日向市	宮崎県埋蔵文化財センター2011b
第33図36	新富町内採集	宮崎県　新富町	新富町教育委員会2007
第33図38	中別府遺跡	宮崎県　宮崎市	宮崎県埋蔵文化財センター2001
第33図39	学頭遺跡	宮崎県　宮崎市	宮崎県教育委員会1995a
中国東北部			
第53図2	奥里米5号墓	黒龍江省　綏浜県	方・王1999
第53図10	東勝村1・7号墓	黒龍江省　綏浜県	黑龙江省文物考古研究所・鶴崗市文物管理站2000
	永和, 徳豊清代墓	黒龍江省　依蘭県	黑龙江省文物考古工作队1982
台湾			
第37図1	十三行遺址	台湾　新北市	臧・劉2001
第37図2	大竹圍遺址	台湾　宜蘭縣	劉1993
第37図3	北港渓古笨港(崩渓缺)地点	台湾　雲林縣・嘉義縣	何・劉2003
第37図4	熱蘭遮城(ゼーランディア城)	台湾　台南市	
第37図5	牛稠子遺址	台湾　台南市	李1992
第37図6	左營遺址	台湾　高雄市	何・劉・鄭・陳2001
第37図7	下罟坑遺址	台湾　新北市	趙他2012, 趙2016
	復興遺址	台湾　花蓮縣	張2006
	萬寧遺址	台湾　花蓮縣	張2006
	竹田遺址	台湾　花蓮縣	張2006
	六十石山遺址	台湾　花蓮縣	張2006
	羅山遺址	台湾　花蓮縣	張2006
	公埔遺址	台湾　花蓮縣	張2006
	富里山遺址	台湾　花蓮縣	張2006
	菜園角遺址	台湾　彰化縣	彰化縣2008
	山佳遺址	台湾　苗栗縣	劉・林・伍2009
	山頂遺址	台湾　苗栗縣	劉・林・伍2009

付表2　火打金出土遺跡地名表（九州・朝鮮半島・中国東北部）

地図番号	遺　跡　名	所　在　地		出　典
第42図1	元岡・桑原遺跡群第7次調査	福岡県	福岡市	福岡市教育委員会2008a，福岡市埋蔵文化財センター2009
第42図2	博多遺跡第99次調査	福岡県	福岡市	福岡市教育委員会1998
第42図3	博多遺跡第216次調査	福岡県	福岡市	福岡市教育委員会2021
第42図4	吉塚祝町遺跡第1次調査	福岡県	福岡市	福岡市教育委員会2000
第42図5	吉塚祝町遺跡第2次調査	福岡県	福岡市	福岡市教育委員会2006
第42図6	箱崎遺跡第26次調査	福岡県	福岡市	福岡市教育委員会2004
第42図7	箱崎遺跡第77次調査	福岡県	福岡市	福岡市教育委員会2018，福岡市埋蔵文化財センター2018
第42図8	大宰府条坊跡第53次調査	福岡県	太宰府市	太宰府市教育委員会2017b
第42図9	大宰府条坊跡第149次調査	福岡県	太宰府市	太宰府市教育委員会1999
第42図10	浦山遺跡	福岡県	太宰府市	太宰府市教育委員会2021
第42図11	城田遺跡第2次調査	福岡県	福岡市	福岡市教育委員会2008b ほか
第42図12	脇山A遺跡第4次調査	福岡県	福岡市	福岡市教育委員会1992
第42図13	野多目A遺跡	福岡県	福岡市	福岡市教育委員会1991
第42図14	観音山古墳群　中原II群5号墳	福岡県	那珂川市	那珂川町教育委員会2003
第42図15	尼寺跡遺跡群	福岡県	那珂川市	那珂川町教育委員会2017
第42図16	貝元遺跡	福岡県	筑紫野市	福岡県教育委員会1999
第42図17	原田第41号墓地	福岡県	筑紫野市	筑紫野市教育委員会2003・2004・2006
第42図18	野坂ホテ田遺跡	福岡県	宗像市	宗像市教育委員会1987
第42図19	矢加部町屋敷遺跡5次調査	福岡県	柳川市	九州歴史資料館2012b
第42図20	江栗遺跡	福岡県	朝倉市	福岡県教育委員会1997
第42図21	大迫遺跡	福岡県	北九州市	(財)北九州市教育文化事業団1992
第42図22	延永ヤヨミ園遺跡	福岡県	行橋市	九州歴史資料館2014b
第42図23	羽根木古屋敷遺跡	福岡県	行橋市	行橋市教育委員会2018
第42図24	大塚本遺跡　下野地2号墳	福岡県	上毛町	福岡県教育委員会1998
第42図25	大肥吉竹遺跡	大分県	日田市	日田市教育委員会2004
第42図26	小迫辻原遺跡	大分県	日田市	大分県教育委員会・日田市教育委員会1998
第42図27	中西遺跡	大分県	玖珠町	玖珠町教育委員会1987
第42図28	上城遺跡	大分県	竹田市	久住町教育委員会2002
第42図29	稲荷谷近世墓地	大分県	竹田市	竹田市教育委員会2004
第42図30	一万田館跡	大分県	豊後大野市	朝地町教育委員会1994
第42図31	中世大友府内町跡第7次調査	大分県	大分市	大分県教育庁埋蔵文化財センター2006a
第42図32	中世大友府内町跡第41次調査	大分県	大分市	大分県教育庁埋蔵文化財センター2010c
第42図33	中世大友府内町跡第74次調査	大分県	大分市	大分市教育委員会2007
第42図34	中世大友府内町跡第97-1E次調査	大分県	大分市	大分市教育委員会2016
第42図35	馬部甚蔵山遺跡	佐賀県	唐津市	唐津市教育委員会1988，徳永ほか2004
第42図36	鷹島神崎遺跡	長崎県	松浦市	松浦市教育委員会2015
第42図37	亀の首遺跡	長崎県	南島原市	南島原市教育委員会2011
第42図38	群前遺跡	熊本県	玉名市	熊本県教育委員会2004
第42図39	ヲスギ遺跡	熊本県	熊本市	植木町教育委員会2004
第42図40	今古閑久保遺跡	熊本県	熊本市	植木町教育委員会2004
第42図41	塔ノ本遺跡	熊本県	熊本市	植木町教育委員会2004
第42図42	滴水尖遺跡	熊本県	熊本市	植木町教育委員会2004
第42図43	山頭遺跡第4・5次調査地	熊本県	熊本市	熊本市教育委員会2016
第42図44	つつじヶ丘横穴群	熊本県	熊本市	熊本市教育委員会2002
第42図45	桑鶴遺跡群第2次調査区	熊本県	熊本市	熊本市教育委員会2015
第42図46	二本木遺跡第26次調査区	熊本県	熊本市	熊本市教育委員会2007b
第42図47	古町遺跡第11次調査区	熊本県	熊本市	熊本市教育委員会2020
第42図48	大江遺跡群第107次調査区	熊本県	熊本市	熊本市教育委員会2007b
第42図49	神水遺跡	熊本県	熊本市	熊本県教育委員会1986，美濃口ほか2004
第42図50	神水遺跡第10次調査区	熊本県	熊本市	熊本市教育委員会2015
第42図51	御幸木部古屋敷遺跡	熊本県	熊本市	熊本県教育委員会1993
第42図52	灰塚遺跡	熊本県	あさぎり町	熊本県教育委員会2001
第42図53	花岡古町遺跡	熊本県	芦北町	芦北町教育委員会2013
第42図54	佐敷花岡城跡	熊本県	芦北町	芦北町教育委員会2001
第42図55	樋口遺跡	宮崎県	五ヶ瀬町	宮崎県埋蔵文化財センター2024a
第42図56	中山遺跡	宮崎県	日向市	宮崎県埋蔵文化財センター2004
第42図57	銀座第2遺跡	宮崎県	川南町	宮崎県埋蔵文化財センター2005
第42図58	宮ノ東遺跡	宮崎県	西都市	宮崎県埋蔵文化財センター2008b

地図番号	遺　跡　名	所　在　地	出　典
第42図59	西下本庄遺跡	宮崎県　国富町	宮崎県埋蔵文化財センター1999
第42図60	今江城跡	宮崎県　宮崎市	宮崎県教育委員会1988
第42図61	津和田第2遺跡	宮崎県　宮崎市	宮崎市教育委員会2021a
第42図62	庄内西脇遺跡	宮崎県　都城市	都城市教育委員会2017
第42図63	都之城取添遺跡	宮崎県　都城市	都城市教育委員会1991b
第42図64	都之城本丸跡	宮崎県　都城市	都城市2006
第42図65	加治屋B遺跡	宮崎県　都城市	都城市教育委員会2008
第42図66	竹之内遺跡	宮崎県　えびの市	えびの市教育委員会1997
第42図67	田之上城跡	宮崎県　えびの市	えびの市教育委員会2003
第42図68	久見迫B遺跡	宮崎県　えびの市	えびの市教育委員会1996
第42図69	小路下遺跡	宮崎県　えびの市	えびの市教育委員会2002
第42図70	横川城跡	鹿児島県　霧島市	横川町教育委員会1987
第42図71	桑幡氏館跡	鹿児島県　霧島市	隼人町教育委員会2003
第42図72	安良遺跡	鹿児島県　志布志市	（公財）鹿児島県文化振興財団埋蔵文化財調査センター2020
第42図73	虎居城跡	鹿児島県　さつま町	鹿児島県立埋蔵文化財センター2011
第42図74	中之城跡	鹿児島県　阿久根市	阿久根市教育委員会2003
第42図75	大島遺跡	鹿児島県　薩摩川内市	鹿児島県立埋蔵文化財センター2005
第42図76	上野城跡	鹿児島県　薩摩川内市	鹿児島県立埋蔵文化財センター2004a
第42図77	上ノ平遺跡	鹿児島県　日置市	鹿児島県立埋蔵文化財センター2004b
第42図78	芝原遺跡	鹿児島県　南さつま市	鹿児島県立埋蔵文化財センター2012
第42図79	持躰松遺跡	鹿児島県　南さつま市	鹿児島県立埋蔵文化財センター2007
第42図80	上水流遺跡	鹿児島県　南さつま市	鹿児島県立埋蔵文化財センター2009a・2010b
第42図81	屋鈍遺跡	鹿児島県　宇検村	鹿児島県立埋蔵文化財センター2009b

朝鮮半島

地図番号	遺　跡　名	所　在　地	出　典
第50図1	檜巌寺	京畿道　楊州市	㈶京畿文化財研究院2013
第50図2	津寛洞墳墓群	ソウル特別市	㈶中央文化財研究院2008
第50図3	両水里遺跡	京畿道　楊平郡	㈶西海文化財研究院2016
第50図4	霊徳洞遺跡	京畿道　龍仁市	㈶京畿文化財研究院2010
第50図5	麻北洞遺跡	京畿道　龍仁市	㈶京畿文化財研究院2009
第50図6	増浦洞遺跡	京畿道　利川市	㈶高麗文化財研究院2015
第50図7	青里遺跡	慶尚北道　尚州市	韓国文化財保護財団1999
第50図8	玉山里遺跡	慶尚北道　金泉市	㈶慶尚北道文化財研究院2013
第50図9	文唐洞遺跡	慶尚北道　金泉市	㈶慶尚北道文化財研究院2008
第50図10	西邊洞古墳群	大邱広域市	㈶嶺南文化財研究院2001
第50図11	三徳洞遺跡	大邱広域市	㈶嶺南文化財研究院2012
第50図12	山56-1番地遺跡	慶尚北道　慶州市	㈶新羅文化遺産研究院2009
第50図13	小浦里遺跡	慶尚南道　咸安郡	㈶東西文物研究院2015
第50図14	徳岩里遺跡	慶尚南道　金海市	㈶頭流文化研究院2017

中国東北部

地図番号	遺　跡　名	所　在　地	出　典
第53図1	高力戈遼墓群	吉林省　双遼市	吉林省文物考古研究所1986
第53図3	攬头窩堡遺跡	吉林省　徳恵市	吉林省攬头窩堡遺址考古队2003，赵・杜・郝・张2017
第53図5	西旬子	吉林省　琿春市	延辺博物館・琿春市博物館1993
第53図6	西玉石明墓	吉林省　梅河口市	王1987
第53図7	輝発城址	吉林省　輝南県	刘・谢・高・王・刘・王2015
第53図8	朝東村	吉林省　竜井市	延辺州博物館1986
第53図9	扶余油田磚廠墓地	吉林省　松原市	吉林省文物考古研究所2011
第53図11	鉄古拉村清代墓	黒龍江省　嫩江県	赵2007，黒龙江省文物考古研究所2017
第53図12	托拉蘇将軍墓	黒龍江省　訥河市	李2011
第53図13	沿江村清代墓	黒龍江省　訥河市	李2005
第53図14	多福村清代墓	黒龍江省　訥河市	赵2004
第53図15	団結屯清代墓	黒龍江省　訥河市	陈・赵・王2016a
第53図16	全発屯清代墓	黒龍江省　訥河市	陈・赵・王2016b
第53図17	紅光村	黒龍江省　齐齐哈尔市	齐齐哈尔市文物管理站2005
第53図18	徳豊清代墓	黒龍江省　依蘭県	黒龙江省文物考古工作队1982
第53図19	永和清代墓	黒龍江省　依蘭県	黒龙江省文物考古工作队1982

付表3　火打石一覧表（本書所収分）　　　　　　　　　　　　　　　　（※長さ・幅・厚み＝cm, 重量＝g）

図番号	遺跡名	所在地	年代	出土遺構等	石材	分類	法量* 長さ	幅	厚み	重量	出典
第9図1	原田榎本ノ一遺跡A地点	福岡県筑紫野市	中世	第1号溝覆土上層	鉄石英	火打石	2.1	1.9	2.9	9.3	筑紫野市教育委員会2011
第10図7	油免・本寺遺跡	鹿児島県南さつま市	古代以降	一括	玉髄	火打石	3.8	2.7	2.0	17.7	鹿児島県立埋蔵文化財センター2010a
第11図／第18図7	長浜遺跡第6地点	福岡県北九州市	近世	3区の石列北側1層併行層	大田井産チャート	火打石	4.1	2.5	0.8	13.0	(財)北九州市芸術文化振興財団2011
第12図	雨窪遺跡群	福岡県苅田町	8世紀	包含層	姫島産黒曜石	火打石	2.2	1.6	0.9	3.4	福岡県教育委員会2004
第16図1	八坂中遺跡	大分県杵築市	中世	—	石英	火打石	3.4	2.7	1.7	17.0	大分県教育委員会2003
第16図2	八坂中遺跡	大分県杵築市	近世	—	六太郎角	火打石	2.7	2.7	1.4	11.6	大分県教育委員会2003
第16図3	八坂中遺跡	大分県杵築市	近世	—	六太郎角	火打石	4.5	2.1	1.2	11.6	大分県教育委員会2003
第16図4	八坂中遺跡	大分県杵築市	近世	—	六太郎角	火打石	5.8	2.5	1.9	32.8	大分県教育委員会2003
第16図5／第17図9	久留米城下町遺跡第15次調査	福岡県久留米市	～19世紀前半	土坑SK28	メノウ質石英	火打石	5.0	4.8	2.9	71.8	久留米市教育委員会2003
第17図1	櫛原侍屋敷遺跡第2次調査	福岡県久留米市	18世紀前半	土坑SK148	メノウ質石英	火打石	2.3	1.7	1.3	5.6	久留米市教育委員会1999
第17図2	櫛原侍屋敷遺跡第2次調査	福岡県久留米市	18世紀前半	土坑SK148	メノウ質石英	火打石	3.3	2.7	1.9	15.7	久留米市教育委員会1999
第17図3	櫛原侍屋敷遺跡第2次調査	福岡県久留米市	18世紀前半	土坑SK155	メノウ質石英	火打石の欠片	2.5	2.2	1.2	3.8	久留米市教育委員会1999
第17図4	櫛原侍屋敷遺跡第2次調査	福岡県久留米市	18世紀前半	土坑SK155	メノウ質石英	火打石	4.4	3.8	2.4	38.8	久留米市教育委員会1999
第17図5	櫛原侍屋敷遺跡第2次調査	福岡県久留米市	—	土坑SK147	メノウ質石英	火打石	2.8	1.7	1.6	9.1	久留米市教育委員会1999
第17図6／第34図5	櫛原侍屋敷遺跡第2次調査	福岡県久留米市	—	土坑SK149	大田井産チャート	火打石	2.7	1.6	1.3	6.7	久留米市教育委員会1999
第17図7	久留米城下町遺跡第14次調査	福岡県久留米市	～18世紀中頃	土坑SK50下層	メノウ質石英	火打石	2.8	2.5	2.2	15.9	久留米市教育委員会2001
第17図8	久留米城外郭遺跡第6次調査	福岡県久留米市	18世紀	土坑SK27	石英	火打石	4.8	2.6	2.5	35.1	久留米市教育委員会1998
第17図10	両替町遺跡	福岡県久留米市	～19世紀	土坑SX222	メノウ質石英	火打石	3.5	2.6	2.0	11.7	久留米市教育委員会1996
第17図11／第34図4	両替町遺跡	福岡県久留米市	～19世紀	土坑SX222	大田井産チャート	火打石	4.6	3.5	2.5	36.1	久留米市教育委員会1996
第17図12／第34図3	両替町遺跡	福岡県久留米市	19世紀後半以降	土坑SK14	大田井産チャート	火打石の欠片	1.5	2.0	0.5	1.6	久留米市教育委員会1996
第17図13	両替町遺跡	福岡県久留米市	—	SX451南西半	石英	火打石	3.7	2.8	2.4	26.5	久留米市教育委員会1996
第17図14	両替町遺跡	福岡県久留米市	—	SX17	石英	火打石	4.0	4.0	2.3	31.6	久留米市教育委員会1996
第18図1	小倉城三ノ丸跡第6地点	福岡県北九州市	～17世紀第1四半期	197号土坑	鉄石英	火打石	2.7	2.2	1.9	11.4	(財)北九州市芸術文化振興財団埋蔵文化財調査室2010
第18図2	小倉城跡I区	福岡県北九州市	—	2区北側トレンチ　灰褐色土層	石英	火打石	4.8	3.7	2.5	34.8	(財)北九州市教育文化事業団埋蔵文化財調査室1997
第18図3	堅町遺跡第1地点	福岡県北九州市	17世紀前半	156号土坑西半部下層	鉄石英	火打石	3.7	4.0	2.6	38.3	(財)北九州市教育文化事業団埋蔵文化財調査室2000

図番号	遺跡名	所在地	年代	出土遺構等	石材	分類	法 量*				出 典
							長さ	幅	厚み	重量	
第18図4	堅町遺跡第1地点	福岡県北九州市	17世紀後半	328号土坑	石英	火打石	3.1	2.1	2.0	11.6	㈶北九州市教育文化事業団埋蔵文化財調査室2000
第18図5	堅町遺跡第1地点	福岡県北九州市	18世紀～19世紀	5号井戸	石英	火打石	3.7	4.2	2.8	47.5	㈶北九州市教育文化事業団埋蔵文化財調査室2000
第18図6	堅町遺跡第1地点	福岡県北九州市	18世紀前半代	14号土坑	大田井産チャート	火打石	1.8	1.3	1.0	2.0	㈶北九州市教育文化事業団埋蔵文化財調査室2000
第19図1	黒崎城跡5区	福岡県北九州市	17世紀	第5面柱穴P314	石英(水晶)	火打石	3.1	2.8	1.6	15.2	㈶北九州市芸術文化振興財団2007
第19図2	黒崎城跡5区	福岡県北九州市	17世紀～19世紀	石組溝SM1東端南面石内	石英	火打石	3.2	2.3	1.5	7.6	㈶北九州市芸術文化振興財団2007
第19図3	黒崎城跡5区	福岡県北九州市	18世紀後半～19世紀か	区画2西端第1面下整地層1	大田井産チャート	火打石	2.2	2.4	1.8	8.7	㈶北九州市芸術文化振興財団2007
第19図4	黒崎城跡5区	福岡県北九州市	17世紀～19世紀か	区画2a整地層3	石英	火打石	2.3	2.2	1.0	7.6	㈶北九州市芸術文化振興財団2007
第19図5	黒崎城跡5区	福岡県北九州市	18世紀後半～19世紀か	区画2東半整地層1(焼土)	大田井産チャート	火打石	1.9	1.2	1.4	2.5	㈶北九州市芸術文化振興財団2007
第19図6	黒崎城跡5区	福岡県北九州市	18世紀後半～19世紀か	区画2b西半整地層2	大田井産チャート	火打石	2.3	2.0	1.3	5.3	㈶北九州市芸術文化振興財団2007
第19図7	黒崎城跡5区	福岡県北九州市	18世紀以降	その他の遺構X23集石	大田井産チャート	火打石の欠片	1.8	2.6	0.7	2.9	㈶北九州市芸術文化振興財団2007
第19図8	黒崎城跡5区	福岡県北九州市	19世紀以降	石組溝SM2周辺粗掘り	大田井産チャート	火打石	1.5	1.2	1.1	2.3	㈶北九州市芸術文化振興財団2007
第19図9	黒崎城跡5区	福岡県北九州市	―	区画2西端第2面上面ネジり	大田井産チャート	火打石	1.5	1.8	0.8	1.5	㈶北九州市芸術文化振興財団2007
第19図10	黒崎城跡5区	福岡県北九州市	―	区画2西～中央粗掘り	大田井産チャート	火打石	2.0	1.8	1.2	4.1	㈶北九州市芸術文化振興財団2007
第19図11	黒崎城跡5区	福岡県北九州市	―	石組溝SM1南面西半ホリ方	大田井産チャート	火打石	2.2	1.8	0.5	1.4	㈶北九州市芸術文化振興財団2007
第19図12	黒崎城跡5a区	福岡県北九州市	18世紀後半～19世紀か	区画2b西半整地層2	大田井産チャート	火打石	1.4	1.0	0.9	1.3	㈶北九州市芸術文化振興財団2007
第19図13	黒崎城跡5a区	福岡県北九州市	18世紀後半～19世紀か	区画2b西半整地層2	大田井産チャート	火打石	2.0	1.3	1.2	3.8	㈶北九州市芸術文化振興財団2007
第19図14	黒崎城跡5b区	福岡県北九州市	―	中央第1面暗褐色粘ネジリ	大田井産チャート	火打石	2.0	1.7	1.6	7.3	㈶北九州市芸術文化振興財団2007
第19図15	黒崎城跡5b区	福岡県北九州市	―	北半粗掘り	大田井産チャート	火打石	1.8	1.3	0.3	0.8	㈶北九州市芸術文化振興財団2007
第19図16	黒崎城跡5b区	福岡県北九州市	―	北半粗掘り	大田井産チャート	火打石	1.3	0.9	0.8	1.1	㈶北九州市芸術文化振興財団2007

図番号	遺跡名	所在地	年代	出土遺構等	石材	分類	法 量[*]				出 典
							長さ	幅	厚み	重量	
第19図17	黒崎城跡2区	福岡県北九州市	18世紀	東側暗褐色Y2層上層	大田井産チャート	火打石の欠片	1.8	1.3	0.9	2.4	(財)北九州市芸術文化振興財団埋蔵文化財調査室2005
第19図18	黒崎城跡2区	福岡県北九州市	18世紀末～19世紀初	溝M1覆土上層	緑色のチャート	火打石	2.0	1.5	1.8	4.6	(財)北九州市芸術文化振興財団埋蔵文化財調査室2005
第19図19	黒崎城跡2区	福岡県北九州市	江戸後期	東端1層（茶褐色砂）	大田井産チャート	火打石	2.2	1.7	0.9	1.8	(財)北九州市芸術文化振興財団埋蔵文化財調査室2005
第19図20	内野宿御茶屋跡	福岡県飯塚市		SD002(石組溝)	石英	火打石の欠片	4.4	3.0	1.2	14.1	飯塚市教育委員会2022
第19図21	内野宿御茶屋跡	福岡県飯塚市	18世紀～	SX002(池跡)上層	石英	火打石	4.1	2.5	1.4	12.8	飯塚市教育委員会2022
第19図22	内野宿御茶屋跡	福岡県飯塚市	—	表土	メノウ質石英	火打石	3.3	6.2	1.6	16.5	飯塚市教育委員会2022
第19図23	内野宿御茶屋跡	福岡県飯塚市	—	表土	大田井産チャート	火打石の欠片	—	—	—	0.6	飯塚市教育委員会2022
第20図1	岩原目付屋敷跡	長崎県長崎市	18～19世紀	E-7区4層	鉄石英	火打石	1.9	1.5	1.3	3.9	長崎県教育委員会2005a
第20図2	岩原目付屋敷跡	長崎県長崎市	18～19世紀	E-9区4層	鉄石英	火打石	2.1	2.0	1.8	8.2	長崎県教育委員会2005a
第20図3	岩原目付屋敷跡	長崎県長崎市	17世紀～18世紀初頭	D-10区5d層	鉄石英	火打石	3.0	2.2	1.0	3.7	長崎県教育委員会2005a
第20図4	長崎奉行所跡	長崎県長崎市	17世紀～18世紀初頭	L19の5d層下	鉄石英	火打石	3.1	0.8	1.3	4.7	長崎県教育委員会2005a
第20図5	長崎奉行所跡	長崎県長崎市		溝SD07上	鉄石英	火打石	3.1	1.3	0.9	4.6	長崎県教育委員会2005a
第20図6	岩原目付屋敷跡	長崎県長崎市	18～19世紀	B-6区4層	鉄石英	火打石	3.6	2.0	1.7	7.9	長崎県教育委員会2005a
第20図7	岩原目付屋敷跡	長崎県長崎市	18世紀初頭以降～近代	溝SD1	鉄石英	火打石	1.6	1.7	1.7	2.2	長崎県教育委員会2005a
第20図8	長崎奉行所跡	長崎県長崎市		3層柱穴P16	鉄石英	火打石	2.7	2.0	1.6	9.1	長崎県教育委員会2005a
第20図9	岩原目付屋敷跡	長崎県長崎市	17世紀～18世紀初頭	B・C区5e層	鉄石英	火打石の欠片	2.1	2.5	0.8	4.7	長崎県教育委員会2005a
第20図10	長崎奉行所跡	長崎県長崎市	17世紀～18世紀初頭	5b層柱穴P17	蛋白石	火打石	1.7	1.4	0.8	2.2	長崎県教育委員会2005a
第20図11	岩原目付屋敷跡	長崎県長崎市	17世紀～18世紀初頭	D10の5d層	白メノウ	火打石	3.7	2.8	1.1	8.5	長崎県教育委員会2005a
第20図12	岩原目付屋敷跡	長崎県長崎市	17世紀～18世紀初頭	5c層	石英	火打石	3.3	2.5	1.2	11.2	長崎県教育委員会2005a
第20図13	岩原目付屋敷跡	長崎県長崎市	17世紀～18世紀初頭	5b層	チャート	火打石	2.6	2.0	1.9	8.9	長崎県教育委員会2005a
第20図14	岩原目付屋敷跡	長崎県長崎市	18世紀初頭以降	土坑SX5	チャート	火打石	4.8	3.1	2.9	33.6	長崎県教育委員会2005a
第20図15	岩原目付屋敷跡	長崎県長崎市	18～19世紀	4層	チャート	火打石	4.9	4.3	1.8	37.6	長崎県教育委員会2005a

付　表　195

図番号	遺　跡　名	所 在 地	年　代	出土遺構等	石　材	分　類	法　　量*				出　　典
							長さ	幅	厚み	重量	
第20図16	岩原目付屋敷跡	長崎県 長崎市	18世紀初 頭以降〜 近代	溝 SD1	大田井産 チャート	火打石の 欠片	—	—	—	—	長崎県教育委員 会2005a
第21図 1	魚の町遺跡第 2 次調査	長崎県 長崎市	〜19世紀	SF5-1 段目	鉄石英	火打石	1.7	1.2	1.2	2.3	長崎市教育委員 会2023
第21図 2	魚の町遺跡第 2 次調査	長崎県 長崎市	〜19世紀	SD6-2 段目 埋土	鉄石英	火打石	1.7	1.4	0.8	1.7	長崎市教育委員 会2023
第21図 3	魚の町遺跡第 2 次調査	長崎県 長崎市	17世紀後 半	第 3 面 SK177	鉄石英	火打石	2.2	1.6	1.4	4.9	長崎市教育委員 会2023
第21図 4	魚の町遺跡第 2 次調査	長崎県 長崎市	17世紀後 半	第 3 面 SK228	鉄石英	火打石	2.1	2.0	1.3	5.4	長崎市教育委員 会2023
第21図 5	魚の町遺跡第 2 次調査	長崎県 長崎市	17世紀後 半	第 3 面 SK222 埋土西半	鉄石英	火打石	2.2	2.3	1.2	5.9	長崎市教育委員 会2023
第21図 6	魚の町遺跡第 2 次調査	長崎県 長崎市	18世紀後 半	第 2 面 SK92	鉄石英	火打石	3.0	1.8	1.3	6.0	長崎市教育委員 会2023
第21図 7	魚の町遺跡第 2 次調査	長崎県 長崎市	19世紀〜	第 1 面 SB67 サブトレ内	鉄石英	火打石	2.9	2.4	1.5	11.7	長崎市教育委員 会2023
第21図 8	魚の町遺跡第 2 次調査	長崎県 長崎市	〜19世紀	SD6-1 段目 埋土	鉄石英	火打石	3.6	2.8	2.4	20.8	長崎市教育委員 会2023
第21図 9	魚の町遺跡第 2 次調査	長崎県 長崎市	17世紀後 半	3 層	鉄石英	火打石	3.6	3.2	1.1	12.3	長崎市教育委員 会2023
第21図10	魚の町遺跡第 2 次調査	長崎県 長崎市	18世紀後 半	SG142 内	大田井産 チャート	火打石	1.3	1.1	1.0	1.5	長崎市教育委員 会2023
第21図11／ 第34図 7	魚の町遺跡第 2 次調査	長崎県 長崎市	〜19世紀	SD34-1段目	大田井産 チャート	火打石	1.7	1.3	1.3	3.8	長崎市教育委員 会2023
第21図12	魚の町遺跡第 2 次調査	長崎県 長崎市	〜19世紀	SF5 下層	大田井産 チャート	火打石	2.3	1.6	1.0	3.4	長崎市教育委員 会2023
第21図13	魚の町遺跡第 2 次調査	長崎県 長崎市	〜19世紀	SD6-1〜2 段 目	大田井産 チャート	火打石	1.8	2.1	0.9	3.7	長崎市教育委員 会2023
第21図14	魚の町遺跡第 2 次調査	長崎県 長崎市	19世紀〜	第 1 面 SX139	大田井産 チャート	火打石	3.8	2.4	2.0	17.2	長崎市教育委員 会2023
第21図15／ 第34図 8	魚の町遺跡第 2 次調査	長崎県 長崎市	19世紀〜	第 1 面 SK59 埋土西半	大田井産 チャート	火打石	3.6	3.7	2.0	28.6	長崎市教育委員 会2023
第21図16	魚の町遺跡第 2 次調査	長崎県 長崎市	19世紀〜	SD25解体中	大田井産 チャート	火打石	2.0	2.2	1.6	6.3	長崎市教育委員 会2023
第21図17	魚の町遺跡第 2 次調査	長崎県 長崎市	18世紀後 半	第 2 面 SK97	灰色チャ ート	火打石	2.5	2.4	1.7	10.8	長崎市教育委員 会2023
第21図18	魚の町遺跡第 2 次調査	長崎県 長崎市	〜19世紀	SD6-3 段目 埋土	灰色チャ ート	火打石	3.5	2.0	1.8	13.9	長崎市教育委員 会2023
第21図19	魚の町遺跡第 2 次調査	長崎県 長崎市	〜19世紀	SD34-1 段目	灰色チャ ート	火打石	3.5	3.0	1.5	13.2	長崎市教育委員 会2023
第21図20	魚の町遺跡第 2 次調査	長崎県 長崎市	〜19世紀	SD34-1 段目 覆土	蛋白石	火打石	4.3	2.6	2.5	17.9	長崎市教育委員 会2023
第21図21	魚の町遺跡第 2 次調査	長崎県 長崎市	〜19世紀	SD6-1 段目	石英	火打石	3.6	2.0	2.3	15.2	長崎市教育委員 会2023
第21図22	魚の町遺跡第 2 次調査	長崎県 長崎市	18世紀後 半	第 2 面 SK97	石英	火打石	4.0	2.4	2.3	16.5	長崎市教育委員 会2023
第22図 1	中世大友府内町 跡第77次調査	大分県 大分市	16世紀後 葉〜末葉 か	柱穴 S111	石英	火打石	2.5	2.7	1.8	12.5	大分県教育庁埋 蔵文化財センタ ー2010e
第22図 2	中世大友府内町 跡第77次調査	大分県 大分市	〜16世紀 末	A62焼土層	石英	火打石	2.3	2.1	1.5	8.2	大分県教育庁埋 蔵文化財センタ ー2010e
第22図 3／ 第23図 3	中世大友府内町 跡第77次調査	大分県 大分市	中世	S690	石英	火打石	3.8	1.8	2.1	16.7	大分県教育庁埋 蔵文化財センタ ー2010e
第22図 4／ 第23図 4	中世大友府内町 跡第51次調査	大分県 大分市	〜16世紀 後葉	堀 S200下層 (J-37)	石英	火打石	3.7	2.4	1.9	19.5	大分県2010b
第22図 5／ 第23図 5	中世大友府内町 跡第51次調査	大分県 大分市	〜16世紀 後葉	堀 S200下層 (J-37・38)	石英	火打石	5.0	4.1	2.5	48.0	大分県2010b

図番号	遺跡名	所在地	年代	出土遺構等	石材	分類	法 量*				出典
							長さ	幅	厚み	重量	
第22図6／第23図6	中世大友府内町跡第31次調査	大分県大分市	16世紀前葉前後	溝 SD11	黄褐色の珪化木	火打石	3.1	2.4	1.9	14.3	大分県教育庁埋蔵文化財センター2006b
第22図7／第23図7	中世大友府内町跡第31次調査	大分県大分市	14世紀初頭～	溝 SD9 下層	珪質石材	火打石	2.9	2.6	2.2	28.2	大分県教育庁埋蔵文化財センター2006b
第22図8／第23図8	中世大友府内町跡第8次調査	大分県大分市	15世紀代	溝 SD101	チャート	火打石	2.0	3.4	1.2	8.9	大分県教育庁埋蔵文化財センター2005
第22図9	中世大友府内町跡第8次調査	大分県大分市	16世紀末頃	堀 SD103	石英	火打石	6.2	5.6		184.1	大分県教育庁埋蔵文化財センター2005
第22図10	中世大友府内町跡第41次調査	大分県大分市	中世	B63区包含層	六太郎角	火打石	4.7	2.7	1.1	19.7	大分県教育庁埋蔵文化財センター2010c
第22図11	中世大友府内町跡第41次調査	大分県大分市	中世	A区東壁9層	石英	火打石	4.0	3.9	1.4		大分県教育庁埋蔵文化財センター2010c
第22図12／第23図12	中世大友府内町跡第41次調査	大分県大分市	中世	SK136	六太郎角か	火打石	14.1	9.5		860.0	大分県教育庁埋蔵文化財センター2010c
第22図13／第23図13	中世大友府内町跡第30次調査	大分県大分市	16世紀前半 ※混入か	土坑 S002	大田井産チャート	火打石	1.7	1.3	0.8	1.6	大分県教育庁埋蔵文化財センター2010a
第22図14／第23図14	府内城・府内城下町第15次調査	大分県大分市	18世紀中頃～19世紀中頃	廃棄土坑 S033	大田井産チャート	火打石	3.0	2.6	2.0	18.1	大分市教育委員会2004a
第22図15／第23図15	府内城・府内城下町第17次調査	大分県大分市	近世	表土	玉髄	火打石	2.2	1.8	1.1	3.1	大分市教育委員会2009
第22図16／第23図16	府内城・府内城下町第17次調査	大分県大分市	近世	表土	大田井産チャート	火打石の欠片	2.2	1.7	0.9	2.6	大分市教育委員会2009
第24図1	博多遺跡群第35次調査	福岡県福岡市	14世紀末～15世紀初	溝 SD56-D7	鉄石英	火打石	1.8	1.4	1.3	3.5	福岡市教育委員会1988b
第24図2／第25図2	博多遺跡群第35次調査	福岡県福岡市	17世紀末～18世紀後半	井戸 SE16 ホリ方	鉄石英	火打石	1.7	1.6	1.1		福岡市教育委員会1988b
第24図3／第25図3	博多遺跡群第35次調査	福岡県福岡市	14世紀末～15世紀初	溝 SD56-C4 ホリ方	鉄石英	火打石	2.1	2.2	1.7	6.4	福岡市教育委員会1988b
第24図4／第25図4	博多遺跡群第35次調査	福岡県福岡市	14世紀前半～中頃	土坑 SK43	鉄石英	火打石	3.7	3.0	2.7	28.4	福岡市教育委員会1988b
第24図5	博多遺跡群第35次調査	福岡県福岡市	13世紀末・14世紀初～前半	溝 SD109-D5	鉄石英	火打石	4.1	3.4	2.6	42.2	福岡市教育委員会1988b
第24図6	博多遺跡群第35次調査	福岡県福岡市	15世紀初～前半	土坑 SK70灰層 A3	鉄石英	火打石	2.0	1.6	0.8	3.7	福岡市教育委員会1988b
第24図7／第25図7	博多遺跡群第35次調査	福岡県福岡市	14世紀か	3層 C3	鉄石英	火打石	2.8	1.7	2.0	8.9	福岡市教育委員会1988b
第24図8／第25図8	博多遺跡群第35次調査	福岡県福岡市	15世紀初～前半	井戸 SE57 ホリ方	赤メノウ	火打石	1.8	1.4	1.3	3.4	福岡市教育委員会1988b
第24図9／第25図9	博多遺跡群第35次調査	福岡県福岡市	11世紀中頃～12世紀初頭	井戸 SE132	平戸産白メノウ	火打石	2.5	3.1	2.1	15.3	福岡市教育委員会1988b
第24図10／第25図10	博多遺跡群第35次調査	福岡県福岡市	14世紀か	3層 C3	チャート	火打石	3.4	2.4	1.7	13.5	福岡市教育委員会1988b
第24図11／第25図11	博多遺跡群第35次調査	福岡県福岡市	15世紀前半～中頃	溝 SD20上-C3	草緑色チャート	火打石	3.4	2.0	2.4	13.4	福岡市教育委員会1988b

図番号	遺 跡 名	所 在 地	年 代	出土遺構等	石 材	分 類	法 量*				出 典
							長さ	幅	厚み	重量	
第24図12／第25図12	博多遺跡群第35次調査	福岡県福岡市	14世紀末～15世紀初	土坑 SK62	草緑色チャート	火打石	3.4	3.6	2.0	21.7	福岡市教育委員会1988b
第24図13	博多遺跡群第35次調査	福岡県福岡市	15世紀前半～中頃	溝 SD30-E2	石英	火打石	6.1	3.5	3.0	57.9	福岡市教育委員会1988b
第24図14	博多遺跡群第35次調査	福岡県福岡市	14世紀前半～中頃	溝 SD82下 D3	石英	火打石	5.5	5.3	4.1	153.3	福岡市教育委員会1988b
第24図15	博多遺跡群第35次調査	福岡県福岡市	15世紀前半～中頃	溝 SD30-E2	石英	火打石	2.5	2.8	1.6	14.2	福岡市教育委員会1988b
第24図16	博多遺跡群第85次調査	福岡県福岡市	16世紀以降か	D区 第2面578号遺構	鉄石英	火打石	3.1	2.1	1.5	12.4	福岡市教育委員会1997b
第24図17／第25図17	博多遺跡群第85次調査	福岡県福岡市	15世紀後半から16世紀	土坑 SK729	石英	火打石	2.9	1.8	1.0	5.7	福岡市教育委員会1997b
第24図18	博多遺跡群第85次調査	福岡県福岡市	16世紀以降か	第1面11号遺構	石英	火打石	5.7	4.1	3.9	78.2	福岡市教育委員会1997b
第24図19	博多遺跡群第180次調査	福岡県福岡市	～13世紀か	B-4包含層1	石英	火打石	2.7	2.4	1.7	14.5	福岡市教育委員会2009a
第24図20	博多遺跡群第180次調査	福岡県福岡市	～13世紀か	2面検出面南半部	石英	火打石	3.2	2.4	2.0	17.1	福岡市教育委員会2009a
第24図21	博多遺跡群第180次調査	福岡県福岡市	11世紀後半～13世紀後半か	C-2包含層3上層	平戸産白メノウ	火打石	2.3	2.2	1.8	10.9	福岡市教育委員会2009a
第24図22	博多遺跡群第180次調査	福岡県福岡市	～13世紀か	3面 B-5	石英	火打石	5.4	3.0	3.2	63.2	福岡市教育委員会2009a
第24図23／第25図23	博多遺跡群第216次調査	福岡県福岡市	17～18世紀	SX055西区	石英	火打石	3.6	2.2	2.0	16.1	福岡市教育委員会2021
第24図24	博多遺跡群第216次調査	福岡県福岡市	16世紀代	土坑 SK020-3層	石英	火打石	4.4	2.6	1.3	11.7	福岡市教育委員会2021
第24図25	博多遺跡群第216次調査	福岡県福岡市	13～15世紀か	ピット SP249	石英	火打石	3.3	2.6	1.1	13.5	福岡市教育委員会2021
第24図26	博多遺跡群第216次調査	福岡県福岡市	13世紀～14世紀初頭	遺物集積遺構 SX158	鉄石英	火打石	3.0	2.2	2.3	16.5	福岡市教育委員会2021
第24図27	博多遺跡群第216次調査	福岡県福岡市	16世紀代	土坑 SK019南半	鉄石英	火打石の欠片	2.8	2.2	1.3	4.4	福岡市教育委員会2021
第24図28	博多遺跡群第216次調査	福岡県福岡市	13世紀代	土坑 SK141	鉄石英	火打石	4.0	3.7	1.8	22.1	福岡市教育委員会2021
第25図29	博多遺跡群第3次調査	福岡県福岡市	古代～中世	溝 SD4	平戸産白メノウ	火打石	2.7	2.6	1.5	9.2	福岡市教育委員会1997a
第25図30	博多遺跡群第3次調査	福岡県福岡市	中世	土坑 SK9	鉄石英	火打石	5.9	3.9	3.3	62.3	福岡市教育委員会1997a
第25図31	博多築港線第2次調査	福岡県福岡市	14世紀か	土坑 SK296	鉄石英	火打石	3.2	2.3	2.7	21.5	福岡市教育委員会1988c
第25図32	博多築港線第2次調査	福岡県福岡市	8世紀後半～9世紀初頭	井戸 SE89	平戸産白メノウ	火打石	3.1	2.4	2.1	14.9	福岡市教育委員会1988c
第25図33	博多遺跡群第33次調査	福岡県福岡市	11世紀中頃～13世紀前半	土坑 SK76	鉄石英	火打石	2.5	1.9	1.5	7.8	福岡市教育委員会1988a
第25図34	博多遺跡群第71次調査	福岡県福岡市	近世	井戸 SE201掘方上層	平戸産白メノウ	火打石	3.0	2.0	1.7	8.5	福岡市教育委員会1996b
第25図35	博多遺跡群第77次調査	福岡県福岡市	～13世紀か	Ⅲ-0113	鉄石英	火打石	3.0	2.1	1.4	7.8	福岡市教育委員会1995
第25図36	博多遺跡群第6次調査	福岡県福岡市	11～12世紀頃	E包含層	平戸産白メノウ	未使用の火打石	3.5	3.2	2.6	39.6	福岡市教育委員会1986
第25図37	博多遺跡群22次調査	福岡県福岡市	室町～江戸初か	Ⅲ層	石英	火打石	4.1	2.9	2.7	29.6	福岡市教育委員会1985
第25図38	博多遺跡群第79次調査	福岡県福岡市	12世紀後半～13世紀前半か	C1-Ⅲ-0955	石英	火打石	4.1	3.0	2.2	21.6	福岡市教育委員会1996a

図番号	遺 跡 名	所 在 地	年 代	出土遺構等	石 材	分 類	法　　量*				出 典
							長さ	幅	厚み	重量	
第25図39／第34図1	博多遺跡群第79次調査	福岡県福岡市		表採	大田井産チャート	火打石	2.1	1.7	1.0	3.2	福岡市教育委員会1996a
第25図40／第34図2	福岡城下町遺跡第1次調査	福岡県福岡市	～18世紀	土坑 SK1001東側	大田井産チャート	火打石	3.0	2.8	1.6	16.6	福岡市教育委員会2017
第26図1	大宰府条坊跡第224次調査	福岡県太宰府市	13世紀後半～	土坑 S305	鉄石英	火打石	1.7	1.0	1.2	1.8	太宰府市教育委員会2009
第26図2	大宰府条坊跡第156次調査	福岡県太宰府市		小穴群 S3	鉄石英	火打石	2.0	1.3	0.9	1.3	太宰府市教育委員会2002b
第26図3	大宰府条坊跡第199次調査	福岡県太宰府市	10世紀末～11世紀初頭頃	井戸？S29黒灰色土	鉄石英	火打石	2.4	2.0	1.2	5.5	太宰府市教育委員会2002a
第26図4	大宰府条坊跡第59次調査	福岡県太宰府市	12世紀か	暗灰色砂	暗灰色チャート	火打石	2.0	2.3	1.1	6.2	太宰府市教育委員会1998a
第26図5	大宰府条坊跡第168次調査	福岡県太宰府市	奈良前	小穴 S318	石英	火打石	2.2	1.6	1.5	5.4	太宰府市教育委員会2004
第26図6	大宰府条坊跡第154次調査	福岡県太宰府市		凹み SX087	水晶	火打石	3.1	2.4	1.7	12.4	太宰府市教育委員会2000
第26図7	大宰府条坊跡第106次調査	福岡県太宰府市	平安	ピット S111	鉄石英	火打石	3.9	2.4	1.5	13.3	太宰府市教育委員会1996
第26図8	大宰府条坊跡第168次調査	福岡県太宰府市	11世紀中頃～12世紀前葉	井戸 S105暗灰色粘土	鉄石英	火打石	2.9	2.8	2.1	13.5	太宰府市教育委員会2004
第26図9	大宰府条坊跡第267次調査	福岡県太宰府市	～平安	小穴群 S339	鉄石英	火打石	2.9	3.3	2.7	30.2	太宰府市教育委員会2022
第26図10	大宰府条坊跡第267次調査	福岡県太宰府市	9世紀中頃～10世紀前葉	井戸 S1110黒色土	水晶	火打石	4.8	2.9	1.6	27.0	太宰府市教育委員会2022
第26図11	大宰府条坊跡第267次調査	福岡県太宰府市	平安中～	小穴群 S1201	鉄石英	火打石	2.0	1.8	1.5	4.6	太宰府市教育委員会2022
第26図12	大宰府条坊跡第267次調査	福岡県太宰府市	9世紀中頃～10世紀前葉	小穴群 S1114	水晶	火打石	2.3	1.5	0.9	3.4	太宰府市教育委員会2022
第26図13	大宰府政庁周辺官衙跡(不丁地区)	福岡県太宰府市			石英	火打石の欠片	2.0	1.5	1.2	3.4	九州歴史資料館2014a
第26図14	大宰府政庁周辺官衙跡(不丁地区)	福岡県太宰府市			鉄石英	火打石	2.3	1.3	0.9	2.5	九州歴史資料館2014a
第26図15	宝満山遺跡群第28次調査	福岡県太宰府市	～13世紀後半か	溝 SD138	鉄石英	火打石	1.8	1.7	1.4	4.6	太宰府市教育委員会2005
第26図16	連歌屋遺跡第1次調査	福岡県太宰府市	13世紀～	ピット群 S96	鉄石英	火打石	2.4	2.0	1.5	5.9	太宰府市教育委員会2003
第26図17	国分千足町遺跡第3次調査	福岡県太宰府市	8世紀末～9世紀初	溝 3SD015	鉄石英	火打石	3.1	2.1	1.8	10.6	太宰府市教育委員会2017a
第26図18	サコ遺跡第1次調査	福岡県太宰府市	近世後期	墓 1ST023	灰黒色チャート	火打石	2.7	2.0	1.7	9.4	太宰府市教育委員会2021
第26図19	観世音寺跡第45次調査	福岡県太宰府市		黒褐色土	灰色チャート	火打石	2.6	2.0	1.5	8.6	九州歴史資料館2007
第26図20	観世音寺跡第117次調査	福岡県太宰府市	13世紀後半～14世紀中頃	土坑 SK3392	鉄石英	火打石	6.2	1.5	1.4	5.9	九州歴史資料館2007
第26図21	観世音寺跡第70次調査	福岡県太宰府市		茶色土	鉄石英	火打石	4.7	2.1	1.9	15.9	九州歴史資料館2007
第26図22	観世音寺跡第111次調査	福岡県太宰府市		黒色砂質土	鉄石英	火打石	2.8	2.0	1.2	7.2	九州歴史資料館2007
第26図23	観世音寺跡第119次調査	福岡県太宰府市		黒褐色土	鉄石英	火打石	3.3	2.3	1.1	9.9	九州歴史資料館2007
第26図24	観世音寺跡	福岡県太宰府市			チャート	火打石	3.8	2.3	1.5	9.9	九州歴史資料館2007

付　表　199

図番号	遺　跡　名	所在地	年　代	出土遺構等	石　材	分　類	法　　量 長さ	幅	厚み	重量	出　　典
第26図25	観世音寺跡第45次調査	福岡県太宰府市		黒褐色土	メノウ	火打石	2.5	2.1	0.9	2.9	九州歴史資料館2007
第26図26	観世音寺跡第122次調査	福岡県太宰府市		S-85	大田井産チャート	火打石の欠片	3.5	2.6	0.6	4.5	九州歴史資料館2007
第26図27	観世音寺跡第119次調査	福岡県太宰府市	11世紀後半～12世紀中頃	掘立柱建物跡SB3565	黄褐色メノウ質石材(六太郎角か)	火打石	1.7	1.8	0.8	2.0	九州歴史資料館2007
第27図1	筑後国府跡第89次調査	福岡県久留米市	7世紀後半～8世紀前半(～8世紀後半)	筑後国府東限大溝SX3856	橙色メノウ	火打石	2.1	1.4	1.6	5.5	久留米市教育委員会2009
第27図2	筑後国府跡第89次調査	福岡県久留米市	7世紀後半～8世紀前半(～8世紀後半)	筑後国府東限大溝SX3856	鉄石英	火打石	3.9	2.6	1.9	16.3	久留米市教育委員会2009
第27図3	筑後国府跡第89次調査	福岡県久留米市	7世紀後半～8世紀前半(～8世紀後半)	筑後国府東限大溝SX3856	水晶質の石英	火打石	2.4	2.5	2.5	17.7	久留米市教育委員会2009
第28図1／第29図1	医者どん坂遺跡	熊本県菊池市	8世紀後半～9世紀前半	A-13区 Z-29グリッド2層	石英	火打石	1.9	2.5	1.5	6.5	菊池市教育委員会2022
第28図2／第29図2	江津湖遺跡群	熊本県熊本市	8世紀後半～9世紀前半	Ⅲ-A区3層	チャート	火打石	3.4	3.5	1.5	19.0	熊本県教育委員会2008
第28図3／第29図3	水俣城跡	熊本県水俣市	15・16世紀	確認調査2トレンチⅢ層	チャート	火打石	2.7	1.5	1.3	4.8	水俣市教育委員会2007
第28図4／第29図4	健軍神社周辺遺跡群8次	熊本県熊本市	中世	B-1Ⅱ層	メノウ質石英	火打石	2.4	1.6	1.2	1.5	熊本市教育委員会2013
第28図5／第29図5	二本木遺跡群106次調査区	熊本県熊本市	中世	F-11／12 Ⅳ層	チャート	火打石	2.3	2.6	1.2	5.5	熊本市教育委員会2021
第28図6／第29図6	中原城跡	熊本県人吉市	中世か	B区715号ピット	チャート	火打石	2.9	2.5	2.0	22.4	人吉市教育委員会2020
第28図7／第29図7	中原城跡	熊本県人吉市	中世か	A区113号ピット	チャート	火打石	2.8	2.4	1.8	14.6	人吉市教育委員会2020
第28図8	中原城跡	熊本県人吉市	中世か	B区表土	チャート	火打石	3.4	2.4	1.5	14.3	人吉市教育委員会2020
第28図9	下原城跡	熊本県人吉市	中世か	2003年度108号ピット	チャート	火打石	3.1	3.1	2.1	16.8	村上2003
第28図10	下原城跡	熊本県人吉市	中世か	2004年度トレンチ8の2号土坑	チャート	火打石	4.6	2.4	2.9	24.7	村上2003
第28図11	上原城跡	熊本県人吉市	中世か	原城跡1次調査トレンチ10	チャート	火打石	2.7	2.1	1.7	9.6	岸田裕一氏ご教示
第28図12	上原城跡	熊本県人吉市	中世か	2010年トレンチ10耕作土	チャート	火打石	3.2	3.2	2.9	40.9	岸田裕一氏ご教示
第28図13	人吉城跡	熊本県人吉市	中世	石組池SX1203	チャート	火打石の欠片	1.7	3.5	1.5	4.1	人吉市教育委員会1998
第28図14	人吉城跡	熊本県人吉市	中世	石組池SX1203	チャート	火打石	4.3	2.5	2.5	19.9	人吉市教育委員会1998
第28図15／第29図15	硯川遺跡群	熊本県熊本市	古代～中世	2区146D-6Ⅲ層下面	石英	火打石	2.0	2.3	2.9	15.0	熊本市教育委員会2018b・2018c
第28図16／第29図16	硯川遺跡群	熊本県熊本市	古代～中世	5区145K-20Ⅲ層	石英	火打石	3.7	3.2	4.1	43.0	熊本市教育委員会2018b・2018c
第28図17	硯川遺跡群	熊本県熊本市	古代～中世	3区146E-20Ⅲ層	チャート	火打石	5.6	3.1	1.4	23.5	熊本市教育委員会2018b・2018c

図番号	遺 跡 名	所 在 地	年 代	出土遺構等	石 材	分 類	法　量*				出 典
							長さ	幅	厚み	重量	
第28図18／第29図18	人吉城跡	熊本県人吉市	1587～1640年	地下室遺構 SX1201	チャート	火打石	3.3	1.7	1.0	5.2	人吉市教育委員会1999
第28図19／第29図19	古町遺跡11次	熊本県熊本市	17世紀末～18世紀前半	土坑 S145	チャート	火打石	2.1	1.8	1.7	6.9	熊本市教育委員会2020
第28図20／第29図20	古町遺跡11次	熊本県熊本市	近代～	廃棄土坑 S10	チャート	火打石	4.5	3.0	2.1	27.4	熊本市教育委員会2020
第28図21	古町遺跡11次	熊本県熊本市	18世紀末～19世紀前半	廃棄土坑 S146	チャート	火打石	3.7	2.6	2.3	26.0	熊本市教育委員会2020
第28図22	古町遺跡11次	熊本県熊本市	18世紀後半～19世紀	廃棄土坑 S72	チャート	火打石の欠片	3.5	3.5	2.3	26.3	熊本市教育委員会2020
第28図23	古町遺跡11次	熊本県熊本市	18世紀末～19世紀前半	土坑 S139	チャート	火打石	4.0	3.7	2.8	41.2	熊本市教育委員会2020
第28図24	古町遺跡11次	熊本県熊本市	近代～	廃棄土坑 S10	チャート	火打石の欠片	1.5	2.4	0.5	1.4	熊本市教育委員会2020
第28図25	古町遺跡11次	熊本県熊本市	19世紀前半～中頃	廃棄土坑 S45	チャート	火打石の欠片	2.3	2.2	0.9	3.6	熊本市教育委員会2020
第28図26	古町遺跡11次	熊本県熊本市	18世紀末～19世紀前半	廃棄土坑 S146	チャート	未使用の火打石	6.9	3.1	3.2	96.6	熊本市教育委員会2020
第28図27	古町遺跡11次	熊本県熊本市	18世紀末～19世紀前半	地形の凹みか遺構 S143	チャート	未使用の火打石	5.4	4.5	3.9	132.7	熊本市教育委員会2020
第28図28	神水遺跡11次	熊本県熊本市	～近代	1号溝状遺構	チャート	火打石	3.9	4.3	0.8	7.1	熊本県教育委員会2011
第28図29	御幸木部遺跡群	熊本県熊本市	近世	溝 S006	チャート	火打石	3.5	5.4	1.5	15.4	熊本県教育委員会2006
第28図30／第29図30	山頭遺跡５次	熊本県熊本市	近代～	1区 K9 攪乱	チャート	火打石	3.0	2.1	1.7	8.7	熊本市教育委員会2016
第28図31	山頭遺跡５次	熊本県熊本市	近代～	3区 J10-P4	チャート	火打石	1.6	1.4	0.9	2.2	熊本市教育委員会2016
第28図32	山頭遺跡５次	熊本県熊本市	近代～		チャート	火打石	1.7	1.2	1.1	1.5	熊本市教育委員会2016
第28図33	本荘遺跡0509地点	熊本県熊本市	近世～	14号溝（13号溝）	チャート	火打石の欠片	3.1	2.9	1.5	15.0	熊本大学埋蔵文化財調査センター2016
第29図34	本庄遺跡1708地点	熊本県熊本市	近世	64号道路	チャート	火打石	4.2	2.4	1.4	13.8	熊本大学埋蔵文化財調査センター2020
第29図35	本庄遺跡1708地点	熊本県熊本市	近世	64号道路	チャート	火打石	4.0	2.5	1.7	21.8	熊本大学埋蔵文化財調査センター2020
第29図36	本庄遺跡1708地点	熊本県熊本市	近世	64号道路	チャート	火打石	3.2	2.5	1.8	15.6	熊本大学埋蔵文化財調査センター2020
第29図37	本庄遺跡1708地点	熊本県熊本市	近世	64号道路	チャート	火打石	3.0	2.0	1.3	10.2	熊本大学埋蔵文化財調査センター2020
第29図38	本庄遺跡1708地点	熊本県熊本市	近世	64号道路	チャート	火打石	8.2	4.3	2.3	73.5	熊本大学埋蔵文化財調査センター2020
第29図39	本庄遺跡1708地点	熊本県熊本市	近世	64号道路	チャート	火打石	1.9	1.4	1.5	9.8	熊本大学埋蔵文化財調査センター2020
第29図40	本庄遺跡1708地点	熊本県熊本市	近世	64号道路	チャート	火打石	2.8	1.8	1.6	8.2	熊本大学埋蔵文化財調査センター2020

付　表　201

| 図番号 | 遺　跡　名 | 所在地 | 年代 | 出土遺構等 | 石材 | 分類 | 法　　量＊ | | | | 出　典 |
							長さ	幅	厚み	重量	
第29図41	本庄遺跡1708地点	熊本県熊本市	近世	64号道路	チャート	火打石	2.5	1.6	1.6	8.2	熊本大学埋蔵文化財調査センター2020
第29図42	本庄遺跡1708地点	熊本県熊本市	近世	64号道路	チャート	火打石	3.1	3.2	1.4	14.4	熊本大学埋蔵文化財調査センター2020
第29図43	本庄遺跡1708地点	熊本県熊本市	近世	64号道路	チャート	火打石	2.8	1.8	1.5	8.5	熊本大学埋蔵文化財調査センター2020
第29図44	本庄遺跡1708地点	熊本県熊本市	近世	64号道路	チャート	火打石	2.6	2.5	1.9	8.8	熊本大学埋蔵文化財調査センター2020
第29図45	本庄遺跡1708地点	熊本県熊本市	近世	64号道路	チャート	火打石	2.8	1.8	1.2	5.7	熊本大学埋蔵文化財調査センター2020
第29図46	本庄遺跡1708地点	熊本県熊本市	近世	64号道路	チャート	火打石	1.8	1.8	0.6	2.2	熊本大学埋蔵文化財調査センター2020
第29図47	本庄遺跡1708地点	熊本県熊本市	近世	64号道路	チャート	火打石	2.4	1.7	1.5	6.1	熊本大学埋蔵文化財調査センター2020
第29図48	本庄遺跡1708地点	熊本県熊本市	近世	64号道路	玉髄	火打石	1.7	1.6	1.0	2.3	熊本大学埋蔵文化財調査センター2020
第29図49	本庄遺跡1708地点	熊本県熊本市	近世	183号溝上層一括	チャート	火打石	1.9	1.5	0.4	1.1	熊本大学埋蔵文化財調査センター2020
第29図50	黒髪町遺跡群1310地点	熊本県熊本市	近世～	Ⅳ11区３層一括	チャート	火打石	2.9	1.6	1.4	6.0	熊本大学埋蔵文化財調査センター2021
第29図51	今古閑久保遺跡	熊本県熊本市	不明	２区C3溝	チャート	火打石	1.5	1.4	1.1	2.5	植木町教育委員会2004
第29図52	今古閑久保遺跡	熊本県熊本市	不明	２区E13溝	チャート	火打石	1.4	1.5	1.2	2.0	植木町教育委員会2004
第29図53	今古閑久保遺跡	熊本県熊本市	不明	2D9 ミゾ	石英	火打石	1.7	1.3	1.3	4.0	植木町教育委員会2004
第29図54	今古閑久保遺跡	熊本県熊本市	不明	2C5 ミゾ	石英	火打石	1.8	1.3	1.1	2.6	植木町教育委員会2004
第29図55	今古閑久保遺跡	熊本県熊本市	不明	2D9 ミゾ	石英	未使用の火打石	4.5	3.0	2.4	30.1	植木町教育委員会2004
第29図56	本庄遺跡0104地点	熊本県熊本市	不明	Ⅲ M61上	チャート	火打石	2.4	2.5	1.2	7.3	熊本大学埋蔵文化財調査室2010
第29図57	古城遺跡	熊本県水俣市	不明	HK区工事中採集品	鉄石英	火打石	3.4	3.7	2.0	14.1	水俣市教育委員会2013
第29図58	新南部遺跡群12次	熊本県熊本市	不明	C-5区攪乱	チャート	火打石	4.4	3.1	1.6	16.9	熊本県教育委員会2018
第29図59	谷尾崎	熊本県熊本市	不明	表採	チャート	火打石	2.9	1.8	1.3	5.0	―
第29図60	谷尾崎	熊本県熊本市	不明	表採	チャート	火打石の欠片	1.8	1.3	1.1	2.6	―
第30図	海舞寺遺跡	宮崎県延岡市	13世紀	遺構 S120	水晶	火打石	1.7	1.6	1.5	5.4	宮崎県埋蔵文化財センター2010b
第30図	延岡城内遺跡第44次調査	宮崎県延岡市	～17世紀第１四半期	３号土坑	チャート	火打石	3.2	2.7	1.5	13.0	延岡市教育委員会2019
第30図	延岡城内遺跡	宮崎県延岡市	19世紀	１号溝状遺構	チャート	火打石	1.0	1.6	1.2	3.1	宮崎県埋蔵文化財センター2012c

図番号	遺 跡 名	所 在 地	年 代	出土遺構等	石 材	分 類	法 量*				出 典
							長さ	幅	厚み	重量	
第30図	延岡城内遺跡	宮崎県延岡市	近世	落ち込み	大田井産チャート	火打石	1.7	1.4	1.4	4.6	宮崎県埋蔵文化財センター2012c
第30図	塩見城跡	宮崎県日向市	16世紀後半	曲輪G-柱穴15	石英	火打石	2.1	2.7	1.7	11.1	宮崎県埋蔵文化財センター2012a
第30図	塩見城跡	宮崎県日向市	～17世紀初頭	水の手曲輪-柱穴117	チャート	火打石	4.3	1.9	1.3	4.7	宮崎県埋蔵文化財センター2012a
第30図	塩見城跡	宮崎県日向市	16世紀後半～	堀A3	チャート	火打石	2.1	3.3	2.3	21.5	宮崎県埋蔵文化財センター2012a
第30図	岡遺跡第9次調査	宮崎県日向市	18世紀後半～	1号溝状遺構	チャート	火打石	1.5	2.1	1.4	5.8	宮崎県埋蔵文化財センター2013a
第30図	宮ノ東遺跡	宮崎県西都市	8世紀後半～9世紀初頭	堅穴住居跡S8305埋土	チャート	火打石	1.7	2.9	2.0	8.2	宮崎県埋蔵文化財センター2008b
第30図	宮ノ東遺跡	宮崎県西都市	9世紀前半	堅穴住居跡S458埋土	チャート	火打石	2.4	1.6	1.3	4.0	宮崎県埋蔵文化財センター2008b
第30図	宮ノ東遺跡	宮崎県西都市	8～9世紀	土坑S1054埋土	石英	火打石	2.4	2.4	1.8	11.0	宮崎県埋蔵文化財センター2008b
第30図	大内原遺跡	宮崎県川南町	13世紀前半	包含層	チャート	火打石	2.8	1.9	1.4	6.4	宮崎県埋蔵文化財センター2006b
第30図	大内原遺跡	宮崎県川南町	13世紀前半	包含層	チャート	火打石の欠片	1.4	1.4	0.5	1.1	宮崎県埋蔵文化財センター2006b
第30図	大内原遺跡	宮崎県川南町	13世紀前半	包含層	石英	火打石	1.8	1.4	1.2	2.9	宮崎県埋蔵文化財センター2006b
第30図	次郎左衛門遺跡	宮崎県西都市	古代～14世紀前半	溝状遺構SD5	チャート	火打石	2.1	1.6	1.6	6.1	宮崎県埋蔵文化財センター2010c
第30図	高鍋城三ノ丸跡	宮崎県高鍋町	14～15世紀	1号溝状遺構	チャート	火打石	3.7	2.9	2.7	29.2	宮崎県埋蔵文化財センター2009b
第30図	宮ノ東遺跡	宮崎県西都市	15～16世紀	溝状遺構S3208B下層	チャート	火打石	4.1	2.8	1.5	15.9	宮崎県埋蔵文化財センター2008b
第30図	次郎左衛門遺跡	宮崎県西都市	18世紀後半～19世紀	溝状遺構SD1上層	チャート	火打石	3.1	2.4	2.0	14.8	宮崎県埋蔵文化財センター2010c
第30図	宮ノ東遺跡	宮崎県西都市	18世紀後半～	集石墓3222	石英	火打石	5.9	3.7	2.9	52.5	宮崎県埋蔵文化財センター2008b
第30図	宮ノ東遺跡	宮崎県西都市	近現代	造成3102	石英	火打石	2.4	2.2	1.6	8.8	宮崎県埋蔵文化財センター2008b
第30図	宮ノ東遺跡	宮崎県西都市	近現代	溝状遺構S2166	石英	火打石	2.7	2.8	2.7	23.0	宮崎県埋蔵文化財センター2008b
第30図	宮ノ東遺跡	宮崎県西都市	近現代	溝状遺構S2166	チャート	火打石	4.9	3.1	1.8	38.8	宮崎県埋蔵文化財センター2008b
第30図	宮ノ東遺跡	宮崎県西都市	18世紀後半～	溝状遺構S3206A	石英	火打石	3.3	1.9	1.3	7.1	宮崎県埋蔵文化財センター2008b

付 表 203

図番号	遺 跡 名	所 在 地	年 代	出土遺構等	石 材	分 類	法 量*				出 典
							長さ	幅	厚み	重量	
第30図／第34図12	野首第1遺跡	宮崎県高鍋町	18世紀後半～19世紀	14号土坑	大田井産チャート	火打石	2.4	1.4	1.8	8.0	宮崎県埋蔵文化財センター2007g
第30図	野首第1遺跡	宮崎県高鍋町	18世紀後半～19世紀	土坑SC61	チャート	火打石	1.2	1.1	0.8	1.9	宮崎県埋蔵文化財センター2007g
第31図	下北方塚原第2遺跡	宮崎県宮崎市	～9世紀後半	1号溝状遺構	チャート	火打石の欠片	1.5	1.1	0.7	1.8	宮崎市教育委員会2011
第31図	囲遺跡	宮崎県宮崎市	10世紀中頃～後半	溝状遺構SE8埋土	チャート	火打石	2.7	2.1	1.1	5.6	宮崎市教育委員会2020a
第31図	中小路遺跡	宮崎県宮崎市	15世紀中頃～16世紀	不明遺構14	チャート	火打石	2.8	3.2	2.0	20.0	宮崎市教育委員会2019
第31図	橘通東一丁目遺跡	宮崎県宮崎市	～中世	包含層	チャート	火打石	1.7	1.4	1.3	2.7	宮崎県埋蔵文化財センター2018
第31図	佐土原城跡第6次調査	宮崎県宮崎市	18世紀中頃	土坑SC54	玉髄	火打石	2.2	1.5	0.6	1.4	宮崎市教育委員会2016
第31図	佐土原城跡第6次調査	宮崎県宮崎市	17～19世紀	6号溝状遺構	珪質岩	火打石	1.7	1.8	1.3	4.1	宮崎市教育委員会2016
第31図	佐土原城跡第6次調査	宮崎県宮崎市	17～19世紀	6号溝状遺構	玉髄	火打石	1.5	1.2	0.9	1.5	宮崎市教育委員会2016
第31図	佐土原城跡第6次調査	宮崎県宮崎市	18世紀～19世紀前半	土坑SC34	石英	火打石	5.3	5.3	2.1	47.1	宮崎市教育委員会2016
第31図	佐土原城跡第8次調査	宮崎県宮崎市	18世紀後半～19世紀	土坑SC38	玉髄	火打石	2.4	2.4	1.6	5.3	宮崎市教育委員会2015
第31図	津和田第2遺跡	宮崎県宮崎市	19世紀	土坑墓7	玉髄	火打石	4.2	2.4	1.9	—	宮崎市教育委員会2021a
第31図	高岡麓遺跡第5地点	宮崎県宮崎市	18世紀後半～19世紀	土坑SC10	珪質岩	火打石	1.7	2.7	1.7	9.4	宮崎県教育委員会1996
第31図	上の原第1遺跡	宮崎県宮崎市	近世末～	溝状遺構SE4	玉髄	火打石	1.8	1.5	0.7	1.3	宮崎県埋蔵文化財センター2000a
第31図	天神免遺跡	宮崎県えびの市	9世紀後半	124号溝状遺構	石英	火打石	4.6	5.2	3.2	76.1	えびの市教育委員会2010
第31図	蔵元遺跡	宮崎県えびの市	15世紀後半	土坑SC6	チャート	火打石	1.7	1.6	1.0	2.2	えびの市教育委員会1996
第31図	中満遺跡	宮崎県えびの市	18世紀末～19世紀	土坑SC5	大田井産チャート	火打石	1.4	1.1	0.9	1.2	えびの市教育委員会1996
第31図	真米田遺跡	宮崎県都城市	9世紀後半	掘立柱建物跡SB24-Pit8	チャート	火打石	3.9	2.1	0.6	3.0	都城市教育委員会2014
第31図	早馬遺跡	宮崎県都城市	12世紀後半～13世紀前半	土坑SC17-1層	チャート	火打石	3.9	1.8	2.0	15.8	都城市教育委員会2008a
第31図	祝吉第3遺跡第2次調査	宮崎県都城市	13～14世紀	包含層	チャート	火打石	2.0	1.1	0.7	2.0	都城市教育委員会2015
第31図	笹ヶ崎遺跡第1次調査	宮崎県都城市	14～15世紀前半	3号溝状遺構	鉄石英	火打石	2.3	1.6	1.3	4.5	都城市教育委員会2016
第31図	南卸屋舗跡	宮崎県都城市	18世紀後半	階段状遺構SX1上層	玉髄	火打石	2.0	4.9	3.7	72.0	都城市教育委員会2017a
第31図／第34図19	八幡遺跡	宮崎県都城市	18世紀後半～19世紀	8号土坑	大田井産チャート	火打石の欠片	2.2	1.2	0.7	2.2	宮崎県埋蔵文化財センター2003a
第31図	飫肥城下町遺跡	宮崎県日南市	19世紀	土坑SC125	大田井産チャート	火打石	2.6	1.9	1.2	1.7	宮崎県埋蔵文化財センター2012d
第31図	飫肥城下町遺跡	宮崎県日南市	近代	整地層	大田井産チャート	火打石	2.2	1.4	1.2	3.6	宮崎県埋蔵文化財センター2012d

図番号	遺跡名	所在地	年代	出土遺構等	石材	分類	法 量*				出典
							長さ	幅	厚み	重量	
第31図	飫肥城下町遺跡	宮崎県 日南市	近代	整地層	石英	火打石	2.4	1.3	0.9	3.0	宮崎県埋蔵文化財センター2012 d
第31図	飫肥城下町遺跡	宮崎県 日南市	近世後半 ～	遺構 S40	玉髄	火打石の欠片	—	—	—	—	宮崎県埋蔵文化財センター2012 d
第34図6	八幡溜遺跡	佐賀県 唐津市		表採	大田井産チャート	火打石	1.7	1.5	1.4		藤木2012
第34図9	海舞寺遺跡	宮崎県 延岡市		包含層一括	大田井産チャート	火打石	1.7	1.0	0.6	1.1	宮崎県埋蔵文化財センター2010 b
第34図10	鳴川引地	宮崎県 延岡市		表採	大田井産チャート	火打石	0.8	0.8	0.3	0.8	宮崎県埋蔵文化財センター2010 b
第34図11	板平遺跡第3次調査	宮崎県 日向市		調査区一括	大田井産チャート	火打石	1.7	1.1	0.7	1.3	宮崎県埋蔵文化財センター2011 b
第34図13	野首第1遺跡	宮崎県 高鍋町		包含層等	大田井産チャート	火打石	1.9	1.8	1.0	3.3	宮崎県埋蔵文化財センター2007 g
第34図14	野首第1遺跡	宮崎県 高鍋町		包含層等	大田井産チャート	火打石の欠片	1.1	1.1	0.5	0.6	宮崎県埋蔵文化財センター2007 g
第34図15	野首第1遺跡	宮崎県 高鍋町		包含層等	大田井産チャート	火打石	1.2	1.0	0.8	1.3	宮崎県埋蔵文化財センター2007 g
第34図16	宮ノ東遺跡	宮崎県 西都市		包含層	大田井産チャート	火打石	2.7	2.3	1.6	6.7	宮崎県埋蔵文化財センター2008 b
第34図17	中別府遺跡	宮崎県 宮崎市	近世以降	水田面	大田井産チャート	火打石の欠片	0.7	1.1	0.4	0.2	宮崎県埋蔵文化財センター2001
第34図18	学頭遺跡	宮崎県 宮崎市		柱穴	大田井産チャート	火打石	1.7	1.4	0.9	2.2	宮崎県教育委員会1995a
第34図20	鹿児島大学構内遺跡	鹿児島県 鹿児島市	近代以降	水田・耕作土	大田井産チャート	火打石	1.7	1.7	0.8	1.9	藤木2012
第36図1	岩原目付屋敷跡	長崎県 長崎市	18世紀初頭以降から近代	方形土坑 SX 3上4層中	フリント	ガンフリント	3.3	3.0	1.0	—	長崎県教育委員会2005a
第36図2	出島和蘭商館跡	長崎県 長崎市	近現代	十四番蔵跡 C 2-1層	フリント	ガンフリント	3.3	3.3	1.1	—	長崎市教育委員会2018
第36図3	出島和蘭商館跡	長崎県 長崎市	近現代	筆者蘭人部屋 A4-HS内1層	フリント	ガンフリント	2.8	2.2	0.6	—	長崎市教育委員会2018

台湾────

図番号	遺跡名	所在地	年代	出土遺構等	石材	分類	長さ	幅	厚み	重量	出典
第37図	十三行遺址	台湾 新北市			フリント	火打石					臧・劉2001

九州(民具)

図番号	遺跡名	所在地	年代	出土遺構等	石材	分類	長さ	幅	厚み	重量	出典
第58図1		鹿児島県 奄美大島		民具	チャート	火打石	2.1	1.6	1.7	5.3	奄美市立奄美博物館所蔵
第58図2		鹿児島県 奄美大島		民具	チャート	火打石	2.9	2.2	0.9	4.9	奄美市立奄美博物館所蔵
第58図3		鹿児島県 奄美大島		民具	チャート	火打石	2.6	2.2	2.5	16.4	国立民族学博物館標本 No.H25748
第58図4		鹿児島県 奄美大島		民具	チャート	火打石	2.0	2.1	1.1	4.5	国立民族学博物館標本 No.H25748
第58図5+6		鹿児島県 薩摩硫黄島		民具	石英	火打石	3.7	2.4	2.6	28.0	国立民族学博物館標本 No.H16595

図番号	遺 跡 名	所 在 地	年 代	出土遺構等	石 材	分 類	法 量＊				出 典
							長さ	幅	厚み	重量	
第58図7		鹿児島県 薩摩硫黄島		民具	石英	火打石	2.5	1.6	1.1	5.9	国立民族学博物 館標本 No.H16595
第58図8		鹿児島県 薩摩硫黄島		民具	石英	火打石	2.1	2.0	1.6	8.1	国立民族学博物 館標本 No.H16595
第58図9		鹿児島県 薩摩硫黄島		民具	石英	火打石	3.0	1.9	1.7	10.5	国立民族学博物 館標本 No.H16595
第58図10		鹿児島県 薩摩硫黄島		民具	石英	火打石	2.8	2.4	1.2	8.2	国立民族学博物 館標本 No.H16595
第58図11		鹿児島県 薩摩硫黄島		民具	石英	火打石	2.1	2.1	1.9	9.0	国立民族学博物 館標本 No.H16595
第58図12		鹿児島県 薩摩硫黄島		民具	石英	火打石	2.2	2.1	1.7	6.4	国立民族学博物 館標本 No.H16595
第58図13		鹿児島県 薩摩硫黄島		民具	石英	火打石	2.6	2.5	1.9	8.6	国立民族学博物 館標本 No.H16595
第58図14		鹿児島県 薩摩硫黄島		民具	大田井産 チャート	火打石	2.0	1.4	1.6	5.5	国立民族学博物 館標本 No.H16595
第58図15		鹿児島県 薩摩硫黄島		民具	大田井産 チャート	火打石	4.8	3.4	2.8	51.1	国立民族学博物 館標本 No.H16595
第58図16		鹿児島県 宝島		民具	チャート	火打石	4.5	2.6	1.5	16.9	鹿児島県歴史資 料センター黎明 館民俗資料番号 1799
第58図17		鹿児島県 宝島		民具	チャート	火打石	3.0	1.9	1.2	5.6	鹿児島県歴史資 料センター黎明 館民俗資料番号 1799
第60図5		宮崎県 西米良村村所		民具	チャート	火打石	6.7	5.2	2.9	97.0	西米良村歴史民 俗資料館所蔵
第60図6		宮崎県 西米良村上米良		民具	チャート	火打石	5.8	4.3	2.5	37.8	西米良村歴史民 俗資料館所蔵
第60図7		宮崎県 西都市東米良		民具	チャート	火打石	4.3	2.2	1.6	19.3	西都市歴史民俗 資料館所蔵
第60図8		宮崎県 椎葉村不土野		民具	石英	火打石	5.5	3.6	3.1	79.8	宮崎県総合博物 館所蔵
朝鮮半島(民具)											
第61図6		全羅南道 務安郡		民具	メノウ質	火打石	1.4	1.0	0.5	0.8	国立民族学博物 館標本番号 H0020900
第61図7		朝鮮半島		民具	赤色のチ ャート	火打石	2.2	1.4	1.3	4.8	国立民族学博物 館標本番号 H0015162
第61図8		朝鮮半島		民具	灰色のチ ャート	火打石	1.9	1.5	1.4	4.3	国立民族学博物 館標本番号 H0015162

付表 4 火打金一覧表（本書所収分）

図番号	遺 跡 名	所在地	年　　代	出土遺構等	法量(cm) 長さ	法量(cm) 高さ	分類	出　　　典
第44図1／第49図1	元岡・桑原遺跡群第7次調査	福岡県福岡市	7世紀第4四半期から8世紀か	池状遺構SX123	(4.0)	2.5	Ⅲ	福岡市教育委員会2008a，福岡市埋蔵文化財センター2009
第44図2／第49図2	博多遺跡第99次調査	福岡県福岡市	7～8世紀or12世紀中頃～14世紀前半	—	6.2	2.2	ⅠC	福岡市教育委員会1998
第44図3／第49図3	大宰府条坊跡第53次調査	福岡県太宰府市	9世紀前半	井戸SE30	7.75	3.4	ⅠA	太宰府市教育委員会2017b
第44図4	大宰府条坊跡第149次調査	福岡県太宰府市	平安時代後期	ピット群SX267	(4.6)	—	Ⅰ	太宰府市教育委員会1999
第44図5	城田遺跡第2次調査	福岡県福岡市	～9世紀末か	6区包含層	6.0	2.3	ⅠC	福岡市教育委員会2008bほか
第44図6	貝元遺跡	福岡県筑紫野市	～11世紀後半	15号溝	6.5	2.3	ⅠC	福岡県教育委員会1999
第44図7	観音山古墳群中原Ⅱ群5号墳	福岡県那珂川市	6世紀後葉以降	墓道埋土下層	7.4	2.4	ⅠA	那珂川町教育委員会2003
第44図8／第49図8	箱崎遺跡第26次調査	福岡県福岡市	12世紀後半～13世紀初頭	木棺墓SR-066	6.2	3.1	ⅡB	福岡市教育委員会2004
第44図9／第49図9	野坂ホテ田遺跡	福岡県宗像市	12世紀後半～13世紀初頭	A区1号木棺墓	7.7	2.1	ⅠA	宗像市教育委員会1987
第44図10／第49図10	吉塚祝町遺跡第1次調査	福岡県福岡市	12世紀後半～13世紀初頭	第11区(E区)第1面の29号遺構(土坑)	6.7	2.6	ⅠA	福岡市教育委員会2000
第44図11／第49図11	箱崎遺跡第77次調査	福岡県福岡市	12～13世紀	土坑SK1133	6.8	2.6	Ⅳ	福岡市教育委員会2018，福岡市埋蔵文化財センター2018
第44図12	博多遺跡群第216次調査	福岡県福岡市	15世紀	第2面下層7区	7.8	2.6	ⅠA	福岡市教育委員会2021
第44図13	博多遺跡群第216次調査	福岡県福岡市	15世紀	第3面上3～6区	8.8	1.9	ⅠA	福岡市教育委員会2021
第44図14	吉塚祝町遺跡第2次調査	福岡県福岡市	古代～中世	第1面のピットSP1277	6.4	2.2	ⅠA	福岡市教育委員会2006
第44図15	尼寺跡遺跡群	福岡県那珂川市	中世	Ⅱ区	6.0	2.3	ⅠA	那珂川町教育委員会2017
第44図16／第49図16	原田第41号墓地	福岡県筑紫野市	1739年～	78号墓	4.5	1.4	Ⅵ	筑紫野市教育委員会2003・2004・2006
第44図17／第49図17	浦山遺跡	福岡県太宰府市	近世中～後期	墓2ST009	5.1	2.6	ⅡA	太宰府市教育委員会2021
第44図18	脇山A遺跡第4次調査	福岡県福岡市	—	土坑SK06	7.1	4.1	Ⅺ	福岡市教育委員会1992
第44図19	江栗遺跡	福岡県朝倉市	12世紀中頃	Ⅰ区下段包含層	8.1	3.2	ⅠA	福岡県教育委員会1997
第44図20／第49図20	矢加部町屋敷遺跡5次調査	福岡県柳川市	18世紀～19世紀中葉	大土坑1南部上層	6.2	2.7	ⅠD	九州歴史資料館2012b
第44図21／第49図21	羽根木古屋敷遺跡	福岡県行橋市	12～13世紀	土坑SK536	8.4	2.8	ⅠA	行橋市教育委員会2018
第44図22	大迫遺跡	福岡県北九州市	～16世紀	包含層	10.0	4.0	ⅠA	㈶北九州市教育文化事業団1992
第44図23	延永ヤヨミ園遺跡	福岡県行橋市	古代～中世	Ⅴ-5区P717	(4.0)	1.5	Ⅰ／Ⅱ	九州歴史資料館2014b
第44図24	大塚本遺跡下野地2号墳	福岡県上毛町	7世紀中頃～後半？	石室内	(5.0)	2.0	ⅡB	福岡県教育委員会1998
第45図25／第49図25	鷹島神崎遺跡	長崎県松浦市	13世紀	海底	7.5	3.8	ⅡA	松浦市教育委員会2015
第45図26／第49図26	鷹島神崎遺跡	長崎県松浦市	13世紀	海底	7.1	2.9	Ⅳ	松浦市教育委員会2015
第45図27	亀の首遺跡	長崎県南島原市	中世か	D-6Ⅲ層	7.0	2.4	ⅠA	南島原市教育委員会2011
第45図28	馬部甚蔵山遺跡	佐賀県唐津市	中世	土坑墓SK93	7.9	2.5	ⅡB	唐津市教育委員会1988，徳永ほか2004

図番号	遺跡名	所在地	年代	出土遺構等	法量(cm) 長さ	法量(cm) 高さ	分類	出典
第45図29	桑鶴遺跡群第2次調査区	熊本県熊本市	8世紀代か	竪穴建物 SI16111	5.5	2.7	ⅡA	熊本市教育委員会2015
第45図30／第49図30	神水遺跡	熊本県熊本市	9世紀中頃	4号火葬墓	8.4	2.8	ⅠA	熊本県教育委員会1986, 美濃口ほか2004
第45図31	神水遺跡第10次調査区	熊本県熊本市	～10世紀前半か	C-5区Ⅲ層	10.9	3.0	ⅠA	熊本市教育委員会2015
第45図32／第49図32	ヲスギ遺跡	熊本県熊本市	10世紀末～11世紀初頭	5区1号木棺墓	7.55	3.1	ⅠB	植木町教育委員会2004
第45図33	つつじヶ丘横穴群	熊本県熊本市	12～13世紀か	C群前庭部上層	6.8	2.2	Ⅱ	熊本市教育委員会2002
第45図34	二本木遺跡第26次調査区	熊本県熊本市	古代～中世	Ⅲb層	(4.1)	(1.9)	ⅠC?	熊本市教育委員会2007b
第45図35	灰塚遺跡	熊本県あさぎり町	中世	土坑墓 SK-162	9.0	2.4	ⅠA	熊本県教育委員会2001
第45図36	御幸木部古屋敷遺跡	熊本県熊本市	中世	C15グリッド包含層	6.5	2.2	Ⅰ	熊本県教育委員会1993
第45図37	群前遺跡	熊本県玉名市	中世	自然の落ちこみⅠ下層	6.4	1.7	Ⅱ?	熊本県教育委員会2004
第45図38	花岡古町遺跡	熊本県芦北町	中世	H-11区1層	8.3	2.2	Ⅱ	芦北町教育委員会2013
―	佐敷花岡城跡	熊本県芦北町	中世	―	―	―	Ⅰ／Ⅱ	芦北町教育委員会2001
第45図39	大江遺跡群第107次調査区	熊本県熊本市	近世後半～近代	B-3Ⅲ層	5.7	1.3	Ⅱ	熊本市教育委員会2007b
第45図40／第49図40	古町遺跡第11次調査区	熊本県熊本市	18世紀後半～19世紀	廃棄土坑 S72	7.1	3.5	ⅡA	熊本市教育委員会2020
第45図41／第49図41	山頭遺跡第4次調査地	熊本県熊本市	1877年か	X2堀畑	4.0	1.8	ⅡB	熊本市教育委員会2016
第45図42	山頭遺跡第4次調査地	熊本県熊本市	1877年か	Z2堀畑	4.4	1.6	Ⅱ	熊本市教育委員会2016
第45図43／第49図43	山頭遺跡第5次調査地	熊本県熊本市	1877年か	4区1号堀5	4.5	2.0	ⅡB	熊本市教育委員会2016
第45図44	山頭遺跡第5次調査地	熊本県熊本市	1877年か	4区1号堀C4-20	5.9	1.7	Ⅱ	熊本市教育委員会2016
第45図45	今古閑久保遺跡	熊本県熊本市	―	4区14トレンチ	5.7	1.2	Ⅱ	植木町教育委員会2004
第45図46	滴水尖遺跡	熊本県熊本市	―	C4 1・2溝	5.9	1.0	Ⅱ	植木町教育委員会2004
第45図47	塔ノ本遺跡	熊本県熊本市	―	3区E23	6.5	1.3	Ⅱ	植木町教育委員会2004
第46図48／第49図48	大肥吉竹遺跡	大分県日田市	8世紀後半	6号住居	7.3	2.0	ⅠA	日田市教育委員会2004
第46図49／第49図49	中西遺跡	大分県玖珠町	12～13世紀	2号土壙墓	8.3	2.7	ⅠE	玖珠町教育委員会1987
第46図50／第49図50	中世大友府内町跡第7次調査	大分県大分市	15世紀後半～16世紀中葉	溝状遺構 SD766	9.0	2.9	ⅠE	大分県教育庁埋蔵文化財センター2006a
第46図51	中世大友府内町跡第74次調査	大分県大分市	12世紀代or8～9世紀代	土取り遺構	12.0	3.3	ⅠA	大分県教育委員会2007
第46図52／第49図52	中世大友府内町跡第97-1E次調査	大分県大分市	16世紀後半	井戸 SE010裏込め(褐色土)	8.2	2.9	ⅡB	大分市教育委員会2016
第46図53	中世大友府内町跡第41次調査	大分県大分市	中世	B64区包含層	7.5	2.6	Ⅱ	大分県教育庁埋蔵文化財センター2010c
第46図54	上城遺跡	大分県竹田市	古代から中世か	柱穴	6.0	1.8	ⅠA	久住町教育委員会2002
第46図55	一万田館跡	大分県豊後大野市	14～15世紀代あるいは近世以降か	Ⅰ区	3.8	2.1	ⅡA	朝地町教育委員会1994
第46図56／第49図56	稲荷谷近世墓地	大分県竹田市	近世～近代	不明	5.2	2.5	ⅡA	竹田市教育委員会2004
―	小迫辻原遺跡	大分県日田市	中世	N区3号土壙墓	―	―	ⅠA	大分県教育委員会・日田市教育委員会1998

図番号	遺 跡 名	所 在 地	年 代	出 土 遺 構 等	法量(cm) 長さ	法量(cm) 高さ	分類	出 典
第47図57／第49図57	西下本庄遺跡	宮崎県国富町	12世紀中葉～末	16号土坑	7.7	2.7	ⅠA	宮崎県埋蔵文化財センター1999
第47図58／第49図58	加治屋B遺跡	宮崎県都城市	13世紀前半～中頃	土坑墓SC247	7.5	2.0	ⅠA	都城市教育委員会2008
第47図59	加治屋B遺跡	宮崎県都城市	―	P-7区5層	7.5	2.5	ⅠA	都城市教育委員会2008
第47図60／	加治屋B遺跡	宮崎県都城市	13世紀前半～中頃	土坑SC132	6.8	2.3	Ⅰ	都城市教育委員会2008
第47図61	今江城跡	宮崎県宮崎市	15世紀～16世紀前半か	曲輪2の柱穴SH49	8.6	3.5	ⅠA	宮崎県教育委員会1988
第47図62	宮ノ東遺跡	宮崎県西都市	12世紀～19世紀（中世か）	土層観察用の畔	8.2	2.1	ⅠA	宮崎県埋蔵文化財センター2008b
第47図63	竹之内遺跡	宮崎県えびの市	～中世	Ⅲ～Ⅳ層	6.5	2.1	ⅠA	えびの市教育委員会1997
第47図64／第49図64	小路下遺跡	宮崎県えびの市	～17世紀前半	Ⅸ区溝SD-02	12.1	4.2	ⅠA	えびの市教育委員会2002
第47図65	都之城本丸跡	宮崎県都城市	16世紀末～17世紀前半か	曲輪1の土坑	8.1	3.1	Ⅱ	都城市2006
第47図66	田之上城跡	宮崎県えびの市	17世紀前半	Ⅵ区SZ12（城破り遺構）	7.7	3.6	Ⅱ	えびの市教育委員会2003
第47図67	都之城取添遺跡	宮崎県都城市	中世・近世	―	8.1	3.1	ⅡA	都城市教育委員会1991b
第47図68	都之城取添遺跡	宮崎県都城市	中世・近世	―	(4.9)	2.4	ⅡA	都城市教育委員会1991b
第47図69	久見迫B遺跡	宮崎県えびの市	～19世紀代	―	6.8	1.7	ⅡA	えびの市教育委員会1996
第47図70／第49図70	中山遺跡	宮崎県日向市	1838年	墓SX3	5.7	1.9	Ⅱ	宮崎県埋蔵文化財センター2004
第47図71／第49図71	庄内西脇遺跡	宮崎県都城市	19世紀中頃から幕末	土坑KSC1	4.5	2.2	ⅡB	都城市教育委員会2017
第47図72	津和田第2遺跡	宮崎県宮崎市	19世紀	土坑墓7	5.1	2.1	ⅡA	宮崎市教育委員会2021a
第47図73	銀座第2遺跡	宮崎県川南町	近世以降か	C区Ⅱ層	6.4	1.6	ⅡB	宮崎県埋蔵文化財センター2005
第47図74	銀座第2遺跡	宮崎県川南町	近世以降か	C区Ⅱ層	6.0	2.0	Ⅱ	宮崎県埋蔵文化財センター2005
第47図75	銀座第2遺跡	宮崎県川南町	近世以降か	C区Ⅱ層	(4.2)	1.5	Ⅱ	宮崎県埋蔵文化財センター2005
第47図76	銀座第2遺跡	宮崎県川南町	近世以降か	C区Ⅱ層	8.7	3.5	ⅡB	宮崎県埋蔵文化財センター2005
第47図77	樋口遺跡	宮崎県五ヶ瀬町	近世以降か	―	5.7	2.2	Ⅱ	宮崎県埋蔵文化財センター2024a
第48図78／第49図78	大島遺跡	鹿児島県薩摩川内市	8～9世紀代	7区Ⅲ層	4.8	1.8	Ⅲ	鹿児島県立埋蔵文化財センター2005
第48図79／第49図79	上野城跡	鹿児島県薩摩川内市	13世紀前半	5号方形竪穴遺構	(6.5)	2.5	ⅠA	鹿児島県立埋蔵文化財センター2004a
第48図80	持躰松遺跡	鹿児島県南さつま市	13世紀以降	U-12Ⅲb層	7.2	2.2	ⅠE	鹿児島県立埋蔵文化財センター2007
第48図81	持躰松遺跡	鹿児島県南さつま市	13世紀以降	W-13Ⅲb層	8.3	2.8	ⅠE	鹿児島県立埋蔵文化財センター2007
第48図82	上水流遺跡	鹿児島県南さつま市	16～17世紀(11世紀後半から18世紀初頭)	A-6区トレンチ	7.5	2.1	ⅠA	鹿児島県立埋蔵文化財センター2009a・2010b
第48図83	上水流遺跡	鹿児島県南さつま市	16～17世紀(11世紀後半から18世紀初頭)	J・K区Ⅰ層	3.3	2.2	Ⅰ／Ⅱ	鹿児島県立埋蔵文化財センター2009a・2010b
第48図84	虎居城跡	鹿児島県さつま町	15世紀～16世紀後半	腰曲輪3(Ⅰ地区)	6.7	2.3	ⅠA	鹿児島県立埋蔵文化財センター2011
第48図85	上ノ平遺跡	鹿児島県日置市	近世	―	7.8	2.4	ⅠA	鹿児島県立埋蔵文化財センター2004b

付　表　209

図番号	遺跡名	所在地	年代	出土遺構等	法量(cm) 長さ	法量(cm) 高さ	分類	出典
第48図86	桑幡氏館跡	鹿児島県霧島市	中世	56号土坑(旧57号土坑含む)	7.0	2.8	ⅠA	隼人町教育委員会2003
第48図87	桑幡氏館跡	鹿児島県霧島市	中世	56号土坑(旧57号土坑含む)	8.5	3.5	ⅠA／Ⅱ	隼人町教育委員会2003
第48図88	安良遺跡	鹿児島県志布志市	中世	J-26Ⅰ層	9.3	2.8	ⅠA／ⅠC	(公財)鹿児島県文化振興財団埋蔵文化財調査センター2020
第48図89	中之城跡	鹿児島県阿久根市	―	Ⅰ区ピットP6	5.0	2.2	ⅡA	阿久根市教育委員会2003
第48図90	芝原遺跡	鹿児島県南さつま市	中世から近世	―	6.3	3.0	Ⅱ	鹿児島県立埋蔵文化財センター2012
第48図91	上野城跡	鹿児島県薩摩川内市	近世以降	D-9Ⅰa層	5.7	1.8	ⅡA	鹿児島県立埋蔵文化財センター2004a
第48図92	上水流遺跡	鹿児島県南さつま市	16〜17世紀(11世紀後半から18世紀初頭)	掘立柱建物跡21-1のピットM8-36	4.7	1.5	Ⅱ	鹿児島県立埋蔵文化財センター2009a・2010b
第48図93	横川城跡	鹿児島県霧島市	中世から近世	―	(5.8)	1.8	Ⅱ	横川町教育委員会1987
第48図94	屋鈍遺跡	鹿児島県宇検村	近世以降(古代?)	Ⅲ層	8.3	2.1	Ⅱ	鹿児島県立埋蔵文化財センター2009b
第57図1		鹿児島県薩摩硫黄島	民具		7.0	1.7	Ⅶ	国立民族学博物館標本No.H16596, 松山1997・笹原2001ほか
第57図2		鹿児島県薩摩硫黄島	民具		9.5	3.1	ⅡB	国立民族学博物館標本No.H16596, 松山1997・笹原2001ほか
第57図3		鹿児島県奄美大島	民具		9.3	4.9	ⅡB	国立民族学博物館標本No.H25748
第57図4		鹿児島県奄美大島	民具		6.4	4.2	ⅡB	奄美市立博物館所蔵
第57図5		鹿児島県宝島	民具		9.8	2.5	ⅩⅠ	鹿児島県歴史資料センター黎明館民俗資料番号1799
―		鹿児島県徳之島	民具		7.7	3.0	―	沖縄県立博物館民俗資料番号4799
―		鹿児島県与路島	民具		7.0	3.5	ⅩⅠ	村田1975
第60図1		宮崎県西米良村村所	民具		6.2	2.7	ⅡA	西米良村歴史民俗資料館所蔵
第60図2		宮崎県西米良村上米良	民具		5.1	2.5	ⅡA	西米良村歴史民俗資料館所蔵
第60図3		宮崎県西都市東米良	民具		7.6	3.3	ⅡA	西都市歴史民俗資料館所蔵
第60図4		宮崎県椎葉村不土野	民具		9.1	4.3	ⅡB	宮崎県総合博物館所蔵

朝鮮半島

図番号	遺跡名	所在地	年代	出土遺構等	法量(cm) 長さ	法量(cm) 高さ	分類	出典
第52図1	霊徳洞遺跡	京畿道龍仁市	統一新羅時代(8世紀後半〜9世紀前・中頃)	1号性格未詳遺構	8.9	1.9	ⅠB	(財)京畿文化財研究院2010
第52図2	両水里遺跡	京畿道楊平郡	高麗時代	1号建物址	4.3	2.5	ⅠA	(財)西海文化財研究院2016
第52図3	玉山里遺跡	慶尚北道金泉市	三国時代〜朝鮮時代	9号竪穴	8.0	1.7	ⅠA	(財)慶尚北道文化財研究院2013
第52図4	青里遺跡	慶尚北道尚州市	朝鮮時代	7号土壙墓	5.9	1.3	Ⅰ／Ⅱ	韓国文化財保護財団1999

図番号	遺 跡 名	所 在 地	年　　代	出 土 遺 構 等	法量(cm) 長さ	法量(cm) 高さ	分類	出　　　　典
第52図5	山56-1番地遺跡	慶尚北道 慶州市	朝鮮時代	13号土壙墓	7.8	3.1	IV	(財)新羅文化遺産研究院 2009
第52図6	三徳洞遺跡	大邱広域市	朝鮮時代	11号竪穴	3.5？	1.2？	IV	(財)嶺南文化財研究院 2012
第52図7	増浦洞遺跡	京畿道 利川市	朝鮮時代(16世紀前半)	7号墳墓	7.2	2.7	IV	(財)高麗文化財研究院 2015
第52図8	麻北洞遺跡	京畿道 龍仁市	朝鮮時代	14号住居址	8.0	3.8	IV	(財)京畿文化財研究院 2009
第52図9	小浦里遺跡	慶尚南道 咸安郡	朝鮮時代	219号墓	5.3	1.6	II／IV	(財)東西文物研究院2015
第52図10	檜巌寺	京畿道 楊州市	朝鮮時代	4段地"カ"建物跡東北側基壇間	7.3	—	IV	(財)京畿文化財研究院 2013
第52図11	西邊洞古墳群	大邱広域市	朝鮮時代	120号土壙墓	8.2	1.0	IV	(財)嶺南文化財研究院 2001
第52図12	津寛洞墳墓群	ソウル特別市	朝鮮時代	149号土壙墓	10.6	3.9	IV	(財)中央文化財研究院 2008
第52図13	増浦洞遺跡	京畿道 利川市	朝鮮時代(16世紀前半)	7号墳墓	12.0	4.5	IV	(財)高麗文化財研究院 2015
第52図14	徳岩里遺跡	慶尚南道 金海市	朝鮮時代	13号墳墓	—	—	IV	(財)頭流文化研究院2017
第52図15	文唐洞遺跡	慶尚北道 金泉市	朝鮮時代	83号直葬墓	8.1	2.5	V	(財)慶尚北道文化財研究院2008
第52図16	文唐洞遺跡	慶尚北道 金泉市	朝鮮時代	83号直葬墓	7.9	2.5	V	(財)慶尚北道文化財研究院2008
第52図17	文唐洞遺跡	慶尚北道 金泉市	朝鮮時代	83号直葬墓	8.7	2.5	V	(財)慶尚北道文化財研究院2008
第61図1		慶尚北道	民具		7.4	2.0	V	国立民族学博物館標本番号 H0015224
第61図2		平安南道	民具		7.0	2.8	VI	国立民族学博物館標本番号 H0017529
第61図3		全羅南道 務安郡	民具		7.3	2.3	VI	国立民族学博物館標本番号 H0020900
第61図4		朝鮮半島	民具		6.9	2.7	VI	国立民族学博物館標本番号 H0015162
第61図5		慶尚北道	民具		5.4	1.9	VI	国立民族学博物館標本番号 H0015224

中国東北部

図番号	遺 跡 名	所 在 地	年　　代	出 土 遺 構 等	法量(cm) 長さ	法量(cm) 高さ	分類	出　　　　典
第55図1	高力戈遼墓群	吉林省 双遼市	遼代	13号磚室墓	7.8	2.2	I B	吉林省文物考古研究所 1986
第55図2	高力戈遼墓群	吉林省 双遼市	遼代	12号磚室墓	7.1	1.8	IV	吉林省文物考古研究所 1986
第55図3	揽头窝堡遺跡	吉林省 徳恵市	金代晩期	6号房址	10.2	3.8	I B	吉林省揽头窝堡遺址考古队2003, 趙・杜・郝・張2017
第55図4	西旬子	吉林省 琿春市	元代晩期～明代初頭	墓	7.25～ 8.8	2.4～ 3.7	IV	延辺博物館・琿春市博物館1993
第55図5	朝東村	吉林省 竜井市	明　代(1450～1456年かそれ以降)	1号墓	6.2	2.6	IV	延辺博物館1986
第55図6	西玉井明墓	吉林省 梅河口市	明代早期	竪穴土壙墓	6.8	2.8	IV	王1987
第55図7	扶余油田磚廠墓地	吉林省 松原市	明代	東区33号墓	6.2	3.0	IV	吉林省文物考古研究所 2011
第55図8	輝発城址	吉林省 輝南県	明代晩期		7.0	—	IV	刘・謝・高・王・刘・王2015
第55図9	永和清代墓	黒龍江省 依蘭県	清代初期	墓	8.9	4.5	—	黒龙江省文物考古工作队1982
第55図10	徳豊清代墓	黒龍江省 依蘭県	清代初期	墓	9.1	5.0	—	黒龙江省文物考古工作队1982
第55図11	鉄古拉村清代墓	黒龍江省 嫩江県	清代中晩期(1820年～)	1号竪穴土壙墓	(8.0)	5.2	X	趙2007, 黒龙江省文物考古研究所2017

図番号	遺 跡 名	所 在 地	年　　代	出 土 遺 構 等	法量(cm) 長さ	法量(cm) 高さ	分類	出　　　　典
第55図12	全発屯清代墓	黒龍江省 訥河市	清代中晩期	4号竪穴土壙墓	8.4	3.4	X	陈・赵・王2016b
第55図13	全発屯清代墓	黒龍江省 訥河市	清代中晩期	3号竪穴土壙墓	8.2	2.8	X	陈・赵・王2016b
第55図14	全発屯清代墓	黒龍江省 訥河市	清代中晩期 (1730年以降)	2号竪穴土壙墓	8.9	3.3	X	陈・赵・王2016b
第55図15	紅光村	黒龍江省 斉斉哈尓市	清代	券頂墓	10.0	4.8	X	斉斉哈尓市文物管理站 2005
第55図16	団結屯清代墓	黒龍江省 訥河市	清代中晩期	2号墓	7.9	3.7	X	陈・赵・王2016a
—	沿江村清代墓	黒龍江省 訥河市	清代中晩期	墓	—	—	—	李2005
—	托拉蘇将軍墓	黒龍江省 訥河市	清代中晩期	5号墓	—	—	—	李2011
—	多福村清代墓	黒龍江省 訥河市	清代	墓	—	—	—	赵2004

参考・引用文献

【日本語】 ※遺跡発掘調査報告書は後掲

青木幾男　1992「阿波名産「岩津火打鉄（がね）」の事」『徳島民具研究』第 4 号，29-32 頁，徳島民具研究会

足立鉎二郎　1894『朝鮮雑記』春祥堂

有馬成甫　1958『高島秋帆』人物叢書，吉川弘文館

石川恒太郎　1968『宮崎県の考古学』郷土考古学叢書 4，吉川弘文館

石田千尋　2004『日蘭貿易の史的研究』吉川弘文館

石田千尋　2009『日蘭貿易の構造と展開』吉川弘文館

泉房子　1980「火打ち金」『民具再見』310-311 頁，鉱脈社

伊仙町　1978『伊仙町誌』伊仙町誌編さん委員会（該当箇所は守屋徳良による）

伊東尾四郎編　1936『八幡市史』八幡市

伊藤純　2011「大阪における火口商の一齣―伊勢谷家絵画資料 2 点―」『研究紀要』第 9 号，33-42 頁，大阪歴史博物館

伊東隆夫・山田昌久編　2012『木の考古学―出土木製品用材データベース―』海青社

伊藤常足　1841『太宰管内志』（防長史料出版社より 1978 年に刊行）

伊能嘉矩　1896「臺灣通信（第十回ノ續）」『東京人類學會雑誌』第 12 巻第 127 号，14-23 頁，東京人類學會

伊能嘉矩　1904「臺灣に於ける蕃族の戦闘習慣」『東京人類學會雑誌』第 20 巻第 223 号，67-71 頁，東京人類學會

伊能嘉矩　1905「臺灣の土蕃に見らるゝ火の智識」『東京人類學會雑誌』第 21 巻第 235 号，6-12 頁，東京人類學會

伊能嘉矩　1910「臺灣のツォオ蕃族に行はるゝ祭祖の儀式の一斑」『東京人類學會雑誌』第 25 巻第 293 号，406-409 頁，東京人類學會

岩城正夫　1976『原始技術史入門』新生出版

岩城正夫　1977『原始時代の火　復原しながら推理する』新生出版

岩城正夫　1992「科学史入門：原始技術史―原始時代の技術の歴史は文献なしで何に頼るか？―」『科学史研究』No. 181，43-49 頁，岩波書店

岩城正夫　2005『セルフメイドの世界　私が歩んできた道』アイ・エイチ

岩城正夫・関根秀樹　1983「古文献に見られる古代発火技術について―主に日本のばあい―」『和光大学人文学部紀要』第 18 号，103-113 頁，和光大学人文学部

岩倉市郎　1941『喜界島方言集』全國方言集 1，柳田國男編，中央公論社

岩本正二　2000『草戸千軒』吉備考古学ライブラリィ 6，吉備人出版

印貞植　1943『朝鮮農村雑記』東都書籍

上野専一編　1888『支那貿易物産字典』丸善商社

上峯篤史　2004「火打石研究の視点―石器技術論を応用した器種認定と分析方法の提示―」『第 2 回関西学生考古学研究会大会発表資料集』112-129 頁，関西学生考古学研究会

臼杵勲　2008「女真社会の総合資料学的研究―その成立と展開―」『アジア遊学』107（北東アジアの中世考古学），4-13 頁，勉誠出版

臼杵勲　2010「女真の考古学」菊池俊彦編『北東アジアの歴史と文化』231-253 頁，北海道大学出版社

臼杵勲　2018「ロシア極東の金代女真遺跡：ロシア沿海地方を中心に」『環太平洋地域の伝統と文化2. アムール下流域・沿海地方』第 32 回北方民族文化シンポジウム網走報告，7-12 頁，北海道立北方民族博物館

宇田川武久　2005「幕末維新期における鉄砲技術の落差」『松代』第 19 号，1-21 頁，松代文化施設等管理事務所

宇都宮英二・衛藤志乃・瀬戸正文・南島敏浩　1986「古代の発火技術―モミギリ式発火法―」『史学論叢』第 16 号，61-76 頁，別府大学史学研究会

梅山無一軒　1977『南藤蔓綿録』肥後国史料叢書第 3 巻，青潮社

上床真　2009「鹿児島県内出土の火打金・火打石」『上水流遺跡 3』縄文時代前期・中近世（遺物）編，鹿児島県立埋蔵文化財センター埋蔵文化財発掘調査報告書（136），203-205 頁

上床真　2015「南部九州出土の東播系須恵器」『中近世土器の基礎研究』26，115-130 頁，日本中世土器研究会

榎本武揚重訳　1882『朝鮮事情』（原書：Dallet Charles『高麗史略』，Pompe van Meerdervoort 抄訳），集成館

恵原義盛　1983「奄美方言・民具名―名瀬市根瀬部における語彙―」『奄美郷土研究会報』第 23 号，144-146 頁，奄美郷土研究会

恵原義盛　1987『奄美の方言さんぽⅡ』海風社

恵原義盛　2009『復刻 奄美生活誌』南方新社

M. B. ヴォロビヨフ（日本語訳：川崎保・川崎輝美）　2018『女真と金国の文化』ボロンテ。

大分県教育委員会　2010『大分県の天然記念物（地質鉱物）』大分県文化財調査報告書第 174 輯

大澤正己・川口雅之　2013「喜界島鍛冶原料を巡る研究ノート―和早地遺跡の鉄―」『奄美考古』第 7 号，18-28 頁，奄美考古学会

大田才次郎　1894『新撰朝鮮地理誌』博文館

大西雅広　1997「上州吉井の火打金と火打石」『考古学ジャーナル』No. 417，23-27 頁，ニューサイエンス社

大西雅広　2000「民具資料からみた吉井火打金―あかりの資料館所蔵資料を中心として―」『群馬考古学手帳』10，89-104 頁，群馬土器観会

大西雅広　2009「火打関係史料拾遺」『研究紀要』第 27 号，97-110 頁，㈶群馬県埋蔵文化財調査事業団

大西雅広　2020「群馬県吾妻郡長野原町 西宮遺跡出土火打箱入り火打石をめぐって」『江戸遺跡研究』第 7 号（特集 火打石研究の最前線），37-48 頁，江戸遺跡研究会

大場正善　2012「過去，ヒトはどうやって火を起こしていたのか？―山形県内の出土発火具集成と，古代庄内地方の発火技術の動作連鎖復原―」『山形考古』第 9 巻第 4 号，34-55 頁，山形考古学会

大庭康時　2019『博多の考古学　中世の貿易都市を掘る』高志書院

大村浩司　2005「神奈川県茅ヶ崎市赤羽根二図 B 遺跡出土の火打金」『論叢 古代相模』相模の古代を考える会 10 周年記念論集，143-148 頁，相模の古代を考える会

大森實　2001「長崎出島オランダ商館に手交された注文書中の図について（Ⅱ）」『法政大学教養部紀要』116，1-11 頁

大屋道則　2007「火打石小考」『研究紀要』第 22 号，81-90 頁，㈶埼玉県埋蔵文化財調査事業団

岡田章雄　1974「カチカチ山の火打袋」（茶の間のミニ歴史），月刊『歴史と旅』昭和 49 年 4 月号，106-109 頁，秋田書店

岡本要八郎編　1958『長崎県鉱物誌』岡本要八郎先生御退職記念事業会

小川貴司　1980「火打金」『碇ヶ関村古館遺跡発掘調査報告書』青森県埋蔵文化財調査報告書第 54 集，491-492 頁，青森県教育委員会

小川貴司　1996「火打石の提起する諸問題」『土筆』第 4 号，150-154 頁，土筆舎

荻幸二　2013「九州地方における石器石材利用の時期別動向と地域性」『石器石材と旧石器社会』予稿集・資料集，159-187 頁，中・四国旧石器文化談話会 30 周年記念シンポジウム

奥村玉蘭　1821「筑前名所図会」（奥村玉蘭　1985『筑前名所図会』文献出版に載録）

奥村正二　1970『火縄銃から黒船まで―江戸時代技術史―』岩波新書 750

長田須磨・須山名保子編　1977『奄美方言分類辞典』上巻，笠間書院

小野寺淳　1991『河川絵図の研究』古今書院

折原繁　2005「成田市西ノ下遺跡発見の管打式銃部品について」『千葉県文化財センター研究紀要 24―30 周年記念論集―』435-459 頁，㈶千葉県文化財センター

貝原益軒　1709「筑前國續風土記」（益軒全集刊行部（隆文館内）　1910『益軒全集』巻四に載録）

鹿児島県教育委員会　1965『民俗資料調査報告』鹿児島県文化財調査報告書第 12 集

鹿児島県教育会　1898『薩隅日地理纂考』（鹿児島県地方史学会校訂　1971『薩隅日地理纂考』）

梶輝行　1997「近世後期日蘭貿易における西洋軍事品目の輸入実態〜田安家旧蔵『崎陽齎来目録』による分析を中心に〜」『銃砲史研究』第 285 号，1-40 頁，銃砲史学会

梶輝行　2008「カピタン（商館長）部屋跡出土のピストルと銅製摩擦管について」『国指定史跡出島和蘭商館跡』カピタン部屋跡他西側建造物群発掘調査報告書第 2 分冊（考察編），167-178 頁

梶輝行　2022「高島流砲術の形成過程における長崎オランダ商館の役割と貢献─砲術関係品の輸入と蘭書の翻訳・活用を中心に─」『長崎学』第 6 号，3-48 頁，長崎市長崎学研究所

柏常秋　1975『沖永良部島民俗誌』（『沖永良部島民俗誌』〈1954〉，『沖永良部島民俗誌 続』〈1965〉の合本）

春日正三　1982「奄美大島方言の研究─宇検村芦検方言の語彙を中心に─」『立正大学文学部論叢』72，59-119 頁

片岡巌　1921『台湾風俗誌』台湾日日新報社

片桐一男　1985『阿蘭陀通詞の研究』吉川弘文館

片野東四郎　1878『北斎漫画』11 編

香月薫平　1893『長崎地名考』上之巻・下之巻，安中書店

加藤一純・鷹取周成編（川添昭二・福岡古文書を読む会校訂）　1978『筑前國續風土記附録』下巻，文献出版

加藤晋平　2002「北京原人による火の使用について」『伝統と創造の人文科学』國學院大學大学院文学研究科創設 50 周年記念論文集，403-423 頁

角川日本地名大辞典纂委員会　1988『角川日本地名大辞典』（40）福岡県，角川学芸出版

金久正　1971「奄美方言の語源について」『沖縄文化』第 8 巻第 2・3 号，奄美特集号，12-20 頁，沖縄文化協会

学習研究社　2005『【決定版】図説・日本武器集成』歴史群像シリーズ

唐橋世済　1803『豊後国志』（1975 年復刻）文献出版

川口雅之　2008「鹿児島県における古代・中世鉄器の基礎的研究」『地域・文化の考古学─下條信行先生退任記念論文集─』637-654 頁

木内石亭　不詳（寛政年間）「奇石産誌」（中川泉三編　1936『石之長者　木内石亭全集』巻二，下郷共済会に載録）

木内石亭　1773・1779・1801「雲根志」（今井功訳注　1969『雲根志』築地書館に載録）

菊千代・高橋俊三　2005『与論方言辞典』武蔵野書院

木崎甲子郎　1985『琉球弧の地質誌』沖縄タイムス社

岸謙　1966a「朝鮮の古燈器（2）」『親和』No. 147，27-32 頁，日韓親和会

岸謙　1966b「朝鮮の古燈器（6）」『親和』No. 151，26-32 頁，日韓親和会

北川修　1932「日清戦争までの日鮮貿易」『歴史科学』第 1 巻第 1 号（『歴史科学大系』第 10 巻，歴史科学協議会，校倉書房〈1977 年〉に再録）

喜多川守貞　不詳（1837〜）「守貞漫稿」（室松岩雄編　1927『類聚近世風俗志（原名守貞漫稿）』榎本書房に載録）

北九州市立自然史博物館　1991『北九州自然ガイドブック─地学編─』

北九州市立歴史博物館　1993『北九州の金工品：鋳る・鍛える・匠の技』

北九州市立歴史博物館　2000『豊国名所』

北野孝治　1911『長崎郷土誌』長崎市小学校職員会

北野隆亮　1992「奈良盆地における火花式発火具─サヌカイト製火打石の認識とその評価─」『関西近世考古学研究』Ⅲ，227-238 頁，関西近世考古学研究会

北野隆亮　1999「和歌山平野における火打石の流通」『紀伊考古学研究』第 2 号，69-78 頁，紀伊考古学研究会

北野隆亮　2000「畿内とその周辺地域に於ける火打石の流通─和歌山平野及び奈良盆地出土資料の分析から─」『和歌山地方史研究』第 38 号，2-13 頁，和歌山地方史研究会

北野隆亮　2002「韓国における火打石についての二三の覚書」第2回火打石研究会報告（『火打石研究会ニューズレター Newsletter silex Vol. 1』〈2006年発行〉に載録）

北野隆亮　2020「近畿地方における火打石研究の歩みと紀伊半島の様相―研究史の整理と和歌山県における火打石研究の現状―」『江戸遺跡研究』第7号（特集　火打石研究の最前線），49-56頁，江戸遺跡研究会

絹川一徳　2020「阿波の火打ち石―近世阿波国における大田井と燧崎の火打ち石について―」『遺跡学研究の地平―吉留秀敏氏追悼論文集―』597-608頁，吉留秀敏氏追悼論文集刊行会

甲東哲　2011『分類沖永良部島民俗語彙集』和泊町歴史民俗資料館監修，南方新社（『沖永良部島民俗語彙』〈1955〉『島のことば　沖永良部島』〈1987〉より構成）

木山克彦　2011「靺鞨・渤海・女真の考古学」『アジア遊学』139（アイヌ史を問いなおす　生態・交流・文化継承），138-147頁，勉誠出版

楠瀬慶太・夏木大吾　2008「中世期博多湾沿岸地域おける石鍋流通と石錘再利用をめぐって」2008年度七隈史学会大会報告

熊木俊朗・高橋健・森先一貴・笹田朋孝　2010「東京大学総合研究博物館所蔵の千島列島資料」熊木俊朗・高橋健編『千島列島先史文化の考古学的研究』東京大学常呂実習施設研究報告第7集，19-60頁，東京大学大学院人文社会系研究科附属北海文化研究常呂実習施設

熊本女子大学歴史学研究部（圭室諦成校訂）　1959『肥後国郡村誌抄』上巻

蔵本晋司　2019「香川県周辺地域における火花式発火法の導入と展開」『上林遺跡』県道中徳三谷高松線建設事業に伴う埋蔵文化財発掘調査報告書第1冊，174-202頁，香川県教育委員会

久留米市史編さん委員会編　1986『久留米市史』第5巻

黒川忠広　2014「石器石材としての大川原産珪質岩」『縄文の森から』第7号，1-7頁，鹿児島県立埋蔵文化財センター

黒木秀一　2010「宮崎県のきのこ方言と民俗」『宮崎県文化講座研究紀要』第37輯，69-92頁，宮崎県立図書館

小泉勝爾・土岡泉　1928『鳥類写生図譜』第11輯，鳥類写生図譜刊行会

國分直一　1942「葫蘆墩街と岸裏」『台湾時報』25巻12号，台湾総督府台湾時報発行所（國分直一1968『台湾の民俗』民俗民芸双書31，岩崎美術社に再録）

國分直一　1944『壺を祀る村　南方台湾民俗考』南方叢刊，東都書籍

小島三弘　1997「世界各地に見られる火に関する技術・神話・伝承の分布」『火をめぐる民族学』火の習俗にまつわる調査と報告，61-102頁，島根県八雲村

小嶋芳孝　2018「考古学から見る渤海時代のロシア沿海地方」『環太平洋地域の伝統と文化　2. アムール下流域・沿海地方』第32回北方民族文化シンポジウム網走報告，1-6頁，北海道立北方民族博物館

五代秀堯・橋口兼柄　1843「三国名勝図会」（五代秀堯・橋口兼柄　1966『三国名勝図会』上巻，南日本出版文化協会に載録）

小西四郎・田辺悟編　2005『モースの見た日本　モース・コレクション／民具編』（普及版），小学館

小林克　1989「東遺跡・上ノ台遺跡の火打石」『東・上ノ台・道合久保前』川口市遺跡調査会報告第13集，184-186頁

小林克　1993「江戸の火打石―出土資料の分析から―」『史叢』第50号，95-110頁，日本大学史学会

小林克　2001「火打石／火打金」『図説　江戸考古学研究事典』214-215頁，江戸遺跡研究会

小林克　2015a「火打石研究の展望」『考古学研究』第62巻第3号，21-25頁，考古学研究会

小林克　2015b「青梅のチャート（火打石）の調査とその背景」『東京考古』第33号，109-115頁，東京考古談話会同人

小林克　2016「近世物質文化の考古学的研究」（博士論文），日本大学

小林克　2020「火打石研究の課題と展望―江戸遺跡の事例から―」『江戸遺跡研究』第7号（特集　火打石研究の最前線），1-10頁，江戸遺跡研究会

小林克　2021『近世物質文化の考古学的研究　民具資料との対比から日蘭物質文化比較へ』六一書房

小林克・松崎亜砂子　2001「火打石研究の現状と今後―近世遺跡出土の火打石からの追求―」『日本考古学協会第67回（2001年度）総会研究発表要旨』124-127頁，日本考古学協会

小林久磨雄編　1930『吉備文庫』第5輯，山陽新報社

小林淳一・小山周子編　2013『明治のこころ　モースがみた庶民のくらし』東京都江戸東京博物館

小林大悟　2003a「群馬県出土の発火具について」『群馬考古学手帳』第13号，55-68頁，群馬土器観会

小林大悟　2003b「火おこし体験の再検討」『研究紀要』第21号，111-120頁，㈶群馬県埋蔵文化財事業団

胡麻鶴岩八　1923『豊後立石史談』

コンラート・シュピンドラー（Konrad Spindler）（畔上司訳）　1994『5000年前の男　解明された凍結ミイラの謎』文藝春秋

崔在錫（伊藤亜人・嶋陸奥彦訳）　1979『韓国農村社会研究』学生社（崔在錫　1975『韓國農村社會研究』一志社）

酒井卯作　2002『琉球列島民俗語彙』第一書房

櫻井成昭　2013「近代資料」『豊後國山香郷の調査』資料編1，81-140頁，大分県立歴史博物館

笹原亮二　2001「薩南十島」近藤雅樹編『図説　大正昭和くらしの博物誌　民族学の父・渋沢敬三とアチック・ミューゼアム』32-33頁，河出書房新社

佐藤洋　2008「木製発火具による発火法の再考—弓ギリ式を復元する—」『仙台市富沢遺跡保存館研究報告11』3-12頁

佐山融吉・大西吉寿　1923『生蕃伝説集』杉田重蔵書店

茂野洋一　2007『奄美現存古語注解』郁朋社

宍戸章　2002「横市地区遺跡群出土の石器の石材について」『横市地区遺跡群』都城市文化財調査報告書第58集，19-20頁

執筆者不詳　1938「西鮮通信　燐寸代用に火燧石」（橋谷弘監修　1998『朝鮮行政』第11巻，ゆまに書房に載録）

篠原芳秀　1986「ヒキリ板の出土について」『草戸千軒』No. 153，5頁，広島県草戸千軒町遺跡調査研究所

島津斉彬文書刊行会　1959『島津斉彬文書』上巻，吉川弘文館

下川達彌・立平進　1981『日ノ岳遺跡』長崎県立博物美術館

下野敏見　1966『吐咖喇列島民俗誌』第1巻，悪石島・平島篇（『トカラ列島民俗誌』として第一書房から1994年に再版）

下野敏見　1980『南西諸島の民俗』第1巻，法政大学出版局

下野敏見　2005『奄美・吐噶喇の伝統文化　祭りとノロ，生活』鹿児島県の伝統文化シリーズ3，南方新社

白川綾　1998「明寺山廃寺検出の火打石について」『越前・明寺山廃寺—平安時代前期寺院址の調査—』清水町埋蔵文化財発掘調査報告書IV，120-126頁，清水町教育委員会

白鳥章　2005「千葉県内出土の発火具の集成と様相」『千葉県文化財センター研究紀要24』333-361頁，㈶千葉県文化財センター

新里貴之編　2013『徳之島トマチン遺跡の研究』科学研究費補助金若手研究（A）「島嶼地域における先史時代墓制の系譜」鹿児島大学埋蔵文化財調査センター

杉原敏之　2024『遠の朝廷　大宰府〔改訂版〕』シリーズ「遺跡を学ぶ」76，新泉社

杉山正仲・小川正格編（黒岩玄堂校訂）　1907『筑後志』校訂，知新堂

鈴木重治　1967「宮崎県出羽洞穴の発掘調査」『考古学ジャーナル』4，12-16頁，ニュー・サイエンス社

西南学院大学国語国文学会民俗学研究会　1984「福岡県筑紫野市」『西南学院大学民俗調査報告』第3輯，長崎県上県郡（対馬）上県町旧仁田村，福岡県筑紫野市，84-151頁

関義則　2002「埼玉県内出土の火打金」『埼玉考古』第37号，117-138頁，埼玉考古学会

関口浩　2012「「蕃族調査報告書」の成立—岡松参太郎文書を参照して—」『成蹊大学一般研究報告』第46巻第3分冊，1-40頁

関根久雄　1997「火に関する神話・伝説」『火をめぐる民族学　火の習俗にまつわる調査と報告』31-59頁，島根県八雲村

芹沢長介　1960『石器時代の日本』築地書館

副枝幸治・木崎彰・青谷龍太郎・遠藤和幸・上野智裕・羽田野聖・志波由登・藤井浩司・蔵座浩一・宇都宮英二・坂田邦洋　1986「古代の発火技法に関する研究—樹種別発火率について—」『史学論叢』第16号，27-59頁，別府大学史学研究会

薗田香融　1974「出火鉄と火取玉」『青陵』第25号，奈良県立橿原考古学研究所彙報，3-6頁，奈良県立橿原考古学研究所

染木煦　1943「山西省の風土と民具（二）」『民族學研究』第1巻第3号，307-334頁

ダイヤグラムグループ編（田島優・北村孝一訳）　1982『武器　歴史，形，用法，威力』（原書名：David Harding『Weapons』）マール社

台湾総督府警務局　1935『台湾蕃界展望』

台湾総督府蕃族調査会編　1913『蕃族調査報告書』阿眉族南勢蕃，同馬蘭社，卑南族卑南社

台湾総督府蕃族調査会編　1915『蕃族調査報告書』曹族阿里山蕃，同四社蕃，同簡仔霧蕃

台湾総督府蕃族調査会編　1917『蕃族調査報告書』紗績族前篇：霧社蕃・韜佗蕃・卓犖蕃，後篇：大魯閣蕃・韜賽蕃・木瓜蕃

台湾総督府蕃族調査会編　1918『蕃族調査報告書』太幺族前篇：大料崁蕃・合歓蕃・馬利古湾蕃・北勢蕃・南勢蕃・白狗蕃・司加耶武蕃・沙拉芽蕃・萬大蕃・眉原蕃・南湾蕃・渓頭蕃

台湾総督府蕃族調査会編　1919『蕃族調査報告書』武崙族前篇：巒蕃・達啓覓加蕃・丹蕃・郡蕃・千卓萬蕃・卓社蕃

台湾総督府蕃族調査会編　1920『蕃族調査報告書』太幺族後篇：加拉歹蕃・含加路蕃・巴思誇蘭蕃・鹿場蕃・汶水蕃・太湖蕃・屈尺蕃・奇拿餌蕃

台湾総督府蕃族調査会編　1921a『台湾番族慣習研究』第1巻（岡松参太郎　2000『台湾番族慣習研究1』青史社）

台湾総督府蕃族調査会編　1921b『蕃族調査報告書』排彎族・獅設族

台湾総督府民政局殖産課　1898『台湾島地質鉱産図　説明書』

台湾総督府民政部殖産局　1911『台湾鉱物調査報告』

台湾総督府民政部殖産局　1921『台湾タイヤル蕃族利用植物』

台湾総督府臨時台湾旧慣調査会編　1915a『番族慣習調査報告書』第1巻，たいやる族

台湾総督府臨時台湾旧慣調査会編　1915b『番族慣習調査報告書』第2巻，あみす族・ぷゆま族

台湾総督府臨時台湾旧慣調査会編　1917『番族慣習調査報告書』第3巻，さいせつと族

台湾総督府臨時台湾旧慣調査会編　1920『番族慣習調査報告書』第5巻之1，ぱいわぬ族

台湾総督府臨時台湾旧慣調査会編　1922『番族慣習調査報告書』第5巻之3，ぱいわぬ族

田賀井篤平編　2001『和田鉱物標本』東京大学コレクションXI，東京大学総合研究博物館

高浦哲　2011「延岡の古墳と上多々良遺跡との比較検証」『上多々良遺跡』延岡市文化財調査報告書第45集，205-235頁

高嶋幸男　1983「火鑽習俗にみられる発火技術（その1）」『北海道教育大学紀要』第一部C，教育科学編，第34巻第1号，43-56頁

高嶋幸男　1984「火鑽習俗にみられる発火技術（その2）」『北海道教育大学紀要』第一部C，教育科学編，第34巻第2号，45-60頁

高嶋幸男　1985『火の道具』柏書房

高嶋幸男　1987「近世の発火具」『江戸遺跡情報連絡会会報』No. 5，1-13頁（江戸遺跡研究会　1995『江戸遺跡研究会会報』合冊（1）—No. 1〜25—に再録）

高嶋幸男　1991「発火具・照明」『古墳時代の研究』第3巻，生活と祭祀，71-79頁，雄山閣

高嶋幸男　1993「日本における発火技術の歴史」『月刊　消防』1993年11月号，1-6頁，東京法令出版

高嶋幸男　2002「古代の火おこし—キリモミ式とマイギリ式の発火法—」『おもしろ実験・ものづくり事典』115-119頁，東京書籍

高嶋幸男・岩城正夫　1978a「古代日本の木製出土発火具図面一覧（上）」『女子栄養大学紀要』Vol. 9，97-111頁

高嶋幸男・岩城正夫　1978b「古代日本の木製出土発火具図面一覧（下）」『女子栄養大学紀要』Vol. 10，65-83頁

高嶋幸男・岩城正夫　1981『古代日本の発火技術　その自然科学的研究』群羊社

高島芳弘　1993「東京大学総合研究資料館所蔵の鳥居龍蔵収集考古資料」『徳島の生んだ先覚者　鳥居龍蔵の見たアジア』110-117頁，徳島県立博物館

高瀬克範・鈴木建治　2013「馬場コレクションの再検討―北千島の竪穴住居・土器・石器の基礎的研究―」『北海道大学文学研究科紀要』第140号，1-56頁

高橋易直編　1875『大日本物産字類』

滝沢馬琴　1803「羇旅漫録」壬戌　下（渥美正幹校　1885『羇旅漫録』下之巻，畏三堂に載録）

竹内成章編訳・中川喜重校　1885『支那貿易品解説』

立平進　1985「長崎県の火の民俗」『九州・沖縄地方の火の民俗』65-86頁，明玄書房

田中熊雄　1985「宮崎県の火の民俗」『九州・沖縄地方の火の民俗』131-159頁，明玄書房（田中熊雄　1988『続宮崎県庶民生活誌』日向民俗学会へ再録）

田中茂　1971「第五章　狩猟習俗」『民俗資料緊急調査報告書―高千穂地方の民俗―』175-180頁，宮崎県教育委員会

谷﨑仁美　2013「大阪市内最古の火打金」『葦火』第28巻第1号，8頁，大阪文化財研究所

千葉徳爾　1963「日向東米良の狩猟伝承」『日本民俗学』第30号，20-25頁，日本民俗学会

千葉徳爾　1969「日向東米良の狩神事」『狩猟伝承研究』410-431頁，風間書房

チャードC. S.（北構保男訳）　1969「北千島の編年と文化の継承」『北海道考古学』第5輯，81-86頁，北海道考古学会（原本は『American Antiquity』第21巻第3号〈1956〉に掲載）

朝鮮古書刊行会　1910『朝鮮群書大系』第9輯

朝鮮総督府　1925『金海貝塚発掘調査報告』大正九年度古蹟調査報告第一冊

朝鮮総督府地質調査所　1935『朝鮮鉱床調査要報』第9巻（川崎繁太郎　1935『古文献に顕はれたる朝鮮鉱産物』朝鮮鉱業会）

朝鮮総督府中枢院　1938『萬機要覧』財用篇

津田卓子　2008「北斎漫画」『浮世絵大事典』445頁，東京堂出版

坪井正五郎　1887「人類學當今の有様，第二篇」『東京人類學會雑誌』第3巻第21号，31-37頁，東京人類學會

鶴嶋俊彦　2013「原城（中世人吉城跡）第一次発掘調査報告」『ひとよし歴史研究』第16号，21-49頁，人吉市教育委員会教育部歴史文化課・人吉市文化財保護委員会

鶴見貞雄　1999「火打具を考える―遺跡出土の火打金・火打石を取り上げて―」『茨城県考古学協会誌』第11号，47-76頁，茨城県考古学協会

鶴見貞雄　2005「「透かし入り火打金」小考―関東および山梨県出土火打金の古代から中世への形態変化―」『古代東国の考古学』大金宣亮氏追悼論文集，666-679頁，慶友社

統監府　1908『韓國條約類纂』

東京都江戸東京博物館　2002『火打ち道具の製作』東京都江戸東京博物館調査報告書第14集

東野治之　2007『遣唐使』岩波書店

徳島県立鳥居龍蔵記念博物館　2013『特別陳列　鳥居龍蔵とアイヌ―北方へのまなざし―』徳島県立鳥居龍蔵記念博物館展示会図録

徳永貞紹・木島愼治　2004「佐賀県」『中世墓集成―九州・沖縄編（2）―』1-99頁，中世墓資料集成研究会

徳富重成　1970「年中行事」『徳之島町誌』527-568頁，徳之島町誌編纂委員会

徳富重成　1975『徳之島尾母方言集』1集，徳之島町

徳富重成　1977「徳之島における子供の遊び」『沖縄文化研究』4，141-196頁，法政大学（徳富重成　1994『徳之島における子供の遊び』徳之島郷土研究会に再録）

所荘吉　1987『図解　古銃事典』雄山閣（1996年に新装版）

所荘吉　2006『新版　図解古銃事典』雄山閣

鳥居龍蔵　1896「発火用紐錐ニ就テノ二事實」『東京人類學會雑誌』第11巻第126号，506-514頁，東京人類學會

鳥居龍蔵　1899『人類学写真集　台湾紅頭嶼之部』東京帝国大学理科大学

鳥居龍蔵　1902a「千島土人の土俗」『東京人類學會雜誌』第 17 巻第 190 号，157–159 頁，東京人類學會

鳥居龍蔵　1902b『紅頭嶼土俗調査報告』東京帝国大学

鳥居龍蔵　1903『千島アイヌ』吉川弘文館（鳥居龍蔵　1976『鳥居龍蔵全集 7』1–98 頁，朝日新聞社に再録）

鳥居龍蔵　1925「上代吾人祖先の発火法」『人類学上より見たる我が上代の文化』250–288 頁，叢文閣（1975 年『鳥居龍蔵全集』第 1 巻所収）

鳥居龍蔵　1933「燃料縦横談（其二）」『燃料協會誌』1933 年第 12 巻第 2 号，168–172 頁

鳥居龍蔵　1935『上代の日向延岡』鳥居人類学研究所

鳥越信編　2002『はじめて学ぶ日本の絵本史Ⅲ　戦後絵本の歩みと展望』ミネルヴァ書房

永井隆　2003『長崎の花』（初出：1950 年日刊東京タイムス誌上連載，『永井隆全集　第二巻』〈永井徳三郎監修，サンパウロ，東京〉に再録）

中江訓・尾崎正紀・太田正道・籔本美孝・松浦浩久・富田宰臣　1998『小倉地域の地質』工業技術院地質調査所

中川延良（鈴木棠三訳）　1977『楽郊紀聞 2　対馬夜話』東洋文庫 308，平凡社

長崎県地学会　1971『長崎県の地学―日曜巡検ガイドブック―』

中澤寛将　2012『北東アジア中世考古学の研究―靺鞨・渤海・女真―』六一書房

長野真一　2013「多孔石考」『奄美考古』第 7 号，29–35 頁，奄美考古学会

永松義博・杉本和宏・吉田健・山下真輝　2016「平戸藩主が築いた黄泉の国としての菩提寺について」『南九州大学研究報告』46A 巻，49–80 頁

中村弘　2005「兵庫県出土の木製発火具について」『兵庫県埋蔵文化財研究紀要』第 4 号，67–78 頁

中山清美　2004「奄美諸島の石器・石製品」『考古資料大観』第 12 巻，貝塚後期文化，260–143 頁，小学館

西秋良宏　1992「英国のガン・フリント産業と考古学―ブランドンでの採集資料の分析―」『考古学研究』第 39 巻第 3 号，115–132 頁，考古学研究会

西秋良宏　2006「東京大学総合研究博物館案内 79　ガン・フリント」『文部科学教育通信』No. 139

西川如見　（19 世紀代）『長崎夜話草』（飯島忠夫・西川忠幸　1942『町人嚢・百姓嚢・長崎夜話草』岩波書店）

日本民具学会編　1997『日本民具辞典』ぎょうせい

沼賀美奈子　2001「江戸期から現代までの「かちかち山」絵本の変遷」『研究論文集Ⅴ』56–85 頁，白百合女子大学児童文化研究センター

農商務省鉱山局　1900『日本鉱産地』

野口才蔵　1983「与論島古方言」『奄美郷土研究会報』第 23 号，135–143 頁，奄美郷土研究会

野﨑準　2002「火打石と火打鉄　東北地方南部の鍛冶技術補遺」『東北学院大学東北文化研究所紀要』（34），73–83 頁，東北学院大学東北文化研究所

野代幸和　2003「県内出土の火打金（火打鎌）について（予察）」『山梨考古学ノート―田代孝氏退職記念誌―』92–97 頁，田代孝氏退職記念誌刊行会

野田雅之　2003「石器の原石をたずねて」『大分地質学会誌』第 9 号，53–65 頁，大分地質学会

野谷昌俊　1936「臺灣蕃人に於ける抜歯の風習に就て」『人類學雜誌』第 51 巻第 1 号，35–41 頁，日本人類学会

野間吉夫　1942『シマの生活誌（沖永良部島採訪記）』三元社

橋爪貫一　1875『日本物産字引』

服部英雄　2003『地名のたのしみ　歩き，み，ふれる歴史学』角川文庫

埴原和郎・藤本英夫・浅井亨・吉崎昌一・河野本道・乳井洋一　1972『シンポジウム　アイヌ　その起源と文化形成』北海道大学図書刊行会

馬場脩　1939「考古学上より見たる北千島（二）」『人類学・先史学講座 11』109–154 頁

濵砂武昭　2012『銀鏡神楽　日向山地の生活誌』弘文堂

早川孝太郎　1941『古代村落の研究（黒嶋）』文一路社

林俊雄　1994「北方ユーラシアの火打金―ウラル以東―」『日本と世界の考古学』岩崎卓也先生退官記念

論文集，352-369 頁

久留一男　1962「徳之島のことばと民俗」『徳之島民俗誌』121-217 頁，徳之島民俗研究学会

久野繁樹　1967「小倉刀工史（一）大道一派の研究」『記録』第 14 冊，41-49 頁，小倉郷土史会（『小倉郷土史学』第 5 巻〈1982〉に再録）

日高正晴　1956「米良の民俗資料（狩猟用具）」『宮崎県文化財調査報告書』第 1 輯，37-59 頁

秀島成忠　1934『佐賀藩銃砲沿革史』肥前史談会

日之影町　2000『日之影町史』九，資料編 4，民俗

平戸市　1983『平戸市史』

広松順子　1974「伝説」『津江山系の民俗』大分県日田郡前津江村，昭和 47 年度調査報告書，113-128 頁，北九州大学民俗研究会

広松順子・岡本隆敏　1974「伝説」『入津湾の民俗』大分県南海部郡蒲江町旧上・下入津村，昭和 48 年度調査報告書，147-159 頁，北九州大学民俗研究会

深津正　1983『燈用植物』ものと人間の文化史 50，法政大学出版局

福岡旧石器文化研究会　2015『福岡の旧石器文化』

福岡県高等学校地学部会　1979『福岡県の地学ハイキング』博洋社

福津市　2006「広報ふくつ　お知らせ版」（2006 年 11 月 15 日付）

藤木聡　2000「敲石と石器製作」『旧石器考古学』60，69-81 頁，旧石器文化談話会

藤木聡　2004「九州における火打石・火打金—資料集成と基礎的な整理—」『古文化談叢』第 51 集，187-200 頁，九州古文化研究会

藤木聡　2007「長崎発・火打石事情」『西海考古』第 7 号，67-84 頁，西海考古同人会

藤木聡　2009「SD04 出土の火打石について」『麦野 A 遺跡 5』福岡市埋蔵文化財調査報告書第 1054 集，31 頁

藤木聡　2011a「最古の火打石をめぐる諸問題」『古文化談叢』第 65 集，発刊 35 周年・小田先生喜寿記年号（3），225-232 頁，九州古文化研究会

藤木聡　2011b「東アジアにおける人と火の関係史解明に向けて〜台湾編〜」『宮崎県立西都原考古博物館研究紀要』第 7 号，34-38 頁，宮崎県立西都原考古博物館

藤木聡　2011c「縄文時代に火打石はあるのか」『南九州縄文通信』第 21 号，73-78 頁，南九州縄文研究会

藤木聡　2012「近世における阿波大田井産チャート製火打石の流通」『西海考古』第 8 号，183-190 頁，故福田一志氏追悼論文集刊行事務局

藤木聡　2013「古代から近世における豊後の火打石と火打金〜大友府内および府内城・府内城下町を中心に〜」『先史学・考古学研究と地域・社会・文化論』126-135 頁，高橋信武退職記念論集編集委員会

藤木聡　2014a「西都原考古博物館所蔵の火打石・火打金について」『宮崎県立西都原考古博物館研究紀要』第 10 号，58-61 頁，宮崎県立西都原考古博物館

藤木聡　2014b「発掘された火起こしの歴史と文化」『宮崎県文化講座研究紀要』第 40 輯，23-45 頁，宮崎県立図書館

藤木聡　2014c「久留米城下町・小倉城下町・黒崎宿の火打石とその特質」『先史学・考古学論究Ⅵ』301-312 頁，龍田考古会

藤木聡　2016「九州北部出土「旧石器」の検討—鉄石英・チャートに注目して—」『九州旧石器』第 20 号，81-88 頁，九州旧石器文化研究会

藤木聡　2017a「草戸千軒町遺跡出土の火打石」『広島県立歴史博物館研究紀要』第 19 号，25-28 頁

藤木聡　2017b「古代から近世の日向における火打金とその変遷〜鳥居龍蔵の言及と考古・民俗資料の集成〜」『宮崎考古』第 27 号，17-26 頁，宮崎考古学会

藤木聡　2018a「韓半島における火打金・火打石—東アジアにおける人と火の関係史解明に向けて—」『宮崎県立西都原考古博物館研究紀要』第 14 号，1-10 頁，宮崎県立西都原考古博物館

藤木聡　2018b「台湾における旧石器時代遺跡の概観」『九州旧石器』第 22 号，39-52 頁，九州旧石器文化研究会

藤木聡　2019a「台湾における火打石利用の開始・終焉とその特質」『先史学・考古学論究Ⅶ』403-417 頁，

龍田考古会

藤木聡　2019b「奄美諸島周辺における火打金・火打石の基礎的整理」『中山清美と奄美学—中山清美氏追悼論集—』435-446頁，奄美考古学会

藤木聡　2020a「遼・金・元・明・清代中国東北部の火打金」『先史学・考古学論究Ⅷ』木下尚子先生退任記念，231-244頁，龍田考古会

藤木聡　2020b「九州の火打石—研究の到達点と展望—」『江戸遺跡研究』第7号（特集　火打石研究の最前線），11-26頁，江戸遺跡研究会

藤木聡　2020c「九州における火打金の登場と変遷」『遺跡学研究の地平—吉留秀敏氏追悼論文集—』587-596頁，吉留秀敏氏追悼論文集刊行会

藤木聡　2022a「古代・中世・近世の日向における火打石〜基礎資料の報告（1）〜」『研究紀要』第7集，25-40頁，宮崎県埋蔵文化財センター

藤木聡　2022b「火打石等について」『内野宿御茶屋跡』飯塚市文化財調査報告書第57集，81-82頁，飯塚市教育委員会

藤木聡　2023「長崎出島和蘭商館跡・岩原目付屋敷跡出土のガン・フリントとその背景」『九州旧石器』第27号，橘昌信先生追悼論文集，377-386頁，九州旧石器文化研究会

藤木聡　2024「古代・中世・近世の日向における火打石の変遷とその特質」『研究紀要』第9集，33-53頁，宮崎県埋蔵文化財センター

藤木聡　印刷中「肥後における火打金・火打石の変遷」『先史学・考古学論究』IX，龍田考古会

船築紀子　2007「大坂の火打金・火打石—大坂城出土資料を中心に—」『大阪文化財研究』第31号，35-42頁，（財）大阪府文化財センター

船築紀子　2010「大田井産チャートの流通と大阪近世都市」『㈶大阪府文化財センター研究調査報告』第7集，223-254頁

船築紀子　2020「大田井産火打石の採掘と流通」『江戸遺跡研究』第7号（特集　火打石研究の最前線），27-36頁，江戸遺跡研究会

文化庁文化財保護部編　1981『火鑽習俗』民俗資料選集11

平凡社　1982『広島県の地名』日本歴史地名大系第35巻

法政大学沖縄文化研究所　1979『琉球の方言5』奄美徳之島井之川

北海道大学北方生物圏フィールド科学センター植物園　2016『千島列島出土考古資料目録』北大植物園資料目録第8号

北海道立近代美術館・国際芸術文化振興会編　2001『朝鮮王朝の美』北海道新聞社

布袋厚　2005『長崎石物語』長崎文献社

布袋厚　2020『復元！　被爆直前の長崎』長崎文献社

堀口承明　1971「波佐見陶石と三股オパール」長崎県地学会編『長崎県の地学—日曜巡検ガイドブック—』87-88頁

堀田孝博　2012「宮崎平野部における平安時代の土器について—土師器供膳具を中心に—」『宮崎考古』第23号，55-78頁，宮崎考古学会

堀田孝博　2016「宮崎平野部の中世土師器」『宮崎県央地域の考古資料に関する編年的研究Ⅱ』35-44頁，宮崎考古学会

堀田孝博　2022「日向における近世土師器の出土事例」『研究紀要』第7集，15-24頁，宮崎県埋蔵文化財センター

北郷泰道・山田聡　1993「南方古墳群」『宮崎県史』資料編，考古2，63-85頁

本庄栄治郎・土屋喬雄・中村直勝・黒正巌編　1927『近世社会経済叢書』第9巻（西遊雑記・四神地名録），改造社

本田八十　1966「球磨川石」『日本の石　西日本篇』194-197頁，樹石社

埋蔵文化財研究集会事務局　2005『古墳時代の滑石製品　その生産と消費』発表要旨・資料集，第54回埋蔵文化財研究会

増子誠・三島美奈子　2003「火打石の研究ノート」『美濃の考古学』第6号，77-83頁，美濃の考古学刊行会

増田勝機　1990「笠利の民俗調査覚書」『南日本文化』第22号，183-191頁，鹿児島国際大学附属地域総合研究所

松浦静山（中村幸彦・中野三敏校訂）　1977『甲子夜話』1（東洋文庫306），平凡社

松浦東渓　1825『長崎古今集覧』（森永種夫校訂　1976『長崎古今集覧』上巻，長崎文献叢書第2集第2巻，長崎文献社に所収）

松江重頼　1645「毛吹草」（新村出校閲・竹内若校訂　1943『毛吹草』岩波文庫〈岩波書店〉に載録）

松本雅明監修　1983『肥後読史総覧』下巻，鶴屋百貨店

松山利夫　1997「国立民族学博物館収蔵の世界の発火具」『火をめぐる民族学　火の習俗にまつわる調査と報告』103-137頁，島根県八雲村

眞野修　1996「高知・介良民具館所蔵の火打道具」『民具集積』第2号，41-44頁，四国民具研究会

眞野修　1998「土佐・阿波の火打道具調査メモ」『民具集積』第4号，27-38頁，四国民具研究会

水野裕之　1992「火打石―名古屋市の遺跡出土品から―」『関西近世考古学研究』Ⅲ，217-226頁，関西近世考古学研究会

水野裕之　1994「戦国時代の火打石」『名古屋城三の丸遺跡第4・5次発掘調査―遺物編―』73-80頁，名古屋市教育委員会

水野裕之　2001「名古屋の火打石随考」『研究紀要』第3号，45-56頁，名古屋市見晴台考古資料館

水野裕之　2007「名古屋の火花式発火具〜考古資料から〜」『研究紀要』第9号，33-38頁，名古屋市見晴台考古資料館

水原道範　1993「山方・小物成方格帳」『久留米市史』第8巻（資料編・近世1），1005-1068頁，久留米市史編さん委員会

三成文一郎　1907『韓国土地農産調査報告　慶尚道　全羅道』

三森鉄治　2003「米倉山B遺跡出土六道銭と煙管・火打金に関する基礎的研究」『山梨県立考古博物館・山梨県埋蔵文化財センター研究紀要』19，113-138頁

美濃口雅朗・出合宏光・前川清一　2004「熊本県」『中世墓集成―九州・沖縄編（2）―』215-324頁，中世墓資料集成研究会

三村宜敬　2015「火打具にみる習俗と信仰―豊島区及び近接地域を事例として―」『生活と文化』第25号，25-41頁，豊島区立郷土資料館

宮内克己　2005「角田司郎氏採集資料リスト（1）」『研究紀要6』1-27頁，大分県立歴史博物館

宮内克己　2006「角田司郎氏採集資料リスト（1）」『研究紀要7』1-7頁，大分県立歴史博物館

宮崎県総合博物館　1985『宮崎県総合博物館収蔵資料目録　民俗資料編』

宮田栄二　2002「鹿児島県の非黒曜石石材と原産地」『Stone Sources』No. 1，21-24頁，石器原産地研究会

宮田栄二　2003「火打石と石器石材」『Stone Sources』No. 2，巻頭言，石器原産地研究会

宮田栄二　2004「鹿児島県におけるサヌカイト石材について―サヌカイト流通システムの予察―」『Stone Sources』No. 4，41-46頁，石器原産地研究会

宮田栄二　2023「鹿児島の石器石材をさがしもとめて―地下資源鉱床付近の探索と石材の確認―」『九州旧石器』第27号，橘昌信先生追悼論文集，235-244頁，九州旧石器文化研究会

宮本馨太郎　1956「火の歴史」『日本考古学講座』第7巻，106-119頁，河出書房

宮本馨太郎　1959「燈火の種類と変遷」『講座　日本風俗史』第12巻，119-166頁，雄山閣

宮本馨太郎　1994『燈火　その種類と変遷』朝文社（1964年に六人社から刊行された書籍の復刊）

三輪茂雄　1992「火打ち道具と技」『民具マンスリー』第25巻5号，15-23頁，神奈川大学日本常民文化研究所

武藤直治・大庭陸太　1929『校訂　筑後地誌叢書』筑後遺籍刊行会（文献出版より1979年に再版）

武藤壽編（田中芳男・和田維四郎閲）　1879『日本金石産地』金石学附録，宮内省博物館

村上晃勇　2003「下原城跡発掘調査報告」『ひとよし歴史研究』第6号，133-170頁，人吉市教育委員会教育部歴史文化課・人吉市文化財保護委員会

村上恭通　1993「女真の鉄」『考古論集―潮見浩先生退官記念論文集―』927-940頁，潮見浩先生退官記念事業会

村上恭通　2001「朝鮮半島における凹字形鉄器―おひきがね（苧引金）との関連で―」『久保和士君追悼考古論文集』219–226 頁，久保和士君追悼考古論文集刊行会

村田公三郎　1980『地理巡検　球磨地方の自然と生活』第一部概説編，熊本県立球磨商業高校社会科地理

村田知子　1975「瀬戸内町の民具」『南日本文化』第 8 号，63–78 頁，奄美大島瀬戸内町綜合学術調査報告書，鹿児島短期大学附属南日本文化研究所

明治文献資料刊行会　1959『明治前期産業発達史資料』第 1 集

明治文献資料刊行会　1962『明治前期産業発達史資料』第 7 集第 1 巻

明治文献資料刊行会　1973『明治前期産業発達史資料』勧業博覧会資料 22

明治文献資料刊行会　1975a『明治前期産業発達史資料』勧業博覧会資料 163

明治文献資料刊行会　1975b『明治前期産業発達史資料』勧業博覧会資料 171

明治文献資料刊行会　1975c『明治前期産業発達史資料』勧業博覧会資料 184

元正院地誌課編　1874〜79『日本地誌提要』

求哲次　1995「火と灯りの暮らし―有良ムラを中心に周辺の事など試論―」『奄美郷土研究会報』第 35 号，50–67 頁，奄美郷土研究会

森丑之助　1914「臺灣に於ける各蕃族の埋葬法に就て（續）」『人類學雜誌』第 29 巻第 9 号，344–360 頁，日本人類学会

森丑之助　1915『台湾蕃族図譜』第 1 巻，臨時台湾旧慣調査会

森丑之助　1917『台湾蕃族志』第 1 巻，臨時台湾旧慣調査会

森下功・松本寿三郎編　1980『肥後国地誌集』肥後国史料叢書第 4 巻，青潮社

森下惠介　2010「山岳信仰遺跡の火打金」『山岳信仰と考古学Ⅱ』251–261 頁，山の考古学研究会，同成社

森俊　2013「キザミタバコ　点火・喫煙にまつわる民具―富山県南砺市（旧上平村）楮，西赤尾の場合―」『民具マンスリー』第 46 巻 8 号，13–18 頁，神奈川大学日本常民文化研究所

森本嘉訓　1992「大田井の火打石採掘遺跡とその用具および伝承」『徳島民具研究』第 4 号，23–28 頁，徳島民具研究会

安田健編　2002『江戸後期諸国産物帳集成』第 XII 巻，安藝・備後・周防，科学書院

八代古文書の会　1991『人境考：江戸時代の八代郡誌』

柳田國男　1944『火の昔』実業之日本社

山香町誌編集委員会　1982『山香町誌』

山口美由紀　2008『長崎出島　甦るオランダ商館』日本の遺跡 28，同成社

山下実　2006「星野村十籠字露原山の火打石」『ニューズレター　シレックス』Vol. 1，4 頁（2002 年 5 月 19 日に火打石研究会 HP に掲載）

山田清朝　1989「火打金について」『中尾城跡』兵庫県文化財調査報告書第 67 冊，136–161 頁

山田仁史　2006「発火法と火の起源神話」『東北宗教学』第 2 号，183–200 頁，東北大学宗教学研究室

山田實　1995『与論島語辞典』おうふう

山脇悌二郎　1980『長崎のオランダ商館　世界のなかの鎖国日本』中公新書 579，中央公論社

横井希純　不詳（寛政年間）「阿州奇事雑話」（1936『阿州奇事雑話』阿波叢書第 1 巻，阿波郷土研究会へ載録）

吉田敦彦　2005「火の起源」大林太良ほか編『世界神話事典』129–150 頁，角川書店

葭原佳純　2023「新潟県内の出土木製発火具の形態と用途について I ―発火具の集成・火鑽板の分類―」『研究紀要』第 13 号，33–62 頁，（公財）新潟県埋蔵文化財調査事業団

葭原佳純　2024「新潟県内の出土木製発火具の形態と用途について II ―出土遺跡と年代・火鑽板の使い方―」『研究紀要』第 14 号，51–70 頁，（公財）新潟県埋蔵文化財調査事業団

楽鷹真人編　1906『二宮翁教訓道話』文錦堂

領塚正浩　2015a「火打ち道具と切り火の習俗〜市川市内の事例を中心として〜」『市立市川考古博物館館報』第 42 号，29–37 頁，市立市川考古博物館

領塚正浩　2015b「市川市内から出土した火打金について」『市立市川考古博物館館報』第 42 号，38 頁，市立市川考古博物館

領塚正浩　2015c「火打ち道具と切り火の習俗―北区内の事例を中心として―」『研究報告』第 17 号，66-78 頁，北区飛鳥山博物館

ルイス・フロイス（岡田章雄訳注）　1991『ヨーロッパ文化と日本文化』岩波書店

渡辺澄夫編　1984『豊後国荘園公領史料集成』第 1 巻，別府大学附属図書館

渡辺澄夫編　1986『豊後国荘園公領史料集成』第 3 巻，別府大学附属図書館

渡辺澄夫編　1988『豊後国荘園公領史料集成』第 4 巻下，別府大学附属図書館

渡辺澄夫編　1991『豊後国荘園公領史料集成』第 6 巻，別府大学附属図書館

渡辺澄夫編　1992『豊後国荘園公領史料集成』第 7 巻上，別府大学附属図書館

渡辺澄夫編　1993『豊後国荘園公領史料集成』第 7 巻下，別府大学附属図書館

渡辺澄夫編　1994『豊後国荘園公領史料集成』第 8 巻上，別府大学附属図書館

渡邉晴香　2013「茶屋町遺跡の火打石―旅の無事を祈って―（茶屋町遺跡）」『葦火』第 28 巻第 3 号，8 頁，大阪文化財研究所

【日本語（遺跡発掘調査報告書）】

阿久根市教育委員会　2003『中之城跡』阿久根市埋蔵文化財発掘調査報告書（4）

朝地町教育委員会　1994『田村遺跡・池在遺跡・古市遺跡・一万田館跡』

芦北町教育委員会　2001『佐敷花岡城跡Ⅶ―佐敷花岡城登城口・北出丸・北西堀切推定地調査概報―』

芦北町教育委員会　2013『花岡古町遺跡』芦北町文化財調査報告 4

飯塚市教育委員会　2022『内野宿御茶屋跡』飯塚市文化財調査報告書第 57 集

植木町教育委員会　2004『塔ノ本遺跡・今古閑久保遺跡・滴水尖遺跡・轟城跡・ヲスギ遺跡』植木町文化財調査報告書第 18 集

えびの市教育委員会　1996『小木原遺跡群：蕨地区（C・D 地区）・久見迫 B 地区・地主原地区；原田・上江遺跡群：六部市遺跡・蔵元遺跡・中満遺跡・法光寺遺跡 1・2』えびの市埋蔵文化財調査報告書第 16 集

えびの市教育委員会　1997『田代地区遺跡群：上田代遺跡・松山遺跡・竹之内遺跡・妙見原遺跡』えびの市埋蔵文化財調査報告書第 20 集

えびの市教育委員会　2002『長江浦地区遺跡群：内丸遺跡・弁財天遺跡・馬場田遺跡・水流遺跡・役所田遺跡・小路下遺跡・浜川原遺跡』えびの市埋蔵文化財調査報告書第 32 集

えびの市教育委員会　2003『小岡丸地区遺跡群：北田遺跡・田之上城跡』えびの市埋蔵文化財調査報告書第 37 集

えびの市教育委員会　2010『北岡松地区遺跡群：天神免遺跡・岡松遺跡』えびの市埋蔵文化財調査報告書第 48 集

えびの市教育委員会　2011『下鸞遺跡』えびの市埋蔵文化財調査報告書第 52 集

大分県教育委員会　2003『八坂の遺跡』大分県文化財調査報告書第 150 輯

大分県教育委員会・日田市教育委員会　1998『小迫辻原遺跡　写真図版編』

大分県教育庁埋蔵文化財センター　2005『豊後府内 1』大分県教育庁埋蔵文化財センター調査報告書第 1 集

大分県教育庁埋蔵文化財センター　2006a『豊後府内 3』大分県教育庁埋蔵文化財センター調査報告書第 8 集

大分県教育庁埋蔵文化財センター　2006b『豊後府内 5』大分県教育庁埋蔵文化財センター調査報告書第 10 集

大分県教育庁埋蔵文化財センター　2010a『豊後府内 14』大分県教育庁埋蔵文化財センター調査報告書第 46 集

大分県教育庁埋蔵文化財センター　2010b『豊後府内 15』大分県教育庁埋蔵文化財センター調査報告書第 47 集

大分県教育庁埋蔵文化財センター　2010c『豊後府内 16（第 1 分冊）』大分県教育庁埋蔵文化財センター調査報告書第 48 集

大分県教育庁埋蔵文化財センター　2010d『豊後府内 16（第 2 分冊）』大分県教育庁埋蔵文化財センター

調査報告書第 48 集

大分県教育庁埋蔵文化財センター　2010e『豊後府内 16（第 4 分冊）』大分県教育庁埋蔵文化財センター
調査報告書第 48 集

大分市教育委員会　2004a『府内城・城下町遺跡—第 15 次調査報告書—』大分市埋蔵文化財発掘調査報
告第 50 集

大分市教育委員会　2004b『大分市市内遺跡確認調査概報—2003 年度—』

大分市教育委員会　2007『大友府内 11　中世大友府内町跡第 74 次調査』大分市埋蔵文化財発掘調査報告
第 74 集

大分市教育委員会　2009『府内城・城下町跡 6　第 17 次調査報告書』大分市埋蔵文化財発掘調査報告第
87 集

大分市教育委員会　2012『末広遺跡 2』大分市埋蔵文化財発掘調査報告書第 120 集

大分市教育委員会　2016『大友府内 22　中世大友府内町跡第 97・101 次調査』大分市埋蔵文化財発掘調
査報告第 141 集

大野城市教育委員会　2013『乙金地区遺跡群 6〜薬師の森遺跡第 9・12・17・18 次調査〜』大野城市文化
財調査報告書第 106 集

沖縄県立埋蔵文化財センター　2007『渡地村跡』沖縄県立埋蔵文化財センター調査報告書第 46 集

沖縄県立埋蔵文化財センター　2016『首里城跡—正殿地区発掘調査報告書—』沖縄県立埋蔵文化財センタ
ー調査報告書第 82 集

沖縄県立埋蔵文化財センター　2023『基地内文化財 10—確認調査報告書—喜友名東原第四遺跡　喜友名
前原第三遺跡　喜友名東原第三遺跡』沖縄県立埋蔵文化財センター調査報告書第 115 集

鹿児島県教育委員会　1990『奄美地区埋蔵文化財分布調査報告書Ⅱ』鹿児島県埋蔵文化財調査報告書
（54）

鹿児島県立埋蔵文化財センター　2004a『上野城跡』鹿児島県立埋蔵文化財センター発掘調査報告書
（68）

鹿児島県立埋蔵文化財センター　2004b『上ノ平遺跡』鹿児島県立埋蔵文化財センター発掘調査報告書
（70）

鹿児島県立埋蔵文化財センター　2005『大島遺跡』鹿児島県立埋蔵文化財センター発掘調査報告書（80）

鹿児島県立埋蔵文化財センター　2007『持躰松遺跡』鹿児島県立埋蔵文化財センター発掘調査報告書
（120）

鹿児島県立埋蔵文化財センター　2008『関山遺跡・鳥居川遺跡・チシャノ木遺跡』鹿児島県立埋蔵文化財
センター発掘調査報告書（125）

鹿児島県立埋蔵文化財センター　2009a『上水流遺跡 3』縄文時代中期・中近世（遺物）編，鹿児島県立
埋蔵文化財センター発掘調査報告書（136）

鹿児島県立埋蔵文化財センター　2009b『屋鈍遺跡』鹿児島県立埋蔵文化財センター発掘調査報告書
（143）

鹿児島県立埋蔵文化財センター　2010a『油免・本寺遺跡』鹿児島県立埋蔵文化財センター発掘調査報告
書（148）

鹿児島県立埋蔵文化財センター　2010b『上水流遺跡 4』縄文時代前期末から中期前半・補遺編，第Ⅱ分
冊，鹿児島県立埋蔵文化財センター発掘調査報告書（150）

鹿児島県立埋蔵文化財センター　2011『虎居城跡』鹿児島県立埋蔵文化財センター発掘調査報告書（162）

鹿児島県立埋蔵文化財センター　2012『芝原遺跡 3』鹿児島県立埋蔵文化財センター発掘調査報告書
（170）

鹿児島県立埋蔵文化財センター　2013『山口遺跡』鹿児島県立埋蔵文化財センター発掘調査報告書（179）

鹿児島大学埋蔵文化財調査室　2010『鹿児島大学構内遺跡』鹿児島大学埋蔵文化財調査室調査報告書第 5
集

唐津市教育委員会　1988『馬部甚蔵山遺跡』唐津市文化財調査報告書第 31 集

唐津市教育委員会　2019『唐津城跡（10)』唐津市文化財調査報告書第 181 集

唐津市教育委員会　2021『唐津城跡（11)』唐津市文化財調査報告書第 187 集

菊池市教育委員会　2022『医者どん坂遺跡』菊池市文化財調査報告第 11 集

北野町教育委員会　1996『良積遺跡Ⅰ』北野町文化財調査報告書第 5 集

九州歴史資料館　2007『観世音寺』遺物編 2

九州歴史資料館　2012a『大宰府政庁周辺官衙跡Ⅲ　不丁地区　遺構編』

九州歴史資料館　2012b『矢加部町屋敷遺跡Ⅳ　蒲船津西ノ内遺跡　蒲船津水町遺跡』有明海沿岸道路大川バイパス関係埋蔵文化財調査報告第 12 集

九州歴史資料館　2013a『大宰府政庁周辺官衙跡Ⅳ　不丁地区　遺物編 1』

九州歴史資料館　2013b『緒方古墳群　七ッ枝遺跡　龍毛遺跡』東九州自動車道関係埋蔵文化財調査報告第 8 集

九州歴史資料館　2014a『大宰府政庁周辺官衙跡Ⅴ―不丁地区　遺物編 2―』

九州歴史資料館　2014b『延永ヤヨミ園遺跡Ⅴ―4〜7 区』福岡県文化財調査報告書第 244 集

九州歴史資料館　2016『大宰府政庁周辺官衙跡Ⅷ　大楠地区　遺物編』

九州歴史資料館　2019『保加町遺跡』福岡県文化財調査報告書第 270 集

清武町教育委員会　1990『清武町遺跡詳細分布調査報告書』第 4 集

清武町教育委員会　2004『須田木遺跡』清武町埋蔵文化財調査報告書第 12 集

久住町教育委員会　2002『上城遺跡』久住町文化財調査報告書第 10 集

玖珠町教育委員会　1987『小田遺跡群Ⅰ』

熊本県教育委員会　1986『神水遺跡Ⅱ』熊本県文化財調査報告第 82 集

熊本県教育委員会　1993『御幸木部古屋敷遺跡』熊本県文化財調査報告第 129 集

熊本県教育委員会　2001『灰塚遺跡（Ⅱ）』熊本県文化財調査報告第 197 集

熊本県教育委員会　2004『群前遺跡』熊本県文化財調査報告第 219 集

熊本県教育委員会　2006『御幸木部遺跡群』熊本県文化財調査報告第 233 集

熊本県教育委員会　2008『江津湖遺跡群・健軍京塚下遺跡』熊本県文化財調査報告第 245 集

熊本県教育委員会　2011『神水遺跡 3』熊本県文化財調査報告第 258 集

熊本県教育委員会　2018『新南部遺跡群（12 次）』熊本県文化財調査報告第 329 集

熊本市教育委員会　2002『つつじヶ丘横穴群―発掘調査報告書―』

熊本市教育委員会　2007a『大江遺跡群Ⅶ』大江遺跡群第 107 次調査区発掘調査報告書

熊本市教育委員会　2007b『二本木遺跡群Ⅲ』熊本駅西土地区画整理事業にともなう発掘調査報告（1）

熊本市教育委員会　2013『熊本市埋蔵文化財発掘調査報告書―平成 24 年度―』熊本市の文化財第 25 集

熊本市教育委員会　2015『熊本市埋蔵文化財発掘調査報告書―平成 26 年度―』熊本市の文化財第 41 集

熊本市教育委員会　2016『東中原遺跡・山頭遺跡Ⅱ（第二分冊）』熊本市の文化財第 56 集

熊本市教育委員会　2018a『桑鶴遺跡群 2』熊本市の文化財第 74 集

熊本市教育委員会　2018b『硯川遺跡群 2』熊本市の文化財第 78 集

熊本市教育委員会　2018c『硯川遺跡群 5』熊本市の文化財第 79 集

熊本市教育委員会　2020『熊本市埋蔵文化財発掘調査報告書―令和元年度―第 1 分冊』熊本市の文化財第 94 集

熊本市教育委員会　2021『二本木遺跡群 29』熊本市の文化財第 99 集

熊本大学埋蔵文化財調査室　2010『熊本大学構内遺跡発掘調査報告Ⅵ（1999・2000・2001 年度）』熊本大学埋蔵文化財調査報告書第 6 集

熊本大学埋蔵文化財調査センター　2016『熊本大学構内遺跡発掘調査報告ⅩⅠ（2005, 2007, 2009, 2010 年度）』熊本大学埋蔵文化財調査報告書第 11 集

熊本大学埋蔵文化財調査センター　2020『熊本大学構内遺跡発掘調査報告 15（2017〜2018 年度：本荘北地区 1708 調査地点）』熊本大学埋蔵文化財調査報告書第 15 集

熊本大学埋蔵文化財調査センター　2021『熊本大学構内遺跡発掘調査報告 16（2013・2014 年度：黒髪南地区 1310 調査地点 2）』熊本大学埋蔵文化財調査報告書第 16 集

久留米市教育委員会　1996『久留米城下町両替町遺跡』久留米市文化財調査報告書第 116 集

久留米市教育委員会　1998『久留米市内遺跡群』久留米市文化財調査報告書第 140 集

久留米市教育委員会　1999『平成 10 年度久留米市内遺跡群』久留米市文化財調査報告書第 150 集

久留米市教育委員会　2001『久留米城下町遺跡第 14 次調査』久留米市文化財調査報告書第 169 集
久留米市教育委員会　2003『久留米城下町遺跡─第 15 次調査─』久留米市文化財調査報告書第 185 集
久留米市教育委員会　2008a『久留米市埋蔵文化財調査集報Ⅹ』久留米市文化財調査報告書第 264 集
久留米市教育委員会　2008b『京隈侍屋敷遺跡』久留米市文化財調査報告書第 266 集
久留米市教育委員会　2009『筑後国府跡（2）』久留米市文化財調査報告書第 284 集
久留米市教育委員会　2015『久留米市遺跡群』久留米市文化財調査報告書第 356 集
（公財）鹿児島県文化振興財団埋蔵文化財調査センター　2020『安良遺跡』（公財）鹿児島県文化振興財団
　　埋蔵文化財調査センター発掘調査報告書第 34 集
小林市教育委員会　2000『梅木原遺跡発掘調査報告書』小林市文化財調査報告書第 11 集
小林市教育委員会　2001『市谷遺跡群　餅田遺跡・大部遺跡・杉薗遺跡・年神遺跡』小林市文化財調査報
　　告書第 13 集
小林市教育委員会　2003『広庭遺跡』小林市文化財調査報告書第 16 集
㈶北九州市教育文化事業団埋蔵文化財調査室　1989『紅梅（A）遺跡』北九州市埋蔵文化財調査報告書第
　　87 集
㈶北九州市教育文化事業団埋蔵文化財調査室　1992『大迫遺跡─九州縦貫自動車道関係文化財調査報告
　　30─』北九州市埋蔵文化財調査報告書第 119 集
㈶北九州市教育文化事業団埋蔵文化財調査室　1997『小倉城跡 2』北九州市埋蔵文化財調査報告書第 196
　　集
㈶北九州市教育文化事業団埋蔵文化財調査室　2000『竪町遺跡第 1 地点』北九州市埋蔵文化財調査報告書
　　第 244 集
㈶北九州市芸術文化振興財団埋蔵文化財調査室　2002『紅梅（A）遺跡 3』北九州市埋蔵文化財調査報告
　　書第 285 集
㈶北九州市芸術文化振興財団埋蔵文化財調査室　2005『黒崎城跡 1』北九州市埋蔵文化財調査報告書第
　　336 集
㈶北九州市芸術文化振興財団埋蔵文化財調査室　2007『黒崎城跡 3』北九州市埋蔵文化財調査報告書第
　　375 集
㈶北九州市芸術文化振興財団埋蔵文化財調査室　2010『小倉城三ノ丸跡第 6 地点 2』北九州市埋蔵文化財
　　調査報告書第 439 集
㈶北九州市芸術文化振興財団埋蔵文化財調査室　2011『長浜遺跡（第 4 〜第 7 地点の調査）』北九州市埋
　　蔵文化財調査報告書第 445 集
西都市教育委員会　2009『日向国分寺跡』西都市埋蔵文化財発掘調査報告書第 56 集
佐世保市教育委員会　2018『早岐瀬戸遺跡』佐世保市文化財調査報告書第 16 集
志布志市教育委員会　2018『志布志城跡』志布志市埋蔵文化財発掘調査報告書（12）
新富町教育委員会　2007『新富町の埋蔵文化財（改訂版）』新富町文化財調査報告書第 46 集
高千穂町教育委員会　1978『薄糸平遺跡』国鉄高千穂線建設埋蔵文化財発掘調査報告書
田川市教育委員会　1990『天台寺跡（上伊田廃寺）』田川市文化財調査報告書第 6 集
竹田市教育委員会　2004『国道 502 号改良工事に伴う埋蔵文化財発掘調査報告書』
太宰府市教育委員会　1996『大宰府条坊跡Ⅸ』太宰府市の文化財第 30 集
太宰府市教育委員会　1998a『大宰府条坊跡Ⅹ』太宰府市の文化財第 37 集
太宰府市教育委員会　1998b『佐野地区遺跡群Ⅷ』太宰府市の文化財第 39 集
太宰府市教育委員会　1999『大宰府条坊跡Ⅻ』太宰府市の文化財第 43 集
太宰府市教育委員会　2000『大宰府条坊跡ⅩⅣ』太宰府市の文化財第 48 集
太宰府市教育委員会　2002a『大宰府条坊跡 20』太宰府市の文化財第 60 集
太宰府市教育委員会　2002b『大宰府条坊跡 21』太宰府市の文化財第 61 集
太宰府市教育委員会　2003『連歌屋遺跡 1』太宰府市の文化財第 68 集
太宰府市教育委員会　2004『大宰府条坊跡 22』太宰府市の文化財第 69 集
太宰府市教育委員会　2005『宝満山遺跡群 4』太宰府市の文化財第 79 集
太宰府市教育委員会　2009『大宰府条坊跡 40』太宰府市の文化財第 107 集

太宰府市教育委員会　2017a『太宰府・国分地区遺跡群 4』太宰府市の文化財第 130 集

太宰府市教育委員会　2017b『大宰府条坊跡 47』太宰府市の文化財第 131 集

太宰府市教育委員会　2021『サコ・浦山遺跡』太宰府市の文化財第 142 集

太宰府市教育委員会　2022『大宰府跡 2―特別史跡大宰府跡（客館地区）の調査―』太宰府市の文化財第 141 集

筑紫野市教育委員会　2003『原田第 1・2・40・41 号墓地』上巻，筑紫野市文化財調査報告書第 77 集

筑紫野市教育委員会　2004『原田第 1・2・40・41 号墓地』中巻，筑紫野市文化財調査報告書第 79 集

筑紫野市教育委員会　2006『原田第 1・2・40・41 号墓地』下巻，筑紫野市文化財調査報告書第 90 集

筑紫野市教育委員会　2011『原田地区遺跡群 2―地質・旧石器・縄文時代編―』筑紫野市文化財調査報告書第 105 集

徳島大学埋蔵文化財調査室　2005『常三島遺跡 I 』徳島大学埋蔵文化財調査報告書第 2 巻

那珂川町教育委員会　2003『観音山古墳群Ⅵ』那珂川町文化財調査報告書第 63 集

那珂川町教育委員会　2017『倉谷遺跡群・尼寺跡遺跡群・白土城跡』那珂川町文化財調査報告書第 95 集

長崎県教育委員会　1995『万才町遺跡』長崎県文化財調査報告書第 123 集

長崎県教育委員会　2004『今屋敷家老屋敷跡』長崎県文化財調査報告書第 178 集

長崎県教育委員会　2005a『長崎奉行所（立山役所）跡　岩原目付屋敷跡　炉粕町遺跡―歴史文化博物館建設に伴う埋蔵文化財発掘調査報告書（下）―』長崎県文化財調査報告書第 183 集

長崎県教育委員会　2005b『小野 F 遺跡』長崎県文化財調査報告書第 186 集

長崎県埋蔵文化財センター　2018『諫早農業高校遺跡』長崎県埋蔵文化財センター調査報告書第 24 集

長崎市教育委員会　2008『国指定史跡出島和蘭商館跡』カピタン部屋跡他西側建造物群発掘調査報告書第 1 分冊（遺構・出土遺物編）・第 2 分冊（考察編）

長崎市教育委員会　2014『桜町遺跡』長崎市桜町 8 番 25 における民間集合住宅建設に伴う埋蔵文化財発掘調査報告書

長崎市教育委員会　2018『国指定史跡出島和蘭商館跡』銅蔵跡他中央部発掘調査報告書第 1 分冊（遺構・出土遺物編）・第 2 分冊（分析・考察編）

長崎市教育委員会　2023『魚の町遺跡（遺構，遺物調査報告及び総括編）』第 1・2 次発掘調査報告書

中津市教育委員会　2014『中津城下町遺跡 18 次調査』中津市文化財調査報告第 69 集

奈良県立橿原考古学研究所編　1989『奈良県山辺郡山添村　大川遺跡　縄文時代早期遺跡の発掘調査報告書』山添村教育委員会

延岡市教育委員会　2017『市内遺跡発掘調査事業に伴う埋蔵文化財発掘調査報告書（平成 28 年度)』延岡市文化財調査報告書第 56 集

延岡市教育委員会　2019『延岡城内遺跡Ⅵ（延岡城西ノ丸跡)』延岡市文化財調査報告書第 61 集

隼人町教育委員会　2003『桑幡氏館跡―第 3 次調査―』

日田市教育委員会　2004『大肥吉竹遺跡』日田市埋蔵文化財調査報告書第 48 集

人吉市教育委員会　1998『史跡人吉城跡Ⅸ』人吉市文化財調査報告書第 18 集

人吉市教育委員会　1999『史跡人吉城跡Ⅹ』人吉市文化財調査報告書第 19 集

人吉市教育委員会　2005『史跡人吉城跡ⅩⅢ』人吉市文化財調査報告書第 23 集

人吉市教育委員会　2020『中原城跡』人吉市文化財調査報告書第 29 集

日向市教育委員会　2020『山下遺跡』

兵庫県教育委員会　1998『楠・荒田町遺跡　神戸大学付属病院構内遺跡』兵庫県文化財調査報告書第 162 冊

広島県草戸千軒町遺跡調査研究所編　1993『草戸千軒町遺跡発掘調査報告 I 　北部地域北半部の調査』

広島県草戸千軒町遺跡調査研究所編　1994『草戸千軒町遺跡発掘調査報告Ⅱ　北部地域南半部の調査』

広島県草戸千軒町遺跡調査研究所編　1995a『草戸千軒町遺跡発掘調査報告Ⅲ　南部地域北半部の調査』

広島県草戸千軒町遺跡調査研究所編　1995b『草戸千軒町遺跡発掘調査報告Ⅳ　南部地域南半部の調査』

広島県草戸千軒町遺跡調査研究所編　1996『草戸千軒町遺跡発掘調査報告Ⅴ　中世瀬戸内の集落遺跡』

福岡県教育委員会　1997『志波岡本遺跡・江栗遺跡』九州横断自動車道関係埋蔵文化財調査報告―45―下巻

福岡県教育委員会　1998『大塚本遺跡』一般国道 10 号豊前バイパス関係埋蔵文化財調査報告第 9 集

福岡県教育委員会　1999『貝元遺跡Ⅱ』上巻，九州自動車道筑紫野 I. C. 建設に伴う筑紫野市所在弥生・古墳時代大集落の発掘調査報告

福岡県教育委員会　2004『東九州自動車道関係埋蔵文化財調査報告―1―福岡県京都郡苅田町雨窪遺跡群の調査』

福岡市教育委員会　1985『博多Ⅲ』福岡市埋蔵文化財調査報告書第 118 集

福岡市教育委員会　1986『博多』福岡市埋蔵文化財調査報告書第 126 集

福岡市教育委員会　1988a『博多 11』福岡市埋蔵文化財調査報告書第 176 集

福岡市教育委員会　1988b『博多 12』福岡市埋蔵文化財調査報告書第 177 集

福岡市教育委員会　1988c『都市計画道路博多駅築港線関係埋蔵文化財調査報告（Ⅱ）博多』福岡市埋蔵文化財調査報告書第 184 集

福岡市教育委員会　1991『野多目 A』福岡市埋蔵文化財調査報告書第 263 集

福岡市教育委員会　1992『脇山Ⅲ』福岡市埋蔵文化財調査報告書第 311 集

福岡市教育委員会　1995『博多 45』福岡市埋蔵文化財調査報告書第 394 集

福岡市教育委員会　1996a『博多 50』福岡市埋蔵文化財調査報告書第 447 集

福岡市教育委員会　1996b『博多 53』福岡市埋蔵文化財調査報告書第 450 集

福岡市教育委員会　1997a『博多遺跡群第 3 次調査』福岡市埋蔵文化財調査報告書第 515 集

福岡市教育委員会　1997b『博多 57』福岡市埋蔵文化財調査報告書第 522 集

福岡市教育委員会　1998『博多 65』福岡市埋蔵文化財調査報告書第 560 集

福岡市教育委員会　2000『吉塚祝町 1』福岡市埋蔵文化財調査報告書第 624 集

福岡市教育委員会　2004『箱崎 21』福岡市埋蔵文化財調査報告書第 815 集

福岡市教育委員会　2006『吉塚祝町 2』福岡市埋蔵文化財調査報告書第 912 集

福岡市教育委員会　2008a『元岡・桑原遺跡群 12』福岡市埋蔵文化財調査報告書第 1012 集

福岡市教育委員会　2008b『金武 5』福岡市埋蔵文化財調査報告書第 1016 集

福岡市教育委員会　2009a『博多 133』福岡市埋蔵文化財調査報告書第 1045 集

福岡市教育委員会　2009b『麦野 A 遺跡 5』福岡市埋蔵文化財調査報告書第 1054 集

福岡市教育委員会　2016『史跡　鴻臚館跡』福岡市埋蔵文化財調査報告書第 1300 集

福岡市教育委員会　2017『福岡城下町遺跡 1』福岡市埋蔵文化財調査報告書第 1322 集

福岡市教育委員会　2018『箱崎 55』福岡市埋蔵文化財調査報告書第 1345 集

福岡市教育委員会　2021『博多 171』福岡市埋蔵文化財調査報告書第 1414 集

福岡市埋蔵文化財センター　2009『平成 19（2007）年度福岡市埋蔵文化財センター年報』第 27 号

福岡市埋蔵文化財センター　2018『平成 29（2017）年度福岡市埋蔵文化財センター年報』第 37 号

二荒山神社編　1963『日光男体山　山頂遺跡発掘調査報告書』

豊後高田市教育委員会　2002『嶺崎地区遺跡群発掘調査報告書』豊後高田市文化財調査報告書第 11 集

松浦市教育委員会　2015『松浦市内遺跡確認調査（4）』松浦市文化財調査報告書第 6 集

水俣市教育委員会　2007『水俣城跡』水俣市文化財調査報告書第 1 集

水俣市教育委員会　2013『水俣城跡・古城遺跡』水俣市文化財調査報告書第 4 集

南島原市教育委員会　2011『亀の首遺跡』南島原市文化財調査報告書第 5 集

みやこ町教育委員会　2016『蔵持山遺跡群Ⅱ』みやこ町文化財調査報告書第 14 集

都城市　2006『都城市史　資料編 考古』

都城市教育委員会　1991a『平成 2 年度遺跡発掘調査概報』都城市文化財調査報告書第 13 集

都城市教育委員会　1991b『都之城取添遺跡発掘調査概報』都城市文化財調査報告書第 15 集

都城市教育委員会　2002『横市地区遺跡群』都城市文化財調査報告書第 58 集

都城市教育委員会　2008a『早馬遺跡』都城市文化財調査報告書第 84 集

都城市教育委員会　2008b『加治屋 B 遺跡（平安時代〜近世編）』都城市文化財調査報告書第 86 集

都城市教育委員会　2014『真米田遺跡 七日市前遺跡』都城市文化財調査報告書第 111 集

都城市教育委員会　2015『祝吉第 3 遺跡（第 2 次調査）』都城市文化財調査報告書第 116 集

都城市教育委員会　2017a『南御屋舗跡』都城市文化財調査報告書第 127 集

都城市教育委員会　2017b『庄内西脇遺跡』都城市文化財調査報告書第 128 集

都城市教育委員会　2018『松原地区遺跡（第 7 次調査）』都城市文化財調査報告書第 133 集

都城市教育委員会　2019『安永城跡二之丸』都城市文化財調査報告書第 138 集

宮崎県教育委員会　1980『九州縦貫自動車道　埋蔵文化財発掘調査報告書（3）』

宮崎県教育委員会　1988『熊野原遺跡 A・B 地区・前原西遺跡・陣ノ内遺跡・前原南遺跡・前原北遺跡・今江城（仮称）跡・車坂西ノ城跡』本文編／図面編／図版編，宮崎学園都市遺跡発掘調査報告書第 4 集

宮崎県教育委員会　1991『国衙・郡衙・古寺跡等遺跡詳細分布調査概要報告書Ⅲ』

宮崎県教育委員会　1993『吾平原第 2 遺跡・宮ノ前第 2 遺跡・城ノ平遺跡』

宮崎県教育委員会　1994『三納代地区遺跡群　城ノ下遺跡　柳原遺跡　志戸平遺跡（二次）』

宮崎県教育委員会　1995a『学頭遺跡・八児遺跡』

宮崎県教育委員会　1995b『打扇遺跡・早日渡遺跡・矢野原遺跡・蔵田遺跡』

宮崎県教育委員会　1996『高岡麓遺跡』

宮崎県教育委員会　2007『西都原 173 号墳・西都原 4 号地下式横穴墓・西都原 111 号墳』特別史跡西都原古墳群発掘調査報告書第 6 集

宮崎県教育委員会　2019a『西都原 201 号墳・第 1 支群の小円墳群（西都原 5・6・10・11・12 号墳）・西都原 16 号墳』特別史跡西都原古墳群発掘調査報告書第 12 集

宮崎県教育委員会　2019b『西都原 265 号墳』特別史跡西都原古墳群発掘調査報告書第 14 集

宮崎県教育委員会　2024『第 1 支群横穴墓群　西都原 115 号墳　西都原 291 号墳　第 3 支群の滅失古墳』特別史跡西都原古墳群発掘調査報告書第 16 集

宮崎県埋蔵文化財センター　1999『西下本庄遺跡』宮崎県埋蔵文化財センター発掘調査報告書第 15 集

宮崎県埋蔵文化財センター　2000a『上の原第 2 遺跡・上の原第 1 遺跡・上の原第 4 遺跡・白ヶ野第 3 遺跡 A 地区』（第 1 分冊），宮崎県埋蔵文化財センター発掘調査報告書第 25 集

宮崎県埋蔵文化財センター　2000b『竹ノ内遺跡』宮崎県埋蔵文化財センター発掘調査報告書第 27 集

宮崎県埋蔵文化財センター　2001『内宮田遺跡　柳迫遺跡　中別府遺跡』宮崎県埋蔵文化財センター発掘調査報告書第 30 集

宮崎県埋蔵文化財センター　2002a『枯木ヶ迫遺跡』宮崎県埋蔵文化財センター発掘調査報告書第 55 集

宮崎県埋蔵文化財センター　2002b『別府原遺跡　西ヶ迫遺跡　別府原第 2 遺跡』宮崎県埋蔵文化財センター発掘調査報告書第 61 集

宮崎県埋蔵文化財センター　2003a『八幡遺跡』宮崎県埋蔵文化財センター発掘調査報告書第 70 集

宮崎県埋蔵文化財センター　2003b『祇園原遺跡・春日地区遺跡第 2 地点』宮崎県埋蔵文化財センター発掘調査報告書第 73 集

宮崎県埋蔵文化財センター　2003c『北牛牧第 5 遺跡・銀座第 3A 遺跡』宮崎県埋蔵文化財センター発掘調査報告書第 80 集

宮崎県埋蔵文化財センター　2004『中山遺跡』宮崎県埋蔵文化財センター発掘調査報告書第 93 集

宮崎県埋蔵文化財センター　2005a『唐木戸第 2 遺跡』宮崎県埋蔵文化財センター発掘調査報告書第 100 集

宮崎県埋蔵文化財センター　2005b『湯牟田遺跡（一次調査）』宮崎県埋蔵文化財センター発掘調査報告書第 107 集

宮崎県埋蔵文化財センター　2005c『永牟田第 1 遺跡』宮崎県埋蔵文化財センター発掘調査報告書第 114 集

宮崎県埋蔵文化財センター　2005d『銀座第 2 遺跡』宮崎県埋蔵文化財センター発掘調査報告書第 115 集

宮崎県埋蔵文化財センター　2005e『前ノ田村上第 1 遺跡』宮崎県埋蔵文化財センター発掘調査報告書第 116 集

宮崎県埋蔵文化財センター　2006a『銀座第 1 遺跡（一・二・三・四次調査）』宮崎県埋蔵文化財センター発掘調査報告書第 120 集

宮崎県埋蔵文化財センター　2006b『天神本第 2 遺跡　大内原遺跡』宮崎県埋蔵文化財センター発掘調査報告書第 123 集

宮崎県埋蔵文化財センター　2006c『今井野第2遺跡　天下城山遺跡』宮崎県埋蔵文化財センター発掘調査報告書第135集

宮崎県埋蔵文化財センター　2006d『別府町遺跡』宮崎県埋蔵文化財センター発掘調査報告書第137集

宮崎県埋蔵文化財センター　2007a『中ノ迫第1遺跡（一次・二次）』宮崎県埋蔵文化財センター発掘調査報告書第143集

宮崎県埋蔵文化財センター　2007b『山田遺跡』宮崎県埋蔵文化財センター発掘調査報告書第146集

宮崎県埋蔵文化財センター　2007c『八幡第2遺跡』宮崎県埋蔵文化財センター発掘調査報告書第148集

宮崎県埋蔵文化財センター　2007d『赤坂遺跡』宮崎県埋蔵文化財センター発掘調査報告書第151集

宮崎県埋蔵文化財センター　2007e『湯牟田遺跡（二次調査）』宮崎県埋蔵文化財センター発掘調査報告書第152集

宮崎県埋蔵文化財センター　2007f『吉野第2遺跡』宮崎県埋蔵文化財センター発掘調査報告書第155集

宮崎県埋蔵文化財センター　2007g『野首第1遺跡Ⅱ』宮崎県埋蔵文化財センター発掘調査報告書第157集

宮崎県埋蔵文化財センター　2007h『牧内第1遺跡（一次〜三次調査）』宮崎県埋蔵文化財センター発掘調査報告書第163集

宮崎県埋蔵文化財センター　2007i「囲遺跡（仮称）出土の遺物について」『宮崎県埋蔵文化財センター年報』第11号，24-33頁

宮崎県埋蔵文化財センター　2008a『筆無遺跡』宮崎県埋蔵文化財センター発掘調査報告書第166集

宮崎県埋蔵文化財センター　2008b『尾立第2遺跡』宮崎県埋蔵文化財センター発掘調査報告書第169集

宮崎県埋蔵文化財センター　2008c『野首第2遺跡　第二分冊：縄文時代後期・晩期，弥生時代，古墳時代，古代以降編』宮崎県埋蔵文化財センター発掘調査報告書第172集

宮崎県埋蔵文化財センター　2008d『宮ノ東遺跡』宮崎県埋蔵文化財センター発掘調査報告書第173集

宮崎県埋蔵文化財センター　2008e『曽井第2遺跡（第一次・第二次調査）』宮崎県埋蔵文化財センター発掘調査報告書第175集

宮崎県埋蔵文化財センター　2008f『板平遺跡』宮崎県埋蔵文化財センター発掘調査報告書第176集

宮崎県埋蔵文化財センター　2008g『大島畠田遺跡』宮崎県埋蔵文化財センター発掘調査報告書第178集

宮崎県埋蔵文化財センター　2009a『住吉B遺跡・赤石遺跡』宮崎県埋蔵文化財センター発掘調査報告書第184集

宮崎県埋蔵文化財センター　2009b『高鍋城三ノ丸跡』宮崎県埋蔵文化財センター発掘調査報告書第186集

宮崎県埋蔵文化財センター　2010a『宮鶴第2遺跡』宮崎県埋蔵文化財センター発掘調査報告書第187集

宮崎県埋蔵文化財センター　2010b『海舞寺遺跡　市之串遺跡　中野内遺跡　森ノ上遺跡（弥生・古墳時代編）カラ石の元遺跡』宮崎県埋蔵文化財センター発掘調査報告書第189集

宮崎県埋蔵文化財センター　2010c『次郎左衛門遺跡』宮崎県埋蔵文化財センター発掘調査報告書第192集

宮崎県埋蔵文化財センター　2011a『銀座第1遺跡（五次調査）』宮崎県埋蔵文化財センター発掘調査報告書第194集

宮崎県埋蔵文化財センター　2011b『尾花A遺跡Ⅱ　弥生時代以降編』宮崎県埋蔵文化財センター発掘調査報告書第195集

宮崎県埋蔵文化財センター　2011c『野地久保畠遺跡　森ノ上遺跡』宮崎県埋蔵文化財センター発掘調査報告書第196集

宮崎県埋蔵文化財センター　2011d『家田古墳群・家田城跡』宮崎県埋蔵文化財センター発掘調査報告書第198集

宮崎県埋蔵文化財センター　2011e『板平遺跡（第3・4次調査）』宮崎県埋蔵文化財センター発掘調査報告書第199集

宮崎県埋蔵文化財センター　2011f『内野々遺跡　内野々第2・第3遺跡　内野々第4遺跡』宮崎県埋蔵文化財センター発掘調査報告書第202集

宮崎県埋蔵文化財センター　2011g『働女木遺跡』宮崎県埋蔵文化財センター発掘調査報告書第205集

宮崎県埋蔵文化財センター　2011h『東光寺遺跡』宮崎県埋蔵文化財センター発掘調査報告書第 207 集
宮崎県埋蔵文化財センター　2011i『富吉前田遺跡』宮崎県埋蔵文化財センター発掘調査報告書第 209 集
宮崎県埋蔵文化財センター　2012a『塩見城跡』宮崎県埋蔵文化財センター発掘調査報告書第 210 集
宮崎県埋蔵文化財センター　2012b『岡遺跡（第 6・7 次調査）坂元第 2 遺跡』宮崎県埋蔵文化財センター発掘調査報告書第 212 集
宮崎県埋蔵文化財センター　2012c『延岡城内遺跡』宮崎県埋蔵文化財センター発掘調査報告書第 217 集
宮崎県埋蔵文化財センター　2012d『飫肥城下町遺跡』宮崎県埋蔵文化財センター発掘調査報告書第 220 集
宮崎県埋蔵文化財センター　2012e『坂ノ口遺跡』宮崎県埋蔵文化財センター発掘調査報告書第 221 集
宮崎県埋蔵文化財センター　2013a『岡遺跡（第 9・13・15 次調査）』宮崎県埋蔵文化財センター発掘調査報告書第 223 集
宮崎県埋蔵文化財センター　2013b『宮ヶ迫遺跡』宮崎県埋蔵文化財センター発掘調査報告書第 228 集
宮崎県埋蔵文化財センター　2014『置県 130 年記念埋蔵文化財資料活用促進事業報告書』宮崎県埋蔵文化財センター発掘調査報告書第 232 集
宮崎県埋蔵文化財センター　2016『笹ヶ崎遺跡（第一次〜第三次調査）』宮崎県埋蔵文化財センター発掘調査報告書第 240 集
宮崎県埋蔵文化財センター　2017『潮遺跡・山之後遺跡』宮崎県埋蔵文化財センター発掘調査報告書第 242 集
宮崎県埋蔵文化財センター　2018『橘通東一丁目遺跡』宮崎県埋蔵文化財センター発掘調査報告書第 244 集
宮崎県埋蔵文化財センター　2019a『平底第 2 遺跡』宮崎県埋蔵文化財センター発掘調査報告書第 246 集
宮崎県埋蔵文化財センター　2019b『青木遺跡』宮崎県埋蔵文化財センター発掘調査報告書第 248 集
宮崎県埋蔵文化財センター　2021『保木島遺跡』宮崎県埋蔵文化財センター発掘調査報告書第 258 集
宮崎県埋蔵文化財センター　2024a『樋口遺跡』宮崎県埋蔵文化財センター発掘調査報告書第 267 集
宮崎県埋蔵文化財センター　2024b『陣ノ元遺跡』宮崎県埋蔵文化財センター発掘調査報告書第 269 集
宮崎市教育委員会　2010『下北方塚原第 1 遺跡』宮崎市文化財調査報告書第 78 集
宮崎市教育委員会　2011『下北方塚原第 2 遺跡』宮崎市文化財調査報告書第 82 集
宮崎市教育委員会　2012『高岡麓遺跡第 28・31・32 地点』宮崎市文化財調査報告書第 90 集
宮崎市教育委員会　2013『史跡　穆佐城跡 I』宮崎市文化財調査報告書第 94 集
宮崎市教育委員会　2014『宮ヶ迫遺跡』宮崎市文化財調査報告書第 100 集
宮崎市教育委員会　2015『佐土原城跡（第 8 次調査）』宮崎市文化財調査報告書第 107 集
宮崎市教育委員会　2016『佐土原城跡第 6 次調査』宮崎市文化財調査報告書第 109 集
宮崎市教育委員会　2019『中小路遺跡』宮崎市文化財調査報告書第 127 集
宮崎市教育委員会　2020a『囲遺跡』宮崎市文化財調査報告書第 130 集
宮崎市教育委員会　2020b『宮崎城跡』宮崎市文化財調査報告書第 132 集
宮崎市教育委員会　2021a『津和田第 2 遺跡・竹ヶ島第 2 遺跡』宮崎市文化財調査報告書第 134 集
宮崎市教育委員会　2021b『中ノ原第 2 遺跡』宮崎市文化財調査報告書第 138 集
宗像市教育委員会　1987『埋蔵文化財発掘調査報告書―1986 年度―』宗像市文化財発掘調査報告書第 12 集
柳川市教育委員会　2016『下百町遺跡群 I』柳川市文化財調査報告書第 11 集
行橋市教育委員会　2018『羽根木古屋敷遺跡』行橋市文化財調査報告書第 62 集
横川町教育委員会　1987『横川城跡』横川町埋蔵文化財発掘調査報告書（1）

【英文】

Balfour, Henry　1907「The Fire-piston」『Anthropological Essays presented to Edward Burnett Tylor in Honour of his 75th Birthday』pp. 17–49

Balfour, Henry　1914「Frictional Fire-making with a Flexible Sawing-Thong」『The Journal of the Royal Anthropological Institute of Great Britain and Ireland』Vol. 44, pp. 32–64

Ballin, Torben Bjarke 2012 「State of the Art' of British Gunflint Research, with Special Focus on the Early Gunflint Workshop at Dun Eistean, Lewis」『Post-Medieval Archaeology』46 (1), pp. 116–142

Bidwell, Edward 1912『The History of Fire-making』Official Catalogue, O. E. Janson & Son

Great Britain. Parliament. House of Commons. Select Committee on the East India Company 1831 『Report from the Select Committee of the house of commons on the affairs of the East-India Company. —China Trade—』

Hough, Walter 1926『Fire as an Agent in Human Culture』(United States National Museum Bulletin; 139)

Kenmotsu, N. 1990 「Gunflints: a study」『Historical Archaeology』24, pp. 92–124

Kohanoff, Anna 2019 「(Flint) Lock, Stock and Two Smoking Barrels: 18th-19th Century Gunflints from Dutch and British Archaeological Contexts」(Thesis MSc Material Cultures)

Lagercrantz, Sture 1954『African Methods of Fire-making』

Pritchard, Earl H. 1957「Private Trade between England and China in the Eighteenth Century (1680–1833)」『Journal of the Economic and Social History of the Orient』Vol. 1, No. 1, pp. 108 –137

Skertchly, Sydney Barber Josiah 1879『On the manufacture of gun-flints, the methods of excavating for flint, the age of palaeolithic man, and the connexion between neolithic art and the gun-flint trade』

Stapert, Dick and Lykke Johansen 1999「Flint and pyrite: making fire in the Stone Age」『Antiquity』Dec. 1999, pp. 765–777

Tylor, Edward Burnett 1870『Researches into the Early History of Mankind and the Development of Civilization』(second edition)

Whittaker, J. C., and A. Levin 2019 「Nineteenth Century Gunflints from the Nepalese Armory」 『International Journal of Historical Archaeology』23 (3), pp. 628–650

【韓国語】

国立伽耶文化財研究所 2008『韓国の古代木器 咸安城山山城を中心に』国立伽耶文化財研究所研究資料集第 41 集

国立光州博物館 1997『光州 新昌洞低濕地遺蹟 I』国立光州博物館学術叢書第 33 冊

国立大邱博物館 2005『遥かなる進化の道のり 人類と石』

朴星來 2012『韓国科学思想史』

임지영・장용준 2019「한반도의 부시 (火打金)・부싯돌 (火打石)」『考古廣場』제 25 호, 釜山考古學會 (藤木聡 2018「韓半島における火打金・火打石—東アジアにおける人と火の関係史解明に向けて—」『宮崎県立西都原考古博物館研究紀要』第 14 号, 1-10 頁, 宮崎県立西都原考古博物館の韓国語訳)

韓国精神文化研究院編 1991『韓国民族文化大百科事典』10

【韓国語（遺跡発掘調査報告書）】

㈶京畿文化財研究院 2009『龍仁 麻北洞聚落遺蹟』(本文 2) 学術調査報告第 109 冊

㈶京畿文化財研究院 2010『龍仁 霊徳洞遺蹟』(本文 1) 学術調査報告第 116 冊

㈶京畿文化財研究院 2013『檜巌寺Ⅳ』京畿文化財研究院学術調査報告第 146 冊

㈶慶尚北道文化財研究院 2008『金泉 文唐洞遺蹟』学術調査報告第 91 冊

㈶慶尚北道文化財研究院 2013『金泉 龍田里 旌閭閣・玉山里・龍田里遺蹟 I-1・2』学術調査報告第 191 冊

㈶高麗文化財研究院 2015『利川 増浦洞遺蹟』学術調査報告書第 71 輯

㈶東西文物研究院 2015『咸安 小浦里遺蹟Ⅱ』㈶東西文物研究院調査研究報告書第 83 冊

㈶頭流文化研究院 2017『金海 徳岩里遺蹟』発掘調査報告書第 30 輯

㈶西海文化財研究院　2016『楊平　両水里遺蹟Ⅰ』西海文化財研究院発掘調査報告書第 47 輯
㈶新羅文化遺産研究院　2009『慶州　九於里　山 56-1 番地遺蹟』㈶新羅文化遺産研究院調査研究叢書第 26 冊
㈶嶺南文化財研究院　2001『大邱　西邊洞古墳群Ⅰ』嶺南文化財研究院学術調査報告第 40 冊
㈶嶺南文化財研究院　2012『大邱　三徳洞遺蹟』嶺南文化財研究院学術調査報告第 196 冊
㈶中央文化財研究院　2008『恩平　津寛洞墳墓群Ⅱ』発掘調査報告第 147 冊
韓国文化財保護財団　1999『尚州　青里遺蹟（Ⅸ）』学術調査報告第 14 冊

【中国語（繁体字）】
陳有貝　2006「淇武蘭遺址發掘對蘭陽平原史前研究的意義」『宜蘭文獻叢刊』27 期
何傳坤・劉克竑　2003『雲林縣及嘉義縣北港渓古笨港（崩渓缺）地点搶救考古調査及評價計画』行政文化建設委員会
何傳坤・劉克竑・鄭建文・陳浩維　2001『高雄市左營遺址範囲及保存価值研究計画期末報告』
胡家瑜　1996『賽夏族的物質文化：傳統與變遷』中國民族學會
胡家瑜・崔伊蘭主編　1998『臺大人類學系伊能藏品研究』國立臺灣大學人類學系藏品資料彙編 1，國立臺灣大學出版中心
李德仁　1992『台南縣仁徳郷牛稠子遺掘試掘報告』国立台湾大学人類学研究所碩士論文
李亦園等　1962『馬太安阿美族的物質文化』中央研究院民族學研究所專刊之二
劉益昌　1993『宜蘭縣大竹圍遺址初步調査報告』宜蘭文献叢刊 2，宜蘭縣立文化中心
劉益昌・林美智・伍姜燕　2009『苗栗縣考古遺址補査計畫成果報告書』苗栗縣政府國際文化局
浦忠成・浦忠勇・吳雪月・徐如瑩・孫群玲　1997『曹（鄒）族物質文化調査與研究　變遷與持續』行政院原住民委員會專題委託研究
阮昌銳　2000『大港口的阿美族』下冊，中央研究院民族學研究所專刊之十九
謝艾倫　2009『宜蘭淇武蘭遺址出土外來陶瓷器之相關研究』国立台湾大学人類学研究所碩士論文
許雅玲　2014『清代臺灣與寧波的貿易（1684-1895）』國立政治大學臺灣史研究所碩士論文
臧振華・劉益昌　2001『十三行遺址：搶救與初步研究』台北縣政府文物局
姚賢鎬　1962『中國近代對外貿易史資料 1840-1895』第一巻，中国科学院経済研究所，中華書局
張存武　1978『清韓宗藩貿易　1637〜1894』中央研究院近代史研究所專刊（39）
張振岳　2006「第三篇　史前」『富里郷誌』上巻，花蓮縣富里郷公所
彰化縣　2008『彰化縣遺址普査計画　第一期　彰化市　福興郷　花壇郷　芬園郷　員林鎮』
趙金勇　2016「八里下罟坑遺址之形成過程探微」『田野考古』第 18 巻第 2 期，田野考古編集委員會，pp. 37-70
趙金勇・林淑芬・陸泰龍　2012『八里到林口海岸地區自更新世以來的質環境及出水石器研究計畫成果報告』新北市十三行博物館委託中央研究院歴史語言所

【中国語（簡体字）】
孙机　2008『汉代物质文化资料图说』（増订本），上海古籍出版社
汪宁生　2008「云南少数民族的取火方法─兼談中国古代取火─」『民族考古学探索』云南人民出版社
陈永婷・赵永军・王大为　2016a「黑龙江讷河市团结屯清代墓葬发掘简报」『边疆考古研究』2016 年 2 期，pp. 119-128
陈永婷・赵永军・王大为　2016b「黑龙江讷河市全发屯清代墓葬发掘简报」『边疆考古研究』2016 年 2 期，pp. 129-139
方明达・王志国　1999「绥滨县奥里米辽金墓葬抢救性发掘」『北方文物』1999 年第 2 期，pp. 36-39
冯恩学　2015「辽代的女真文化」『边疆考古研究』2015 年 02 期，pp. 265-282
韩雪峰　2004『辽宁民俗』中国民俗大系，甘肃人民出版社
黑龙江省文物考古工作队　1982「依兰县永和，德丰清墓的发掘」『黑龙江文物丛刊』1982 年第 1 期，pp. 12-22
黑龙江省文物考古工作队　1977「绥滨永生的金代平民墓」『文物』1977 年第 4 期，pp. 50-55, 62

黑龙江省文物考古研究所 1989「"金源故地"发现金齐国王墓」『北方文物』1989 年第 1 期，pp. 55-56
黑龙江省文物考古研究所 2003「黑龙江东宁县小地营遗址渤海房址」『考古』2003 年第 3 期，pp. 38-46
黑龙江省文物考古研究所 2017「黑龙江嫩江县铁古拉村清代墓葬发掘简报」『北方文物』2017 年 4 期，pp. 14-18, 图版，图版一・二
黑龙江省文物考古研究所 1989「黑龙江阿城巨源金代齐国王墓发掘简报」『文物』1989 年第 10 期，pp. 1-10, 45
黑龙江省文物考古研究所・鹤岗市文物管理站 2000「绥滨县东胜村明代兀的哈人墓葬」『文物』2000 年第 12 期，pp. 43-48
吉林省揽头窝堡遗址考古队 2003「吉林德惠市揽头窝堡遗址六号房址的发掘」『考古』2003 年第 8 期，pp. 67-78
吉林省文物工作队 1983「夫余县明墓发掘简报」『黑龙江文物丛刊』1983 年第 3 期，pp. 48-55
吉林省文物考古研究所 1986「吉林双辽县高力戈辽墓群」『考古』1986 年第 1 期，pp. 138-146
吉林省文物考古研究所 2011『扶余明墓—吉林扶余油田砖厂明代墓地发掘报告—』文物出版社
卡丽娜 2012「鄂温克人与周边民族的关系」野林厚志編『東アジアの民族イメージ—前近代における認識と相互作用—』国立民族学博物館調査報告 104，pp. 9-25
B. A. 科拉明宋夫・齐心・井中 1992「阿穆尔地区女真人对黑色金属加工的工艺问题」『北方文物』1992 年 4 期，pp. 103-105, 109
李陈奇 2011『考古・黑龙江』黑龙江省文物考古研究所，文物出版社
李砚铁 2005「讷河市沿江村清代墓葬」『中国考古学年鉴 2004』中国考古学会，p. 167
林树山 1983「苏联对女真文化的研究」『黑龙江文物丛刊』1983 年第 4 期，pp. 70-78
林树山 1987「续《苏联对女真文化的研究》」『北方文物』1987 年第 4 期，pp. 33-40
林树山 1990「黑龙江左岸女真人的墓葬遗存」『辽海文物学刊』1990 年第 2 期，pp. 135-147
刘宁波 1999「北京服饰文化述略」『北方文物』1999 年第 1 期，pp. 50-54
刘晓溪・谢浩・高兴超・王志敏・刘伟・王伟 2015「吉林省辉南县辉发城址发现的明代遗存」『边疆考古研究』2015 年 1 期，pp. 103-125
齐齐哈尔市文物管理站 2005「齐齐哈尔市建华区红光村清代夫妇合葬墓发掘简报」『北方文物』2005 年第 3 期，pp. 37-40
赛音塔娜 2004『内蒙古民俗』中国民俗大系，甘肃人民出版社
宋德胤 2004『黑龙江民俗』中国民俗大系，甘肃人民出版社
宋玉彬・阿尔杰・米耶娃 2013『俄罗斯滨海边疆区女真文物集粹』文物出版社
宋兆麟 2000「从生食到熟食的飞跃—兼谈取火技术—」『史前研究』2000 年 00 期
宋兆麟・高可編 2004『中国民族民俗文物辞典』山西人民出版社
王承礼・董果良・张璇如 1990『辽金契丹女真史译文集』第 1 卷，吉林文史出版社
王世杰 2004「讷河市沿江清代墓葬」『中国考古学年鉴 2003』中国考古学会，pp. 156-157
延边博物馆 1986「尤井县朝东明代女真人墓的发掘」『博物馆研究』1986 年（2），pp. 74-81
延边博物馆・珲春市博物馆 1993「珲春东岗子五组西甸子元明时代的文化遗存」『博物馆研究』1993 年（1），pp. 89-98
殷安妮 2007「故宫藏清代宫廷织绣活计」『文物』2007 年第 9 期，pp. 76-87
殷海山・李耀宗・郭洁主编 1991『中国少数民族艺术词典』民族出版社
于志勇 2008「新疆考古发现的钻木取火器初步研究」『西部考古』第 3 辑，pp. 197-215
张敏杰・尤文民 2008「赫哲，那乃，阿伊努民族文物的比较研究」『北方文物』2008 年 3 期，pp. 67-70
赵宾福・杜战伟・郝军军・张博 2017『吉林省地下文化遗产的考古发现与研究』（下），科学出版社
赵永军 2007「嫩江县铁古拉清代墓葬」『中国考古学年鉴 2006』中国考古学会，pp. 183-184
赵永军・姜玉珂 2007「黑龙江地区金墓述略」『边疆考古研究』2007 年第 1 期，pp. 1-22
赵哲夫 2004「讷河市多福清代墓葬」『中国考古学年鉴 2003』中国考古学会，p. 159
王咏曦 1993「鄂温克人的吸烟习俗」『黑龙江民族丛刊』1993 年 1 期，pp. 106-108
王志敏 1987「梅河口市大湾乡西玉井明墓清理简报」『博物馆研究』1987 年（2），pp. 70-73

図・表一覧

原色口絵1　火打石の石材(遺跡群別):藤木撮影
原色口絵2　カラフルで多様な日向地域の火打石石材:藤木撮影

第1図　本書の構成　…3:藤木作成,写真は左上から順に台湾総督府警務局1935より転載,国立国会図書館所蔵資料等より作成,藤木撮影(宮崎県宮ノ東遺跡出土火打石),藤木2014aより転載(宮崎県久見迫B遺跡出土火打金のX線写真),藤木涼太撮影(ジョウビタキ),兎大手柄のスキャニング
第2図　火打金と火打石を用いる様子と多様な形態の火打金等　…7:左は国立国会図書館所蔵資料等より作成,右は藤木所蔵資料を藤木撮影
第3図　草戸千軒町遺跡から出土した打撃式発火具・摩擦式発火具　…7:藤木2017aより作成,実測図は6・7が藤木作図,それ以外が発掘調査報告書より転載
第4図　鄒族タッパン社におけるモミギリ式発火法の様子　…8:台湾総督府警務局1935より転載
第5図　中国中原地域における発火法の変遷　…8:汪2008・孫2008より作成
第6図　遺跡出土火鑽板の一例　…9:中村2005より転載・再構成(兵庫県内出土火鑽板)
第7図　火打石の接合事例および先行研究における火打石の捉え方　…13:小林2016・上峯2004・大屋2007より転載,小林・松崎2001より転載の上で一部改変
第8図　本書における火打石の分類　…15:藤木作成
第9図　原田榎本ノ一遺跡A地点出土の鉄石英製石器等　…17:藤木2016より作成,実測図は発掘調査報告書より転載,写真は藤木撮影
第10図　油免・本寺遺跡出土の玉髄製石器等　…19:藤木2011cより作成,実測図は発掘調査報告書より転載,写真は藤木撮影
第11図　長浜遺跡第6地点出土のチャート製石器　…21:藤木2016より作成,実測図は発掘調査報告書より転載,写真は藤木撮影
第12図　雨窪遺跡群出土の火打石　…22:実測図は発掘調査報告書より転載の上で一部改変
第13図　日ノ岳遺跡出土の石英製石器　…23:藤木2007より転載,実測図は藤木作図
第14図　火打石の見分け方チャート　…25:実測図は藤木作図,写真は藤木撮影
第15図　九州の主な火打石出土遺跡の分布(本書登場分を中心に)　…28:藤木作成
第16図　八坂中遺跡および久留米城下町遺跡出土の火打石　…29:藤木2004より作成,実測図は各発掘調査報告書より転載
第17図　久留米城・久留米城下町遺跡出土の火打石　…31:藤木2014cより作成,実測図は9以外が藤木作図,9が発掘調査報告書より転載,写真は藤木撮影
第18図　小倉城・小倉城下町遺跡出土の火打石　…33:藤木2014cより作成,実測図は7以外が藤木作図,7が発掘調査報告書より転載,写真は藤木撮影
第19図　黒崎宿・内野宿出土の火打石　…37:藤木2014cより作成,実測図は6〜19が藤木作図,1〜5・20〜22が発掘調査報告書より転載,写真は藤木撮影
第20図　長崎奉行所跡・岩原目付屋敷跡出土の火打石　…41:藤木2007より作成,実測図は藤木作図,写真は藤木撮影
第21図　魚の町遺跡出土の火打石　…43:実測図は発掘調査報告書より転載の上で一部改変,実測図は藤木作図,写真は藤木撮影
第22図　中世大友府内町跡および府内城・府内城下町出土の火打石(1)　…45:藤木2013より作成,実測図は6〜12以外が藤木作図,6〜12が発掘調査報告書より転載,写真は藤木撮影
第23図　中世大友府内町跡および府内城・府内城下町出土の火打石(2)　…47:藤木撮影
第24図　博多遺跡群出土の火打石(1)　…50:実測図は1〜8・10〜20・22〜24・26〜28が藤木作図で初出,9・21が藤木2011a,25が発掘調査報告書より一部改変の上で転載

第25図　博多遺跡群出土の火打石(2)　…51：実測図は 30・31・33・35・37・38・40 が藤木作図(40 は報告書掲載品を再実測)で初出，29・32・34・36 が藤木 2011a，39 が藤木 2013 より転載，写真は藤木撮影

第26図　大宰府出土の火打石　…55：実測図は 1〜9・11〜18 が藤木作図(18 は報告書掲載品を再実測)で初出，10・19〜27 が発掘調査報告書より一部改変の上で転載，写真は藤木撮影

第27図　筑後国府跡出土の火打石　…56：藤木 2011a より作成，実測図は藤木作図，写真は藤木撮影

第28図　肥後地域出土の火打石(1)　…58：藤木印刷中より作成，実測図は 3・4・6〜14・18〜27 が藤木作図で初出，1・2・5・15〜17・28〜33 が発掘調査報告書より一部改変の上で転載

第29図　肥後地域出土の火打石(2)　…59：藤木印刷中より作成，実測図は 42〜49・53〜56・59・60 が藤木作図で初出，34〜41・50〜52・57・58 が発掘調査報告書より一部改変の上で転載，写真は藤木撮影

第30図　日向地域出土の火打石の変遷(1)　…62：藤木 2024 より作成，写真は藤木撮影

第31図　日向地域出土の火打石の変遷(2)　…63：藤木 2024 より作成，写真は藤木撮影

第32図　日向地域の火打石出土遺跡の分布　…65：藤木 2024 より作成

第33図　九州の主な大田井産チャート製火打石の出土遺跡の分布　…72：藤木作成

第34図　九州出土の主な大田井産チャート製火打石　…73：藤木 2012 より作成，実測図は 1〜8・17〜20 が藤木作図(2 は報告書掲載品を再実測)，7〜16 が発掘調査報告書より転載

第35図　ガン・フリントの生産と火打石銃ならびにガン・フリントの出土例　…77：藤木 2023 より作成，上段左・右上中は Skertchly 1879 の図版をスキャニングの上で一部改変，上段右上左は片野 1878 所収で国立国会図書館デジタルコレクション https://dl.ndl.go.jp/pid/851656(参照 2023–09–01)より一部改変，上段右下は西秋 1992 より転載で一部改変，下段実測図は 1〜13 が北海道大学北方生物圏フィールド科学センター植物園 2016，14 が熊木他 2010，15〜22 が馬場 1939 より転載。

第36図　長崎(岩原目付屋敷跡・出島和蘭商館跡)出土のガン・フリント　…79：藤木 2023 より作成，実測図は報告書掲載品を再実測，写真は藤木撮影

第37図　台湾における主な火打石出土遺跡と関連地名の分布　…83：藤木作成，写真は発掘調査報告書より転載

第38図　朝鮮半島における古文献等に登場する火打石の産地　…85：藤木 2018a より作成

第39図　先行研究における火打金の分類・変遷(1)　…92：小川 1980・白鳥 2005・山田 1989・関 2002・小林 2003a より転載の上で再構成

第40図　先行研究における火打金の分類・変遷(2)　…93：鶴見 1999 より転載，林 1994 より抜粋・転載の上で再構成

第41図　本書における火打金の分類模式図　…97：藤木作成

第42図　九州における火打金の出土遺跡分布　…101：藤木作成

第43図　九州の古代・中世墓における火打金の出土状況　…103：藤木作成，実測図は各報告書より一部改変の上で転載，模式図は藤木作成

第44図　九州(筑前・筑後・豊前地域)で出土した火打金　…105：藤木作成，実測図は 2・5・10 が藤木 2020c より転載(藤木作図)，それ以外が各発掘調査報告書より一部改変の上で転載

第45図　九州(肥前・肥後地域)で出土した火打金　…107：藤木作成，実測図は 25・26 が発掘調査報告書掲載図を基に作成，それ以外が各発掘調査報告書より転載

第46図　九州(豊後地域)で出土した火打金　…109：藤木作成，実測図は各発掘調査報告書より一部改変の上で転載

第47図　九州(日向地域)で出土した火打金　…111：藤木 2014a・2017b から作成，実測図は 57・61・67〜69・73〜76 が藤木作図，それ以外が各発掘調査報告書より一部改変の上で転載

第48図　九州(大隅・薩摩・奄美地域)で出土した火打金　…113：藤木 2019b から作成，実測図は各発掘調査報告書より一部改変の上で転載

第49図　九州における主な火打金の変遷　…117：藤木 2020c から作成，実測図は第 44〜48 図に同じ

第50図　朝鮮半島における火打金の出土遺跡分布　…119：藤木 2018a から作成

第51図　朝鮮半島における火打金の出土状況　…120：藤木 2018a から作成，実測図は各発掘調査報告

書より一部改変の上で転載

第52図　朝鮮半島において出土した火打金とその変遷　…*121*：藤木 2018a から作成，実測図は各発掘調査報告書より一部改変の上で転載

第53図　中国東北部における火打金・火打石の出土遺跡分布　…*125*：藤木 2020a から作成

第54図　中国東北部における火打金・火打石の出土状況　…*127*：藤木 2020a から作成，実測図は各発掘調査報告書より一部改変の上で転載

第55図　中国東北部において出土した火打金とその変遷　…*129*：藤木 2020a から作成，実測図は各発掘調査報告書より一部改変の上で転載

第56図　鳥居龍蔵が火打金模造品等と解釈した資料　…*133*：藤木 2017b から作成，実測図は 1〜3 が藤木作図，4 が鳥居 1935 より転載

第57図　奄美地域において収集された民具の火打金　…*137*：藤木 2019b から作成，実測図は藤木作図，写真は国立民族学博物館提供

第58図　奄美地域において収集された民具の火打石　…*140*：藤木 2019b から作成，実測図は藤木作図

第59図　薩南諸島で収集された打撃式発火具の名称と火打石の石材　…*141*：藤木作成

第60図　日向地域山間部で採集された民具の火打金・火打石　…*143*：藤木 2017b から作成，実測図は藤木作図

第61図　朝鮮半島で収集された民具の火打金・火打石　…*147*：藤木 2018a から作成，実測図は藤木作図

第62図　排灣族の神話・伝承からみた発火法の変遷　…*151*：藤木作成

第63図　達悟族(雅美族)の発火具スケッチ　…*155*：図は鳥居 1902b より転載

第64図　達悟族(雅美族)による発火法　…*155*：写真は鳥居 1899 より転載

第65図　民俗学・歴史学資料に基づく九州における火打石の産地　…*157*：藤木作成

第66図　火打金を右手に火打石を左手に持つ絵画資料　…*162*：図は国立国会図書館所蔵資料等より作成

第67図　火打石を右手に火打金を左手に持つ絵画資料　…*163*：図は国立国会図書館所蔵資料等より作成

第68図　1888 年刊行分までにみる写実的表現の絵本 "かちかちやま"　…*165*：図は国立国会図書館所蔵資料等より作成

第69図　"かちかちやま" に描かれた火打石・火打金の変遷　…*167*：藤木作成

第70図　九州における最古級の火打石・火打金の出土遺跡分布　…*175*：藤木 2020b より作成

第71図　九州における火打石の産地と消費地および火打石石材の変遷　…*177*：藤木 2020b より作成

第72図　九州における火打石の流通構造の変化モデル　…*179*：藤木作成

第73図　九州・朝鮮半島・中国東北部等における最古級の火打金　…*181*：藤木作成，実測図は 5 が藤木作図，11・12 が林 1994 より転載，それ以外が各発掘調査報告書より転載

第74図　九州・朝鮮半島・中国東北部・台湾における火打石・火打金の変遷模式図　…*183*：藤木作成

第1表　先行研究および本書における火打石の分類とその対応関係　…*15*：藤木作成

第2表　輸入された火打石銃ほか主な関係品の一覧　…*80*：藤木 2023 より転載

第3表　先行研究および本書における火打金の分類とその対応関係　…*98〜99*：藤木作成

第4表　薩南諸島における火打金・火打石等に関する聞き取り情報等の一覧表　…*138〜139*：藤木 2019b を一部改変

第5表　絵本 "かちかちやま" と左手・右手に何を持つかの一覧表　…*166〜171*：沼賀 2001 掲載の一覧表を一部改変・新情報を追加

付表1　火打石出土遺跡地名表(九州の主なもの・中国東北部・台湾)　…*187〜189*

付表2　火打金出土遺跡地名表(九州・朝鮮半島・中国東北部)　…*190〜191*

付表3　火打石一覧表(本書所収分)　…*192〜205*

付表4　火打金一覧表(本書所収分)　…*206〜211*

あ と が き

「石核にしては違和感があるなぁ，もしかして火打石なのかな」と，発掘調査報告書に掲載予定のチャート製石器を前に，インターネット上で見かけた小林克氏の主催する火打石研究会の記事が思い当たった。早速，類例を探そうと職場に配架された発掘調査報告書をめくったところ，意外にも九州では火打石・火打金の報告例があまりないことを知り，小林克氏・北野隆亮氏・水野裕之氏らの先行研究を参考にしつつ，その当時に調べ得た所見でもって「九州における火打石・火打金―資料集成と基礎的な整理―」（2004年）をまとめた。このように，私の考古学研究は，自身が関わることになった発掘調査で目の前に現れる研究課題に対し，モノが何を語ってくれるのか，それを見つけて紡いでいくスタイルである。元来の石好きも相まって，火打石に限らず，日々の発掘調査で出会う先史時代の石鏃や石斧，さらには石硯や石臼・力石等々，"石"と人に関わるもの全般に興味が広がっていった。火打石・火打金の研究は，まさにこの偶然の出会いに始まっているのであり，その後の20年の成果が本書とも言える。

　本書を手に取られた皆さまが，火打石・火打金の歴史に興味を持っていただければこれ以上の喜びはない。とくに火打石は，慣れないうちはいろんな石器が火打石に見えてしまうこともあってその見分けが難しい側面もあるが，火打石としての要件や考え方・方法，コツの解説に本書では力を注いでおり，その手がかりに本書がなっていれば嬉しく思う。

　そもそも私と考古学の関係は，中学生のとき，畑で拾われたという石鏃を父の友人に見せていただいたことで遺跡への興味を抱いたことに始まる。高校生のころは，地元福岡県内の発掘調査報告書や一般向け図書等を片手に遠くの遺跡や古墳まで自転車を走らせ，ときには父の車で県外の遺跡を訪ねたりするようになった。その下地には，小さいころから収集癖があって，なかでも道端に落ちている"石"等を集めているのを知った祖父が岩石鉱物図鑑を買い与えてくれ，拾いモノを図鑑と見比べながら調べる時間がとても楽しかったことがあると思う。

　考古学を勉強しようと進学した熊本大学での学びは，私のその後の人生を決める，大きく何物にも代えがたい経験と贅沢な時間であった。甲元眞之先生・木下尚子先生，そして修士課程からは杉井健先生にも鍛えられた奄美沖縄での発掘調査実習は強烈な体験であり，さらに，車の免許を取ってより遠くの遺跡まで足を運ぶようになる中で発見した阿蘇外輪山上の「西原F遺跡」（現：河原第14遺跡）を対象とした発掘調査実習が学部3年のときから小畑弘己先生によって計画され，毎夏これに参加しながら考古学の魅力に取り込まれていった。実習以外にも北海道や広島，九州各地の発掘調査へつぎつぎと参加する機会が与えられ，旧石器時代をテーマとした卒論・修論の過程で出かけた各地では昼夜を問わず調査先の先輩方に大変お世話になった。これらの経験を通じて，今に至る人とのつながりを得るとともに，遺跡や出土品に対する姿勢を学ぶことができ，私の研究の基礎となった。

　大学外でも，平ノ内幸治氏の導きで，高校卒業と前後して福岡県志免町で人生初となる発掘調査へ参加する機会をいただいた。さらに，大学1年の夏休みには三苫永浦遺跡の発掘調査を紹介いただき，そこで出会った吉留秀敏氏からは，考古学の楽しさ・面白さ，遺跡に立って風を感じること

の大事さ，発掘調査や研究に取り組む姿勢をその背中から学ぶこととなった。そして福岡旧石器文化研究会の仲間に加えていただき，"兄貴分"杉原敏之氏には，今も公私にわたって叱咤激励いただいており，かつては吉留氏も一緒であった博多駅近くの居酒屋での考古学談義は，私の原動力である。2000 年に宮崎県へ奉職した後には，石器原産地研究会・九州古代種子研究会等を通じて，小畑先生から毎年与えられる宿題を必死に勉強してどうにか提出するという"研究のキャッチボール"には本当に鍛えられたし，視野が大きく広がるとともに，研究の難しさと面白さ・達成していく喜びを知ることになった。

　火打石・火打金の研究については，九州で新たな出土例が急増するわけではなく，休日を使って少しずつではあるが九州外の出土事例を集成・データベース化していった。同時に，考古資料だけでなく，知りうるあらゆる情報から火打石・火打金にアプローチを試みるようになり，旅先の骨董・古道具を扱う店や各地の博物館・資料館の民俗コーナー等を訪ね歩き，図書館で地名辞典をめくって"火打"やその関連用語を含む地名を検索し，近世文書や地誌等で知りえた火打石産地候補やその周辺の河原や磯浜に行って火打石の石材を探したりした。これらの日々は，火打石・火打金の歴史に少しでも近づいていくと感じる，知的好奇心を満たす時間であった。このころに購入した，熊本県宮原町（現在は竜北町と合併し氷川町）の町おこしの一環として，斉藤刃物工具店で製造，道の駅竜北で販売されていた「火の国 宮原」と木製把手に銘打たれた火打金は，たいへん火の出が良いもので，今でも重宝している。

　そして火打石・火打金の研究は，「長崎発・火打石事情」（2007 年）を読んでいただいた吉留秀敏氏の誘いで，同年 9 月の福岡旧石器文化研究会の延長で山下実氏らとともに福岡市埋蔵文化財センターで博多遺跡群等から出土した火打石の可能性のある未掲載資料を見せていただき，九州最古クラスの火打石や火打金があっさり見つかるという福岡地域のポテンシャルの高さに驚かされたことから調べを加速していった。さらに，職場である宮崎県埋蔵文化財センターの収蔵庫で，発掘調査報告書に掲載されていない数多くの火打石を発見したことから，その後は，主に九州各地の自治体を訪ね，収蔵庫内の未掲載資料を検索する機会をいただき，数多くの火打石に出会っては図化を進めた。火打金についても，各地で資料化できた火打石を取りまとめる際に，同地域の発掘調査報告書を検索しては集成を重ねていった。

　研究の転機は，2010 年から在籍した西都原考古博物館で，韓国や台湾の博物館・研究者との資料の貸借や共同研究，また，片言の韓国語・台湾語あるいは筆談をしながら一般市民の方々と直に接するイベント出展等といった生の国際交流が業務の 1 つとなったことで到来した。一連の強烈な異文化体験は，その原点とも言えるそれぞれの地域の歩んだ歴史を肌で感じるものであり，自身の歴史観が問われるとともに，否応なく宮崎・日本を相対化してみることや世界の広がりを学ぶこととなったのである。業務の合間には，台湾や韓国の研究者らに火打石・火打金について尋ね回り，また台湾では陳有貝先生のお計らいで台湾大学図書館にて報告書等を手に取って調べる機会を得た。韓国については，当時，インターネット上で自由閲覧できた発掘調査報告書の PDF を夜な夜なダウンロードしては資料検索に努め，数日ごとに火打金が見つかるたびに喜びの叫びが寝静まった我が家に響いたのである。あわせて，日本各地の大学図書館の書庫で外国語文献を自由に閲覧できたことも大きかった。

　また，火打石・火打金をめぐる民俗学的な情報と考古学・歴史学の接点を探る作業も本格化して

いった。本書には収めていないものの，一例を挙げると，ある一定年齢より上の男性は、子供のころに"火打石ごっこ"と呼んだりもする「石と石どうしを打ち付けて火花を出したりその打ち付けで生じる香りを嗅いだりする」遊びを経験しているという聞き取り成果がある。興味深かったのは，石どうしを打ち付ける遊びは，年上の者がやっているのを真似たりして自然に始まっていて後輩へもつながっていること，多くの場合が「白い石」を選んでいる点にあって，マッチやライター等に取って代わられた中で火打石と火打金による実際的な火起こしを見たことがないであろう子供たちの間で，火打石に「白い石」を用いていたという発火具の記憶が遊びの中で受け継がれていたのである。そして，こういった遊びは，私自身も未経験であるように，一定世代から下ではみられないようであり，こういったところにも火打石等を用いた火起こしの歴史や文化の一端をかいま見ることができる（これは別の機会に詳述しようと思う）。

　そんな 2012 年の夏，吉留秀敏氏に「火打石の本を書くよう」強く勧められ，亡くなられる直前になってしまったが目次案をお渡しでき「持ってきたか」と喜んでいただいた。この目次案の一部は，宮崎県立図書館での講座「発掘された火起こしの歴史と文化」の内容をまとめた小文（2014 年）で実現できたのであるが，これを読んでいただいた木下尚子先生から「火打石等についてまとめ上げる時機に来ているのでは」という旨の私信を頂戴した。2017 年に，朝鮮半島の火打金に関する研究過程を小畑弘己先生に相談したことから博士論文を考えるようになり，学生当時からの畏友である張龍俊氏からも苦行の先に得られるものがあると背中を押していただいた。そして，2020 年 10 月に熊本大学へ博士（学位）論文「九州とその周辺における火打石と火打金の研究」を提出し，翌年 3 月に学位をいただいた。

　本書は，この博士論文を基礎とし，その後の知見等を加えて一書にまとめたものである。博士論文では，主査を務めていただいた小畑弘己先生には終始多大なご指導を賜り，深く感謝申し上げる次第である。また，副査の杉井健先生・三澤純先生・鈴木寛之先生には，適切なご助言を多く頂戴し，ここに深謝の意を表したいと思う。また，大学や各地の地方自治体の埋蔵文化財関係の皆様，そして熊本大学学生当時の先輩や仲間からは，これまでに多くのご教示・助言・配慮等をいただき，かつ，その調査研究の延長で本書は成り立っている。お名前のすべてを挙げることが叶わないものの，この場を借りて敬意と感謝の意を表したい。これからも関連研究は継続するのであり，大方のご叱正を請う次第である。

　最後になるが，初めての単著本出版の不慣れもあって，本書の編集では，多くのご指摘とともに粘り強く校正作業を進めていただいた吉川弘文館の並木隆氏・大熊啓太氏，歴史の森の関昌弘氏にたいへんお世話になった。この場を借りて感謝申し上げたい。

　2024 年 11 月吉日

カッカッとジョウビタキのさえずる自宅にて記す

藤　木　　聡

初 出 一 覧

序章，第1章， 第2章　第1・2節，第3節 　　(6)，第4節(1)　(9)， 第3章　第1・2・3節， 第4章　第1・6節・コラム， 第5章　第1節， 終章(4)　(5)　(7)	新稿
第2章　第3節(1)　(3)	「九州北部出土「旧石器」の検討─鉄石英・チャートに注目して─」(『九州 旧石器』第20号 81-88頁 九州旧石器文化研究会 2016)
第2章　第3節(2)	「縄文時代に火打石はあるのか」(『南九州縄文通信』第21号 73-78頁 2011)
第2章　第3節　(4)　(5)　・ 第4節(6)	「長崎発・火打石事情」(『西海考古』第7号 67-84頁 2007)
第2章　第4節　(2)　(3)　(4) (10)	「久留米城下町・小倉城下町・黒崎宿の火打石とその特質」(『先史学・考古 学論究Ⅵ』301-312頁 龍田考古会 2014)
第2章　第4節(5)	「火打石等について」(『内野宿御茶屋跡』飯塚市文化財調査報告書第57集 81-82頁 飯塚市教育委員会 2022)
第2章　第4節(7)	「古代から近世における豊後の火打石と火打金〜大友府内および府内城・府 内城下町を中心に〜」(『先史学・考古学研究と地域・社会・文化論』 126-135頁 高橋信武退職記念論集編集委員会 2013)
第2章　第4節(8)	「最古の火打石をめぐる諸問題」(『古文化談叢』第65集 発刊35周年・小田 先生喜寿記念号(3) 225-232頁 九州古文化研究会 2011) 「SD04出土の火打石について」(『麦野A遺跡5』福岡市埋蔵文化財調査報 告書第1054集 31頁 2009)
第2章　第4節(11)	「肥後における火打金・火打石の変遷」(『先史学・考古学論究Ⅸ』龍田考古 会 印刷中)
第2章　第4節(12)	「古代・中世・近世の日向における火打石〜基礎資料の報告(1)〜」(『研究紀 要』第7集 25-40頁 宮崎県埋蔵文化財センター 2022) 「古代・中世・近世の日向における火打石の変遷とその特質」(『研究紀要』 第9集 33-53頁 宮崎県埋蔵文化財センター 2024)
第2章　第5節	「近世における阿波大田井産チャート製火打石の流通」(『西海考古』第8号 183-190頁 故福田一志氏追悼論文集刊行事務局 2012)
第2章　第6節(1)	「長崎発・火打石事情」(『西海考古』第7号 67-84頁 2007) 「長崎出島和蘭商館跡・岩原目付屋敷跡出土のガン・フリントとその背景」 (『九州旧石器』第27号 橘昌信先生追悼論文集 377-386頁 九州旧石器 文化研究会 2023)
第2章　第6節(2)	「東アジアにおける人と火の関係史解明に向けて〜台湾編」(『宮崎県立西都原 考古博物館研究紀要』第7号 34-38頁 宮崎県立西都原考古博物館 2011) 「台湾における旧石器時代遺跡の概観」(『九州旧石器』第22号 39-52頁 九 州旧石器文化研究会 2018)

第2章 第6節(3), 第3章 第5節, 第4章 第4節	「韓半島における火打金・火打石─東アジアにおける人と火の関係史解明に向けて─」(『宮崎県立西都原考古博物館研究紀要』第14号 1-10頁 宮崎県立西都原考古博物館 2018)
第3章 第4節 (1) (2) (3) (4) (5) (6) (11)	「九州における火打金の登場と変遷」(『遺跡学研究の地平─吉留秀敏氏追悼論文集─』587-596頁 吉留秀敏氏追悼論文集刊行会 2020)
第3章 第4節(7)・コラム, 第4章 第3節	「古代から近世の日向における火打金とその変遷〜鳥居龍蔵の言及と考古・民俗資料の集成〜」(『宮崎考古』第27号 17-26頁 宮崎考古学会 2017) 「西都原考古博物館所蔵の火打石・火打金について」(『宮崎県立西都原考古博物館研究紀要』第10号 58-61頁 宮崎県立西都原考古博物館 2014)
第3章 第4節(8) (9) (10), 第4章 第2節	「奄美諸島周辺における火打金・火打石の基礎的整理」(『中山清美と奄美学─中山清美氏追悼論集─』435-446頁 奄美考古学会 2019)
第3章 第6節	「遼・金・元・明・清代中国東北部の火打金」(『先史学・考古学論究Ⅷ』木下尚子先生退任記念 231-244頁 龍田考古会 2020)
第4章 第5節	「台湾における火打石利用の開始・終焉とその特質」(『先史学・考古学論究Ⅶ』403-417頁 龍田考古会 2019)
第5章 第2・3節, 終章(6)	「発掘された火起こしの歴史と文化」(『宮崎県文化講座研究紀要』第40輯 23-45頁 宮崎県立図書館 2014)
終章(1) (2) (3)	「九州の火打石─研究の到達点と展望─」(『江戸遺跡研究』第7号(特集 火打石研究の最前線)11-26頁 江戸遺跡研究会 2020)

著者略歴

1976年　福岡県に生まれる
2000年　熊本大学大学院文学研究科修士課程史学専攻考古学分野修了
現職　宮崎県埋蔵文化財センター副主幹，2021年に熊本大学博士（文学）
〔主要著書・論文〕

『国際交流展　人の来た道―東アジアの旧石器時代と宮崎―』（宮崎県立
西都原考古博物館，2012年）
「敲石と石器製作」（『旧石器考古学』60，2000年）
「九州における火打石・火打金―資料集成と基礎的な整理―」（『古文化
談叢』第51集，2004年）

火打石と火打金の文化史
――考古学からみた火起こしの研究――

2025年（令和7）2月10日　第1刷発行
2025年（令和7）6月 1 日　第2刷発行

　著　者　藤
ふじ
木
き
　聡
さとし

　発行者　吉 川 道 郎

　発行所　株式
会社 吉川弘文館

　〒113-0033 東京都文京区本郷7丁目2番8号
　電話 03-3813-9151〈代〉
　振替口座 00100-5-244
　https://www.yoshikawa-k.co.jp/

　印刷＝株式会社 理想社
　製本＝誠製本株式会社
　装幀＝清水良洋

©Fujiki Satoshi 2025. Printed in Japan
ISBN978-4-642-09367-5

JCOPY 〈出版者著作権管理機構 委託出版物〉
本書の無断複写は著作権法上での例外を除き禁じられています．複写され
る場合は，そのつど事前に，出版者著作権管理機構（電話 03-5244-5088,
FAX 03-5244-5089, e-mail: info@jcopy.or.jp）の許諾を得てください．